阎宗临文集

卷 三

阎宗临 著

商务印书馆
The Commercial Press
2019年·北京

阎宗临
（1965年摄于山西大学校外田间）

目 录

学术论文

巴斯加尔的生活 / 3

哥德与法国 / 83

查理·波得莱尔 / 90

中华文明概论 / 122

两个时代的划分：抗战 / 132

历史因果的研究 / 136

中国与法国18世纪之文化关系 / 141

中国文化西渐之一页 / 159

古代中西文化交流略述 / 171

近代中西交通之研究 / 187

历史与个性 / 214

欧洲文化简释 / 217

元代西欧宗教与政治之使节 / 224

论法国民族与其文化 / 257

西班牙历史上的特性 / 268

巴尔干历史的复杂性 / 278

李维史学研究 / 288

16世纪经济革命 / 294

结束国际联盟 / 306

意大利文艺复兴的特质 / 311

论偶然 / 327

亚洲与欧洲 / 331

略论中学外国史教学 / 334

欧洲封建时代的献礼 / 339

欧洲封建时代社会之动向 / 344

论欧洲封建时代的法律 / 349

关于赫梯——军事奴隶所有者 / 354

古代波斯及其与中国的关系 / 361

大月氏西移与贵霜王国的建立 / 400

贵霜王朝的形成 / 415

匈奴西迁与西罗马帝国的灭亡 / 426

拜占庭与中国的关系 / 439

关于巴克特里亚古代的历史 / 450

十七、十八世纪中国与欧洲的关系 / 465

学术论文

巴斯加尔的生活

一、幼年时代

于1623年6月27日[①]，泊莱芷·巴斯加尔生在克莱蒙伏朗（Clermont-Ferrand）城。城属乌外尔尼（Auvergne）省。

这是一座古老而久负盛名的旧城，在倾斜山脚下，苍黑的屋顶，星罗棋布，耸出在天空，像是要远离人间。很窄的路，蜿蜒曲折，起伏不平，却装饰着好多美丽的水泉。[②] 在冬天，冷酷而严寒，滴水成冰，在夏天，有如住在赤热的炉中，[③] 当春来到之时，旅人们越过多尔山（Mont Dore），可看见古城的周近，生着些胡桃树，栗子树，间杂着大麦与萝葡，这种菁菁的景象，与四十多个火山遗迹相映照，形成一种壮丽的景色，当旅人们睹此情况，常唤起奇突与肉情的感觉。[④] 此

[①] 关于巴斯加尔出生的日期，有两种说法：一种是6月19日，系他出世的日期；一种是6月27日，是在教堂登记的日期。
[②] 见《地方诗集》，第一卷，第75页。
[③] 见司脱维司桂（F. Strowski）著的《巴斯加尔与其时代》（*Pascal et son temps*）第二卷，第2页。
[④] 见米失勒（Michelet）著的《法国史》（*Notre France*）与伏莱西野《关于乌外尔尼1665年要日的回忆》（*Mémoire de Flechier sur les grands jours d'Auvergne en 1665*）。

地，在538年，生出大历史家克莱古莱（Grégoire de Tours）；①此地，在999年，教皇绥尔外司脱第二（Sylvestre Ⅱ）即位；②此地，在1507年，生出大政治家劳斯比达洛（Michel de L'Hospital）；③此地，在1550年，生出大宣讲者沙瓦龙（Savaron）；④此地，在四百多主教与修士，贵族与骑士之前，教皇乌尔班第二（Urbain Ⅱ）⑤开始宣传第一次十字军东征，民众在兴奋与热情之下，喊着说："天主要我们如是！天主要我们如是！"⑥

在这样的一块土地上，巴斯加尔每天生活着，一直到1631年，他睡在这些英雄们的遗留的土地上，听他们的心胸震动，由看不见的力，与他们接连起来，心和心紧贴在一起，他并辨不出他们的命运，他只像一株松树，将地下肥沃的养分吸进去，逐渐在山坡上释放，与隆冬的严寒相搏战。

"酸涩"与"热烈"的空气，⑦将巴斯加尔的家庭，陶炼成一个纯粹法国家庭的代表，在法王路易十一之时，他的远祖曾受爵，世系相传，在他的家族中，虽有正人的风味，但却没有贵族的色彩。⑧

巴斯加尔的父亲，叫爱基纳·巴斯加尔（Étienne Pascal），在1588年，生于克莱蒙。⑨这是个正直而多才，爱好体面的人，他光明磊落的行为，与其说由于基督教严谨的道德，不如说由于自然的良心。他的思

---

① 克莱古莱（Gregoire de Tours）生于538年，死于594年。他是都尔（Tours）的主教，很有才干，精通神学与历史。著有《伏郎史》（Historia Francorum），为后世研究Mérovée王朝历史的根据。
② 绥尔外司脱第二（Sylvestre Ⅱ）生在Au'rillac。从999到1003年，他被举为教皇，迫令异教的王公们，做神命的休战，便是说礼拜五、礼拜日不准打仗。
③ 劳斯比达洛（Michel de L'Hospital）生于1507年，死于1573年。他的故乡是Aigueperse。为人豁达多才。出席宗教会议，理过财政，平息宗教的斗争。
④ 沙瓦龙（Jean Savaron）生于1550年，死于1622年，他是一位大政治家，言词很动人。
⑤ 乌尔班第二（Urbain Ⅱ）举为教皇，系自1088年。他生在Châtillon-Sur-Marne。第一个倡导十字军东征者。
⑥ 见锐豪（Victor Giraud）著的 La vie héroïque de Blaise Pascal，第4—5页。
⑦ 见锐豪（Victor Giraud）著的 La vie héroïque de Blaise Pascal，第2页。
⑧ 见布脱鲁（Emile Boutroux）著的 Pascal，第二页，此书系 Librairie Hachette 出版，书很重要。
⑨ 泊莱芷的曾祖，叫 Jean Pascal，系商人；他的祖父叫 Martin Pascal，初为克莱蒙的官吏，继为 Riom 的管钱员。他父亲爱基纳系兄弟十人中的最长者。

想没有神秘，情感很热烈而又生动。他有耐心，能吃苦，非常聪明，理智很发达，特长于数学。当巴斯加尔出世时，他是乌外尔尼省的议员。他的本性很温和，但却坚执。处处要用自己的理智，分析一切，尤其是在他孩子们教育上。他很爱工作，在老昂（Rouen）时，他写道："有四个月，只有六次，我不是在夜半两点钟后去睡觉。"

爱基纳，在1614年与拜贡（Antoinette）结婚。① 那时候，她二十六岁，据她外孙女儿马克利脱·拜蔼（Marguerite Périer）说："他很虔诚，仁慈，行事与谈吐间，表示很高的聪明。"他们结婚后，住在克好司路（Rue de Gros），离大教堂只有几步地。这位少妇常来教堂中祈祷。② 到1620年，生下锐白尔（Gilberte Pascal），"她长的美丽，很好的模样儿"③。过了三年，泊莱芷出世。到1625年，生日该利纳（Jacqueline Pascal）。这是个绝顶聪明的女子，使人想起19世纪末的圣女小功得助撒（Sainte Thérèse de l'Enfant-Jésus）④，她为爱情，为真理，像她哥哥一样，处处要钻到深心，一直到满足而后止。

可是不幸得很，到1626年，泊莱芷只两岁多，他的母亲巴斯加尔夫人，便与世永别了。

泊莱芷是法国天才中的特出者，有谁要不相信，请去正眼看看他。剥开他的衣服，解脱自己的成见，谁都会看到一个可怕的天才，正如同

---

① 泊莱芷的外祖父，叫Victor Begon，在16世纪末，移居到克莱蒙，以行商为业。他很有作为，到1606年，被举为邑吏，于是侧身于仕宦之林。Begon一族，原居于Pergot村，在克莱蒙附近。他们的世系，上可述至13世纪。族中之一，曾为修士，另一个，当过录士。都是勤业、慎行十足的好公民。
② 见锐豪著的 La vie héroïque de Blaise Pascal，第5页。
③ 这句话，系Marguerite Périer所说。原文见《巴斯加尔全集》，共十四卷。第一卷中，大半是锐白尔与Marguerite的回忆。
④ 圣女小功得助撒原名为Marie-Françoise-Thérèse Martin。生于1873年1月2日的Alençon村。长得特别美丽，分外聪敏。自她母亲死后，全家移居到Lisieux（1877年）。到1887年，她去罗马朝圣，请教宗良十三世（León XIII）允许她在15岁时，进Carmel修院去修道。经过很多困难，在1888年，4月9日她进到Carmel修院中，与她姐姐Pauline在一起。她虽年幼，院中规则虽严，但是，她尽心竭力，将全身奉献给上帝，受过无数的苦痛，死在1897年9月30日。她是诗人，她是处女，同时她是圣女，著有 Histoire d'une ame。

我们读但丁的"神曲"与静观米该郎（Michel-Ange）①的"摩西"似的。

有一次，有人在厨房内用刀敲击磁盘，发出声音。可是，当人将手放在盘边，声音便立刻停止了。泊莱芷看着这种现象，始而惊奇，继而追寻其中的原因，他将所得的结果，写成一部"音学论"（Traité des Sons），那时候，他才十一岁。②

在巴斯加尔去世后，她姐姐锐白尔，写出一本关于他的传略，虽很简单，却可看出他少年时代的特殊聪明："自从他小的时候，他只能接受在他认为是正确的，如果人们不给他说出充足的理由，他便自己去寻找，他做一件事情，须要到他满足而后止。"③

如其世间果真有神童，那么便是泊莱芷，自然的，人们爱给他附会些神话。可是，如其肯费心来分析，不难抽出他的线索，而得到这个神童是生活在我的中间。当哲人笛卡尔（Descartes）④ 与鲁白瓦尔（Roberval）⑤ 和他的父亲笔战时，泊莱芷虽年岁尚幼，却已晓得在数学或在物理学上，人们该如何去实证，他认为争论最高的原则是"思想"与"事实"的符合，而不是"思想"与"精神"的符合。这个思想，差不多是巴斯加尔研究科学、哲学、文学的钥匙，我们或可说是他思想生活的中心。

---

① 米该郎（Michel-Ange Buonarroti，1475—1564）生在意大利的佛罗郎司城，文艺复兴时的杰出者。他是雕刻家，画家，诗人。他生性坚执而忧郁，从没有过一日的快活。在他的作品中，很少看到自然的描写，却富于人生的表现。所以在他的作品上，完全为"力"统治住。当时王公大人，贵族名流，无不俯伏在他脚下。他的重要作品，如：Tombeau de Médicis（在佛罗郎司城），David（佛罗郎司城），Tombeau de Jules Ⅱ（罗马），内有著名的摩西（Moïse），比得大堂的屋顶，内中的 Pieta 与 Six-jine 的画。
② 见 Jacques Chevalier 著的 Pascal，第 50 页至 51 页。是书纯粹研究 Pascal 的哲学。很重要。
③ 见 Mme Périer（便是巴斯加尔的大姐）著的 Pascal，第四页，Hachette 出版。
④ 笛卡尔（René Descartes，1596—1650）生在 La Haye，学于 La Flèche 耶稣会办的学校中。后来到巴黎研究法律。当三十年战事之时，他曾去打过仗。在 1623 年，他脱离军队，回到巴黎。继又到荷兰。在那里，他刊印 Discours de la méthode（1637），Les méditations（1041），Traité des passions（1649）。他是近代哲学的始祖。
⑤ 鲁白瓦尔（Gilles de Roberval，1602—1675）是法国的大数学家。生在 Oise 省的 Roberval 城。在 Collège de France，他曾做了四十年的教员。他发明摆线（Cycloïde）的理论，而巴斯加尔将他完成。在微积分学上，多有特见。他是牛顿的先驱，笛卡尔的劲敌。

大抵一个人太聪明了，不是穷，便是害病，这也许是天定的命运，要人明白：世间虽好，但非桃色的乐园，苦难、疾病与其他残酷的事，将人们笑嘻嘻的热望，如火山爆发后，一齐扫灭了。这确是有点不舒服，但是有谁能够跳出这大自然的公例哩？

巴斯加尔并不穷，至少他父亲拥有六百万佛朗的财产[①]，他又不像米该郎，有好多贪图不尽的兄弟，寄生在他的身上。但是他却体质多病。

按照他甥女的回忆，在他一岁上，他病了，情形很重，却意外奇突。他不能看见水与他的父母一起接近他，如果看见，他便喊哭起来，痛的要命。这种病经一年之久，人们都以为他活不成了。有人说，这是一个常来他家里的穷妇人，将厄运掷在他身上。起初爱基纳并不相信，后来想试试，要这妇人赔补，于是妇人将厄运转到猫上，而猫便死了。但是如此还不行，须要一个七岁的孩子，于太阳出来之先，从三颗不同的草上，采九片叶子，一起托住，贴在泊莱芷身上，如是做去，过了不久，他便好了。

迷信也罢，碰巧也罢，反正这是真实的，泊莱芷从没有好的身体，他自己说："自从十岁以来，没有一日不在苦痛中。"

他的头发很长，额宽而方，细眉却微弯着。从圆的眼内，直射出爱好真理的光芒。鼻高，腮微瘦些，一看便知是害病。他的颔很尖，嘴唇薄，微闭着，又似在微笑，又似在祈祷。颖慧，精细，沉思，讽刺的神色都在他脸上表现出来。从向白尼（Champaigne）[②]绘的像上看来，下嘴唇向前伸，面苍白，如方才病了起来，胸脯露出，两手叉在腰间，像是在出神而忘了现实的世界，像印度哈马克利司加（Ramakriska）。[③]

[①] 关于巴斯加尔的财产，参看 Charles de Beaurepaire 著的 *Pascal et sa famille à Rouen*，第283页。此书于1902年在巴黎 Picard 书局出版。

[②] 向白尼（Philippe de Champaigne，1602—1674）生在比国的 Bruxelles。17世纪的大画家，尤长于画肖像。

[③] 按照 Gérard Edelink（1649—1707）的铜板，巴斯加尔腮圆，嘴闭着，表现严正的神气。人们在 Domat 的书架中，在一本书皮上，发现出用红铅笔给巴斯加尔绘的像。眉少微短些，重眼皮，嘴小，胸上有块白方巾，如修士然。最罕见而最动人的像，是向白尼所绘。我在上边叙述时，便以此像为标准。巴斯加尔死后，用石膏脱下一个像来，形容表示非常苦闷，在关于巴斯加尔的著作中，随时可看到。

从别人给他绘的像上，从他自己的著作与生活上，巴斯加尔是带有"神经衰弱病"的人，这种病是来自他天赋的各种特质，如特殊的记忆，创造的天才，热烈的情感与现实的理智，当他开始制造"数学计算机"时，因工作过度，"科学损伤了他的身体"①。

像他这样感觉敏锐，理智发达的人，在他少年时代，宗教情感，便是说爱真美善的情感，没有不发达的。即便在形式上，证明不出他是个如炎的宗徒，但从心理上推测，我们的认识是不会错误的。"他离天主很远"的话，故有人拿出来描写他的无神的心理②，我们不屑去辩论，只将他姐姐写给奥地锐野（Audigier）的信，就足以解答无数悖谬的推测："我的弟弟，在他平生，只有些最纯洁，最宗教的情感。"③

泊莱芷的天才，扩展在人类智识的各方面，像大洋中的净水，于皓月之下，分外平衡。我们从这面大自然的镜内，将要看到人类智慧之花的缩影。

到后来，在巴斯加尔给数学家巴伊（Le Pailleur）④的信中，我们可看出他儿时所受的教育；他说："出乎这句格言外，人们不会找到真理的：'只准许决断显明的事实，禁止承认或反对一切不分明的。'便是在这适当的中间，你（指巴伊）同着胜利而生活；也便是在这当中，寄托着幸福。"⑤

在1630年，爱基纳将官场中的职务辞脱，同他的三个孩子，来到巴黎，他是有钱的，他的嗜好只是科学，在他的夫人死后，将他的热爱移转在子女们身上。于是，他便开始他的实验教育。

爱基纳的教育原理，是要孩子的功课常在孩子的能力之下。他决定，泊莱芷在十二岁之先，不让他学习拉丁文与希腊文；在十五岁与

---

① 见布脱鲁著的 *Pascal*，第25页。
② 见 *Histoire générale de Port—Royal*，第三卷。为米超（Gustave Michaut）所引证。
③ 见 Léon Brunschvicg 编的 *Pascal* 全集。第一卷，第44页。
④ 巴伊（Le Pailleur）系 Meulan 军长的儿子，喜歌舞，常作诗为人解嘲。少时，独自学数学，虽非杰出者，但常为人所称许。与爱基纳，Fermat 等为朋友。
⑤ 见巴斯加尔给巴伊的信。《巴斯加尔全集》，Lahme 出版，第三卷，第61页。

十六岁之先，不让他学习数学。

虽然如此规定，据锐白尔写的巴斯加尔传略中说：爱基纳看到他儿子的数学天才，为着怕荒废了语言学，爱基纳将一切数学书籍都藏起。便是有朋友来到，如泊莱芷在座，他们避免谈论关于数学的问题，深怕引起他的好奇心。

有一天泊莱芷问他的父亲，什么是几何学哩？如何学习哩？他的父亲回答：普通说来，几何学是种作图正确的方法，而介乎这些图与图之间，找到它们的比例。随之不让他再往下追问，并且劝他不要去思索。

可是这几句话触动他天才的锋芒，当他休息时，跑到别间房中，用炭在地板上画图。他将"线"命作"棍"，将"圆"命作"圈"。自己创造了一些公理与定理，将希腊几何学家尔克利德（Euclide）①三十二条中的几条定理独自发明出来，那时，他才不过十一岁。

他的父亲看不见他游戏，各处寻找，便来到这所房中，发现他在地板上计算，便问他在干什么。泊莱芷恐惧地将"棍"和"圈"的事，向他父亲解释，已发明的，未发明的，一一叙述明白。爱基纳为他的儿子的天才感动，一言未发，退出来，跑到巴伊的家中，眼中充满了热泪，巴伊见他如是，以为爱基纳有不满意的事情，要他说出。爱基纳说道："我非因苦痛而哭，乃是因欢欣呀。你知道我多么关心我的儿子的教育，不要他学几何学，生怕妨碍其他的功课。但是，现在他独自将几何学发明出来了。"②

爱基纳将所见情形述给他的朋友巴伊听。

到巴斯加尔十二岁时，他的功课，已有踏实的根基，哲学与科学，他已读好，当我们读他的《思想录》时，我们看出他的判断是多么正确，博格森（Bergson）在《法国哲学引言》一文中，将巴斯加尔与笛卡尔相配，这种智识界之荣誉，不能不归功于他的天才与所受的

---

① 尔克德利（Euclide），希腊的大几何学家。自纪元前306年至283年，他在Alexandrie教书。他著有《几何学初步》，从此后，教授几何学者，多取法他。

② 见锐白尔巴斯加尔著的 *Blaise Pascal*，第5—6页。

教育，所以有人将他所受的教育与英国哲学家米勒（Stuart Mill）①的相比我认为是合适的。

二、巴斯加尔与其时代

要想将巴斯加尔穿心透骨的观察清楚，我们应该首先将他的时代的背景，综合起来，做一个鸟瞰。

从文学方面着眼，自从拉伯来亚德（La Pléiade）②以后，抒情诗中断，以前爱国情感的作品风气，至此一转而为社会的，这时候，古典主义慢慢地出现，在法国文学史上，开一新的纪元，于是由紊乱、感情、个性、残缺的作品，向着秩序、理智、社会、完善的方面进展，拟模古人，彻底的描写人类普遍的生活。贵妇们建设起她们美丽的厅堂，准备着文人学士的来到，在文坛上，有几件事可注意的，1634 年，法国的国家学会成立；1637 年，高耐伊（Corneille）③惊天动地的《瑞德》（Le Cid）④出来了。

---

① 米勒（John Stuart Mill，1806—1873）生于伦敦，死于 Avignon，英国实验派的哲学家。著有 *Logique inductive et déductive*，在他的自传中，曾谈到他儿时的教育。
② 拉伯来亚德（La Pléiade）系在亨利第三时七位诗人的总称，系成立在 1549 年。他们七个：Ronsard, Du Bellay, Rémy Belleau, Jodelle, Dorat, Baïf 与 Pontus de Tyard。他们主张要用法文来写诗，尽量采用方言与土语，文法须颠倒而与散文分别。模拟古代文体，应用神话中的典式，他们在法国文学上，首创造出抒情诗来。七个中，以 Ronsard 与 Du Bellay 最著名。
③ 高耐伊（Pierre Corneille，1606—1684）生在老昂的一个小贵族家中。学于耶稣会办的公学内，很聪明，精于拉丁文。出了公学后，学法律，在 1636 年，他取得律师位置。在老昂，他试做剧，很有成绩。《瑞德》一出，声名大震，一直到 1652 年，他不断地著述。休息了七年，又开始戏剧的生涯，一直到 1674 年。在 1684 年 9 月 30 日，他死在巴黎，生活很清苦。他有魄力，但是胆怯。他的著作很多，如：*Le Cid, Horace, Cinna, Polyeucte, Attila* 等，大都取材于罗马史中，精于描写内心的冲突。
④ 《瑞德》（Le Cid）系高耐伊的杰作。取材于西班牙作家 Castro 歌剧之中。内边情节如下：
Rodrique 系 Don Diègue 的儿子，爱 Don Gormas 的女儿，叫 Chimène。两家将亲定好，不久便可成婚。但两位老人——Don Diègue 与 Don Gormas——发生冲突，Don Gormas 打了 Don Diègue 一个耳光。Don Diègue 年老力薄，要他儿子为他报仇，Rodrique 介乎两难之间：爱情与职分的争斗。终于他将 Chimène 的父亲杀死。自投到 Chimène 的前面，在说他爱她，为儿子的职分，迫不得已做出这事来。Chimène 承认他的勇敢，同时她也要为她

从宗教方面着眼，介乎异教与公教之间，那种激烈，不可避免的争斗，已宣布出来，在禁欲派，怀疑派，享乐派与自由派的前面，公教的信徒，为要巩固他们的信仰与超度他们的灵魂起见，至少有三十多年之久，他们竭力来奋斗，我们只看圣方济格沙略（St. François de Sales）①与圣文撒保罗（St. Vincent de Paul）②，他们的思想、工作、影响便可知道，不特法国的精神与英国的精神有所冲突，便是法国的内部，两大派也是各树一帜，而巴斯加尔参与其中，为战场上的一员猛将。

（一）耶稣派（Jésuite）

（二）任瑞尼派（Janséniste）

这两派势不两立，各执一见，猛烈地互相攻击。前者责备后者，说任瑞尼派有加尔文（Calvin）③化的嫌疑，将灵魂牺牲；后者责备前者，说耶稣派太随便了，放欲纵性，将真理牺牲。

从科学方面着眼，他们的主张与纠纷更为复杂，因为近代的科学，实始于是时，我们将其归纳起来，约有四派：

（接上页）的父亲复仇。适遇 Maures 人变乱，Rodrique 出去从军，获得战功。但 Chimène 依然要杀 Rodrique，皇上出来调停，经过一番决斗，Chimène 的选手失败，遂停止，他们俩虽未结婚，但在剧末，却表现出有结婚的可能。

① 圣方济格沙略（St. François de Sales，1568—1627）生于 Savoie 的贵族家庭，少到巴黎，初学于克莱蒙公学，继学于巴黎大学。在 Padoue 大学完结法学之中，忽然改变心志，立志修道。在新教昌盛的地方，因他质朴与和蔼感动不少的居民，到 1596 年，他被任为日内瓦的主教，住在 Annecy。在 1608 年，刊行 *Introduction à la vie dévote*；在 1616 年，刊行 *Traité de l'amour de Dieu*。两书很重要，文字清爽，意义深刻，在十七世纪前半期唯一的杰作。在 1620 年，同 Chantal 夫人创立 Visitation 会。在 1622 年，死于里昂。

② 圣文撒保罗（St. Vincent de Paul，1576—1600）生于 Pouy。靠近 Dax，家穷，只有两头驴子，文撒在田间工作。他心想读书，家中将牛卖了，供给他到 Dax 公学中。学完后，在 Cornet 先生家中教书，他的才德出众，Cornet 送他到 Toulouse 大学中研究神学。在 1605 年，他正虑一个美满的生活，在地中海旅行，忽然被海盗掠走，带到 Tunis 在市场上将他卖出，经过两年，始得自由，此后立志修道。遂成为神父。他善言辞，立有博爱修女会，传教会，在十七世纪紊乱时代，他在社会上有很深的影响。

③ 加尔文（Jean Calvin，1509—1564）生于 Noyan，幼时，便立志修道，学于巴黎 Montaigu 公学。精通拉丁文与希腊文。在 1532 年，倡宗教改革，他竭力反抗传统习惯，删除宗教仪式。在 Bale，他刊行 *Institutio Christianae Religionis*，在 1536 年 8 月，他来到日内瓦，不久为自由党逐走，到 Strasbourg，他遂结婚。现在，他的弟子尚不少，而尤其在瑞士，荷兰与苏格兰。

（一）亚里士多德派（Ecole péripatéticienne）①，他们认为凡一物的构成，皆由于"形"和"实"，形者志物之特征，如两石相较，此石异于彼石，即形使其如此；实者成物之质，然非化学中之原质，他们将事实往思想上归结，处处援用这种方法，在当时的大学中，所教授的科学，便以此为正宗，教会中很赞成这种学术，人们又称为哲学的科学。

（二）倍根派（Ecole de Bacon）②，这派中，以医生与炼丹者为最多，他们注重观察与经验，他们分析，要寻找物质构成的原质。可是他们讨厌理智与数学，他们虽奉倍根为领袖，可惜他们只随了倍根的一半。

（三）瓦尼尼派（Ecole de Vanini）③，这一派，人很多，与其说他们是些物理学家，不如说他们是些形而上学家，与其说他们是些形而上学家，不如说他们是些诗人。他们想象世间是和谐的，各个事物中，有一个灵魂，而每个灵魂又伏处在宇宙灵魂之下，他们在物质上，寻找一些结果而加添在灵魂之上。

（四）几何派（Ecole des géomètres），这一派人，认为科学的构成，乃是由于数学、运动与空间，科学只是事的表现，一切都归结到量上，这一派又分为三小派：（1）葛利莱派（Ecole de Galilée）④，（2）笛卡尔派（Ecole cartésienne），（3）加山地派（Ecole de Gassendi）。⑤

到后来，巴斯加尔成为四派的总结，他的科学与哲学作品，都表

---

① 亚里士多德（Aristote）希腊的大哲学家。他教授学生们，常在花园中散步。故称 École Péripatéticienne。Péripatéticienne 一字，出自希腊文 Peri Patetikos，意思是散步的。
② 倍根（Bacon de Vernlam，1501—1626）生于伦敦，英国的大哲学家。他首倡实验方法，改正经院派的错误。著有 *Novum Organum*。
③ 瓦尼尼（Lucilio Vanini，1534—1619）意大利的哲学家，因他的无神论，天文学与魔术，被烧死于法国的 Toulouse。
④ 葛利莱（Galileo，1564—1642）生于意大利之 Pise。他是大数学家，物理学家，天文学家。实验科学，由他独手而造成。他发明钟表摆动律，创造天文台上的镜子，发明月亮运行律。他发明水力学，他主张太阳为一切行星的中心。当时惹起教会的猜忌，已七十岁了，须到宗教裁判所承认他的错误。晚年的生活很不自由，死时两眼已瞎，非常可怜，但是他对人类的贡献，可算文艺复兴后的最伟大者。
⑤ 加山地（L'abbé Pierre Gassendi，1592—1655）生于 Champtercier，他反抗亚里士多德派哲学。他是大数学家，同时唯物派的大哲学家。他是十七世纪最大的自由思想者。

现出他生活时代，宛如一面镜子似的。①

巴斯加尔的中心思想，完全在"人"上，自从文艺复兴以来，人类恢复起他本来的面目，因为时代的关系，我们看起来，将巴斯加尔放在文艺复兴正宗之后，似乎有点矛盾，但是以他的本质与情感，他确是做了卢骚②的先驱。

我们不能赞同某一部分人的意见，说他是个任瑞尼派，后来，又是个纯正公教的信徒，我们只觉得巴斯加尔便是巴斯加尔，我们赞美他突出的天才，我们也赞美他热烈的情感，他的坚强的理智固然使我们为之膜拜，而他的细微的感觉更使我们吃惊，他是一整个，因为他只有一个生活可以给我们作为凭据，到后来，他所以把家庭生活丢开走进社会，同当代闻人们周旋，如买海（Méré），如米敦（Miton），以及将世俗生活抛弃，到抛脱罗亚洛（Port-Royal）修院去，与那些修士修女们相处，这完全因他的生活改变转移所致。

到后来，巴斯加尔回想到他十二岁以后的生活时，他写道："人们仅能想象柏拉图与亚里士多德穿上村学究的袍子，同他们的友人来嬉笑，像别人似的，这是些上流人物。"③

巴斯加尔的父亲，确是一位禁欲派的哲学家，他穿上村学究的袍子，领他儿子到麦尔赛纳（Mersenne）④的家中去，那里，每星期有讲演与讨论，渐渐地孕育成法国的科学学会，经常遇到科学界的泰斗，踵趾相接，如鲁白瓦尔、伏尔玛（Fermat）⑤等。

---

① 参看 Stroweski: Pascal et son temps，第二卷，从 16 页到 32 页。参看 Chevalier Pascal 从 44 页到 46 页。
② 卢骚（1712—1778）生于日内瓦，近代思想的祖始。天资出众，生活放浪，而尤其是他的情感，著有《民约论》、《爱弥儿》、《忏悔录》等。
③ 见《思想录》，第 331 条。
④ 麦尔赛纳（Le père marin mersenne，1588—1648）生于 Soultière，在幼年时，便与笛卡尔为朋友，学于 Fleche 公学，在科学上，特长于数学。
⑤ 伏尔玛（Pierie de Fermat，1601—1665）生于 Beaumont de Lomagne。他是 Toulouse 议会的议员，精长数学，发明微积分学而尤其是 Calcul des Probabilités，是巴斯加尔的朋友。除这几位以外，巴斯加尔父子相往来的尚有 Pierre de Carcari（？—1684）里昂人，第一个科学学会的会员，皇家图书馆的馆员；Claude Mydroge（1585—1647）系伏尔玛的朋友，反

除同那些科学界的泰斗往来以外，巴斯加尔全家还与邻居的文学者相交际，如喜剧家蒙到里（Montdory），桑岛夫人（Mme Saintot）①，系大文豪瓦丢洛（Voiture）②的情人。

虽然泊莱芷很小便丧失了慈母，在家庭的生活上，内心的情感上，似有很大的缺陷，可是他的姐妹，在当时，正如同他自己的科学天才，她们都是杰出者，他们三个生活在一起，她们给他以母爱的情感，一直到他的末日。

锐白尔，泊莱芷的大姐，生得很漂亮，穿戴整齐，额宽而高，双眼皮，眉很细，她像14世纪急沱派绘的圣母，从她大的眼内，放射出有决断有柔情的火焰，鼻长，嘴唇很薄，于椭圆形而瘦的脸上，漂荡着庄严的气色，稳重，又温和。

在她母亲死后，她将儿童幸福的权利已抛弃了，一切家中的事务，都是她来主持。她有力、公正而更勇敢，到她十一岁上，她离开故乡，同她父亲到巴黎。

从小的时候，她便学数学、哲学与历史，只是环境不允许她深造，不能留给人类以特殊的礼物。但是，翻开她写的有关弟弟妹妹的回忆，那种简朴与诚挚的文字，不能不使我们赞赏她艺术的天分。

在1641年，锐白尔嫁给她的表兄拜利蔼（F. Périer）③，那时候，她二十一岁，而他已三十六岁了，他们俩的性情，分外契合，看他们后来的生活，便可知道，她很质朴，她的女儿说："自从两岁或三岁以来，我可说我绝没有戴过金银的装饰品，也没有戴过任何有彩色的丝

（接上页）抗笛卡尔。他研究制造玻璃；Gospond Desarques de Lyon（1593—1662）专研究几何学上圆锥体之特质。非常聪明，精于机械学与建筑学。他尝试用科学方法去建筑；还有如加山地，鲁白瓦尔等。

① 桑岛夫人系诗人 Dalibray 的姐姐。
② 瓦丢洛（Voiture，1598—1648）系卖酒人的儿子，喜游历，17 世纪交际场中的名流。常出入于 L'Hôtel de Rambouillet，他有想象，同时又有天才，爱说笑话，但是却不失英国上流人的风味。有诗集与信札集。
③ 拜利蔼生在克莱蒙，他父亲叫 Jean Périer，系一个征税者。

条与在卷发上结些花带。"①

伏莱西野在他的回忆中也说："给我显出最合理的人，是拜利蔼夫人，侯爵夫人沙卜莱（La marquise de Sablé）②给她的赞美，她弟弟巴斯加尔给她获得的光荣与她自己的德性，在这个村内（指克莱蒙），非常使人敬重……"③

到了她晚年的时候，她严谨的道德变得更深沉，如像她弟弟一样，自己克苦，为着那慈爱的天主，不止对自己如此，便是对她的儿女处处训诫与管束，她女儿已四十岁了，她尚不允许其独自一人到教堂里去。④

在巴斯加尔的家庭中，最辉煌与最动人的，是日该利纳。⑤

这是个神经质的女孩子，外表上很活泼，而内心却很苦痛。她来到人世之后，不多日，便没有母亲了！她父亲过分的爱她，因此，在她智慧的成形之上，曾受了男性化的影响。她的意志很坚强，她的感觉很敏锐，她的伟大与苦痛，便在意志与感觉间生的冲突中造成了！

她的面貌，意外好看：长黑的眉，偃卧在似寒星的眼上。眼内流露出智慧的灵光。鼻尖而直，口闭着，似乎在沉思"生活的苦闷"。她少微肥润的腮上，浮现着活泼的英气。⑥她姐姐告诉我们说："自从她会说话时起，她便表现出意外的聪明。"

她到六岁了，漂亮的像一朵初开的玫瑰，她流利的话言与温和的脾

---

① 见《巴斯加尔全集》，第一卷，第33页。
② 侯爵夫人沙卜莱（La Marquise de Sablé，1599—1679）小名叫 Madeleine，17 世纪修饰者中最著名者。她的沙龙与 L'Hôtel de Rambouillet 齐名。La Rochefoucauld 的格言，一大半是由她而产出。
③ 见伏莱西野的《关于乌外尔尼要日的回忆》，第41页。
④ 上边描述锐白尔的相貌时，系根据藏在克莱蒙的普通医院中锐白尔的半身像所得。这是唯一给我们所留下的像。关于锐白尔的思想与记载，请读者参看 M. Perroy 女士所著：*Gilberte Pascal*, Paris, 1930.
⑤ 关于日该利纳的著作，请看 V. Cousin: Jacqueline Pascal; V. Giraud: Soeurs de grands hommes, Sainte—Beuve: Port—Royal, M. Dutoit: Jacqueline Pascal。
⑥ 后来，日该利纳到抱脱罗亚洛修院去，那里有她的半身像，题名圣尔佛米（Ste. Euphémie）修女像，我是按照此像来描述的。

气，格外的使人钟爱与眷恋，所以到处受人欢迎，常时不得住在家内。①

她据有特殊的聪明，从她孩子时代便流露出来，而特别是她的写诗的天才。有一天，锐白尔偶然高声读诗，那种抑扬的节奏，铿锵的声音，使日该利纳分外喜欢，她便向她姐姐说："何时你教我读诗呢？让我念些诗吧！我能做出你所要我做的功课。"

从此后，她姐姐说："她常是谈论诗词。"

在1636年，巴斯加尔的全家回到克莱蒙。桑岛夫人，从巴伊处得到日该利纳作诗的消息，便将她留在巴黎，住在她的家内。古让（Victor Cousin）②说，在她八岁时，她同桑岛夫人的女儿合写过一本五幕的喜剧，儿童的剧本引起了巴黎文坛的重视。她虽是孩子，却拥有特别的声誉。③不止如此，到1638年，王后受孕，日该利纳作诗庆贺，始而人疑惑她的天才，继而要其当着大众，立刻作出。她作出来了。她成为"宫中的女诗神"。

她的诗，非如那些不朽的著作，具有精深雄厚的思想。但是却很自然，到她十三岁时，为了感谢天主给她写诗的天分，她作了一首诗来申谢：

也如瀑布，溪水，江河与一切的水
都归宿在海内，——他们发源的地方。
亦是，伟大的主呵！我的几首小诗，
没有一切世间的苦痛。
归宿到你那里，
你，我诗的神圣之泉源。④

---

① 见《巴斯加尔全集》，第一卷，第143页。
② 古让（V. Cousin, 1792—1867）巴黎高等师范学生，后在巴黎大学教书，19世纪的哲学家，深懂德国与英国的哲学，著作很多，如 Cours de philosophie et d'histoire de la philosophic; Du vrai, du bean et du bien; Jacqueline Pascal; Mme de Longueville。
③ 见古让著的 Jacqueline Pascal，第81页。
④ 见《巴斯加尔全集》，第一卷，第218页。原题 Pour rémercier Dieu du don de la poésie，系1638年8月作。

她病了。她害天花。意外的严重，天花将她的美貌夺去。这是很令人惋惜的。因为一个诗人，尤其是一个女子。没有不爱肉体的美的。可是，我们的女诗人，不特不苦痛，对着镜子，来用脂粉弥补，她反敬谢天主给她这种特殊的恩惠：

> 当在镜中，看到脸上的深窝
> 与天花的烙印时，呵！
> 我的心感到多么幸福呀！
> 按照你的圣语。
> 我将那作为圣的凭据。
> 我是你所爱者之中，最爱的。①

在 1638 年，日该利纳将她的诗收集起来，刊行问世，敬献给王后安娜（Anne d'Autriche）。名震全欧的悲剧家高耐伊，向她致最高的敬礼。在老昂有种习惯，每年有诗的竞赛。高耐伊常来看他的小女友，要她做首关于"圣母贞女怀胎"诗。日该利纳便博得特等奖金，她不肯出席受奖，只好由高耐伊代她向大众致谢，当鼓乐喧天，人马交拥来给她送奖品时，这女孩反变得若无所事，因为她看不起这些虚荣！②

爱基纳，为着利金事，不惧权威，反抗红衣主教惠石利尔（Cardinal Richelieu）③须逃开巴黎，因为红衣主教下令将他禁锢在狱内。他躲开，不敢回来，三个小孩子孤独地活在这座大城内。

有一次，红衣主教想看孩童们表演一出喜剧。选定"专制的爱

---

① 见《巴斯加尔全集》，第一卷，第 219 页，原题 *Pour rémercier Dieu en sortir de la petite vérole*，系 1638 年 11 月作。
② 见《巴斯加尔全集》，第一卷，第 150 页。
③ 红衣主教惠石里尔（Cardinal de Richelieu），本名 Armand Jean du Plessis（1585—1642），是路易十三的大臣。法国政界中最大的人物。初为 Cucon 的主教，在 1624 年，升为一等大臣。他有三种计划：(1) 反抗新教，(2) 消灭贵权的势力，(3) 反抗奥国。对于内政，竭力整理财政，路易十四的光荣，实有赖于他的开创。他建立起法国国家学会。

情"作为剧本，想要桑岛夫人的女儿与日该利纳来表演。爱贵用夫人（Mme d'Aiguillon），系桑岛夫人的知己，托人请锐白尔让她妹妹扮演重要的角色。锐白尔回答："我父亲不在，我们孤独地活着，我们没有心情使红衣主教去高兴！"①

许多人很关心爱基纳，都想借此机会，在演完后，让日该利纳为她父亲讨情。结果，她也没有再固执，巴斯加尔女士登台去表演了，她获得了成功。

在演完之后，日该利纳看着主教要走开，急忙地跑到他面前，眼泪不觉得便流出来。红衣主教抱住她，抚摩她，安慰她，问她为何难过。她始而为他诵她的诗，继而为她父亲求情，红衣主教很爱她，和蔼地说："你立刻写信要你父亲回来，一点也不要顾忌。"又说："当他回来时，请他来看我，但他须将你们带来。"

不久，她父亲回来了。往事都勾销，红衣主教重用他，并要他到老昂。

一直到她十五岁，整个冬天，她不出去，独自住在家中，坦然地不停止的玩弄她的粉红娃娃。②

泊莱芷发明了几何，日该利纳发现了诗词，与其要说孩子们的灵魂曾按下天才的铁印，那么，这便是爱基纳的子女。

到1683年，爱基纳被红衣主教惠石利尔派遣到脑哈慢底（Normandie）省当总监察官，全家住在老昂，此时，泊莱芷到十六岁了。

他们新住的这个地方，真是乱得鸡犬不宁。诺曼底省的农民掀起暴动，社会经济受到严重的破坏。难民与乞丐结连起来，要求他们的生活权利。道德的权威，早已成泡影。官军们，为着保障他们的饭碗，尽力的屠杀，却美其名曰剿匪；官吏们，征收苛捐杂税，要来供给红衣主教的雄心。结果只是苦了那些小百姓。

至于宗教方面，从宗教改革以来，新教的势力，日日在脑哈慢底

---

① 见马克利脱拜利罗的回忆。
② 见《巴斯加尔全集》，第一卷，第150、187、188页。

扩大。惟其扩大，也把素以宽仁为怀，博爱为宗的旧教变得也残酷起来。那时候，方济格会有位修女，叫巴旺（Soeur Madeline Bavent），在说人们引诱她，将事件控诉于老昂的法庭。于是村中的监牧，叫多默补莱（Thomas Baulle）被判为火刑。要活烧死他。人们将他的外衣脱去，只留下衬衫，赤头赤脚，手中持着火把，在旧市场上。便将他活烧死了！[1]

这种环境之下，在泊莱芷心上留下哪一种印象，我们无从精细地得知。但像他那样感觉敏锐，爱求真理，哪能闭住眼睛而不看一看呢？

脑哈慢底虽是如此不安，但在它的本质上，却另有种性格。那里地处北方，有美的风景，冷而严正。居民们爱好文学，常用诗来谈论爱情，不说 18 与 19 世纪有过多少杰出的小说家与诗人，便只一个马来尔宇（Malherbe）[2]已足以争得桂冠的光荣。又何况《瑞德》的作者是在老昂做王家的律师哩？

在思想上，禁欲派的潮流渐渐地扩张起来，丢瓦洛（Du Vair）的著作，便在此处刊行。任瑞尼派的理论，亦孕育成形，巴斯加尔全家的皈依，便是发祥于此地，到后边我们再来叙述。

锐白尔与她的表兄结婚，回到克莱蒙，将她初生的孩子，留在她父亲身边；日该利纳继续地与高耐伊往来，谈论他们的诗词；至于泊莱芷，开始他科学的生涯。全欧洲科学的重任，安放在这个十六岁的孩子身上。他获得的光荣，宛似巴比伦不朽的高塔！

三、巴斯加尔的科学生活

在我们未叙述巴斯加尔的科学之先，有两件事要注意：第一，17

---

[1] 见 Ch. Urbain 著的《巴斯加尔》一文，刊在 1895 年 1 月 15 日法国《文学》杂志中。
[2] 马来尔宇（François de Malherbe，1555—1628）生在 Caen。初学法律。在 Heidelberg 与 Bale 大学中，于 1605 年，回到巴黎，开始他诗人的生涯，有好多弟子，如 Coloruby，Maynard Racan，Mostier 等，家穷，只有七把椅子，弟子们来时，如人太多了，他喊着说："门外等等吧，没有椅子了！"他死的时候，忏悔师听见他说："不要同我谈，你的坏笔法使我乏味！"因为他主张用纯粹的法语来作诗。他死于 1628 年 10 月 16 日。

世纪的实验科学，还没有远大的进步，而阻止科学发展的力量，差不多触目皆是；第二，我们绝没有野心，在此地写篇科学史，我们所希望的，是将巴斯加尔的科学思想，自始至终，有一个完全一贯的系统。

巴斯加尔到了十六岁了，开始了他科学的生涯。

将他敏锐的思想，放置在这个不易的公理上："一个最复杂图形的特性，可以视为一个最简单图形的改变。"便从这句名言中，他著成"圆锥体论"米。

他虽年幼，当时虽有不少的硕儒，如莱本尼池（Leibniz）①，笛卡尔等，但他的这本小书，已将他们惊动。有人说："自从峨西买特（Archimède②）以后，从未见一个如是有力量的。"③在这本书上，他结尾时，这样说："如其人们以为这事值得继续时，我们要将他研究到这种地步，便是说天主给我们力量来继续它。"

他能研究科学，也能研究哲学，他处处在应用上着眼。并非他不喜欢将时间消耗在抽象的真理中，乃是他处处以"人"为本而立在"道德"之上。所以他的方法与笛卡尔不同，笛卡尔完全放在纯理智上，巴斯加尔却放在经验上。他大声疾呼："经验是真理的导师，在物理学上要应用它呀。"我看不只在物理学上，便是在哲学上与文学上他也是如此。

当他住在老昂之时，每天计算钱财，以帮助他父亲来工作，这种生活，最易使人疲倦，而又没有大的成绩。不久他便厌倦了。可是他异想天开要找一种"更简便，更正确的计算机？"

----

① 莱本尼池（Gottfried Wilhelm Leibniz, 1646—1716）生于德国的 Leipzig 城。17 世纪的大哲学家，大科学家。在哲学上，他主张灵与肉之间，有 Monade 的存在。一个物体之和谐，是早已预定的。他常乐观，给当代思想上很大的影响。

② 峨西买特（Archimède）生于纪元前 287 年，西西利岛的 Syracuse 城。古代最大的科学家。他发明复滑车上，单动滑车，齿轮与螺旋机械。罗马大将 Marcellus 来攻 Syracuse 城时，峨西买特守三年之久。他发明一种镜子，可吸收太阳之光，以烧敌人之舟车。Syracuse 攻城，Marcellus 令军士不能加害于他。但一个兵不识他，问他各种事情，他闭口不答。遂死于兵士之手。时在纪元前 212 年。他发明流体力学，重要原理如下：凡物体入到液体中，他便失掉一部分重量。而所失的重量正等于他在液体中所占的液体体积之重量。

③ 见锐白尔著的 *Vie de B. Pascal*。

当时的计算法，约有两种，第一种系用签子，称为 Argan 式，第二种系用笔来计算，像我们通常所用的。巴斯加尔创造出第三种来，系机械的，这种模型现藏在巴黎的博物馆中。

在1643年，计算机的原理已在他脑中孕育成熟，但是在十年之后，他才全部成功。中间试验，徘徊而几至失望。单说模型，也做了五十多个，正如米该郎造雨尔第二（Jules Ⅱ）①的坟墓时，自己做了工程师，还须兼做工匠，甚至粗陋的工人。因为他所用的那许多任务人，不是冥顽不灵、桀骜不驯，便是蠢笨百出，有一个工人，他尚不知道世间有机械学与几何学的存在。巴斯加尔因此生气，将一切工人赶走，全由自己一手制造，而计算机不久宣告成功了。并从司法大臣赛桂蔼（Séguier）②那边，得到特殊保障的优先权利。少年的巴斯加尔，心满意足，在他的说明书③中，他不断地称呼："我亲爱的读者们，我亲爱的读者们！"在1645年，将他的发明物，献给大臣赛桂蔼，到1652年，他转送给瑞典皇后克利司地纳（Christine）。④

这个计算机，在巴斯加尔的科学作品上，表现出特殊的精神，便是说综合的精神。他将几何学、物理学与机械学结连在一起。大抵古典派的根本思想，完全建设在综合上面，因为他反抗个性，而个性却是分析的结果。巴斯加尔根本的思想，如《思想录》中的三类，完全放在普遍上。但是要表现这种伟大的普遍，须要以最个性化的天才方可做到。

在年少发明者的生活之上，1646年是一个很重要的关键。因他的父亲跌伤，调养在两位任瑞尼派的家内，他与宗教发生关系，在他内心生活之上，起了颠山倒海的变化，这个我们另来叙述。又因彼得辛

---

① 雨尔第二（Jules Ⅱ）从1503年到1513做教皇。性奢侈，喜艺术。大修宫殿，酿成宗教改革。他曾参加意大利之战争。
② 赛桂蔼（P. Séguier，1588—1672）生于巴黎。生性喜人说他的好话，在路易十三时的大臣。他是法国国家学会的发起人。
③ 原题：*Avis Nécessaire à tous ceux qui auront curiosité de voir la machine d'arithmétique et de S'en servir*.《巴斯加尔全集》，第三卷，第187页与接连的。
④ 克利司地纳（Christine de Suède，1626—1689）系 Gustave-Adolphe 的女儿。在1654年退位，与全欧鸿儒硕士往来。工言辞，喜游历，死在罗马，葬于彼得大堂。

地（Pierre Petit）来到老昂，谈及关于新的物理试验，他便将生活放在物理上，创造出实验的方法与流体力学。①

在 17 世纪，无论是物理学上或哲学上，真空的问题是一个中心的问题。那些经院派的哲学家，以形而上学的推论，将真空看作虚无。为着它反背因果律，他们便否认真空的存在。虚无是与有相冲突的。既然虚无有它存在的本质，那么虚无必然来自一造物者，而这个造物者的自身也是虚无的。然而这将违背造物者之自身，这将破除人类的理智，根本上是不可能的，有的说：自然有畏惧真空之性，纵使它不与"实"相冲突，它也决不会实现出来。笛卡尔一派，直说在人类的理智上，真空是不可思议的；有些原子论者，以为介乎原子与原子之间，有真空存在，倘若要用人工制真空，那将是龟毛兔角！

但是，在 1644 年，意大利人道利柴利（Torricelli）②为了解决佛罗伦萨的喷泉，用人工的方法，在一个试管中，居然将真空试验出来，其法如下：

一个玻璃管，长四古尺③，一端开着，别端严密地封住，管内盛以水银，将管子充满，用手指或者别的东西塞住它，另用一个盆子，一半盛以水银，别一半以水填满，将管子直竖，口子向下，放在盆子内的水银当中，约有二三指之深，倘使人将塞子打开，而管口仍留在盆中的水银内，则管中的水银降低，而管子的上面，露出真空来，至少，在表面上，而管子下部，仍然为水银充满。如其人们将试管慢慢提高，渐渐提到水面，水即刻侵进去，两种液体在管内排挤，终于水银落下来，而管中完全为水所充满。

这个试验，不久便传到法国，惹起许多识者们的注意，笛卡尔等疑惑那是由于外边流体压力之故，但是谁都不能将事实证实出来，而

---

① 我以下的叙述，多从 J. Chevalier 著的 Pascazl 中取材。请参看 59 页至 75 页。
② 道利柴利（Torricelli，1608—1647）生于 Faenza，意大利的大物理学家与几何学家。在流体力学上，他有许多的贡献。
③ 每尺等于三十三厘。

同时具有恰当的解释，以回答对敌。可是巴斯加尔独将这个目的达到了。这边便是为什么我们称他为创造者的理由。

在1646年10月，巴斯加尔父子同孛地将道利柴利做过的试验，重新做了一次。但泊莱芷立刻明白这样的试验是难以服人的。因为人可提出反抗：说试管上面的空处，完全充满了"水银的精灵"，或者别种奥妙的物质，或者说的漂亮点，空气的压力。泊莱芷要做一种试验，他的力量，将使敌人无话可说。他用些排气管，风箱，弯管，抽气筒，大的，小的，粗的，细的，各式各样管子，各式各样形状。他又用各种液体：水银，水，酒，油，空气等，尽他的想象，从这个管子到那个管子，从这种液体换上那种液体，加上抽气筒，结果试验出来："我的感觉所接触的任何物质，不能填满这个看着的空间。因为那是真实的真空，排除了一切物质，所以没有人能够证出来存在空间中的物质。"①

从这点上，得到的结论，差不多实验科学的精髓，都聚集在这几句话中："任何理论，无论是物理的，或者形而上学的，不如经验，任何灵的概念不如事实。"泊莱芷，站在他的发明上，扫净了智识场中的荆棘。

将他试验的结果，写出一篇文章来，题为"关于真空的新试验"。② 可是，在他的工作中，他没有具体的解释来说明：在试管中的水银，为何再不上升了？果真各物的本质怕真空吗？他重新来研究。然而，他不像旁人，将物体"怕真空"当作原因，他乃将其看作是一个结果。他将事实来考察，水银与水的高度，常是不变的。那么每种东西，并不依靠真空的空间，"绝对的真空"便成为定论。

这时，天才的巴斯加尔写道："谁要继续他的经验与科学，关于他所写的东西，没有一个字可以更换的！"

这样新奇的理论，是不能没有反对的。耶稣会很有学识的神长，

---

① 见《巴斯加尔全集》，第二卷，第78页。
② 原题 *Expériences nouvelles touchant le vide*，系写于1647年10月。

叫脑唉洛（P. Noël）①站在亚里士多德与笛卡尔的理论上出来反抗。在1647年10月，脑唉洛给巴斯加尔一封信，大意在说："既然这个真空据有那'物'的行为，那么它便是一个物体了。既是一个物体，那么，它已不是真空，但这个真空似的物体，何以进到试管中哩？"脑唉洛引用亚里士多德的理论，在说空气是两种东西合成的。一种是细妙的，一种是粗糙的，当水银下降时，空气受了压力，而排出粗糙的部分，由管之旁，空气细妙之部分，钻进去，正如净水由试纸上沉下去，在此处，脑唉洛由物理学上转到形而上学上。真空是虚无，而虚无是不可思议的。

这种解释，很近武断，因为他的立足点，还欠踏实，连片面的理论尚未充分建设起来。巴斯加尔先给他规定什么是原理与结果，然后规定出假设来，而这个问题，便因此告一段落。

"凡是在官感上，或在理智上，对于人们不能怀疑的真理，人们才可下一个判断，这叫作原理。凡是从原理上，或从定理上得出不易的，必须的结果，这才叫结果。"所以，"要一假设是很真确，如他与认识的各种现象不冲突，那还不够；因为，如其假设只与一个现象相违背，而这现象是我们不认识的，那么这假设是错误的。"

巴斯加尔用实验证出来，所得的结果与脑唉洛的假设相冲突，便是说水银的高度与真空空间之面积无关系，那么谁是谁非，自然明白了。②

在物理学上，脑唉洛屈服了。在形而上学上，他尚坚持着他的理论。他著出一本《实的真空》，以拥护他自己的主张。但是全欧洲的大科学家，都向巴斯加尔致最高的敬礼，而巴斯加尔转到另一个场面上，做他的工作去了！

巴斯加尔，将"怕真空"之性，分作三步，一一来研究，第一步，这个"怕真空"是不可解除的；第二步，这个"怕真空"是可解

---

① 脑唉洛（P. E. Noël）生于1581年9月29日，死于1659年10月16日。他是笛卡尔的弟子。克莱蒙公学的校长，精通哲学与神学，入耶稣会为神父。

② 参看在1648年2月巴斯加尔写给巴伊的信。

除的；第三步，这个"怕真空"是没有的。①以往的试验，他将真空已建设起来。现在，他来研究真空的原因。一个大科学家，常是站在怀疑上，有如猿猴一样，得到桃子，撕其肉，碎其核，直到满足而后止。巴斯加尔怀疑的精神是很大的，他写道："用那些特殊的名词来填补人的耳朵！"他是不肯听别人的这些特殊名词的！

他怀疑在管中液体的平衡，真实的原因，乃是由于重力与空气压力的原故。然而要使他的推想成为定论，首先他须拿出铁的证据。他想出两种方法来：第一，求异法；第二，同异相交法。

用第一种方法，是要做真空在真空中的试验。用两个玻璃试管，一粗一细，相套起来。巴斯加尔以一种巧妙的方法，将细管中的水银，保持原始的高度，如其粗管中充满了好的空气；反之，细管中的水银降低以至落下来，如其粗管中成为真空。那么空气的压力确是液体升降的原因。

用第二种方法，是要在同日，同样管子，同样水银做多次的试验。时而在最高之山顶之上，时而在最高之山脚之下，以窥察管中水银升降之度数，但须在两个不同的地方，看他们的结果是同哩，还是相异哩？如其在山顶上，水银的高度较山脚下低，那便是因为山顶上的空气较山脚下稀薄的原故。那么，水银在管中停止的原故，乃是由于重力与空气压力所致，而绝不是由于"怕真空"。谁敢说水银在山脚之下较在山顶之上怕真空吗？而况，倘使人将压力变化，水银的变化与之成为比例哩？

在1647年11月15日，巴斯加尔写给他姐丈拜利蔼一封信，要他在道模山（Puy-de-Dôme）去试验。因事实的纠葛，到1648年9月19日，拜利蔼才按照巴斯加尔的指导去做。其结果，分外使人惊奇，与巴斯加尔信中的预料很相符合。巴斯加尔又在圣日克（St. Jacques）教堂顶与脚下复做过一次，又在一所有九十六个台级的房子做过一次。

---

① 参看《巴斯加尔全集》，第二卷，第371页。

结果都相符合。当渐渐往上升时，管中之水银渐渐降低。由这种天才的试验，获得流体力学的原理。至现在，在人类物质幸福之上，我们尚享受他少年的心血。

在1654年前，他曾著了两篇论文，到1663年始刊行问世。一为《空气的重力》，一为《流体的平衡》。① 他将这两种现象结连起来，他说："如其流体在两个管中，使之连接起来，互相沟通，即两种流体互相平衡。"这是流体力学的原理。又说："如其一只船，满盛以水，将门封住。只开两孔，一个较别个大百倍。每孔装以恰当的唧筒。一人推那个小的正等于百人推那个大的，便是说要超过九十九倍。"现今用的水压机，还是利用这个原理。

"真空的经验"，在巴斯加尔的思想与行为上，曾发生了重大的影响。到后来，他将宇宙之物，归纳成三类，从这之上，建树起他不磨灭的哲学。这完全由于他的经验与最高的智慧所结成。

真空的论文中，他说人类的智识有两种：一种根据记忆，如社会与教会的组织，依照证据的威权，以产出历史神学来；一种只用感觉与理智，去发现真理，如数学与物理。

人类智识的进步，是在人类的努力，而不在飘缈无定的命运。

他这种伟大的天才，他发明空前的真理，无疑的要引起别人的嫉妒，笛卡尔说道模山的试验，系从他那边学来。最近马纪儿（Mathieu）说那"求异的方法"是从吴绕特（Auzout）那边取得。② 事实俱在，现今的硕儒们，都还给巴斯加尔以正义。不过这种鄙的行为，也许正是人类本身悲剧的命运。

巴斯加尔是科学界的太阳，经过了一度小的日食，又显露出了他的万丈光芒。

---

① 原题为：1. Équilibre des liqueurs，2. Pesanteur de la masse de l'air。
② 关于笛卡尔与巴斯加尔的事实，请看 F. Strowski 著的 *Pascal et son temps*，第二卷，第五章。至于马纪儿毁谤巴斯加尔之事，见 *Pascal et son temps*，第二卷，第58页，注子第一。

四、内心生活的改变

在一位强有力者的内心生活之上,两种相反的力,常在那里冲击,正如同空间不相容的电流,于黑暗的云中,碰在一起,会发出美丽的闪光与震耳的雷声,然后顺着他们的要求,渐渐地达到平衡。因此,为着追求生活的平衡,尤其是内心的,有些人辗转在真理的当中,自杀,失望,皈依,都产生出来。

倘若揭开巴斯加尔的面目,我们会发现一种惊人的现象。那种长久的内心工作,苦痛在这种冲突之中,其结果只达到一种残缺,正如他的作品似的。他有稀世的天才,他的天性适合于各方面,唯其如此,一切都归宿到灵魂苦痛之上,而他遂为旷古悲剧的模型。

在巴斯加尔历史上,他与公教有过两次很深的接触。第一次,在1646年;第二次,在1654年。因此一般的学者们,说他曾有两次的皈依。这种形式的分法,是不很透彻的。

一个人的内心生活,也如一时代的思潮一样。"动"与"反动",常在那里转替与轮回。介乎他两次皈依之间,会经过一个短期间浪漫的生活,那道德家与宗教者之流,常因此而为他惋惜。其实,这是错误的。如其没有这样的浪漫生活,给他以丰富的社会经验,到后来,巴斯加尔绝不会有那生龙活虎似的威力,足与"自由派","无信者"们相搏击。

我们勿误会了他这样有力的内心生活。他生活的进展是连续的,不可分割的。他的生活只是一个,只因时间与环境的关系,他的表现的方式不同罢了!

公教有种特殊的彩色,他对于死的问题,不单不怕,而且看作是一种快活。原来,在他们的信仰上,现世的生活,这样短促,这样苦痛,只不过是将来"永久的,真福的生活"的准备。可是不要误会,以为公教中的信仰者,是将现世变化,为图达来世的阶梯,世间真爱现世生活的人,没有能比信仰公教者更强的。

这种伟大的精神，一方面指给人们一条生路。世间虽是苦痛，但是他不是人们永久的地方；另一方面，警告人们：你要认识你自己的本质，你只不过是"一根有思想的芦苇！"因而，凡是在真理面前不肯妥协者，他遇着机缘，便要张开他的生命之力。皈依只不过是一种生命力表现的方式而已。

　　巴斯加尔的皈依与普通的皈依不同。我们在前边说过，他母亲是虔诚的信徒，克莱蒙是公教灵魂的摇篮。他曾晓得当时宗教的形势，他曾与修士们深诚的接触与作过多次的笔战。所以，他的皈依，不是信仰的改变，乃是将一切束缚信心的东西，压根儿解脱开，更有力，更热情而更彻底的享受公教的生活，在这一点上，米先生看得最透彻。①

　　到1646年，巴斯加尔已二十三岁了。自从五年以来，没有一日，他不在苦痛之中。② 而况他的先天，是一个禁欲派的人！所以他的皈依，并非出自意外。这是他自己给自己辟开的生路，不如是，他便不得生活。他需要一种力，但这种力是来自超自然的。

　　倘如要站在纯粹哲学方面观看，凡是当时的大哲人，受禁欲主义的影响，其结果必成为骄傲；受享乐主义的影响，其结果必成为堕落。因为每种主义的精髓，是以信仰者的行为来估价。因为在一种真的皈依中，皈依者的心理，就在颤动之中，像是在充满浓雾的海洋上，漫游着的一只孤船，真理虽为他的目标，他要前进，可是雾遮蔽了他的眼睛。

　　将远如圣奥古斯丁（Saint Augustin），③ 近如皮昔加利（Ernest

---

① 见米超著的 *Les époques de la pensée de Pascal*，第38页。
② 参看圣背夫著的 *Port-Royal*，第二卷，第四页，77页，注子第一。
③ 圣奥古斯丁（Saint Augustin），生在 Thagaste，于354年11月13日。他是本地的贵族。父名 Patricius，是一个宽仁的无信仰者，母名 Monique，是虔诚的女子，他初学于本地，继学于 Madure，终学于 Carthage。在372年，他爱一个女子，没有结婚，生下 Adeodat。在373年，读完 Cicero 的 Hostousius 之后，他的意志改变。到罗马，继至米兰，虔心听 Saint Ambroise 的宣讲，在387年，他成为基督徒。在396年，他成为 Hippone 的主教。死于430年，他的著述很多，如《天国》《忏悔录》《圣宠记》等。在哲学上，在文学上，他另开一新的纪元。

Psichari）^①皈依的历史一看，我们看到有三层的阶段：

（一）智慧的作用：他们走的路径虽不尽同，他们的目的却是一样。他们竭尽精力要寻找到那最后的答案："我来自何处？""我将去到何方？"在黑夜，在日中，他们不断地、拼命地寻找他。我得到一种深刻的比较，智慧作为他们的斗衡。他们明白自己是不会独立的。最后的目的是归宿在真善美的怀中。

（二）官感的作用：在皈依者之心理上，常是憧憬着美的面幕，一个感觉敏锐的人，是不肯放过他去的。听着晚课时的音乐，内心激动的像是海洋中的怒涛，因他的心，在大寂寞中与物主相回话，热的泪奔放出来，他深知自己是一个最大的罪人，理智要他向上，意志敦促他往前走，他感到深沉的需要，他不能摆脱那些因袭与束缚。他苦痛，号泣，像是受了委屈的婴孩，负了暗箭的怒狮。所谓内心的苦痛，还不是这些冲突么？

（三）意志的作用：有好多聪明人，他很清楚他的生活路线，他也会给别人做向导。可是他自己却有时迷途，有时不能弹动。只有那些绝顶的呆子们才肯深信自己，抛开利害，正如尼采（Nietzsche）^②说："便是一件坏事，你也要做他到底。"因为意志是生活的中枢，意志坚强，生活才可能前进。

在真的皈依者中，必具有这三种的过程。三者是不可分开的，三者是交织在一起的。巴斯加尔所以异于人的，也便在此，让我们按照他的生活之演进，一步一步做这个长途的旅行。

---

① 皮昔加利（Ernest Psichari）生在巴黎，于 1883 年 9 月 27 日，系著名语言学者 Jean Psichari 的大儿子，系震惊全欧的大哲学家 Ernest Renan 的外甥。初学于蒙崖尼中学，亨利第四中学，继学于巴黎大学。得哲学硕士位。与法国哲人 Jacques Maritain 同学，系伯格森的弟子。弃文修武，入军队，至非洲，备尝辛苦，内心生活因之而改变。到 1913 年，回到 Cherbourg，在巴黎，成为公教徒。著有 Terres de soleil et de sommeil（1908）。L'Appel des Armes（1912 年）。大战起后，他是军人，即刻到战场上，死在 1914 年 8 月 22 日，晚上五点与六点之间。他死后，朋友们将他的杰作 Le Voyage du Centurion 刊行，风行一时。

② 尼采（Friedrich Nietzsche，1844—1900）生于 Röcken。德国大哲学家。意志与力为他中心的思想。性孤傲，死于疯狂之中。著述很多，而以 Ainsi parlait Zarathoustra 为最著名。

在1646年1月，为着要阻止决斗，爱基纳出去，在冰上滑倒，将腿跌断，按照他外孙女儿说："是天使他家认识物主，而转向到虔诚方面去。"泊莱芷的父亲被调养在两位慈善者的家中：Deslande与Bouteillerie。这两个人中，因Rouille村监牧，叫Quillebert，不断的劝导，便抛弃了他们往昔的行为，而专心在敬爱上帝与邻人之上。他们直接或间接都是圣西兰（Saint-Cyran）①的弟子。他们企图革新当代的教会与教理。他们要使人明白：人是具有很大的罪恶，自亚当以来，超度灵魂的可能已断绝了。只有慈主的怜悯与圣宠，才可救治，但须人们抛弃了一切世俗的虚荣。人们该将思想与行为，符合一致，实行那"爱天主在万有之上，爱人如己"的金科玉律。

当这种思想，在法国17世纪前半期蔓延的时候，爱基纳正好凑巧碰着个机会。他便展开两臂来拥抱。那时候，他的荣誉，财产，与子女们的教育，已达到他的希求，真是所谓"可以死而瞑目无悔"的时候。现在，他睡在病榻上，解脱开一切人事，他有时间来想想天主。恰好这两位朋友，使他明白：像他那样有才，而不奉献在最高的真理之上，却迷恋世间的虚荣，是很可惜的。爱基纳接受了他们的忠告，他晓得人生来不是为"风化"的，死后肉和骨变成为灰尘，随风飘在四方；他晓得，世间最可留恋的，不是子女与玉帛，因为到死之时，全要抛弃；他更晓得，人间的爱情是暂时的，而不是久永的，在眼前排演的五光十彩，凑成的幸福的乐园，那只是海上的蜃楼。只有在真理之中，才可得到坚决的答复，他皈依了，他找到他的生活的原则与归宿。

生性好奇的巴斯加尔，看见他父亲生活上有了深深的变化，他能够闭住他的眼睛吗？像他"在真理面前不肯让步"的特质，加以公教教义的幽深，他没有接近的可能吗？而况任瑞尼派，在当时的成

---

① 圣西兰（Saint-Cyran，1581—1642）生于Bayonne，死于巴黎。他的原名叫Duvergier de Hauranne，大神学家。任瑞尼派中的健将。从1633年之后，他成为乡间抱脱罗亚洛的领导者。

功，正如新教在法兰梭第一（François Ⅰ）[①]与亨利第四（Henri Ⅳ）[②]的时候，日盛一日，这种思潮的传染，能不给巴斯加尔影响吗？哈瓦（Havet）曾说过："巴斯加尔生来是一个禁欲派的人。"[③]他便变成一个任瑞尼派者。

只是，在这时候，他正在研究"真空"，他要掠获科学的王冠；他的心理上，只是一种好奇的认识，因为他的生活尚未完全改变，因为他的心尚未完全置在真理之下。他明白爱天主是应该的，但他还不知道是为什么！他读了好多关于任瑞尼派的书，如阿黑脑（Arnauld）[④]的。可是他尚未深入进去。那时，他的态度大致如此：宗教是要的，公教是真的，要劝人来信，因为大家都相信。他便开始来劝说他的妹妹，那时候，她年方二十，正欣羡现实，沉醉人世，做着婚姻的美梦。有人说，她将与老昂的议员订婚，却被她的哥哥说服，情愿抛开一切与大自然结合，过孤独的生活。

我们不要误认了巴斯加尔，他的生活虽没有完全放在宗教之上，但是神的观念已烙印在他心的深处，他眼前排演着好多的模型，圣西兰便是其中之一。

也如中古时代的骑士一样，他拼命来牺牲，但他还未认清楚他的对敌，在 1654 年，11 月 23 日半夜时，他才知道他生活的归宿与战略。

---

① 法兰梭第一（François Ier），于 1494 年生在 Cognac，系 Charles d'Orléans 与 Louise de Savoie 的儿子。在 1515 年即位，喜战争，一代的雄主，与 Charles-Quint 常冲突。他开创户部，组织国家基本军队。设立印刷馆。在他宫廷之中，网罗了不少的恶人，如 Vinci, Cellini, 与 Titien 等。死在 1547 年。

② 亨利第四（Henri Ⅳ）系 Antoine de Bourbon 与 Jenne d'Albret 的儿子，生于 1553 年 Pau 宫中。在 1589 年即位，一直至 1610 年。初与 Marguerite de Valois 结婚，继离婚后，另与 Marie de Médicis 结婚。他仇恨公教，与德国新教联络，因此内战不休。在他统一法国后，他希望每个农民，在礼拜日有鸡吃。常时奖励农业。

③ 见锐豪著的：*Pascal, l'homme, l'oeuvre, l'influence*，第四版，1922 年。第 42 页。

④ 阿黑脑（Antoine Arnauld, 1612—1694）法国著名的神学家，耶稣会的劲敌。生于巴黎。在 1662 年，他同 Nicole 合著 *Logique de Port-Royal*；在 1664 年，他同 Lancelot 合著 *Grammaire générale et raisonnée*。

在老昂，有佛尔顿（Jacques Forton）①者，以为"理智"有唯一的权威。耶稣启示的真理，无须用"传述"来解释，仅只理智的作用，便可明白。所以那些三位一体、创世等的神秘，并非如教义中所说。只要以理智来思索，便可明白他的真谛。这种新奇的理论，引起不少人的注意与反应，巴斯加尔便是其中之一。

凡是一种宗教，如同梁漱溟先生所说，须有两种特质：第一要"超绝"，第二要"神秘"。不过这种特质，不能与人的理智相冲突，乃是超过人的理智之外，而尤其是在公教之中。

相信一种宗教，绝不能看作是一所桃色的花园，敬爱"天主"，绝不能由于怕入地狱。如其一个有信仰者，不将"爱真善美"看作是一种天职，即他虔诚至何种地步，是无用的。

"超绝"与"神秘"只是一种有了信仰的现象。信仰是伴随着理智的。笛卡尔将理智与信仰分开，他们中间，有一个不可逾越的鸿沟。巴斯加尔同他相反，他说："只按照良知。可以证明出好多的事实而敌人们以为是悖理的。所以纵然不要理智来帮助去相信，而理智自然地来领导着去相信。"②佛尔顿的思想，引起巴斯加尔的注意。有一次，他同两个朋友，去找佛尔顿来谈论。

佛尔顿说，天主的一切是合人的理智的。所以凡是"神秘"与"超绝"等都是悖谬的。

巴斯加尔受了任瑞尼派的影响，便反过来问他：你否认信仰，你将何以解释"圣宠"与"自由"哩？结果，佛尔顿否认这一切人造的名词，而走上了唯物的道路。

其实，佛尔顿不该站在"实验科学"上谈"形而上学"的道理。因为这两种立场，根本不同。巴斯加尔要拥护他的信仰，同他的两个朋友，提出十二条的反抗。此后，佛尔顿便形消灭了。

---

① 佛尔顿（Jacques Forton）号称 Saint Ange，系 Bourges 大学的神学博士，用法文解释神学，为着使妇人们容易明白。
② 见巴斯加尔给拜里蔼夫人的信，1648 年 1 月 26 日。

像他这样拥护公教，我们要问：他是真正皈依吗？还慢着！

五、抱脱罗亚洛与日该利纳的隐修

法国 17 世纪的前半期，便是说从 1600 年到 1660 年，在外表上看来，似乎是为公教的思想所统治，与中世纪传统思想不相隔绝。但事实上，却非常紊乱，缺乏时代的中心的思想。所以促成这种现象的原因，约有两种：

第一，在宗教改革之后，尤其是在 16 世纪，"理智"的权力提高，教会的威信降低，久远奉行的世袭习惯，都瓦解了。因而，思想的路线，由纷乱之中，转向着贵族、无神与自然方面去演进。

第二，个性的发展，那时，"我"的觉醒，尤其是蒙达尼（M. de Montaigne）[①] 的《随笔》[②] 刊行后，给了人们不少的指导。所以个人的生活，不尊重法则，并蔑视道德等的条例，任意发展个人的情欲，迷恋酒色，追逐"逸乐"，靡知所届。

因此，社会上，一时失掉了信仰的重心。在路易十三之下，有不少的自命"自由派者"，大抵这是些所谓哲人者流，他们表面上装演着宗教的色彩，而实地里不是与加山地的享乐主义勾连，便是与瓦垫（Le Vayer）的怀疑理论融合。虽然如此，可是这些人们，尚能洁身自好。另有一派更放浪的人们，专以无信仰为唯一的快乐。他们大半是宫廷中的随人，少数社会上的漂亮贵妇，他们唯一的勇敢，

---

① 蒙达尼（Michel Eyquem de Montaigne，1533—1592），法国著名的道德家与杰出的文人，生在 Périgord 的蒙达尼堡内。幼时，学习拉丁，登峰造极，宛如法文似的。在 1557 年，举为 Bordeaux 的议员；在 1505 年，他同 Françoise de la Chassaigne 结婚，赢得许多嫁妆。到他 37 岁，脱掉官场中之职务，开始著作他的《随笔》。他游历意大利、德意志，在 1581 年，任他为 Bordeaux 市长，继而瘟疫大起，退到 Libourne，过他书本中的生活。死于 1592 年，活了 59 岁。

② 《随笔》（Essais）刊于 1580 年，系蒙达尼的随感录。蒙达尼是个享乐派，外表上却挂着禁欲派的面目。书分三卷，受拉丁文人的影响不少，如 Sénèque。书中根本思想，要从"我"出发而去描摹人类。"我知道什么"一语，成为他哲学的中心。因而他根本上的思想，是一个怀疑者。《随笔》一书，在 17 世纪，有很大的影响，他造成"正人"的典型。

33

便在反抗天主。便是那勇而有力的笛卡尔派，在他们纯理的哲学上，是承诺天主的存在，灵魂的不灭。但中心思想，却还是认理智为唯一的权威！

理智是好的，重要的，一刻都离不开的，但是要放在智慧之上，当理智走到极端，将生活放在机械之中，有内心生活的人们，需要别种思想的方式来代替。在17世纪紊乱的时代，抱脱罗亚洛便应时而出现了。[①]

在1647年1月26日，赛继尼（Mme de Sévigné）[②]夫人写道："抱脱罗亚洛是埃及的隐居地，是天堂，是一块荒地；在那里，宗教的信心集聚起来，便是那可怕的山谷要引人们去超度他的灵魂。"

这个潮湿的山谷中，很少有人的踪迹。在深秋的时候，山坡上的枯叶，随风飞舞着。淡黄色的太阳照着这沉静的山谷，像一个未曾开垦的荒岛。偶尔有打猎者走过，谁都不肯停足，像有鬼怪存在似的。于1209年，便有人在这所荒地，建设起一座修院，距巴黎只不过几里地的行程。到17世纪初，这所修院，竟成为法国思想史上最著名的"乡间抱脱罗亚洛"（Port-royal-des-champs）。

修院中，有个十一岁的少女，叫安日利克·阿黑脑（Angélique Arnauld）[③]，任院长之职。她同着十二个修女，在那里度那一种纯洁天真的儿童生活。她来到此地的时候，内有本笃会做弥撒的修士，一个

[①] 要参看 F. Strowski 的 *Pascal et son temps*，第一卷。

[②] 塞维尼夫人（Mme de Sévigné）原名为 Marie de Rabutin-Chantal，于1626年2月5日生在巴黎。系 Ménage 与 De Chapelain 的弟子，精通拉丁文、意大利文与西班牙文。在1644年，她与侯爵 Henri de sévigne 结婚，生一女儿，便是将来的 Grignon 夫人。到她26岁上便成为孀妇，出入于宫廷之中，为人所意外敬爱。在1696年，她死在 Grignan。平生直率和蔼，有很多朋友，如 Mme de La Fayette 与 de Fouquet。着有信札集，系与她女儿的通讯，文体非常自然，为后世尺牍文学模范，大半描写当时的社会情形。

[③] 安日利克阿黑脑（Angélique Arnauld）系大律师 Antoine Arnauld 的女儿。Antoine Arnauld，耶稣会的劲敌，有22个孩子。在他女儿中间，有一个是洛买特（Le Maître）的母亲，便是说 Antoine Le Maître，Le Maître de Sacy 与 Le Maître de Séricourt。有两个（Angélique 与 Agnés）系抱脱罗亚洛的女院长。有5个系修女。在他男孩之中，大儿子叫 Arnauld d'Audilly。他的5个女儿都到抱脱罗亚洛修隐。Antoine Arnauld 的最著名的儿子有三：一为侯爵本抱纳，一为 Angers 主教，最幼而驰名的是大阿黑脑（Le grand Arnauld）。他著作等身，而尤以神学为精。便是因他的关系，巴斯加尔写出那十八封与乡人书来。

字也不识，永远听不见他念日经，只是不停地去打猎。修女们听不见他讲道，已经有三十多年，在修女们发愿的时候，他来敷衍几句，共计不过七八次。可是，没有关于开心方面的事情，那些修士们却如蜂似蝶的飞来。为着好在一起行乐。即使修女们穿的衣裳，也要按照"时式"，她们带上手套，宛如那些贵妇似的。她们共十三个人，至大的，才不过三十三岁。①

她们穷苦地活着，可是很闲散。也许这是她们积下的闲福。每天在郊外与园中散步。如有人来邀请她们，她们可以一起出去；如有人来拜访，她们能在修院内一律招待。可是女院长安日利克，不断的在那里边苦痛。

在1608年，方济格会的修士来院中讲道，题为"出生卑贱的耶稣"，竟将这十六岁的女院长感动。她说："这是第一次天主看她，也是第一次她看天主。"② 以后接连又有两次讲道，讲者虽不同，而感动却一样。安日利克决定要改革她的修院，那时候，她的决心是如此：

第一，要完全抛弃了一切私有的财产，好共同生活。

第二，要完全禁锢在院中，永远不准出去，自然外人亦不得进来。

第三，以博爱，以谦逊，要将自己的生活整个地放在圣爱里边。

她如是决定，便如是实行起来，到1609年9月25日，女院长的家属来看她时，她将她们请到会客室中，不准进到修院内，她父亲偏执，再三坚持，竟至演出一幕悲剧。她为情感冲动，以致昏倒在地。可是从此后，抱脱罗亚洛的精神便竖立起来了。

但是，这所修院中，还缺少一个精神的指导者，天缘凑巧，她们碰着圣西兰。于是大家聚在一起将"服从""清寒""苦修""快活"作为她们生活的规则，心与心连接起来，放在"静"中，要做到那最完善的地步。而任瑞尼派的道理，便在此立起它的大本营了。

当第一次，安日利克到圣西兰脚下悔罪时，他向她说："你要竭

---

① 见 Sainte Beuve 的 *Port-Royal*，第一卷，第89页。
② 见 Jacques Chevalier 的 *Pascal*，第38页，注1。

力去苦修……这是一条直接的路线……苦修要和沉静合在一起……"①

他们俩一手将这个抱脱罗亚洛改造了。阿黑脑的孩子们，都来到这里。著名的律师洛买特（Antoine Le Maître），因圣西兰的关系，皈依耶教，来到他们周近，孤独地活着。到处，人们向他们表示同情；到处，人们向他们致最高的敬礼。在巴黎，抱脱罗亚洛成为谈资。

在这种超人生活之前，有诗人天才，敏感的，不肯让人的日该利纳，哪能够让步哩？

在佛尔顿事了结后，于1647年9月，巴斯加尔同他的妹妹来到巴黎。是年终，巴斯加尔病了，医生禁止他工作。他妹妹变成他的最心腹的秘书。她代他写，代他算，甚至代他来思想。这位聪明的日该利纳是巴斯加尔最钟爱的。介乎他们兄妹中间，和谐的情感，从他们纯洁的心中涌出，他们互相找到深的安慰，他们像是只有一颗赤心。他们像是雪中的腊梅，艳开在法兰西文学的园中，只有沙多布里扬（Château briand）②与罗南（Renan）③的兄妹们才可明白这种情形。

巴斯加尔常时头痛。按照他妹妹的信上说，他的生活是如此：每星期日下午，去做晚课，去洗澡。礼拜一与礼拜二早上，笛卡尔带着几个孩子来看他。鲁白瓦尔，自然是不会少的。诗人达里白来当然亦在其间。笛卡尔劝他要睡在床上，常喝些开水。他们渐渐谈到科学，正如两个久别重逢的老友，滔滔不绝，分外地起劲。他们说到水银不上升的原故，巴斯加尔以为是"真空"，笛卡尔却说是"玄妙的物质"。

---

① 见 Jacques Chevalier 的 *Pascal*，第38页，注4。
② 沙多布里扬（Vicomte François-René de Chateaubriand，1768—1848）生于 Saint-Malo，死于 Paris，法国著名的文学家，浪漫派文学运动的始祖。从美国回来，正是法国革命时期，服役于皇党军中，伤后便退居英伦，从事著述，生活非常辛苦。法王复辟后，任驻外国使臣。他的著述很多，如 *Génie du Christianisme*; *Essai sur les révolutions*; *Les Maityres*; *A tala*; *René*; *Mémoires d'outre-tombe* 等。他姐姐 Lucile de Chateaubriand，系一个工愁善病，天才杰出的女子。总很爱他。沙多布里扬在 *René* 一书中曾描写过。
③ 罗南（Joseph Ernest Renan，1823—1892）生于 Trequier，死于 Paris，法国语言学家、历史学家、批评家。19世纪后半期，差不多法国思想完全受他的支配。初想做神父，继信仰动摇，一半受科学思想的鼓舞，一半受他姐姐 Henriette Renan 的影响所致。著述很多，如 *L'Avenir de la science*; *Les origines du christianisme* 中有《耶稣传》最为著名；*Souvenirs d'enfance et de jeunesse*; *Masoeur Henriette* 等。

于是，他们开始辩论起来。他们感觉不到时间的长久，巴黎冬初暗黄色的阳光，凄楚地照在窗上，而正午的钟已响了。笛卡尔打断话头，迅速地站起来告辞，因为，在圣日尔曼有人请他吃饭。[1]

雷布尔（Rebours）同圣克兰（Singlin）[2]也不断地来看他。他们做知心的谈话，巴斯加尔带病向雷布尔说："他同他们的——指抱脱罗亚洛的——'情感一样'。站在良知的原则上，他能做个任瑞尼党，而却永远做不到个耶稣会派！"雷布尔得意的说："要做一个真的任瑞尼派者，须由信仰上出发，而非由理智上着手。"[3]巴斯加尔同意他的意见，只是他往往要扯到思想上去。

便这样闲静地一日一日过着。日该利纳，正如泛滥后的江河，慢慢地归到河床，顺流而入海了。

桂洛白尔，便是在爱基纳调养期间照顾他的朋友，那时候，他正来到巴黎。他常向抱脱罗亚洛的朋友，提到巴斯加尔兄妹。日该利纳当时的心理，已厌倦这个罪恶的世界。她明白，神奇的人世，只不过是个万花镜。她渴望一个真而又确的生活，在那上边，她可得到无尽的"永生"。桂洛白尔将她领到女院长安日利克的面前。如母亲似的女院长，带着"许多满足与恰意"[4]招待她。她们坦白地谈心，这个山谷中晚秋的凄风，伴着古教堂的钟声，在那儿为她们和鸣。

"天给她——指日该利纳——各样的天才，同时具有妇女的雅致"[5]，不是古让对她的赞美吗？当圣克兰第一次见她后，向她哥哥说："从没有见过一个女子，有她这样深的信心的！"[6]住在这偌大的巴黎城中，没有一点事情可以解释她的心意。除过访问抱脱罗亚洛的

---

[1] 见古让著的《日该利纳巴斯加尔》，第 14 页。
[2] 圣克兰（Antoine Singlin）死于巴黎，在 1664 年。他给 Mme de Longueville 影响不少；著有 Institutions chrétiennes sur le mystère de Jésus-Christ。
[3] 见 F. Strowiski 著的 Pascal et son temps，第二卷，第 218 页。
[4] 见锐豪著 La Vie héroïque de B. Pascal，第 58 页。
[5] 见古让著的《日该利纳巴斯加尔》，第 49 页。
[6] 见 L. Brunschvicg 编的《巴斯加尔全集》，第一卷，第 153 页。

友人们，除过给她哥哥做秘书与看护妇外，她只是梦想她将来的宗教生活。她的灵魂像是冬天的雪花，初从北方吹来，渐渐往大地上扩展，以至变成一个银的世界。

将她的心意，告诉给她哥哥，巴斯加尔到有点难为情。因为这是一种剜心的牺牲，而况他又在病中。可是，从没有一个哥哥，将妹妹不顺人情地留在自己身旁，以供自己使用，为尊重他妹妹的意见，只好说找锐白尔来替代。大致上，泊莱芷与锐白尔，是同意的，因为他们没有较好的方法，现在只看她父亲吧。

1648年5月，爱基纳辞了他的职务，将要回到巴黎看他的儿女。在他未到之先，日该利纳给他一封很圣洁很和平的信，叙述她的意志，要去做修女。爱基纳，正如许多别的父亲一样，不只是苦痛，而且反怨怒起来。立刻下了铁似的禁令，不准他的儿女与抱脱罗亚洛发生关系。并用他心腹的仆人，监视他儿女们的行动。日该利纳写给她姐姐的信中说："因这些难事，你知道将家中内外的安静，是弄的多么纷乱呵！"①

可是，日该利纳并未改变她的意志。她爱她的父亲，她服从她父亲的心意，她爱她的天主，她要将她的生活放在天主意志之下。她隐忍地奋斗，辗转在苦痛之中，到1649年5月，爱基纳为着使他的女儿散心，将他的两个孩子带走，回到故乡，同时，向他的女儿让步地说："我的生命不能久远了，请你忍耐些吧！"②

在克莱蒙，日该利纳像是住在修院中，着低跟鞋，与世人隔开，将头发剪短，抛绝肉体的美。她穿的衣裳像是一个上了年纪的妇人，竭力刻苦地生活着。如有机会，尽心地做些慈善事业。她将"圣歌"中的"耶稣，我等的救主"（Jésus notre redemption）③译成诗歌。她不与世人往来，而自己亦不出去。

与她正相反的是泊莱芷。在克莱蒙，他爱着一个女子，别名沙拂

---

① 见日该利纳写给锐白尔的信，系1648年11月5日。
② 见锐豪著的 Soeurs de grands hommes，第28页。
③ 参看古让的日该利纳巴斯加尔，第139页。

（Sapho）。① 布脱户写道："按照佛莱西野，巴斯加尔同另两个情人，共恋一个有学识的女子。她拥有本地沙拂的佳名。在这个村中，她纤细与灵活的精神，最为出众。她禁不住那些庸俗的赞美。在她旁边，巴斯加尔用种优雅的风度谈论有趣和多情的故事。"②

1660年5月，他们返巴黎。日该利纳依旧自由生活着。外表上装出不与旧友们往来，使父亲安心。泊莱芷继续他物理学的工作，企图不朽的光荣。兄妹俩，在信仰上，还如往日一样，守着平衡。但在他们的生活上，却与前不一样了，这也许因为巴斯加尔是真的天才与特殊发达的官感，他开始他的世俗生活，而走入另一个境界之内。他的妹妹却独自一个伴着那铁似的决心，孤独地活着。

1651年9月，爱基纳病了。日该利纳昼夜不息地看护他，侍奉他。"当她看着父亲身旁不需要她时，退到自己的房内，和着眼泪跪下，不断地为她父亲祈祷。"③

这年，在9月24日，爱基纳病势严重，挽救无术，与世永别了。

锐白尔因临盆的关系，不能来克莱蒙。只他兄妹两个留在巴黎。爱基纳的死，给他儿女们以重大的打击。但锐白尔是有丈夫与儿女的，日该利纳是要到修院中去的，在目前，她们都有生路可走，无论幸福与否。唯只是巴斯加尔，处在这种情形之下，更感到深深的孤独与苦痛。

然而他总是个强硬者。他的精力放置在信仰之上，虽然这种信仰还没有与他的生活凝在一起。他的心绪，是向着"无尽方面"去演进：他辛辣的苦痛，说不出来，在深夜，泪淹了他的心胸。他需要人和神做他的依据。这种灵魂秘密的呐喊，从那封"关于他父亲死的信"中，已启示出他日后《思想录》的行迹来了。

---

① 沙拂（Sapho，约纪元前7世纪到6世纪）希腊女诗人兼音乐家，与Alcée同时。她出自名家，然习俗相传，以为她是个妓女。性风流，天才颖出，长于抒情诗，爱一个少年，叫Phaon，不得随其心志。她很失望，从Leucate山顶，投掷于海中。相传她爱讲同性恋爱，故西方有Saphique之称。
② 见布脱户著的 Pascal，第57、58页。
③ 见锐豪著的 B. Pascal，第238页。Hachette出版，1910。

> 对于我们的不幸，我们所该寻找安慰的地方，不在我们自己身上，不在一切人们的身上，乃是在物主身上……
>
> 我们对于这种不幸的发生，不是在他自己本身而超出物主之外，乃是超出他自己而在物主最深的意志之中……
>
> 啊，主呵，你的法律是在我心的中间……①

他虽如是写，他虽如此有力，毕竟他是个人，他支持不住那种沉闷的孤独。自从他大姐出嫁以后，他妹妹女性的微笑，是他少年纯洁生活中唯一的安慰。是年12月底，锐白尔来到巴黎，将家产分清，日该利纳便从此要永别她的家庭了。现在让我们听锐白尔叙述她妹妹那时离家的情况吧：

> 我的弟弟，分外悲痛，曾得到我妹妹许多的安慰。他想象，她的恻隐之心，会使她同住在一块，至少一年，好帮助解决他的不幸。关于这事，他曾同她坚执地商量过。她不敢反对他，因为深怕加倍他的苦痛，所以，这便要她一直延迟到我们的来到（11月的终了）。那时候，她向我说：即刻将家产分拆后，她的心意是要到宗教之中。为着怜惜我弟弟起见，她只装出去做一个避净。对此事，一切她要我在座来准备。在12月末日，我们的分产签字，她决定1月4日进修道院去。
>
> 离开的那一天，她要我在晚上的时候，向我弟弟说明这些事情，使他不至于惊奇。尽我所能，小心地，告诉他；但是纵使我说这只是去做一个避净，只些微明白点这种生活，他不能不为感动，很悲哀地他退到他的房中，也没有去看我的妹妹。那时候，她正在常做祈祷的小室中。只是在我弟弟离开家后，她才从那儿出来，因为深怕她的出现，伤痛了他的心。我代他告我妹妹说那

---

① 见巴斯加尔写给拜里蔼夫人的信，在1951年10月17日。

些他告诉我说的最情感的话。以后，我们便都去睡觉。虽然我满心赞许她所为的，因为我相信，这对她是一种最大的好处，然而，这种决断的重大，竟至把我如是感动，将我的精神攫掠住，通夜没有睡觉。到七点钟，我看着她尚未起来，以为她也没有睡着，我怕她在病了，便走到她床边，她却在那里深睡着。我的声音将她惊醒，她问我几点钟了。我告诉她时候，并且问她的身体怎样，睡得怎样。她说她的身体很好，睡得很好。她起来，穿上衣服，便走了。她做这种动作，也如别的一样，在一种从容与精神平衡之中。怕我们难过，我们也没有互相告别，当我看她准备出去时，我将脸掉转过去。便是这样的仪式，她离开家庭。时在1652年1月4日。那时候，她二十六岁又三个月。①

这是一幕最沉痛的悲剧，只有那些有深沉的信仰者才可排演。这种详静的态度，不是来自天性，乃是来自内心生活的修养。大抵上一个健强的灵魂，他常是拒绝情感的行动而以意志为准则的。因之，临大事之时，声色不变，宛如一座高山，峰顶突出。虽为云雾包围，风雨袭击，而他仍然屹立在那边不动。

超人的爱将他妹妹夺走，在巴斯加尔的生活上，留下一个无底的罅隙。

他请求他妹妹再待两年，好去正式穿衣。②他没有得到回声，他落在失望之中。1652年3月7日，日该利纳给他一封精彩而有力的信，要巴斯加尔同意她的意志："……不要夺掉我那你不能给我的东西！……尽我的心情来请求你，非是为着完全这事，既然那不是必须的；乃是要完成他同着快慰，安宁与清净……"

这封强悍与缠绵的信，曾使巴斯加尔感到一种剧烈的头痛。在稍

---

① 见拜里蔼夫人关于日该利纳的回忆。
② 在公教中，有好多女修道院。一个女子初进去时，穿着普通衣服，过几个月后，便换上修女的衣服。这一个重要的节日，有隆重的典礼。

微平静之后，他清楚自己没有权利去勉强别人的意志的。他去看他妹妹，经过 Andilly 从中的解说，终于巴斯加尔让步了。

过了一年，到将要发愿之时，日该利纳通知她姐姐和哥哥，说要将她应得的财产，送给她的修院。巴斯加尔与她姐姐一致反对。因为他们的财产，是不能送给路人的。原来，自从爱基纳活的时候，尽力供给他的儿子来做试验，真空的发明，计算机的完成，需要一笔巨款才可做到，而今他死了，来钱的地方亦已断绝，巴斯加尔立意要与世人们周旋，继续他在物理与机械学上的试验，如有时机，他可使瑞典皇后二次的满足，那时候，他有限的资产，不够去支撑这些试验。他便不客气地拒绝了他妹妹。按照修院的目的，是在超度灵魂，而非是自得资产，但抱脱罗亚洛一样将她留下。

然而，刚强、我爱很深的日该利纳，将苦痛深入于骨髓里。

有一天，巴斯加尔来看他妹妹，日该利纳竭力装出安心与快活的神色。然而无形之间，她的苦痛还是表现出来。巴斯加尔看出这种神气，他明白他妹妹心里的苦痛，他感动，他追悔，他要去处决这件事情。

这个同意，自然使日该利纳快慰的。但女院长安日利克却不肯放过她们的真理。她提出条件，如其巴斯加尔的动机，是出于诚心，那么他妹妹可以接受；否则，她在修院中要财产何用哩？

在这情形之下，巴斯加尔能够不感动吗？他看不着些宗教家处世接物是有另一种出发点吗？他不想想他们所要的不只是好的思想，而更重要的是纯洁的行为吗？

然而，这时候，人世向他微笑。他的生活另换了一个方式。

六、世俗的生活

虽然巴斯加尔认识了他的天主，找到他生活的依据，但是他不爱他。世间真爱天主的人，根本的条件，须要将自我解脱，变成一个最小的婴孩，然后猛力地来拥抱那绝对的，至极的"真理"。

现在，他不只是不爱，反而渐渐地疏远隔开，他生动的精神，完全凝集在人间。那时候，他癖嗜的科学，固当置之度外，便是那"自然"也不足使他关心。他的灵魂，像是墨云遍空，狂风怒吼的夏夜，在启示暴风雨的来到。便是那往日几颗忽明忽暗隐约空中能够给他点安慰的流星，而今也躲在云后去了。他痛苦，他沉闷地与胜利地苦痛。

一个生命力强的人，在他的生活上，是不会永远持着他的平衡的。他常在那里潜移默动，找寻他的归宿。他所得到的，只是空虚，失望与彷徨。于是，在那些微物之中，可怜地揣摩那所谓不磨灭的真理。找不着，他呐喊，像一个负伤的怒狮。米该郎便是其中之一，但他不像巴斯加尔。米该郎的苦痛，是由于时代的错误与他天性的使然，他在雕刻与绘画中，能找到他的安慰。如那象征人类罪恶的"夜"像与苦痛和失望交加的"比野达"。① 但是，泊莱芷却正相反，他感到苦痛，却不能在实验科学中找出他心中的缺陷！他所找到的，是这个不坚固而蜉蝣的世界。

我们不要错认了巴斯加尔，以为他世俗的生活是可鄙的。也不要如那些假道学者之流，以为他洁白的生活之上，深刻下不易擦磨的污点，而为他徒然的叹惜。压根儿说，他世俗的生活，只是一种相对的讲法，并非如享乐派的诗人们，拼命地沉醉在酒精与女子之中，盲目地追逐那暂时的逸乐与刺激，而脱口说："世界是罪恶的渊薮，生活是无聊的！"

在巴斯加尔最后的胜利之先，他要将生活放在这个灿烂的人间。促他走到这条路上的原因，也如别的伟人们一样，由于"软弱的本

---

① 在 1530 年 8 月 12 日，佛罗郎司城失守，米该郎藏在教堂顶上，深怕为教皇 Clément Ⅶ 所捕，因为米该郎反抗他。但教皇提出一个条件，如其米该郎肯于工作默地昔斯（Médicis）的坟墓，则可免罪。米该郎接受了，做出那千古不朽的"夜"像来。关于"夜"像，米该郎有一首著名的诗："对于我，睡眠是贵重的。但最贵重的却是石头的睡眠，其时罪恶与耻辱永存着。看不见，听不着，是莫大的幸福。这便是为什么不把我弄醒，呵！谈的低一点。""比野达"（Pietà）系米该郎著名的雕刻，现在罗马圣比得大教堂内。从正门进去，向右手，第一祭台之上。"比野达"是指耶稣从十字架上取下后，圣母将他的尸体抱在膝上。那种苦痛，失望，无可奈何的神气，完全表现出来。

质"，但他的环境，却是他这两年世俗生活的根本原动力。① 我们在前边叙述过，自从他有生以来，常在疾病中奋斗，他肉体上的苦痛常想在肉的享乐中忘却，虽然这是一种难能的事。次之，他灵敏的感觉与特殊发达的想象，② 引起一种不能停居在闲散中的精神，好奇的心理，促使他走到神奇的人间内，以追寻那些幻变的经验，好供给他日后的《思想录》。更重要的，是他父亲死了，妹妹进到修院中，他的心上，感到不可抵抗的孤独。他姐姐自然是很爱他的，可是她已结婚，既有家庭，又有子女，真是所谓"爱莫能助"。因一种心理的反动，他便投掷到人间，要寻找另一种生活，以补救他心中的缺陷。

我们现在要问：所谓巴斯加尔的世俗的生活，究竟是做些什么事情哩？

他是会找到他的社会的。游艺场、剧院与妇女们的集会中，而今都有了他的踪迹。我们想到《思想录》中的名文来，那段文章是他在剧院中的收获：

戏剧是最自然与最美妙情欲的表演。当人将他表现的太清贞与太诚恳时，在我们的心中，他可引动情欲，产生情欲，而尤其是关于爱情的。因为，对于那些天真的灵魂，他愈表演的率真，而这些灵魂愈能为他所感动。戏剧的强力，投合我们"我爱"的心理，于是即刻造成一种欲望，要想也产出同样的结果，正如同看到那样好的表演似的。同时，于忠实的情感之上，如在戏院中

---

① 我们该将巴斯加尔的世俗生活时期确定一下：他父亲死在1651年9月24日，他妹妹系1652年1月4日进到修院内。在这时期中，我们相信，他的生活没有改变，第一因她妹妹与他住在一起；第二，因他父亲方才死去。1652年2月或3月间，他给瑞典皇后的医生去信。便是给那位著名的无神论者Bourdelot。泊莱芷要他将"计算机"献奉给皇后。他的宗教思想开始摇动了。从是年2月起，结识了他的新朋友，如洛安乃兹公爵，买海，米敦等。六月旅行到巴都。在10月里，他回到克莱蒙，住在她大姐姐家中，一直到1653年5月。他的生活不规则，但非太浪漫不堪。自5月至12月，他住在巴黎，他的生活更放肆了。不久，他便憎恶起人事来。总结起来，他的世俗生活还不满两年，约二十个月的样子。

② 巴斯加尔的想象特别发达，如那"两无穷"（deux infinis）便是好的证据。

所见到的，人们造出一种意识，解脱了纯洁灵魂的恐惧，以想象这是无伤于贞操，去爱一种给他们显示出如是合理的爱情。①

自从全家返到巴黎后，巴斯加尔便交际着许多有权势、美风采的人物。有了上边我们叙述的心理，作为背景，他与这些人们更深密地接连起来。在这个新的社会中，第一个同他要好的，是洛安乃兹公爵（Duc de Roannez）②，因他们住的相近，③对科学共同的嗜好，不久，他们便成为金石的朋友。拜里蔼女士说："介乎我舅父与公爵之间，有一种很亲密的友谊。……科学的理智，做成他们的快乐与一切谈话的资料。"④

洛安乃兹公爵有二十岁了。在当时法国贵族之中，他是第一流人物。自从小的时候，便在冒险中活着。虽然没有受过好的教育，由一个"不关心"的母亲教养大，但在他的品格上，却表现很严谨与很忠实的气概。他爱科学，尚义气，喜交游，有时，也爱浪漫。自从与巴斯加尔结识后，不久便到分离不开的程度。他敬重巴斯加尔，《乌出尔脱杂记》上说："因巴斯加尔美的天才与精深的科学，有两个人同他很亲密地交结起来。一个是洛安乃兹公爵，别个是道玛。"⑤

约在 1652 年 6 月，巴斯加尔偕同洛安乃兹公爵与骑士买海（Le Chevalier de Méré），⑥到巴都去旅行。那时候，因为巴斯加尔不晓得世故，买海嘲笑他："洛安乃兹公爵是个有数学精神的人，为着在路上不寂寞，他找来一个人做他的粮粮。这是一个大数学家，而他所知道的，

---

① 见《思想录》，第 11 条。
② 洛安乃兹公爵（Duc de Roannez）生在 1629 年或 1630 年，他父亲 Marquis de Baissy 死在 St. Huquerque 战中。他母亲没有能力，不关心他。他妹妹 Melle de Roannez 曾与巴斯加尔有过深的关系，我们到后边再叙述。
③ 那时候，巴斯加尔住在 St. Jacques 教区，洛安乃兹住 St-Merry 教区，相离很近，只隔着两条小路。任瑞尼派的人们，常来教堂中讲道，他们互相认识，怕是因此。
④ 见马克利脱拜里蔼著的回忆录。
⑤ 见 Recueil d'Utrecht，第 272 页。
⑥ 骑士买海（Le Chevalier de Méré）于 1610 年，生在 Niort 的附近，叫 Antoine Gombaud。晚年住在 Baussaq 宫中，过他"正人"的生活。他嫂嫂 Soeuret 夫人，在道德方面，给他不少的影响。死于 1681 年。著作很不少，各样体式都有，全集共两大本，系 1698 年出版。

也只此而已。"①

性质倔强，我爱坚深的巴斯加尔是不容人嘲笑他的。但在真理前面，他却能低头。他明白以往他所生活的世界，是片面的。他要分析，考察与审问他的同伴，好补救对人的认识，那时候，他心上起了一种剧烈的变化。买海写道："自从这次旅行后，他再不去想他常时工作的数学了。"②

在巴都，他们的生活是很放浪的，不是去打猎，便是给女子们作诗词。③ 洛安乃兹虽是巴都的领袖，却做了巴斯加尔的随员。在《思想录》中，他说："理智统治我们比权势更强的多。不服从权势，将要不幸，但是，不服从理智，却成为一个蠢货。"

在他的友人们中间，米敦（Miton）是一个很奇怪的人物。这是一位善于享乐，十足的"正人"。对于人生，对于现世，他不抱一点幻影。他爱现实，同时他爱智慧，他落在失望中做成一个悲观者。毕竟，他是蒙达尼的弟子，纵使内心中感到苦痛，他会找到适宜于他生活的世界。买海给他的信上说："在你的精神上，只有这个世界。你只尽心听人为你叙述宫廷与军队。"④

自巴斯加尔认识他后，称赞他滔滔的议论，放浪的生活，而尤其是绝顶善博的才能，巴斯加尔著名的赌注论证（Argument du pari），无意识间是受了他的影响。米敦给巴斯加尔一个"人"的真面目："'我'是我恨的。你，米敦，常时站在我上，而脱离不开，所以你常是可恨的。"⑤

然而，给巴斯加尔最深的影响的，是骑士买海。

买海出自名家，幼时受过完全教育，爱柏拉图，精通希腊、拉

---

① 见买海的 *De l'esprit*，第 100 页。
② 见锐豪：*La vie héroïque de B. Pascal*，第 73 页。
③ 靠近 Poitiers 城，有个村子，叫 Fontenay-le Comte。巴斯加尔认识一个年少而风流的女子，作诗来赠她。
④ 见买海的信札集，第 107 页。
⑤ 见《思想录》，第 455 条。

丁、意大利、西班牙诸文，他评论代毛司代纳（Démosthéne）[①]在荷马之上。喜游历，英，德，美诸国都有了他的足迹。他的行止常不稳定，时而住在乡间，时而停在巴黎，许多朋友与女子，云集在他的左右。在交际场中，买海具有深刻的心理智识。凡是与他往来的人们，他很明白他们的精神与心理。所以，他的谈吐与行事，常会博得人心。这种本领，来自他的反省与冥想，善言辞，却不肯多说话。

> 在巴黎，我常是寻找孤独。[②]

他所住的太"装饰"的世界不能使他满足，反折在自然之中而孤独起来：

> 现在，我有另一种快乐，以安慰我所缺陷的。我爱那些丛林中歌唱的小鸟，我爱那生动与晶明的溪水，我爱那草地上呐喊的家畜。这些，都使我感到一种自然而端静的美妙。[③]
>
> 我不相信有人比我更会享受春天新鲜的空气与秋天的快活的。一个美的白昼与一个温和的暗夜，都使我很高兴。[④]

比自然而更能使他留恋的，是那具有"好心"的女子。他叙述曾见过一位贵妇，自然是很美丽的。在这妇人的家中，聚集名贵的宾客，正在谈心，忽然，有个穷人来了，举止粗笨，衣服破烂，却说要见主妇。她出去，她想起这位穷人是她远方的亲戚。她便去亲密地同他接吻，请他速进到室内，介绍给那些上宾，坐在他旁边问他夫人的消息。

---

① 代毛司代纳（Démosthène）生于公元前384年，死于322年，雅典的大雄辩家。他反抗Philippe de Macédoine。文字很纯洁，如 Philippiques 与 Olynthiennes 最为著名。
② 见《买海信札集》，第78页。
③ 见《买海信札集》，第107页。
④ 见《买海信札集》，第163页。

骑士买海写道："我不相信她会比这次更可爱的！"①

"生的好而善于生活的人们"是法国 17 世纪交际场中的模型。买海所以取悦于人的，即由于此。但是，要一个人能够得到社会上的同情，而尤其在 17 世纪贵妇人的厅堂，需要有适合现时的人生哲学而懂得当代人的心理。买海具有这种基本条件，他传授给巴斯加尔。

在买海给巴斯加尔的信中，他如是说："除过落在我们感觉上的自然世界外，还有一个世界是看不见的。然而却是在这个世界中，你能找到最高深的科学。亲近物的世界的人们，常是不善判断而落在粗陋之中，如你那样尊崇的笛卡儿便是……你要晓得，在这个看不见的世界内，人可找到理智，恰适，公正，相称；事物的原理，深藏的真理……"②

在这几句话中，很明白地启示出巴斯加尔一个很重要的思想："几何的精神"（L'ésprit géométrique）与"细致的精神"（L'ésprit de finesse）。这两种精神，完全不同：前者是将唯一原理的万种结果，用方法归纳回来，它是属于理智的，数学的；后者，一眼便括尽万种现象，直到事物的本体，它是属于情感的，直觉的。巴斯加尔的这种精深宏大的思想，是受买海恩惠的给予。那篇不朽的"爱情情欲论"（Discours sur la passion de I'amour）③便在这时产生出来了。

自从巴斯加尔过着游荡的生活以来，他的心常是空虚着。他甥

---

① 见买海的 *Agréments*，第 53 页。
② 见锐豪：*La vie héroïque de B. Pascal*，第 74 页。
③ 在 1848 年，古让发现"爱情情欲论"稿子。在封面上写着说"人们以为是巴斯加尔的"。于 1843 年 9 月 15 日，古让便刊在两世界杂志上。在他著的《巴斯加尔》一书中，他肯定泊莱芷是爱过洛安乃兹女士的。另有一种底稿，系 Gazier 发现出来。这稿子同耶稣会的 Puter moter 钉在一起。这两种底稿，有一个共同的地方，便是都不是巴斯加尔亲手写的。因此，在法国学者中，曾有激烈的争论。Faguet 与 L. Brunschvicg 以为是 Pascal 的，锐豪站在相反的地位。（参看 *La vie héroïque de B. Pascal*，第 143 页。）Brunetière 也说："不能确实证出来这篇东西是巴斯加尔的。"（参看 Brunetière 著的 *Études critiques*，第三）。G. Lanson 拿这篇文章与巴斯加尔的作品来比较，其中有三处与《思想录》的底稿特别相似；另有三处，是与巴斯加尔的遗稿相似。因此 Lanson 确定这是巴斯加尔的。米超在他杰出的批评中，曾指出十六处与《思想录》中相似，争论告一结束。（整篇文章，系刊在 *Revue Bleue* 上，1923 年 2 月与 3 月。题为 *Pascal et le problème du discours sur les passions de L'amour par G. Michaut*。）

女说，有一个时期，他想结婚。他寻找意中的人物。古让曾给巴斯加尔做过一套浪漫的衣裳，且以为这篇《爱情情欲论》的由来，便是巴斯加尔爱的铁证。哈瓦（Havet）写道："巴斯加尔真实爱过一位'夫人'。很明白的，巴斯加尔为这位有名的女子所感动，为她写出这篇东西来。或许她没有看到这篇东西，但是巴斯加尔写出，像是她已看过了。因为，在这论文中，他可写出他不敢当面说的话。至于要猜测这个女子是谁，那是不可能的，而我也不去试验。"①

我们的本质是思想，因为我们的行动是受思想管辖。但在别一方面，我们日常的生活，常受想象的压迫，而竟至失掉了我们行为的自由。但人的本体，根本上是相冲突的。固然纯粹的思想，价值最高，超过空间与时间以外，因为它是不变的。但他使我们疲倦。我们在现世的生活中，只有爱才能满足我们。将爱而放在纯粹思想之上，其结果将成为空虚，因为我们不肯去牺牲。将爱而放在感官之上，其结果是成为粗陋鄙俗。所以适于我们的本性，只有情欲，因为情欲的自身，便是变的思想。

构成情欲的中心者，唯有爱情与雄心。在《爱情情欲论》中，巴斯加尔起首便这么说："当一个生活由爱情开始，由雄心终结，那么这个生活是如何幸福呵！如其我要选择一个生活时，我便选择这一个。"②

但是，什么是爱情的对象哩？世间能够配得住灵魂的，只有灵魂。倘使要追究到底，只有自己爱自己。然而这是多么苦痛呵。人心的要求，有时确是超出理智之外。一个人常想要他爱情的对象同他一样，从那非他而等他的对象中，他将找到绝对的美。那么，只有共性者，才可满足这个条件。因他们的思想，理智，需要，相别而相同，真的爱情便从心上涌出来了。

"各个东西具有特殊的美，人们在世间寻找他的模型。妇人们常

---

① 见米超编的《爱情情欲论》的序言中，第10页。
② 见《爱情情欲论》。

能确定了这种特殊的美。在男子的精神上,她们具有特别的领域。"①

又说:"在爱情中,人们是不敢侥幸的,为着怕丢了一切。可是应当要前进。然而谁能说出一直到那里呢?"②

大抵,一个真的爱情探险者,他所发现的新地,只是一个无底的深渊。买海所得到的,还只是17世纪的"俏皮精神",那里边满盛着"学究"的气味;巴斯加尔,却更进一步,发现了人类的情欲。正如他自己说:"在一个伟大的灵魂中,一切都是伟大的。"

七、第二次内心生活的改变

"你自己安慰你自己吧,如其你没有找到我时,你便不要找我。"③

将他的灵魂与肉体奉献给上帝的时候到了。介于他热烈灵魂的需要与人世给他暂时的满足,巴斯加尔了解了他的命运。"经验是物理唯一的原理",④不只在科学上如是,在人类行为学上更如是。

巴斯加尔在苦痛中徘徊,在人群中追逐慰藉,然而他所得到的是什么?他妹妹写道:"自从一年以来,他憎恶这个世界,而尤其是憎恶住在内边一切的人们。"⑤

自从他来至人世,有两种看不见的力,在他身上交相冲突。他的生活与思想完全在这种猛力的斗争下辗转与挣扎。一方面是上帝,别方面是世界。这边是信仰,那边是理智。他在这条路上,始而两可,继而徘徊,终于反抗。他反抗自然,他反抗社会,以至不宽容地反抗自己。只要不到他寻找的地点,只要不达到他的希求,他是不肯放手的。在他那特出的智慧之上,何尝他不知道他的天主是温和的,在等待他真诚的皈依,认识了自己的渺小与薄弱,那么,造物者是会将他

---

① 见《爱情情欲论》。
② 见《爱情情欲论》。
③ 见《思想录》,第553条。
④ 见巴斯加尔的《真空论的遗稿》。
⑤ 见日该利纳给她姐姐的信,系1654年12月8日。

的天国，一举而赠给他的。何尝他想不到他的妹妹，住在深的隐修院中，与世隔绝，将海似的爱情，凝聚在心头，伏在圣母的脚下，为他祷祝。更何尝他想不起他妹妹的信来，在说："你不要拒绝这种光明；你不要阻止别人办好事，而要你自己去干呀！倘如你没有力量来追随我，至少你不要阻挡我。不要向天神这样忘恩负义！"①他知道，他明白，但他不去做。因为一个灵魂在真诚转变的时候，绝不是两三声的鸡叫，所可唤醒的。

有些人以为巴斯加尔二次的皈依，是由于他落在塞纳（Seine）河中。当时他同几位朋友们，坐着马车，过纳伊桥（Pont de Neuilly）时，车落在河内；那时候，巴斯加尔见死在面前，忽然看清楚另一个世界，他的良心握住永生的真理。自救出后，直到他的末日，在他的左边，他常以为有一个不可测的深渊，他怕了永久的惩罚与最后的审判，因而他皈依。又有人说，因这次的危险，将他的脑筋振乱，他常在不安之中。

事实或许是正确的，但时期却难确定。大抵凡是一个伟人，人们爱给他穿些荒渺的衣裳。不特巴斯加尔最伟大的作品，是在二次皈依后才写出，只就他晚年纯洁的生活，已足以撕破这些荒渺的附会。他的二次皈依，一方面因他正确认识了人的本质——易变，苦闷与不安②——他伟大的灵魂，要从苦痛中打出，找到一条新的生路。第一步，根本上反抗"以往的自我"；第二步信任有个"万能者"超过一切事物之上。《Utrecht 集》中说："自从许久，似乎天主跟着他，正如以后他（指巴斯加尔）自己承认的说：天神摆布下好多事实，要从他欲情的对象上，将他慢慢地解脱。"③在另一方面，是他妹妹日该利纳。这个超绝的女子，深明白她哥哥的内心生活，她有侵略灵魂的战术，她小心地要他明白他生活的错误，俾使逃脱现实的患难，而得到一个

---

① 见日该利纳给她姐姐的信，系 1652 年 3 月 7 日或 9 日，原文为古让所引证。
② 见《思想录》，第 127 条。
③ 见 *Recueil d'Utrecht*，第 258 页。

正确的归宿。

　　自从 1652 年之后，虽然他的生活常在交游之中，在科学上，也曾有不少的发明与贡献。因为平分赌金的问题，巴斯加尔发明"数学三角形"（Triangle arithmétique）。① 同时作为"或然计算法"（calcul des

---

① 数学三角形。要想明白巴斯加尔的思想，须至少了解他的"数学三角形"，因为这个发明，系他的天才与哲学思想的结晶。数学三角形的构成法如下：母数系统一数，每个构成三角形之数系每数上边之数与左边之数相和而成。

1　1
1　2　1
1　3　3　1
1　4　6　4　1
1　5　10　10　5　1
1　6　15　20　15　6　1

用法很多，举其要者如下：
(1) 数学三角形可以确定数目的次序。第一行，系统一数；第二行，系普通数，由统一数相加而成；第三行，系三角形数；第四行，系棱锥体数；……
(2) 数学三角形，可做两种配合法：
　　(A) 纯粹的配合：如有四种物件，A.B.C.D. 要互相配合，可得十五种不相同的配合。
　　（甲）A.B.C.D.
　　（乙）AB.AC.AD.BC.BD.CD.
　　（丙）ABC.ACD.ABD.BCD.
　　（丁）ABCD.
A.B.C.D. 四物所能配合之数，正如数学三角形内之第四行。1.4.6.4.1.
　　(B) 非纯粹的配合法。如积钱：说袁世凯的头为 P，一元为 F，即
第一次，或为 P. 或为 F. 即 1.1.；即有两次可能。
第二次，或为 P.P.；或为 PF.FP 或为 F.F.；即 1.2.1，即有四次可能。
第三次，或为 P.P.P，或为 P.F.P，P.P.F，F.P.P，或为 P.F.F，F.P.F，F.F.P. 或为 F.F.F，即 1.3.3.1.，有八次可能。
由此，在奇数的行中，中间多出一数，正等于 P 或 F 多发现一次，偶数的行中，却等于 P.F 平分后之数。
(3) 数学三角形，可应用到或然计算中，比如，我可在 n 次中，预知道有 m 次的 P. 的幸运。在三次赌中，我有一种运气，于八种可能内，我可有三次的 P。在三次赌中，我有三次运气，于八种可能内，我可有两次 P. 的可能。
(4) 数学三角形，可用到代数学中的系数上：
　　$(a+b)^3 = 1a^3 + 3a^2b + 3ab^2 + 1b^3$
　　$(a+b)^6 = 1a^6 + 6a^5b + 15a^4b^2 + 20a^3b^3 + 15a^2b^4 + 6ab^5 + 1b^6$
(5) 数学三角形，可解释微积分中的这个公式：
$$\int_0^n n^q dn = \frac{np+1}{p+1}$$
(6) 数学三角形，可应用到统计学中，以解释 Gauss 定律。
在哲学上，那便是无限大与无限小，而人介乎其间。

probabilités）的基本。这种方法是"又具体而又普遍的"。[1] 关于这问题，巴斯加尔与伏尔玛通讯讨论。这位著名的伏尔玛写信给加尔加维说："将我的原理与初次的论证，一齐寄给巴斯加尔先生。我预先告你说，从那上面，他将会发现出不只是新的事实，而且是惊奇的。"[2] 巴斯加尔将他科学的工作，送到法国科学学会。他又告诉骑士买海，买海很谦逊地回答他："我向你坦白说，这些智识超过我能力之外，我只能来赞赏，请用你的空闲好完成它。"[3] 在他的精神上，充满了厌烦。许久以来，他研究爱比待特（Épictète）[4]。爱比待特以为人是伟大的，如其人要按着天法去动作。他又亲近蒙达尼，蒙达尼以为人是无能的，什么也做不出来。巴斯加尔徘徊在荆棘路上，他苦痛，他呐喊：

为着服侍你，你给我肉体，而我却用它做赎神的行为。今后为着改正我，你要给我害病，再不许我的身体来反叛你。

没有一种爱情值得过你的，既然没有更比你永久的。

为着我的好处，你要毁灭了欺骗我的偶像。

如其不是向你，主呵！我将向谁呐喊，向谁求助哩！

凡一切不是你的，不足填满我的期望。我所要的，我所找的是你的本身。只有你，我的主呵，我来恳求。主呵！揭开我的心。[5]

在这几行中，巴斯加尔全部的心情都流露出来了。似乎他已把握

---

[1] 见 Dettonville 写给加尔加维的信。《巴斯加尔全集》，第八卷，第 335 页。
[2] 原文为 François Mauriac 所引证，见他著的 *B. Pascal et sa soeur Jacqueline*，第十章。
[3] 原文为 François Mauriac 所引证，见他著的 *B. Pascal et sa soeur Jacqueline*，第十章。
[4] 爱比待特（Épictète）生于 Hierapolis，第一世纪禁欲派的大哲学家。幼时来到罗马，为人做奴隶，他的主人，有一次要拷打他，将腿夹在木杠中，他从容地说"你把他要弄断呀"，及至他的腿断后，他高兴地说："我不是告诉你说过吗？"人们将他的言论收集起来，题名为：*Entretiens*。有人从这里边节录出，流行于世，名为 *Manuel d'Épictète*。禁欲派的精华，完全在里边，巴斯加尔受他的影响很大。
[5] 这几段文字，译自巴斯加尔的 *Prière pour demander à Dieu le bon usage des maladies*。按照他姐姐的意念，像是在巴斯加尔的晚年所写。按照巴斯加尔内心生活，像在 1654 年所作。Jacques Chevalier 与 Strowiski 都以为是 1654 年所作。

住他最高的真理。从前，他感到空虚，他没有力量支持住这种苦痛，他的理智要他去相信，他的心在那边拒绝。正如他后来写道："心有他的理智，而理智是不会明白的。"现在，他像是风浪定后的大海，如其他要再有点力量，他可将他的小舟划到海岸那边，从那里，他将发现灵魂的天国。

1654 年 9 月，他去看她妹妹。推心置腹地向他妹妹叙述：他感到这个世界浑浊与污秽，良心上严刻的追责使他不安，他失望，他游疑。但在他的生活上，处处与真理见背。这种可怜的状况，竟至使日该利纳生出同情心来。她是深知他的。锐白尔不是说过吗，他们只有"一颗心"，她用着深厚的心情，尽心来安慰他。泊莱芷不断地来看她，那种心情的改变，一日千里，竟至日该利纳不会认出他来。在同年 11 月 21 日，巴斯加尔照例又来看他妹妹。这天正好是圣母的节日。圣克兰要在礼拜堂中讲道。当他们谈到热烈时，铃忽然摇了。他们互相分离开，各走一门，进到抱脱罗亚洛的教堂内。便在那里，巴斯加尔发现了他灵魂的医生。他说："讲演者的话，句句是为他说的。"

他那时，真正认识了他自己，他认识在人之上，还有一个最后的真理，那真理不是形而上学的，乃是人的。

他的心跳动。于 11 月 23 日，在听讲两日之后，自晚上十点至十二点半，巴斯加尔落在入化之情形中。这次入化不是他皈依的原因，也不是暂时情感的反动，乃是他皈依的桂冠。他将心中的情绪，写在纸上，夹在衬衣之中，永远没有离开，一直到他死的时候。[①] 在纸上，开始是一个十字，绕着些散光。其次是一个"火"字，独占一行。从火中，看到他的心情向四方发散。

"亚伯罕的上帝，艾萨克的上帝，雅各布的上帝"，"并非那些哲人与鸿儒的上帝"。巴斯加尔在入化中所看到的上帝，是生的、人的、

---

① P. Guerrier 说："在巴斯加尔死了不多时候，家中有个仆人，他看见死者的衬衣夹中，比别处特别厚。他要剪开看内边究竟有什么东西。人们便发现他亲手写的羊皮纸。共两张，内容都一样。于是，即刻交到拜里薏夫人手中，她曾使好多特别朋友们看过。"

心的而非是哲人们所卖弄理智，形而上学的。那时候他感到："真理，真理，情感，快活与和平。"

巴斯加尔将他的归宿找到了。他对他自己提出条件来："除开了上帝外，忘掉了世间与一切。"他做了发现新大陆的哥伦布，他"快活，快活，哭出来的快活"。

到了第三排上，以一种精细而坚决的情感，巴斯加尔决定他将来的方针。"从世间逃脱开，抛弃了一切，磔死在十字架上。"

天日给他露出来。他天才的数学与不可撼动的物理，在他的心上是变到多么渺小的地步呵！他明白，一个人是要在真理外而却同时生活于其中。他像米该郎，将末日放在上帝的园中，暴风雨虽然会来到，那熙熙的春日却永远展放在他的眼前。

巴斯加尔真而又确的皈依了。他的生活与思想渐渐地向着"超自然"方面去演进。他自己做了他实验的对象。

在这样斩钉断铁将生活另换一方式后，他姐姐写道："他取消了生活上一切无用的东西，甚至戕伐他自己的身体。"他妹妹也说："特别是在谦逊一方面，他蔑视自己，竟想毁灭了人的推重与记忆。"

于1655年1月7日，随着圣克兰的忠告，巴斯加尔与公爵品依耐士（Duc de Mynes）来到乡间的抱脱罗亚洛。那里的停居者，都是出身高贵，具有专职的人们。他们来此处隐修，将家庭，财产，位置都抛弃开。他们不肯入任何的宗会，只在那里共同的苦修，做苦工与默想。他们组织成一个17世纪的新村。

现在巴斯加尔成了他们忠实的朋友，他生活到他们的最深处。这一群孤独者，每天在自己意志之下，悠然地活着。他们的意志，除开上帝外，任何的力是不会撼动的。在他们各个特质之下，理智，习惯，法律等刑具都一起打倒。他们的行为，只向着那最高的爱情去进展。

在往昔的时候，巴斯加尔曾鄙笑过这种生活的。而今他明白这种生活的意义。他吃白水煮的菜，早上四点钟便起来。做完仪礼后，自己到厨房中去取饭，吃了，自己又送回去。他带病打扫自己的房间，

收拾自己的床铺。他不愿人们询问他的病,他说:"疾病是公教徒们幸福的根源。"

前几月,他在世人中活着,找寻同伴,找寻女子,而今他在孤独之中。他享受自己给自己摆布下的生活方式,他发现人们苦闷的原因:"我发现了人们一切的不幸,只来自一件事情,便是人们不懂得怎样停居在自己的家中。"

住在抱脱罗亚洛,巴斯加尔教授儿童们说话的方法。因为在隐修院内附设着一所小学校。那里有将来的大戏剧家哈辛纳(Racine)。[1]他很爱这些天真的孩子们,为要减轻他们学习的苦痛,他创造一种方法。在阿黑脑的信上说:"有一个小孩子,差不多十二岁了,他不会念书。如其能时,我很想用巴斯加尔先生的方法去教授他。这便是为什么,我请完结了你已开始的东西,将他写好而给我寄来。"[2]他默想那最神秘最悲剧的问题。他的身子在巴黎附近,他的心却在橄榄山的园中。他看见三个弟子在那里睡觉,人的儿子在可怕夜间苦痛。

> 耶稣在花园中,非如原始的亚当而快活,在那里,亚当失了自己与人类。耶稣乃是在苦刑的园中,在那里,救出自己与人类。
> 在夜的可怕之中,他难过这种苦痛与遗弃。
> 我以为那耶稣决没有如这次叹息;那么,他叹息,像是再不能支持住他过度的苦痛:"我的灵魂悲哀的要死。"
> 从人的方面,耶稣寻找同伴与安慰。在他的一生,这似乎是他唯一的目的。但他一点都没有接收到,因为他的弟子们都睡着了。
> 一直到世界的末日,耶稣在苦痛之中:这时候不该去睡觉呀!

---

[1] 哈辛纳(Jean Racine,1639—1699)生于 La Ferté-Milon,法国 17 世纪的大戏剧家,高耐伊的敌人。他的著作,可算古典派理想中的结晶。剧中的动作,常是简约与清晰。他描述情欲的动作,可算登峰造极。至于文字,在法国文学中,简洁,流畅,和谐,再没有能比上他的。他的重要的著作有 *Andromaque*(1661)、*Britannicus*(1669)、*Iphigénie*(1674)、*Phèdre, Esther*(1689)、*Athalie*(1691)等。

[2] 见阿黑脑写给女院长 Angélique Saint Jean 的信,系 1656 年 1 月 31 日。

耶稣看到他们还在睡觉，他既未思察，也未勉强。他有深德，不去唤醒他们而使之在休息之中。

我想你，在我苦痛之中，我为你曾流了那么些血！

你愿意不给你的眼泪而常耗费我人类的血吗？①

我看见，在一个阴冷的夜间，在烛光倏明倏暗之下，巴斯加尔偃卧着，眼中的血泪流着，像默默地谢士墓前的夜像，他聚精会神的默想。他人虽不动，他的心却在最热烈的爱情火焰中摆动。不久，风在山谷中怒吼，他像是从梦中醒来，展开他惺忪的眼睛，看着空空洞洞的。桌旁的蜡烛，已快烧尽了，他心中满盛了游疑与不安。在他的耳边，似乎风吹来这句话，隐约地听着：从世间逃脱开，抛弃了一切，磔死在十字架上。

他明白了。他幸福。窗上浮荡着黎明的彩色，晨鸡已鸣叫起来。

八、与乡人之书

抱脱罗亚洛的隐修者们：在外表上，仅只是讨论经院派的玄妙；实际上，他们是意识自由，重训练精神，爱正义与真理的代表。

——维尔曼（Villemain）

于 1656 年 1 月 27 日，在巴黎的街上，人们叫卖着一本匿名的小册子，共八张，价很便宜，题名为《与乡人之书》。②大家争着去购买，像是急欲得到最后的消息，而争买号外似的。这封《与乡人之

---

① 这几段文字，译自巴斯加尔的 *Le mystère de Jésus*。见《思想录》的第 553 条。巴斯加尔的文字，本来难译，而这几段尤甚，如有错误，请为指正。

② 《与乡人之书》的法文原名如下：*Lettres écrites à un provincial par un de ses amis*。后来人们简称 *Les provinciales Par Louis Montalte*。我根据 Maynard 所编的，系两本，在巴黎 Firmin Didot Frères 出版，1860 年。我绝不能分析《与乡人之书》的内容，因为内容专门，篇幅有限。此处，我只想将巴斯加尔一年多的笔战生活，作一个简略与忠实的叙述。

57

书》。接续地出至第十八封，而第十九封方才开始，便中止了。巴斯加尔绝没有完成过一种作品：无论是科学的，文学的，哲学的，都是中途而辍，给我们留下些断简残篇。因为他爱真理热烈的情感，同时爱现实坚强的理智，他常在苦痛的人间，觅不到片时的休息。这十八封特殊而惊人的"小信"，打破了17世纪文坛上的寂寞与陈旧的空气，开辟了一条新的道路，不只是在法国思想上，社会上，划出一显明的新旧界限，只就文学史上而言，因自然与讽刺的笔调，精深与诙谐的思想，《与乡人之书》建树起古典派的典型，而正式启示出一个天才的作家。

任瑞尼（Jansenius）① 反抗耶稣会派关于圣宠的理论，他将二十余年研究奥古斯丁学术的结果，著成一书，叫《奥古斯丁》（Augustinus）。自1640年判刑后，巴黎大学的教授们，即对此下了棘手的攻击。一方面，因书的本身，对教义有冲突，他方面，因任瑞尼派的扩张，使耶稣会派，不无惕惕戒心。②

---

① 任瑞尼（Cornelius Jansenius，1585—1638）Yhres 的主教，荷兰的大神学家。博学精深，曾在鲁文大学做过教授。著有 *Augustinus* 一书，内中解释圣宠等问题。
② 自从耶稣告人说：他是唯一的真理。人们要想超度，只有跟他去。圣保罗说，上帝据有圣宠的特产，要想生活于真理之中，独一的方法，只有圣宠。但圣宠是上帝的赠品，而不是报酬。这种理论是与无神派根本相反的。因为他们认人是万能的。意志自由之说，古已有之。基督教里边，不久也被侵略进来。Pélage 倡导：圣宠是按人的功绩，上帝所给予的。在超度上着眼。圣宠不是必须的。圣奥古斯丁与这理论正相反对，他以为自从原罪以来，人与神之间，已划了一个鸿沟。正如一个空缸内，自己是不会填满的。所以要超度自己，只有圣宠，而这圣宠是因神的慈悲给予的。

Duns Scot 倾向 Pélage 派，他以为原罪虽剥夺了超自然的好处，却没有剥夺了自然的好处。正因为意志的自由真实地存在着。哲人 St. Thomas 有另一种解释，人有意志自由，这是真确的。圣宠是人的本体的成就。一种善的行为，离不开圣宠，正是意志自由的表现。圣宠是必须的，为着他能力转移到行为上。超度自己的灵魂，只有这个方法。

到宗教改革出现后，Luther 与 Calvin 将意志自由完全取消。圣宠只是给几个人的，大多数未超度者是上帝手中的机械。

Concile de Trente 正式议决：一方面，圣宠是万能的；别一方面，人是自由的，人的行为，要在灵的价值上去看，须要适合人的最后的目的：善。而善的本身，便是上帝。

耶稣会的哲人 Molina 竭力要将意志自由从圣宠中拉出。他竭力反对任瑞尼派的理论，将圣宠分成"灵的圣宠"与"足的圣宠"。这种神学的辩论，分外玄妙。其实，有好多是背后藏着作用。《与乡人之书》便是在这种讨论下写出来的。

阿黑脑在巴黎大学教书，资望很高，似与耶稣会有不解的怨恨冤愁，在1644年与1651年，他刊行两本书，①为任瑞尼辩护，中肯而流畅，博得社会的欢迎。从此任瑞尼与耶稣会派的嫌隙更深了。巴黎大学神科科长②将《奥古斯丁》一书，归纳成五条，控诸华谛冈，此书遂被禁止。③

对于教皇的判决，因"不可错误的教义"，阿黑脑他的朋友们只有俯首承受，但他们却提出理论与事实的分别来。站在理论上讲，五条的本身，是该问罪的，因为他们违背公教的教义；站在事实上面说，五条是没有的，因为他们不能逐字逐句从《奥古斯丁》一书中找出，意在言外，即是说耶稣会陷害他们。因此，任瑞尼派的态度，在理论之下，可以向教皇让步；但在事实之上，却不能屈服。换句话说，耶稣会弄到的结果，向五条问罪，而非向任瑞尼问罪。他们立在对抗的地位，似有一触即发之势。

适遇公爵里颜古（Duc de Liancourt）到一个修士面前悔罪，因他不肯与抱脱罗亚洛断绝关系，不给他免赦。对于一个真的公教徒来说，这不啻被判为死刑。阿黑脑为了辩护他的朋友，接连刊出两封信来，④猛力地攻击耶稣会，撕破面皮，揭露出一切的黑幕。巧妙与机警的耶稣会，将阿黑脑的信，归纳成两条：

（一）阿黑脑为任瑞尼辩护，在说五条是可疑的；

（二）阿黑脑主张圣宠不是给全人的。当彼得否认耶稣时，正是没有圣宠的好例。⑤

耶稣会向巴黎大学神科提出这两条，既有宫廷的庇护，又勾结到

---

① 在1644年，阿黑脑刊行出：*Apologie de M. Jansenius*；在1651年，系 *Apologie pour les Saints-Pères*。
② 神科科长系 Nicolas Cornet。
③ 当时教皇系 Innocent X。五条被治罪的日子，在1653年3月31日。
④ 阿黑脑的第一封信：*Lettre à une personne de condition*，在信内，他攻击法皇路易十三的忏悔师 P. Annat。在1655年7月10日，他写出第二封来：*Lettre à un duc et pair de France*。
⑤ 参看《马可福音》，第十四章，66—72。

许多助手。于1656年1月14日，阿黑脑被判为异教徒，撤销了博士的头衔。①

为真理牺牲的阿黑脑，现处在无可奈何之中，返回抱脱罗亚洛，将这经过，叙述给他的朋友们，大家异口同声，从旁边一致鼓励他说："你便让他们惩罚你，像小孩子似的，你不出来辩护吗？"

普通人尚不能任人宰割，而况大名鼎鼎，为人尊崇的阿黑脑哩？他退到房中，费尽心血，用全副精力来工作。过了两三日，已写起他的回复，向他友人们诵念他的著作，好征求大家的意见。这时候，巴斯加尔亦在座，大家静悄悄地听着。当阿黑脑读完后，谁都不肯轻下批评，空气变得分外沉闷。大家只是互相窥看，默然无语。不久阿黑脑悲哀地说："我知道你们以为这篇东西不好，我相信你们是对的。"

在这种深的失望中，阿黑脑掉转过头来，忽然看见一个病人，他富有特殊数学的天才，现在仅只三十三岁，已是全欧洲科学界中杰出的人物。他深明白社会的心理，善运用分析的方法，而今抛弃了世俗的光荣，在他们清苦的团体中生活。阿黑脑像是为灵机触动，忧郁而恳切地说："你年少而好奇，你该弄些东西出来呀！"

这几句话，像闪光一样，迅速地穿过巴斯加尔的心里。他没有说话，悄悄地退出去，关闭在家中，开始工作起来。他虽然不是一个神学家，但他却是一个社会的大画家，他晓得解剖社会的心理，他明白敌人的弱点，或许那时候，他已下决心要来攻击"自由派"，因为自他二次皈依后，他看出这是他的天职。

过了几日，将大家聚集起来，他诵读第一封《与乡人之书》。阿黑脑惊喜地说："这才值得诵读呀，写得十分好，快些印出来！"

那时候，在巴黎像是一件惊天动地的新闻，到处传说，争着购读这封信，尤其是在贵妇们厅堂之中。

哈瓦说得好："整个巴斯加尔，是几何与情欲。"这句彻底的名

---

① 参看服尔德著的 *Siècle de Louis XIII*，第三十七章。

言，正好解释这十八封《与乡人之书》。我们要说这作品是几何的，因巴斯加尔引用逻辑，在一字一句间，他要注出证明他的思想。我们说这作品是情欲的，因为那里边充满了愤怒，他全部灵魂的强力放在其中。这十八封信的内容是如此：前四封是说阿黑脑的惩罚与神学问题。继而他以种敏捷的眼光，将目标扩大，从第五封至第十六封，专门谈道德问题，而尤其是当时耶稣会所提倡的。终于，最后的两封，折转在神学上，而研究任瑞尼派是否为异说。①

巴斯加尔是没有研究过神学的，尤其是那些经院派玄妙的理论。他读《圣经》，重要的原因，乃是为他的生活。他的特性，无论对任何问题，都要归结在"人"上。所以这不是一个空谈理论者，这是一个人向着全人类说话，要证明出事实的真面目。

他开始估量这个问题，便看透中心的错误，是在名词之上。弄来弄去，大家只是咬文嚼字，辩论几个字音。他痛恨耶稣会的先生们，忘了上帝的本意，而借政府的力量，武断神圣的问题。不特不会弄出结果，而反将事实弄到一塌糊涂。他想象出一个人来，叫蒙达尔特（Louis de Montalte），这个人，也如苏格拉底一样，装作无知，而却好学，去领教这各宗派的神学家，要清楚，在巴黎大学，到底人们为何反对阿黑脑，将他所得各种意见，告诉给住在乡间的朋友，耶稣会所以反对阿黑脑的原故，乃是因为嫉妒，而非为真理；耶稣会所以能战胜，乃是因为买来些帮手。

自第一封《与乡人之书》出来后，便震动时人的心胸。人们并不知道巴斯加尔是作者。在敌人方面，心思完全搅乱，不知所措。司法

---

① 《与乡人之书》写成的日期：第一封在 1656 年 1 月 23 日；第二封在同年，同月，29 日，系 2 月 5 日刊出；第三封在同年，2 月 9 日；第四封在同年，同月，25 日；第五封在同年，3 月 20 日；第六封在同年，4 月 10 日；第七封在同年，4 月 25 日；第八封在同年，5 月 28 日；第九封在同年，7 月 3 日；第十封在同年，8 月 2 日；第十一封在同年，同月，18 日；第十二封在同年，9 月 9 日；第十三封在同年，同月，30 日；第十四封在同年，10 月 23 日；第十五封在同年，11 月 25 日；第十六封在同年，12 月 4 日；第十七封 1657 年，1 月 23 日；第十八封在同年，3 月 24 日。

大臣抖颤着，气都喘不出来，竟至流了七次血。

次日，阿黑脑友人们聚集起来，有六十多个，一致反对这种非法的侮辱，以保障他的声誉。巴斯加尔开始写第二封《与乡人之书》。在圣宠问题上，任瑞尼派与耶稣会派立在相反的地位，占有势力的多明我会，外表上，是与耶稣会相同，而实际上却同任瑞尼一样。因为耶稣会的权威，多明我会的先生们便妥协了。

在 1656 年 1 月 29 日，巴斯加尔完结他的第二封信时，阿黑脑被他的对敌，在巴黎大学攻倒，系一百三十票与九票之比。可是大文学家夏柏郎（Chapelain）[①]与陇克维洛（Mme de Longueville）夫人，因《与乡人之书》，一致起来反抗耶稣会。那时候，在群众面前，形成一种空气，说耶稣会所以要攻击阿黑脑的原故，乃是想将他从大学中逐出，他们虽不会写文章来辩护，但他们却可运动到一些修士们，加增他们的人数。因为他们是最伶俐，最敏捷的手腕家。巴斯加尔指出来：这不是神学的问题，这是人的问题。如其阿黑脑走开，一切问题便都消失了。

直至此时，巴斯加尔只是取辩护的态度，想将多明我会拉过来——纵使拉不过来，亦不至为耶稣会所利用——现在看着他的战略不能成功，便用铁军似的态度，攻击起来。他将方式改变，丢开神学问题，走到实际上，他陈述出耶稣如何尽他们的责任，如何领导人们，他们追逐何种目的，他向群众全盘托出，宛如一本名剧，大家争先恐后地去看。[②]

起初泊莱芷只为帮助他的朋友，不过试试而已。谁想他的脾气，也如研究真空，不做，即已；既做，便要坚持到底，要使人们处伏在他笔下为止。因为他看出这不只是他的义务，乃是他的天职。

[①] 夏柏郎（Jean Chapelain，1598—1674）生在巴黎，17 世纪的诗人，著有 *La Pucelle*。哈辛纳初年的创作，曾受了他的指导。17 世纪一个尽善尽美"正人"的典型。
[②] 陇克维洛夫人（Anne-Geneviève de Longueville）生于 Vincennes 宫，系 Condé 的姐姐。自 1649 至 1653 年，法国内战起时，因西班牙的关系，她曾做了重要的角色。

为着他安静地工作，从抱脱罗亚洛走出，移居到巴黎大学之后，①面对着他敌人们办的公学。他研究友人们给他送来的各种材料，特别是对方的各种著作。②他绝不肯草率，那第十八封《与乡人之书》，他一直重写了十三次。他自己简直做了这舞台上的主角，在台上跑来跑去。那些耶稣会的先生们，在他面前，是不敢傲慢他与奈何他的。

在 1656 年 3 月 20 日，第五封信正在出现时，被敌人压迫，抱脱罗亚洛须解散。附设的小学校，校中学生都一起驱逐出去。那些软弱无能的修女们，须另找安身的地方。这自然是悲哀的，但政府在背后做主，真理与正义成为装饰品了。

于失望与愤怒之中，巴斯加尔静待着大的屠杀。

抱脱罗亚洛的一个朋友，③很爱宗教的遗物，在他的小教堂中，陈列着许多贵重的珍品。有一天，他将"耶稣刺冠"上的针，借给抱脱罗亚洛修院，大家都来朝拜。巴斯加尔甥女马克利脱，正在害病，眼肿着，常流些脓和血，肌肉溃烂，竟至露出鼻骨。没有办法医治，医生都束手无策。到他朝拜的时候，以刺冠之针，在鼻疮上点了一点，心中祈祷，要上帝将她的病治好。于 1656 年 3 月 24 日，在晚上，她向一个女孩子说："我的疮好了！"立刻转告于一个修女，但是她并不感动。待到女院长得知此事，且惊且喜慎重地说："不要声张，看以后的结果如何。"经过八日，病完全好了，于是坚决地断定这是圣迹。将巴黎最著名的医生，召集起来，用最客观的方法，公开的考察，医生们宣布："这是一种超自然的能力，使她痊愈。"④

这件事，在社会上留下深的印象。承天之助，任瑞尼派的信仰更加地坚固起来，上帝不是耶稣会所独有的，既然在这种为人摧残，不顺利

---

① 巴斯加尔新住的地方，叫 Auberge du Roi David。他因已改名，叫 M. de Mons。他姐丈同耶稣会的人们常来看他。
② 巴斯加尔精心研究 Escobar 著的 *Petite théologie morale*，至少两次。
③ 抱脱罗亚洛的朋友，系指 Roi de la Porterie。
④ 在圣迹发现后，于 1657 年 1 月 11 日，院长安日利克写给波兰皇后说："自从八日来，又显过三次了！"

的情形下，造物者肯在他们面前现身，到这时，他们恢复起旧日的生活，小学校重新开课，另有一种蔚然的景象。至于巴斯加尔，他的欢欣比任何人更大，上帝特意光照他的家族，而尤其是他所爱的甥女。① 今而后，他要用更可怕的笔，站在十字街头，向这一群虚伪者去宣说真理。

圣迹发现十七日之后，第六封《与乡人之书》刊印出来。他汲不尽的精力，像怒涛似的澎湃汹涌。自 1656 年 4 月 25 日至 8 月 2 日，他接连地又刊出四封来。② 从前耶稣会攻击他，说他是抱脱罗亚洛的秘书。现在他独自奋斗，他不是排演小的喜剧，乃是最讽刺与最悲哀的悲剧。他带怒而苦痛地说："念几次我等在天之父，背下来一本圣书，穿上修士的衣服，向民众宣说圣道，却在自己的内心，怀着忌恨！甚至说，耶稣的血不是为人流的！"

起初，耶稣会沉静着。现在出来答复，但是很平庸。他们责备巴斯加尔对神亵渎，引用原文不准确。巴斯加尔憎恶，他说：直至此时，只不过是一种游戏，而真的决斗还在后来哩！

他又向他们说：怎么你们说我亵圣渎神哩？人们不该嘲笑那些假人吗？谁能禁止攻击错误而用讽刺哩？你们想要些例子吗？展开你们的"贞操之赞美"，③ 你们将会看到恒河沙数的证据。你们是强的，我是弱者；你们人多，我是独自一个；你们用武力，我只有真理！奇怪的辩论呵！武力要消灭真理！

在巴斯加尔写出最棘手的第十四封信时，纳外（Nauet）神长，读完后竟知觉全失了。巴斯加尔给他们证出：如何耶稣会侵犯宗教法，如何反抗历来教中长者之遗言。他大胆的宣布："你们可使罗马将我问罪，但上帝在天上将你们问罪呀！"虽然耶稣会将目标移在他身上，他是无所忌畏的。只有在真理之下，他才低首。

---

① 拜里蔼夫人写道："这个圣迹将我弟弟分外感动，好像是给他自己的，那个接受恩惠者（指马克利脱）除过自然关系外，她是他的甥女。"

② 在这个时期，巴斯加尔的身体较好一点，同时他的作品受人欢迎，他的胆量更大起来。参看锐豪著的：*Pascal, l'homme, l'oeuvre, l'influence*，第九章。

③ 系指 P. Lemoyne 著的：*L'Éloge de la pudeur*。

到第十七封出来时，巴斯加尔复返到神学问题之上。他清楚在耶稣身上，无限与有限聚在一起，圣宠与自由可以并存。耶稣会所以攻击阿黑脑者，乃因他们不敢攻击圣奥古斯丁，而却拿阿黑脑作为化身。

在 1657 年 3 月 17 日，任瑞尼派须签字，因为他们被判罪，巴斯加尔正在写第十八封，过了几日，第十九封方开始，便中止了。里边有一句话："你高兴吧，你所恨的人在苦痛之中。"[1]

尼可洛（Nicole）[2]将《与乡人之书》译成拉丁文，于1658年出版，风行全欧。因耶稣会在政治上的势力，法国政府禁止发卖。于 1660 年 9 月 23 日，据说为正义起见，一把火烧了。

在巴斯加尔死的前一年，他正在害病，有人问他是否追悔写过《与乡人之书》。他感到光荣与胜利的说："追悔？还远些吧！如其我重写时，我要做得更为强硬些！"

正如别人批评太纳（H. Taine）一样，巴斯加尔只是一个"穿着理智衣裳而表现情欲的人物"。十八封《与乡人之书》，在法国文学史上，劈开一块新的领地。那种完美，生动的特质，做成了古典派散文作品的代表。无论是形式与内容，这十八封信，确是答复了当时思想上，文学上的需要。那些古典派的健将，[3]哪一个不受巴斯加尔的影响？在古典派文学上，他所占的位置，正如卢骚对浪漫派似的。

九、巴斯加尔最后的生活

于暴风雨似的奋斗之中，在巴斯加尔热烈与宁静的心上，开放了

---

[1] 何以第十九封方开始而便中止了？对于这个问题，有种种的推测，在我以为比较近情理的，是巴斯加尔真实认识了他作品价值。《与乡人之书》，在思想上，是没有好的结果的。他同耶稣会辩论，仅为教外的人们得利。那时候，他已把眼光移到《思想录》上。

[2] 尼可洛（Pierre Nicole，1625—1695）生于 Chartres，抱脱罗亚洛的作家，著有《道德论》。服尔德很赞美此书，说是空前的作品。

[3] 古典派的作家，正式受巴斯加尔的影响者，如 Bolssuet，Molière，La Fontaine，Boileau，Bourdaloue 与 Racine 等。

一朵友谊之花，宛如在白雪埋覆的荒山中，于淡黄色的阳光下，风中摇曳的腊梅。自从古让之后，截到现在，尚有许多的人们，强要说他同洛安乃兹女士曾发生过爱情的关系，而《爱情情欲论》的稿子，便是影射着她所写的。一个人如巴斯加尔，是没有不爱肉的美与急切想念爱情的，他敏锐的感觉，不安的本性，处处感到爱情的需要，处处也会保证他爱情的成功。只是他的内心生活太深了，他爱情的对象常时不能给他永久的满足，因为绝对的美是逃脱感觉裁判的。他既不能在"自然"中去寻找他的希求，又不能大胆地歌咏"丑恶"，他只能将久病与发热的残躯，偃卧在人心的神秘之中，在那里，他觅得片时的休息，与菲薄的安慰。

约在 1650 年之后，他结识了洛安乃兹女士。

正如她哥哥公爵洛安乃兹一样，这个女子没有受过严谨的教育，她的天性常是急躁与不安，情感特殊丰富，而意志却很薄弱，她像是一根风中摇动的芦苇，时时随着环境而变迁，虽然这种变迁不是为她意识所允许的。

自从"刺冠之针"的圣迹发现后，那时候，她正眼痛，来到巴黎期望以此治好她的病。因此她和抱脱罗亚洛的人们，渐渐交往起来。于 1656 年 8 月 4 日，她在教堂中祷告说：

> 主呵！假使你要愿意感动我的心，让我做个修女，仅只服侍你，我是如何羡慕的。但是，主呵，你要给我一种强有力的圣宠，使我不能反抗而送我到宗教之中。因为我需要这个，否则，这个世界常要将我留住。①

自从她哥哥皈依之后，她的心上，模糊的烙印下这条超绝与悲剧的路子。她是多么爱这个世界呵！但是，情感的传染，较诸洪水更为

---

① 见 L. Brunschvicg 编的《思想录》，小本，Hachette 出版，208 页。或单行本，题名 *Opuscuies*。

猛烈。她认识日该利纳与否,我们不得而知,但她却晓得她的意志与经过。按照洛安乃兹女士那时的心绪,她能不于无意识间模范她吗?

现在她明白了她正当的归宿,将她灵魂的深髓交给巴斯加尔。她拒绝了她哥哥为她提议的婚姻,下了铁似的决心,要做一个为真理的牺牲者。公爵洛安乃兹怕他妹妹的信心不坚固,将她带到巴都,脱离开任瑞尼派的环境,使她从长思虑。那时候,她二十三岁了,比巴斯加尔小十岁,将她的生命交给他,偏执地要他来解决她的不安与忧虑。

我们没有他们全部的通讯,这是一件很可惜的事。不过只那九篇残稿,已足以证实他们丰盛与纯洁的情谊。在她的理智生活上,巴斯加尔是她的导师,在她的情感生活上,巴斯加尔是她的朋友。这个强硬而同时柔弱的少女,她想依靠着巴斯加尔逃脱这个世界。

但是,一个人要离开现实的世界,根本上要有彻底的认识与铁似的意志。那种患得患失,犹疑不定的态度,结果只能得到些无代价的苦痛。洛安乃兹女士,正在这种情形之中。巴斯加尔写给她说:"没有苦痛,人们是逃不脱世间的。圣奥古斯丁说得好:'当一个人情愿为人牵连时,将不会觉到铁链的苦痛;可是,如其开始反抗与背离时,苦痛分外深沉。'"①

牵连洛安乃兹女士的铁链很多,灿烂的世界,缥缈的幻梦,但是,这些都是海市蜃楼,一刹那间便会消灭的。她需要肉的享乐,她更需要灵的满足。如其巴斯加尔不来伸手援助她,她将要做一个失败者。巴斯加尔告她说:"尽我的所能,我不去苦痛,要把眼光放得更远些,我相信这是一种责任;不肯如是去作是犯罪的。"②

也如颜回善懂孔子的心意,这个女子很能体贴巴斯加尔的苦心。他高兴地向她说:"对于你,我一点都不当心呀,我有种意外的希望!"③有时候,她怨恨巴斯加尔不给她常时去信,她是多么需要另一

---

① 见巴斯加尔给洛安乃兹女士的信,系 1656 年 9 月 24 日。
② 见巴斯加尔给洛安乃兹女士的信,系 1656 年 10 月。
③ 见巴斯加尔给洛安乃兹女士的信,系 1656 年 10 月。

个人来填补她的生活的。

"我不知道你为何苦痛我不给你去信哩,巴斯加尔写给她说,我同你两个是永远分离不开的(指她同她的哥哥)。我不断地思念你和他,你看我以往的信上,还有这一封,我是如何关心你呀!"①

这种纯洁的情谊,将他超度到另一个世界中。他们的爱只能在宗教情感的进展中,揣摩住那幽深的遗痕。自巴都,她将古圣哲的遗物寄给巴斯加尔,并约他每天午后三点,在教堂中遥遥地互相祈祷。

既然人生来是为爱,既然爱的对象是上帝;这种真理在那些公教徒们生活的本质上是永远不变的。但是一个人要将生活放在爱的深髓之中,斩钉截铁的办法,便是离开这个世界,洛安乃兹女士辗转在这条路上,她要巴斯加尔给她一个肯定的答复。"问题不在有无心志离开这个世界,乃是离开后,有无心志住在新的世界之中。"巴斯加尔这样答复她后,又告她说,苦痛是向上的标记,能为真理苦痛的人,才可跳到真理的怀中。所以苦痛是神圣的。随着她内心的进展,巴斯加尔逐步地追随,有时候,在给她的信内,他特意激动她的苦痛,非是他爱如此,乃是要接近真理,苦痛是这条行程上的灯塔。

她得着这种生命之力的援助,来到巴黎。于 1657 年 7 月,没有通知她母亲,独自进到抱脱罗亚洛内。其时,耶稣会士居间破坏,在她回到巴都的前夜,11 月 2 日,将头发剪去,发了贞操的誓愿。

在巴都,她的生活很简单,穿着朴素的衣服,拒绝了随伴与车马,像一个田间的乡妇。过了几年,巴斯加尔死去,她同阿黑脑等决绝,将前愿自行取消,嫁给公爵佛亚得(Duc de Feuillade)。那时候,正好三十三岁了。她婚后的生活非常悲哀与凄凉。四个孩子,都没有好的结果。她以为这是一种天的惩罚。

她病的很严重,医生说须开割疗治,苦痛是很大的,但她却幸福地说:"对于苦痛的机会,我是很幸福的,因为证明造物者接受我的忏

---

① 见巴斯加尔给洛安乃兹女士的信,系 1656 年 11 月 5 日。

悔！"①自从 1671 年以来，她重新与任瑞尼派的书友们往来，而巴斯加尔已死了九年多了。她思念他，她咀嚼以往的回忆，她在书信中寻找些纸灰似的安慰。

于 1683 年 2 月 13 日，她也完结了她这种苦痛的生活，那时候，她正好五十岁。

有人说，在宗教生活中，因思想玄虚，科学是最难发展的。这种理论，或可应用到我们庸碌者之上，却不能适用到巴斯加尔身上。自从几年来，巴斯加尔处在任瑞尼派的中间，他的生活渐次向着"圣"的路上行走。他创造之力却加倍地强烈起来，在数学上，曾留下不朽的遗迹。

马克利脱说，有一夜，巴斯加尔的牙很痛。睡不着，坐卧不安，为要减轻苦痛，他想将思想专注在一件事上，好使他忘了一切。忽然，想起往日麦尔赛纳给他提出的转迹线（roulette），至今尚未解决。他发明一种方法，证出这种深奥的问题，而他的牙病也好了。

公爵洛安乃兹，见他发明这种极难的问题，便告他说，你不要披露，当今与无神派决斗之时，你该给他们指出来："凡是属于证明之事，你比他们强很多！"于是巴斯加尔将问题公布出，以六十 pistoles 为奖金，征求海内人士，在十八月内，解决转迹线的问题。

时间过了，没有一个完全答案，巴斯加尔用他准备的奖金，将自己的作品刊印出来。不要以为这种行为是高傲的，倒是人们太谦虚了！在 1660 年，他写给伏尔玛说："数学只是做试验好，费力则不必。"这证明他并不以他数学天才，矜骄人世，他称伏尔玛是世上唯一的人物，他是多么看不起他自己的。

他是微积分学的发明者，莱本尼池的发明，是受他"转迹线论"的影响。这不只是数学，这也是形而上学。下边的两条原理是他这次发明的结晶：

---

① 见 L. Brunschvicg 编的《思想录》，第 225 页。

（一）在一个继续的量中，有无穷不同的实数，其中各个的关系，有若虚无的相差，正如点对线似的。

（二）在有尽的量中，可看作是无尽量的合成，而每个无尽量又是有尽的，如初量。

从此地，我们可知道数学与哲学的关系。他有一句名言，包罗尽他的思想："一切是一，一切是变。"

自从1657年以后，抱脱罗亚洛稍微恢复起当年的状况，似乎长此以往，便风平浪静地走下去。忽然，在1661年，他们的敌人又返转到旧日任瑞尼书的问题上来。这一次，要做个根本的解决，凡是抱脱罗亚洛的人们，须签字承认以往的错误。日该利纳，自从进到修院内，她全部的灵魂已奉献给她最高的真理。她日常的生活与行为，超过世人们的估价之上。现在人们要她签字，她觉着这是一种叛逆，良心上过不去，于是将一向的忍耐与服从，完全抛弃开而投掷到愤怒之中。她明白她们信仰的对象是绝对的，不可訾议的，她不能见这些拥护真理的人们，现在妥协起来，她说："我们怕什么哩？解散，逐放，充公，监狱以至死，要怎么便怎么！但是，这不是我们的光荣吗！这不应当是我们的快活吗？"只要她能拥抱着真理，她是不怕为人宰割的。她情愿这些人们一起死去，而不允许他们背叛她的真理。纵使人们可用"服从"的誓愿来强制她，她愤怒的反抗更为扩大。她公开地向这些人们宣布："我知道不是几个女子们去保护真理，但是主教们既有女子的勇气，女子们也该有主教们的勇气。如其不是我们去保护真理，那么我们是要为真理，死去！"[①]

她是有理智的。她来修院中生活，并非盲目随从，实在她找到她生活的意义。自从小的时候，她特殊的性格，是要思想与行为保持一致。她不允许戴上假面具，致使良心上有微许的不安。

圣背夫赞美她说："她不准人们有些许的讥笑，以攻击巴斯加尔

---

① 见日该利纳给 St. Angélique de St. Jean 的信，系1661年6月22日。

的妹妹！"①

纵使她反抗，她须签字！从此她的灵魂死了！她失败，她走到死的寂寞之中。

经过三个月的良心苦痛，经过内心悲剧底争斗，于1661年10月4日，她死在乡间的抱脱罗亚洛。关于病的情形，我们一概不得而知，那时候，她才三十三岁。

介乎他们兄妹之间，如罗南，如沙多布里扬，思想的结合较之血统的结合更为坚固。他常去看她，无思虑地，他向她叙述心中的一切。无论在何种情形之下，日该利纳不吝惜地，将心情送给他。虽然再过六个月，他也会与世永别，他却能掠住信仰的真理，永持着镇静的态度。当他妹妹死的消息传来后，他简单地说："上帝给我们恩惠，她好也死了！"

自从他妹妹死了之后，巴斯加尔不肯谈及她，因为人类的语言是不足形容人类的苦痛的。或者，在另一方面，他已感到他末日来到，那么唯一的幸福，只有到别一个世界去见他的妹妹。这个苦痛的生活，到现在尚未走到极点。无情的命运尚在那里苦痛他，摧残他。我们不要为他苦痛，而应当为他祝福。他晚年的生活像一茎香草，愈压榨而芬芳愈烈。自从是年10月31日之后，他须同他推心置腹的朋友们决裂开！那些软弱的朋友阿黑脑，如尼告洛，藏在黑暗的角隅，无踪无影的妥协了！

在华谛冈判决任瑞尼后，巴斯加尔自始至终是反抗的。现在阿黑脑等想走条中庸之路，以救出抱脱罗亚洛。因为他们看到组织与财产重于道理与信仰！于是设尽方法，要使大家都跟他们去，得过且过地应酬。巴斯加尔正和他们相反。他要保护他的真理，他知道他的信仰是不能给人以破绽的。他说："如其抱脱罗亚洛的人们缄默，石头要起

---

① 原文为François Mauriac所引用，在他的书：*Blaise Pascal et sa soeur Jacqueline*，Hachette 出版，1931年。

来说话呀！"①他知道他的朋友们怕失掉了他们些许的便宜，他猛力地反抗。从前，他如何敬重他们，他将身体，生命为他们牺牲，因为，他看他们是些人，能够贯彻他们的信仰。现在他们失节了，他妹妹因此而死去！他哩？马克利脱写道："巴斯加尔爱真理在一切之上；自从许久，他已头痛，现在要他们（指抱脱罗亚洛的先生们）明白他的主张，一种苦痛侵袭进来，竟至失了语言与知觉。人们都惊恐起来，急速将他复元后，大家便退出去了。……我母亲问他为何生出这种变故，他回答的说：'当我看见这些人们既然懂了真理，应当去保护，乃自行动摇与妥协，我感到一种不能支持的苦痛，便跌倒了。'"②

从此后，与他旧日的朋友们断绝了！于人情方面，这自然是苦痛与凄怆的。然而他的生活已建立在另一种方式之上。追着他的死的影子亦渐渐地向他走来。

由苦痛而得来的欢欣是巴斯加尔整个的灵魂。这颗纯洁的灵魂，不到一年，由各种的苦痛，残废，穷困与孤独，将他引到别一个世界——死。

自从四五年来，病魔追着他，没有半点时间使他感到健康的快活。既不能继续他的工作——一切都中途断辍，这是他命运的象征——又不能接见朋友，便是他最后的心愿，要将他的风烛残年，奉献给那些颠连苦困的人们，也都没有能力去实现。但是，如其不能有补于人，却可反折在自己身上，使他的生活更为简约起来。因而拼绝了一切快活，抛弃了一切浮华，绝欲断情，成为一个天真的婴孩，这便是他病中与晚年生活的原则。

锐白尔对他是多么关爱呵！自从他久病以来，为要使病人少感到苦痛与厌烦，特别对于病人饮食，竭尽心力，使得能甘味悦口。可是，素来在俭约与淡泊生活中过惯了的巴斯加尔，从没有说过一次的

---

① 见 *Blaise Pascal et sa soeur Jacqueline*，Hachette 出版，1931 年，第 222 页。
② 见《巴斯加尔全集》，第一卷，马克利脱的回忆。

赞美："这才适意哩！"①每一次，新的水果成熟时，锐白尔必为他设法办来。他吃完饭，一句话也不说。偶尔，他姐姐问他："喜欢这种水果也不？"他简单地回答："应当早点告诉我，现在想不起来了。老实说，我一点都没有留心。"不只他不留心，他憎恶人们称赞肉食的肥美。他称这些人们是一种肉感的东西。所以自己刻苦，并非他是矫情乖俗，以超人自命；乃是从理智上切实认清，这是他的职责。因此，一般庸人憎恶的药石，在他却成了种甜蜜的食品。他姐姐惊奇他这种克制，有时候问他何以不憎恶苦药哩？他讥笑的回答："我不明白一个人请来医生给他治病，而反憎恶他的药石！"

在他未死之前，对于穷苦者之同情，渐渐在他心上扩大起来。他住在自己家中，一切悦目的陈设，都一起取消了，一直至取消了地毯。他多少是有点钱的，但却不肯用在自己个人享乐之上，凡是对他有所请求的，没有不以心相见，尽他的力量来帮忙。他有测验人心的标尺，如其来者是因穷困，那么便看他的穷困是否真实；如其来者是因别事，那么便看他实行贫穷也不！他自己写道："如果我的心也如我的精神贫穷时，我是如何幸福呵！因为我确实看透：实行贫穷是超度的唯一方法！"他时常劝他姐姐，家中要用工人，须雇那些最穷的。

他爱穷人，因为穷人的灵魂是最伟大，穷人的生活是最苦痛的。他视穷人们如同他的兄弟与朋友。每碰着一个苦困者，便将袋中的钱一起奉送；不够，便向他姐姐借贷；又不够，便转向其他的人们。那时候，他同几个朋友，在巴黎发起公用马车，这种企业，有绝顶的成功。②他预先支了一千佛郎，送给孛洛哇（Blois）的穷人。

---

① 参看锐白尔著的 *Pascal*。以下的叙述，多取材于此书，而尤其是所引用的原文。虽然书很简略，却是研究巴斯加尔唯一的依据。

② 关于公用马车之事，参看锐白尔给 Arnauld de Pomponne 的信，系 1662 年 3 月 21 日。巴斯加尔非如那些修士们，专注在神秘之上。他往年对科学的热情，至死时，并未减少！只是他要生活简单，完全专在爱上。更可看出的，约在 1660 年，巴斯加尔指导吕依耐司的孩子，年方十四岁。他写出三篇关于政治的论文，在说，一个共和国中，是不该有君主的，而君主国中，却不当摧残皇权。这种意见如何，我们不去批评，但他晚年生活上，却有这些事发生，这可证明他"应用"的思想，正如造"数学计算机"时，一样的。

这种行为是不满足的，他要求锐白尔来同他合作，将财产一起送给穷人们。在他将死的时候，锐白尔竟至不能供给他。他的甥女们，其实年岁尚小，因他这种对贫穷的热情，须要将一切浮华衣服抛开去侍奉那些穷人。有时候，因他用度过多，锐白尔怕倾毁了她的家庭，巴斯加尔便责备她没有恒心。

在他死的前三月，他很幸福地做了一件他所梦想的事。在一个早上，他看了弥撒回来，路上有一个十五六岁的女子，生得活泼而漂亮，走近他身旁，向他要钱。他问她的身世，她说：住在乡间，父亲死了，母亲病在医院中，没有办法来维持生活。巴斯加尔防止她将来不测的危险，将这个处女领到修院内，交托给一位神长，给她钱，好安置她一个妥帖的地方。为着使她安稳生活，次日又送来一位女仆，要给这个女子做称身的衣服。不久之后，便将这个女子嫁给一位诚实的青年。巴斯加尔始终没有透露他的名字，还是那个女仆告知那位神长，在他死后，才宣布出来。

大抵爱贫穷的人，没有不同时爱贞操的！因为这是两种姐妹道德，它们是不能分离开的。会有多少世人们误解了贞操，这不是一种奴隶思想的遗迹，这是一个全生教育的综合。自从几年来，他竭尽全力，反抗他自己的心。在他纯洁的生活上，他不允许留下半点污痕。这种过分的强制，竟将他推到极端的路上，姐姐说："有时候，如果我说：'我曾看见一个美丽的女子。'他（指巴斯加尔）便发怒起来。并且告我说，在仆人与青年们面前，绝不该说这些话，因为我不知道在他们心上，刺激起何种思想。"

不只如此，如果他甥女们抚爱他姐姐，他以为这是种不好的习惯，他也要苦痛，要她们改过，因为爱的方式很多，何苦要如此。所以，在外表上看来，巴斯加尔变得意外冷淡。日该利纳死了之后，他只说了一句话：如其锐白尔来思念与提及她妹妹，他还要禁止。积而久之，锐白尔疑惑起来，以为她弟弟不爱她。她苦痛，无可诉述，这种内心争斗的悲剧，一直到巴斯加尔死后，她才明白。道玛告她说："并非她弟弟不爱她，只是一颗心送给她的上帝之后，再不能眷恋旁人了！"

现在，于残疾之外，更加了一种疝症。他感到死的来到，正如一匹灰色马在眼前奔驰。他既不眷恋别人，又不允许别人来眷恋他。"纵使别人心肯情愿来眷恋我，他说，这是很不对的。因为对于眷恋我的人们，我将欺骗了他们呀！为着我不是人的归宿，我不能使他们满足。我不是快死么？他们眷恋的对象亦要死去的！"

因此，他对人无眷恋，无怨恨的态度，将往日雷似的愤怒早已化为乌烟了。别人对他的恶心恶意，他都置之度外。如果人们强要说起来，他微笑地说："你们不要惊奇，并非由于道德，乃是由于遗忘，我什么都想不起来了！"

这位三十九岁的天才，现今变成一个最小的孩子，他只有一颗多情的赤心。睡在床上，不能动，旧约成了他唯一的伴侣。一方面，他爱人与神的回答，别方面，他爱自然与超自然的表现。偶然旧友们来看他，他同那些人们谈论诗篇的美，竟至将他自己忘却。他爱旧约，背过好多，诗篇中第CXVIII首，特是他所喜欢的。

为着减少点孤独，在他死的前几月，他接来一对穷夫妇住在他的家中，木材与房子，都是他供给他们。那时候，他已病重到不能起床了。忽然，这夫妇的孩子，发生天花，病势很重，而锐白尔常来看他，现在处在困难之中。一方面，她有好多孩子，生怕感受传染，他方面，须时时刻刻来看她的弟弟，按照情势，该将这个害天花的孩子移出去。但是，巴斯加尔明白，如果移动这个孩子，生命必有危险，他决定自己走开，将房子让给这两位夫妇。他向他姐姐说："移换地址，对我是没有大的危险的，便是为什么，该我离开。"于1662年6月29日，他移居到锐白尔的家中，一直到死的时候，再没有出去。

住在他姐姐家内，病势更为重起来。那些流氓的医生们，坚决保证他没有生命的危险。他向他姐姐表示，如其要有一日病好时，将他整个的时间，完全放在为穷人工作之上。他明白，只有这种行为是最真实的。

75

同着忍耐，反抗，争斗，他来挣扎最后的一息，他的朋友们说，从没有见过一个如是的苦痛者！他们来安慰他，他反而微笑地说："你们不要同情我，疾病是公教徒们的常态。"

在床上，他想到那些穷苦的病人，没办法生活。他想找一个穷病人来，同他住在一起，他好死在这位穷兄弟的身旁。如其不能达到他这种目的，即自行到医院中。医生不准他移动。他愤怒。

8月14日，他另外又添了一种头痛，17日分外沉重，到半夜，病势转危，人们以为他死过去了！不久，恢复过来，领了圣礼，病势又沉重起来。

全欧洲17世纪的太阳落了！无边底夜色笼罩了大地，他走尽了人生的旅程，他跳出了人间。

时在1662年8月19日的凌晨一点钟，他活了三十九岁又两个月。过了两日，人们将他葬在圣爱基纳的旧教堂中。

十、《思想录》是他的哲学

在一切文学之中，含有一种哲学。每件艺术作品的深心表现自然与人生的思想。

——泰纳[①]

巴斯加尔距死的四五年之间，他的过目不忘的记忆力，渐次衰弱。因此关于各种问题的默想，都顺手记录下来。这许多散乱的纸条，在他死后，他的家人与朋友，重新整理了一下，刊行问世，这称为《思想录》。[②]

[①] 见泰纳著的《英国文学史》，第一卷，第221页。
[②] 《思想录》的编法，约有三种：（1）将巴斯加尔的底稿看作是一座矿山，按着自己的嗜好，随便开取，编成一本有系统的著作。如抱脱罗亚洛所编的（1669年）。（2）按照巴斯加尔的意思，说法编在一起。因他在未死之前，曾向他亲密的友人们做过两个钟头的谈论，叙

巴斯加尔曾说："须要十年的工夫,他才可以完成这部著作。"不幸著述未半,中道崩殂,于失望之中,犹如圣背夫赞美《思想录》似的:"巴斯加尔的《思想录》虽未完成,却比完成更为伟大。"

《思想录》一书是没有系统与派别的。不只没有系统与派别,而且他反对哲学。当他快走尽人生旅程之时,笛卡尔早已博得全欧洲哲学的光荣,他批评笛卡尔说:"我们不以为哲学是值得一点钟的辛苦的。"（79）[1]这话并不是空谈,背后有他的理由。一个人如巴斯加尔,既具有坚强的理智,又有敏锐的直觉,在他日常的生活上,思想上,他能够不加批评而任其随波逐流吗？亚里士多德看得透彻:"便是要否认哲学,还须要一种哲学来否认呀！"只是巴斯加尔非如别的哲人们,整日里潜思默想,纯粹运用智慧。介乎他的生活与思想之间,常是和谐一致而没有断辍的形迹。所以,一方面经验与分析构成了他的哲学方法,表现出个性化的特殊彩色；他方面,肉体与灵魂作为他的哲学对象,而演用到全"人"之上。这"普遍"与"个性"兼具的哲学,没有一句话不是他内心生活的回声,没有一个字不是他全部灵魂的结晶。

"应当懂得自己,巴斯加尔写得说,懂得自己,即使不能找到真理,至少可以规定自己的生活。再没有比这个更真确的。"（66）真正懂得自己是最难不过的。伟大的思想者,常在这条路上做工夫,即于此,他得到最深大的苦痛。当我们展开《思想录》时,随处可遇到这种凄惨的声调:"我不明白谁把我送到世间,也不明白这个世界是什么,我自己是什么；我处在一切事物可怕的无知之中！"（194）或者,

---

（接上页）述他的目的与内容。如 Faugère 所编的（1844 年）。(3) 按照各条思想的内容,集在一起,如 Léon Brunschvicg 所编的（1897 年）。

《思想录》的泉源,非常复杂,择其要者如下：圣经；圣保罗的遗书；奥古斯丁、任瑞尼等的著作；Raymond Martin 的 *Pugio Fidei*；Hugo Grotius 的 *De veritate religionis Christianae*；与圣方济格沙略的 *Traité de L'amour de Dieu*。其次蒙达尼的《随笔》；Charron 的 *Traité des trois vérités et de La sagesse*；以及爱比代特,丢瓦洛等的著作。第一次《思想录》刊行时的原名如下：*Pensées de M. Pascal sur la religion et sur quelques autres sujets, qui ont esté trouvées après sa mort parmy ses papiers*,后人简称为 *Les pensées*。

[1] 括号内的亚拉伯数字,系指 Léon Brunschvicg 编的《思想录》的条数。本篇内均皆仿此。

"我所晓得的东西，是我不久要死呀；但是我所最不清楚的，便是这个我不能避免的死！"（194）

这种不安的，烦虑的问题，巴斯加尔常向他自己提出，他将一切枝节的问题摔开，快刀斩乱丝地要解决"人的本质与其命运"。

第一件事情使我们注意的，便是我们的身体。因为我的身体，便是我自己。什么是我的身体哩？我会以为他是宇宙的中心。可是将眼光放在无边的天空，人的"视线纵使停止住，而想象却已到了无垠的空间"。（72）于万万的太阳间，我们的太阳，只不过一个"微妙的小点"（72），而我们居住的地球更小到无言可以形容了。

既然在"宇宙的深心，有形的世界，只是一条看不见的线迹"（72），那么我们的身体占什么位置哩？呵，说来也可怜，我们的身体，比之于地球，不过一"微妙的小点"，若比之于宇宙，直一虚无而已。我们的身体竟成了一个哑谜。

纵使我们的身体是一个哑谜，在宇宙之间，真是"虚无对于无穷"（72），因为宇宙是无尽的。但从别一方面看来，恰巧相反，成了"无穷对于虚无"（72）。谁都知道人体是由无数原子构成，每个原子内含有无数的电子，每个电子内尚有无数的世界，而每个世界，其复杂并不亚于我们现有的。到现在，我们的身体成了"一个世界，一个万物"（72）。

我们看到身体小至无穷，同时看他又大到无穷，两者并立，却又非互相堆砌，浑合为一，真成了一个不可思议的怪物。但是，在物质之外，再没有别的东西吗？为何我们会想到身体哩？更奇怪的，为何我们会下判断哩？这种不可言的方式表现，迫使我们离开"量"而走到"质"之中。巴斯加尔说："我可以想象一个没手，没脚，没头的人，但我却不能想象一个没思想的人；如其不然，这将是一块石头或者是一只野兽。"（339）

"人生来是为思想"，这像是真确的。但是"思想"便是人的本质吗？这还须要慢慢地考察。从事实上看来，人是变的，复杂的，根本上相冲突的。他想幸福，他却超出幸福之外而追求；他要快活，同时他所得到的是苦痛；他爱动，同时又爱休息。为着满足他的欲望，他正在工作，而别种欲望将他神秘地移到另种工作之上。

所以到这种冲突的地步，乃是由于想象的力量。他使我们看到幸福的乐园，而我们却走不进去。不只是"想象给我们设备下美，正义与幸福"（82），而且"他能将虚无扩大变成一座高山"（85）。

其实不只想象把人弄到这种地步，探索至深心，人将会说"这是来自天性"，但"习惯是第二天性，第二天性能够毁灭了第一天性"（93）。然而习惯是来自模仿，其本质只是一种偶然，倘使人的本质是"思想"，超乎物质之上，有谁能够证明出灵的模仿，而这种模仿是来自偶然的哩？

"人是一茎有思想的芦苇"（347），这里给我们启示出人的本质。可是当人这样观察时，人们常把观点弄错：放过思想的本身，而就其结果来妄论。我们清楚为着正义，人们造出法律来，若考察正义的本身，事实上却正相反而得到些非正义。老百姓相信法律，那是很对的，他们知道法律上的正义，只是些武力的变相。人们虽没有正义，人间却有虚伪，所谓正义实行后的和平，也只不过是武力的成功而已。"当强的军队占有他的财产时，他已把握住和平。"（300）

谈到道德几乎同法律一样。如其人们不肯盲从，追寻到底，问那些道德家们：善是什么？他们会说出通奸来！那些以道德为职业的人们，常是拉些死了久远的人名以佐证他们的理论，其结果"真实与唯一的道德是在恨上"（485）。

人的本质不是感觉，因为感觉常是欺骗我们。"人是一件错误的东西"（83），便是指此，因为人是活在物质之中。但是回到我们的原题上来，站在精神的方面，正如笛卡尔所说"我们是些思想的东西"，那么，我们要问：思想便是人的本质吗？自从有文化以来，这个问题早已提出，那些摇摇摆摆的哲人们，议论纷歧，从未得到一个肯定的结果。巴斯加尔将他们归纳成两派：一、怀疑派；二、定理派。

怀疑派说：世间只有一个真理，而这个真理还是不真确的。因为人的思想，根本上没有这种力量。我们说这是一尺长，同时附有一个条件，要假定寸的存在。判断这个，须要首先假设那个。正如一颗石子要震动全海，便是说宇宙间万事万物都是互相接连起来的。如果要真懂得海边一粒小砂，须要具有全宇宙的智识。但是，我们要问：在世间，有谁能够具有全宇宙的智识哩？不只如此，比如在夜间，我们梦见发现了真理，解决了疑难，醒来后，我们才发现梦中的一切是可笑的。在思想问题之上，谁能够保证自己是清醒，还是做梦哩？根本上，人的思想是不能达到真理的本身。

定理派在那边反对地说："人们是不能怀疑自然的原则。"(434) 怀疑派的理论没有坚固的根基。设使如此，"人们将如何哩？怀疑一切吗？如果人们烧你，箝你，你感到的苦痛也是做梦吗？"(434) 自然有许多事理是证明不出的，但是他的本身不需要人来证明。2+2=4，只这个小小的思想运行，已超过时间与空间之外。

辩到千年，问题还不能解决而没有肯定的结果，不只没有，而反得些错误的结果。"他们的原理是对的，他们的结果论是错误的。"(394)

一切不得证明与一切不得怀疑，确像是解释了人的本质。这两种相反的理论，却有一个共同的地方，便是都看为一种思想的表现。现在我们要问：什么东西迫使我们去思想哩？为何思想统治住我们，要我们那样谨慎地运用理智哩？对于这个问题，生怕没有肯定的回答。如果我们应用我们的理智，乃是因为我们愿意如此。这种自然的，无意识的应用理智，如其更进一步，乃是"我们的'意志'迫使我们非如此而不如彼"(99)，为着理智是为意志所支持，没有意志，一切的人类行为是死的，是不可思议的。虽然我们看到意志——或者智慧——是人的本质，我们要问：什么是他的归宿哩？

倘使掠住意志来探讨，开始惹我们注意的，是人们想要离开自己，遗忘自己，因为"我们的本质是在动，纯粹的休息，便是死亡"(129)。所以在工作之外而增加娱乐者，实是想从自己解脱而生活在别的事实之中。比如一个美少年研究步法，讲求音节，准备在辉煌的光下跳舞，因为我已解除了他的忧闷。"一个人，纵使苦闷到何种地步，如其将他放到娱乐场中，至少在那时候，他是会幸福的。"（139）所以人生来不是为自己，乃是为别的事情。

意志的领域似乎即此。但我们要追问：什么东西引动我们的意志，其引动之物是整个的呢，还是复杂的呢？

世人们忙忙碌碌，终日奔波，席不暇暖地追求，他们想什么哩？"想跳舞，吹笛子，歌唱作诗，划船，做皇帝。"（146）此外按着地方，时代，年岁等的不同，人们追求的东西，更难以语言计。可是引动意志的东西虽多，难以形容，却是他们不能满足意志则一。"在各种情况之中，我们的本质使我们苦痛。欲望给我们设想下一些幸福，因为在那里加增上我们未曾享有的快活。可是当我们达到时，我们不高兴了，为着又有别种欲望迎合我们现在新的情形。"（109）我们看这种与生俱来的悲剧，便知我们日常生活的错误。所以意志的对象不能满足意志的原故，因为这些东西是物质的，有尽的，复杂的。智慧的对象是要无尽的，纯一的，不变的。自古及今，伟大的哲人们，将这个对象称为上帝。便是说至极的真，美，善。

在无数的哲人之中，大家都有个上帝的观念，这个上帝是否真在那边存在着？按照巴斯加尔，关于上帝的存在与否，应该去赌，因为在这两种肯定之间，我们不能袖手旁观，或于此，或于彼，我们须择一条道路。在赌博之中，有两件事须着眼的：一，赢输的次数；二，胜负的得失。当我们赌上帝存在与否，便是去赌一个永福的有无。设使我们赌上帝存在所赢的次数如何少，比如作为1，正如上帝存在之值是无尽的，即其方乘式为：$1 \times \infty$。现在我们来赌上帝不存在，而只有一个世界，世界是尽的，我们命为 a。设使我们赌世界存在赢的次数如何多，以 n 来代表，即其方乘式为 $n \times a$。那赌的结果可想而知，$1 \times \infty$ 较之 $n \times a$ 大至无穷，因此，我们该赌上帝的存在。

事实如是分明，为何人们不相信哩？原来要赢的永福，须要放置微许的赌金，那赌金便是要人摔脱开阻碍人的情欲。"最大的障碍，是那些情欲，是那些肉的快活，应当要解脱开。但是你会说：'假使我有了信仰，我便离开这些障碍。'可是我要告你说：'如其离开障碍，你便会有了信仰。首先要从你自己着手呀。'"（233）

人常是相信他自己的理智——即康德所谓应用的理智——所以人们将信仰看作是一种疯狂。人类的宗教，若以纯理来观察，其建设在或然的计算之上，因为人的理智，不能给一个确实的把握。但是它比任何事还真确，"为着信仰是来自上帝，而非来自理智"（279）。倘使再用巴斯加尔的口吻来解释："上帝用理智将宗教安置在人的精神上，却用圣宠将宗教放在人的心上。"（185）

《思想录》是一座思想森林，我不知会游尽否？他哲学最深刻的地方，是要人们认识自己，明白自己的归宿。现在拿他的一句名言作为我们的结论：

"在万物之间，有三种品质：物质，精神，意志。"（460）这三种浑而为一，又判若天渊，宛如一个物体，线对面积，面积对体积的关系似的。

> 本文分七次连载于1931—1933年《中法大学月刊》（第1卷第1、2、3、4、5期，第2卷第1、3—4期，第3卷第1期），署名宗临。现合并为一篇。

哥德与法国

毛豪（Pierre Moreau）讲　阎宗临译

> 瑞士伏利堡（Fribourg）大学于哥德的百年纪念日，特请本大学法国文学教授毛豪（Pierre Moreau）先生演讲《哥德与法国》。先生博识精深，著述丰富，举其要者：*Bossuet et L'éloquence sacrée au dix-septième siècle; Chateaubriand; Le victorieux vingtième siècle*；新近将出版的 *Le classicisme des romantiques*。
>
> ——译者注

历史上，有幕不可遗忘的剧，便是前世纪法德两国最大伟人的相遇：拿破仑与哥德。这出剧是象征的，因为两个民族相异的天才彻底地认识了他们的不同，可是又击中了他们深心相似的秘密。拿破仑皇帝向诗人说："哥德先生，你是一个人。"——"你是一个人"之一语，我很清楚人们曾辩论过它的意义。有些人，想在那句话上，只看到是赞扬哥德美的仪表。对于他们，这句名贵的赞言，却等于"何等身材！何等相貌！"但是，不是如此！拿破仑赞扬哥德，乃是因为他是一个人类的天才，他是一种庄严澎湃之力，在这种力上，各个民族会发现它自己的伟大。哥德"是一个人"，这便是为何法国敬仰他。所以"哥德与法国"一题，再没有比它更丰富而动人的。

外则，巴氏（Fernand Baideusperger）精深广博地研究过"哥德与法国"，我们如来重新研究，那是枉然的。我们只加添些新的材料，来谈谈法国人爱哥德的是什么，他们为何爱哥德。

应当承认，法国人所以爱哥德的，常不是哥德本人，尤其是在初期的时候。法国人所以爱哥德的，乃是从他身上所形成的思想。一个诗人能够深入到别种民族的文学与想象之中，同时不失掉他真实的相貌与特质，那是很稀有的。自从 1774 年 12 月，哥德的名字，在《百科日报》上，为着介绍《克拉维戈》[①]，第一次落在法国读者眼前，后期的风尚与趣味，将哥德形成些冲突与不求甚解的影像，因为人们起始看哥德，只是一个维特，只是一个浮士德。

维特，便是说在 18 世纪的暴风雨中，一个叛逆、野心与失望的灵魂，他是那些躁急与热情少年们的朋友，因为他们曾梦想着一个较好的世界，正如这位炮队的官长，拿破仑，兴奋地读他，到后来成为名将，掠有光荣，而将他，带到埃及。多少小说家，用他们自己的体式来写维特，如嘉本尼[②]一直至纳继野[③]；多少敏感的诗人们，将他们的音韵与角色，转相分赠予夏绿蒂与维特；多少善感的梦想者，追逐着，如莱格外即[④]于 1798 年写道：

  扁柏在她的面前，手中持着维特。

在 1801 年 2 月，补尔惹的法国图书上说："只就维特一名，已唤起一众温柔与惨痛的感觉。"这正是时髦的时候，少年们穿上维特的衣服与革履，可是要想将这种时髦做到尽善尽美，须要人们像维特一样地自杀去。那么，人们可以了解，在这种发热与痉挛的事实之前，那

---

① 即哥德 1774 年所作悲剧《克拉维戈》（Clavigo）。——编者注［本文注释均为编者所加］
② 即法国政治家、地质学家、植物学家 Louis Ramond de Carbonnières（1755—1827）。
③ 即法国小说家、诗人查理·诺迪埃（Charles Nodier，1780—1844），又译夏尔·诺迪埃。
④ 法国诗人 Gabrie Marie Legouvé（1764—1812）。

些冷静与明哲者之反抗，如买力买的讥刺，缪塞以一种轻灵的姿势，将这种高蹈的丧衣掷开而返到《七日谈》①去：

  同着纳瓦尔皇后，我以维特来安慰。

  不久，以同样的热狂，人们注意到《浮士德》，只是稍微模糊与缥缈一点。因为对于《浮士德》，他们只看到些梦魇，中世纪的彩节与邪术。我们不要笑这种愚直的影像，将一本书约纳成一个人物，一幕戏剧，正如将之全部刻印在石板之上，集聚画册之中，这是何等容易的！对于群众，马克利脱②的纺纱车，便是全部《浮士德》；米宁的舞蹈与追悔橘子树开花的地方，便是全部《威廉·麦斯特》③。当其一首诗词译出了个人的情绪，用了一种较易的韵脚，而在普通群众的想象中，那个真实的人物，仅只留下一首诗词了。都莱王与乌奈王对于哥德在法国的光荣，较之哀克漫或白利芷给予他的光荣更大。④

  我很知道将一个伟人弄成一首诗词，是件很无奈的事情。以为懂了古饶或者米西奈⑤，用不着去研究哥德了，这种态度是可痛恨的。作者哥德，名已传遍法国，我们可以轻视这首蓝色花之诗么？自从 1818 年，拉杜石将《魔王》⑥译成法文，多少法国浪漫派的文人，于晚霞将落的

---

① 即法国作家玛格丽特·德·纳瓦尔（Marguerite de Navarre，1492—1549）的《七日谈》（*The Heptameron*）（由 72 个故事组成）。
② 即哥德诗剧《浮士德》的女主人公玛格丽特（Marguerite）。
③ 即哥德小说《威廉·麦斯特》（*Wilhelm Meister*）中的《迷娘曲》（*Mignon*）。
④ 都莱王（Roi de Thulé）、乌奈王（Roi des Aulnes）均是《浮士德》中的人物；哀克漫，即哥德的助手、《哥德谈话录》的作者爱克曼（Johann Peter Eckermann，1792—1854）；白利芷，即法国作曲家艾克托尔·路易·柏辽兹（Hector Louis Berlioz，1803—1869），作有歌剧《浮士德的沉沦》。
⑤ 即法国作曲家查理·古诺（Charles Gounod，1818—1893），1859 年创作歌剧《浮士德》；米西奈，即法国作曲家儒勒·马斯内（Jules Émile Frédéric Massenet，1842—1912），1892 年创作歌剧《维特》。
⑥ 即哥德叙事诗《魔王》（*Der Erlkönig*）。

时候，在那里寻找魔鬼！自从西奈多来①明白他后，追随着德国的诗人而歌："一天夏夜在湍急河岸之旁，多少人们梦想着做一个渔人！"

在法国某种时期的人们，梦想着夏绿蒂的牛油面包，将它割开，分散给那些孩子们。他们咀嚼那块带有诗意的面包，启露出美的牙齿。他们以这种敏感，将那浪漫朴实熏香起来。如果加纳尔瓦在郊外，听到水泉之旁洗衣妇们谈话与歌唱的声音，他会联想到他所亲爱的小说。这个敏感哥德的影子是少许平凡点，但却是很动人的。

自然，更为感动的是那个无感觉的哥德，有多少人们曾在这上面想象过。人们将哥德构成的特色，有时竟像诗人的半身像，为安日而②所雕成，那么名贵，那么壮丽，但是在不朽的伟力之间，却稍微冷酷一点。在岱司向③办的《国际与法国研究》④杂志刊出高郎特的未婚妻后，伊非若尼⑤于"杜利得山崖之上"表现出人生最高的概念。正如巴来士⑥所说，引起了对于人生堕落如是纯洁的叹息，人们相信偶像教又复兴了。有些人——便是《浮士德》的译者加纳尔瓦——找到这个哥德太古典派，太庄严了。尚有些人，在这个无感觉伟大的德国人之上，有种残酷存在。因为他开始说，行为为首，他们却相信他以武力来结束，可是，他们错了，他们忘了盲目与卑劣的武力是破坏的，没有不与和谐、丰满、服从精神律的行为不相冲突的。

我们要承认：哥德的一部分难以进到法国天才之中，或者竟可说完全没有进去。在这一方面，没有再比史达暧夫人⑦的判断更耐人玩味的。她以美的膀臂与尊严的姿势，长吁短叹地排除开一切关于哥德

---

① 即法国诗人查理-朱利安·利乌·德·谢内多莱（Charles-Julien Lioult de Chênedollé，1769—1833）。
② 即法国雕塑家皮埃尔·让·大卫（Pierre-Jean David，1788—1856）。
③ 即法国诗人爱弥尔·德尚（Émile Deschamps，1791—1871）。
④ 即 *Etudes française et étrangères*。
⑤ 伊非若尼，即古希腊神话传说中的阿伽门农和克吕泰涅斯特拉之长女伊菲革涅亚（Iphigénie）；"杜利得山崖之上"则源于哥德剧作《伊菲格涅亚在奥利斯》（*Iphigénie en Tauride*）。
⑥ 即法国小说家、散文家奥古斯特·莫里斯·巴雷斯（Auguste-Maurice Barrès，1862—1923）。
⑦ 即法国作家斯塔尔夫人（Madame de Staël，1766—1817），原名安娜·路易斯·热尔曼娜·内克（Anne Louise Germaine de Necke）。

的解释，因为鲁兵松①要想使她明白哥德最难懂的东西。然而，《威廉·麦斯特》《亲和力》②与第二部《浮士德》仅只是为几个哥德派中杰出分子所享受。虽然人们曾经精细地研究过《赫尔曼与窦绿苔》③在法国的影响，但是他没有在法国形成一个派别。这种情形，自然是使人惊奇的，但是法国的文字不允许将体式混合，以弄出笑话来。因而这些作品，都超出群众生活以外。

可是，介乎德国的天才与法国的精神之间，那些介绍者逐渐增加起来。这是那些逐放者，到哥德故乡的旅人们；这是那些瑞士的文人，因为他们生活在文学坦路的十字街心。哥德在法国的光荣，瑞士曾给予最高的赞助，如在1775年的西奈而或者岱维东一直到史达暖夫人。

固然有时候法国爱哥德是因瑞士，但是它也直接爱过他，法国爱哥德，因为哥德爱法国。在1827年7月，哥德说："对于法国人们，我是没有任何挂念的。他们在世界上，站的位置很高，在这个国度里，精神是不会窒息的。"法国爱哥德，因为他曾吸收了拉丁、希腊、地中海不朽的空气；法国爱哥德，因为他曾生活在怨恨的时期，但他却遗忘了这种怨恨，便是说，在暴风雨之间，于艺术上，他找到了和平，即是那人类纯洁的宝库，高纪野说：

　　在横蛮的炮声中，
　　哥德做了西方的天神，
　　艺术呼吸了清鲜的苍苔。

人们爱哥德，还因为他从18世纪出来，带有18世纪的色彩。这位老人，迎接少年作者与新的时代。他明白后起的人们将做何事，从

---

① 即以日记闻名的英国作家、律师享利·克莱布·罗宾逊（Henry Crabb Robinson，1775—1867）。
② 即哥德剧作《威廉·麦斯特》（Wilhelm Meister）与小说《亲和力》（Les Affinités électives）。
③ 即哥德叙事诗《赫尔曼与窦绿苔》（Hermann et Dorothée）。

远处追随着，超过国界，到国外的灵魂之中，以唤起一种诗的波纹。

不只是人们爱他，人们还要向他请求些教训，纵使这些教训常是各异的。在他的作品中，冷静者要求精明；自我者寻找"自我"的方式；守旧者，却回还这句名言："不要损伤，不要破坏。"这句话对巴来士是多么珍贵呵！可是有两种特色，大家都来赞赏，因为他们看到了欧罗巴真实的高贵。

第一种特色是他普通的性质。拉马尔丁[①]在他的文学史中，看到"服而德[②]与哥德，是同一个人物"。那些享乐者、博识家以一种不同的趣味，自相诧异，游散在哥德的灵的世界之中。在修院内，罗南研究哥德的作品；太纳指出19世纪最大的思想家是"黑智儿与哥德"。

第二种特色是他的平衡。在哥德本人，他像是一位行为与梦想分离不开的人物，他像是强有力的导师，在弟子们的灵魂上，创造出些英雄的想象。巴来士说："要当心错认了他的伟大。较之任何人，他善于启发伟大艺术的坦路。为着要产生卓绝的美，他给我们指出秘密，便是说完善我们的灵魂。哥德不停止地工作，以发展……他的生活较之他的作品，对我们更为有益。"

普通与平衡的精神，这是哥德的特色。但是对于这两种精神，我们可用绝顶的紊乱与深深的欲情来对峙。实际上，巴来士的思想完全建设在拜伦与哥德之上，始而由于天才的破坏与天才的保守，即是说超绝的紊乱与超绝的秩序。继而哥德与巴斯加尔的相对，宛如大理石的雕像与花岗岩的雕像，一个以其无尽的好奇拥吻世界，别个以一种难以医治的不安深入在无比的深涧。巴来士又说："谁要懂了这两个人物，将达到人类最高之顶点。"我从没有听过比这句话更有力，更强硬而更丰富的。

一个世纪过去了，在法国感到伟人的消失。当哥德死了后，全世

---

① 即法国诗人、作家阿尔封斯·德·拉马丁（Alphonse de Lamartine，1790—1869）。
② 即法国哲学家、史学家、文学家伏尔泰（Voltaire，1694—1778）。

界觉着丢失了精神的领袖。一种不安侵袭了人们的灵魂。桂奈①曾疑问谁将继哥德而起,以完成这种使命。当巴尔比野②接到哥德死的消息,那时候,他住在罗马,伟大诗人的回忆,侵占了他的想象,趁着一种冲动,他作出如是深痛,配得起哥德尊严的诗来:

呵!哥德,呵,伟大的老人,日耳曼的王公。

经过一世纪,我愿意复听到这种呐喊,这位日耳曼的王公。智慧如是高贵,爱人类在一切之上,对于我们的世界,是何等急切必须呵,法国对他的友情,当向这位不朽的"伟大老人"重新申述出来。

原载《中法大学月刊》第 2 卷第 1 期,1935 年。

---

① 即法国历史学家爱德加·基内(Edgar Quinet,1803—1875)。
② 即法国剧作家、诗人亨利·奥古斯特·巴比耶(Henri Auguste Barbier,1805—1882)。

查理·波得莱尔

> 内边引的各书，关于《恶之华》，系巴黎 Alphonse Lemerre 书局出版，1917；《信札集》系 Mercure de France 出版，1915。研究如此伟大的诗人，错误自不少，明者纠正，不特作者感激，亦爱好真理的好现象也。
>
> ——作者自注

一

于 1821 年 4 月 9 日，查理·波得莱尔[①]生于巴黎。便是在这个城中，他诅咒，他惊赏，他痛恨；也便是在此地，于 1867 年 8 月 31 日死去。

"我憎恶那些遗嘱，我憎恶那些坟墓。"他享年四十六岁。

他的父亲约瑟夫·法兰梭·波得莱尔生在 1759 年，系法国西北部农家的子弟。那时候，家道小康，积有点血汗的资财，约瑟夫的父母，便决定牺牲了他们生活上物质的幸福，以使他们的儿子成一个名人。因

---

① 即法国诗人查理·波德莱尔（Charles Baudelaire, 1821—1862），又译夏尔·波德莱尔。——编者注（本文注释均为编者所加）

为，约瑟夫曾受过完善的教育，为人精明能干，到后来竟至成为国会的秘书。当时正在法国大革命的潮流之中，为着他是平民家庭出身，为着他活泼的野心，想要去出风头，他便接受了革命的洗礼，结识了一时的名人，如爱尔维西雨士①，共道尔齐②等。可是他虽野心怒发，却很明白进退，所以身居革命党中的贵官，思想上却不如他友人们那样顽强与偏执。生性喜爱艺术，特是后期古典派的绘画；在另一方面，谨守着18世纪的遗风，讲仪礼，谈交际，种种世故，他做的真是无微不至。这些特质，在他儿子查理的身上，将会遗留下不磨灭的痕迹。在1819年，约瑟夫举行他第二次结婚的典礼。那时候，他已六十岁了，而他的娇妻仅只二十六岁。这种年龄的相差，很可说明诗人查理神经上一部分不平衡的理由。这是一个又敏感，又生动的女子，她的一生只充满了些温柔与虔诚的情感。诗人波得莱尔在他的遗稿上说："我母亲是一位迷信者，应该怕她而同时使她喜悦。"

在1793年，她生在英伦，小名叫加哈利纳③。她充分吸收了英国的空气，她的血管内交流着英国民族的血球。所以，在查理会说话的时候，他便说英法两国的语言。这种特殊的环境给予他的影响是很大的。

在1827年2月10日，查理的生父去世了。次年，他母亲再嫁给吴比克④将军。七岁的查理，成为继子，从此便碰在生活的刑具上。吴比克将军是一位正人，可是，不论如何，他总是一个丘八。他爱纪律，爱服从，因而他想将军队里的纪律，也应用在家庭生活当中。这种思想当然与浪漫不羁的查理的天性是相冲突的。因而，他们的生活，逐渐背道而驰，始而误会，继而怨恨，终而决裂。这并非吴比克将军的过错，一个天才出世，在他儿童时期是很难为人认识的。多少的伟人，不是在他死后，人们才还给他相当的价值？因为能够认识一个天才者，总要他首先是一个天才。

---

① 即法国哲学家克洛德·阿德里安·爱尔维修（Claude-Adrien Helvétius，1715—1771）。
② 即法国哲学家、数学家孔多塞（Marquis de Condorcet，1743—1794）。
③ 原名卡罗琳·杜法伊斯（Caroline Defayis）。
④ 即雅克·欧比克（Jacques Aupick）将军。

二

在波得莱尔儿童时代与成年时代之中，便是到他二十一岁，截至1842年为止，他将来放荡，奇突与可怜的生涯完全铸定了。始而学于里昂公学，继而学于路易第一公学，特别聪明，长于拉丁文（在这一点上，他确做了伯纳斯派的先驱者）。公学完结后，随着他的继父，一直到法国的南边。那时候，他开始作诗，可是浪漫的行为亦从此而肇始了。从十七岁起，有五年之久，常是辗转在家庭冲突之中，过着一种漂泊的生活。他住在巴黎的拉丁区中，周旋于名流与文人之间，加纳尔瓦①，巴尔扎克②，买那儿③，拉杜石④与里士洛⑤等。他虽然写作一些东西，却不肯发表，家中所给他的微款，却完全应用在装饰与放纵生活之上。于是吴比克将军下了动员令，要将他的继子送到印度去。这次旅行，他只到毛利士岛⑥上，为期仅六个月（自1841年5月至1842年2月），波得莱尔仍返到巴黎。这时候的他，并不很使人同情，他自信是一个有能力者，不肯工作，却喜欢修饰。那种风行一代的"浮华"，尤其在衣服上，他便成为惟一的倡导者。他憎恶家庭，特是憎恶他的继父；他爱女子，特是爱那"黑的女神"。

《恶之华》即于此时开放了。

三

从1842年到1864年春，波得莱尔的生活变得分外丰富，同时亦分外复杂了。他自己觉着已到成年的时候，应当宣布他独立的生活。

---

① 即法国诗人、散文家钱拉·德·奈瓦尔（Gérard de Nerval，1808—1855）。
② 即法国小说家奥诺雷·德·巴尔扎克（Honoré de Balzac，1799—1850）。
③ 即法国诗人路易·梅纳尔（Louis Ménard）。
④ 即法国诗人亚森特·德·拉杜什（Hyacinthe de Latouche，1785—1851）。
⑤ 即法国诗人勒孔特·德·李斯勒（Leconte de Lisle，1818—1894）。
⑥ 即毛里求斯（Mauritius）。

住在巴黎比卯但（Pimodan）旅馆之中，步拜伦的后尘，一切的行动，宛如那些王公大人。可是，他的资产不够他挥霍，不久，便须转过方向，而走另一条道路。这时候，他创作《恶之华》，他结识了高纪野[①]与圣背夫[②]，他们具有特别的友情，这在文人当中是很稀有的。他也曾拜访过浪漫派领袖的嚣俄[③]了，却是对他没有深的同情。

便是在这种开创的时代，苦痛慢慢地走来，像一条巨蛇，摇首摆尾地绕着他的咽喉，一直到死为止。起始他结识了一位"黑的女神"，叫日纳·杜瓦尔[④]，他爱她，他可怜她，同时他为她苦痛。次之，他没有钱，却负了重大的债务。自从同他继父决裂后，母亲亦随之与其断绝关系了。纵使有个监督者，安塞尔[⑤]先生，亦到了爱莫能助的地步，至多给他一点相当的费用，当然不能供他任意地挥霍，又何况他那样的性格，足难忍受这种镣链的。终于，他害病，他的身体渐次衰弱，使他不能工作。因此，在他的生活，患难像是按下铁印，而他永不能翻身了。

虽然如是，波得莱尔却去奋斗。他工作，他作诗，但是不肯刊行。反之，他却做艺术与文学的批评。在1848年，革命将他卷在狂激的潮中，他同普罗东[⑥]结连起来，在2月里，夹杂在群众当中，在军械商店内，夺得一支步枪，放了两声，其目的，为着要"枪毙吴比克将军"。然而这种行为是与他的本质相冲突的，他深深的信仰与需要，绝对不能建设在这种盲目的破坏之上。因为他是一个诗人，有他自己的宇宙与人生，尤其是时代不同，远非浪漫派的初期了。

自本年7月后，他刊行关于爱得加尔包[⑦]的译品。他序中说：

---

① 即法国诗人泰奥菲尔·戈蒂耶（Théophile Gautier，1811—1872）。
② 即法国文学评论家查尔斯·奥古斯汀·圣伯夫（Charles Augustin Saint-Beuve，1804—1869）。
③ 即法国作家维克多·雨果（Victor Hugo，1802—1885）。
④ 即让娜·杜瓦尔（Jeanne Duval），又译让娜·迪瓦尔。
⑤ 即纳西斯·安塞勒（Narcisse Ancelle）律师。
⑥ 即法国政治家、经济学家皮埃尔-约瑟夫·蒲鲁东（Pierre-Joseph Proudhon，1809—1865）。
⑦ 即美国诗人、小说家、批评家爱伦·坡（Edgar Allan Poe，1809—1849）。

在1846年至1847年，我看到包的几点短简残篇，我深为他所感动。他的诗歌与小说，我曾经也如他地想过，只是散乱与宽泛，没有如他那样好的结构。因为他能做到完善的顶点。

一直到诗人死时，他对包的敬仰几如天神。1855年，在《两世界》杂志上，发表了一十八首《恶之华》，在1857年收集起来，刊行问世，曾引起些假道德者的反抗，谓这是有伤风化的，作者因而问罪。也是在同年，佛罗贝尔刊行《波哇利夫人》①；米失勒刊行《文艺复兴与近代》②；太纳刊行他的《随笔》③。这是自1848年之后，法国文坛上，繁花盛开的时期。即于是时，吴比克将军死了，波得莱尔与其母亲修好，心理上为之一变，纵然生活在苦痛之中，他却能伴着慈母，朴实地住在洪伏洛④。

从1852年到1857年，波得莱尔的内心生活上，起了一种不可捉摸的波纹，便是他对沙把纪野夫人⑤的爱情。这位美丽的女子，走到诗人生活的当中，那样纯洁，那样久远，恐怕波得莱尔一生爱的幸福，只有这位女子所给予吧！于1860年，他刊行《人工的天堂》；1861年，《恶之华》再版。因为身体衰弱，债积如山，巴黎成为一座人间的地狱，他憎恶，他想逃走。

在1864年春，他离开巴黎逃到孛留塞尔⑥城。

四

波得莱尔之所以要去比国的名城，乃是幻想着那里有诗人的美

---

① 即法国作家福楼拜的《包法利夫人》。
② 法国历史学家儒勒·米什莱（Jules Michelet，1798—1874）的《法国史》（作者于此书中首次以"文艺复兴"一词概括16世纪时"对世界与人类的探索"）。
③ 泰纳，即法国哲学家、史学家、文学评论家伊波利特·丹纳（Hippolyte Taine，1828—1893），又译泰纳。其1857年出版的著作有《19世纪法国哲学家研究》，而此处所例举的《随笔》当是指其1858年出版的《评论集》。
④ 即法国诺曼底大区昂日地区的首府翁弗勒（Honfleur）。
⑤ 即Mme Sabatier，又译萨巴蒂埃夫人。
⑥ 即比利时首都布鲁塞尔（Bruxelles）。

梦，可以遇着些人能了解他的人们，非如巴黎人徒然使他苦痛。可是他错了！那时比国人的宗教与政治思想，与他浪漫艺人的个人主义是极相冲突的。他做了几次讲演，大致说起来，完全没有成功。不只不成功，苦闷、患难与疾病反而交相压迫在他的身上。在宇留塞尔住了十个月，疾病逐渐加增起来，竟至一贫如洗，没有钱去医治买药。只有哈普士[①]与马拉西[②]对他忠实一点，但是他们与他一样，都是生活在苦痛之中。离开憎恶的比国，回到母亲的身旁，可是又能怎样？母亲亦是穷的，没方法救治这个病儿。纵使我们看到他那样奋斗，那样反抗，其结果是徒然的。他如负重伤的猛龙一样，挣扎，咆哮，而灰色的死已走来，他死在地上，闭着他含怒的眼睛。便是在1866年5月，同着两个朋友，他们去参观纳姆尔的圣路教堂[③]，在路上，急症忽来，波得莱尔不省人事。同年7月，将他移到巴黎的病院中。次年8月31日急病加重，便与人世永别了！他逃脱罪恶的人间而走入和平的天国。9月2日，人们将他葬在巴黎蒙巴尔纳士的墓中。[④]

五

如果我们只看到波得莱尔外表的生活，在那样堕落之中，也如拜伦一样，实在平凡的很。他既没有沙多布里扬[⑤]想发现一块新地，到美洲探险的勇敢，又没有卢骚[⑥]那样的浪漫，徒步旅行，漂泊在妇人的身旁，具有特殊的风味。便是论到他的不幸与患难，在他朋友们与敌人们的眼内，实难以引起特殊的同情。同家庭的决裂，负债的苦痛，没钱来养"黑的爱神"，这些几乎是任何人都能在生活中所遇到的。

---

① 即比利时画家弗利希安·罗普斯（Félicien Rops，1833—1898）。
② 即波德莱尔《恶之华》的出版商奥古斯特·普雷-马拉西斯（Auguste Poulet-Malassis）。
③ 即位于比利时中南部的那慕尔省的首府那慕尔（Namur）的圣卢普（Saint-Loup）教堂。
④ 即法国巴黎的蒙帕纳斯公墓（Lenox Montparnasse）。
⑤ 即法国作家弗朗索瓦·勒内·德·夏多布里昂（François-René de Chateaubriand，1786—1848）。
⑥ 即法国启蒙思想家、哲学家让·雅克·卢梭（Jean-Jacques Rousseau，1712—1778）。

可是，如其要真正认识一个伟人，估量他的价值，我们决不能将这些外表的生活作为唯一的准则。一个人的本质，尤其是谈到一个如波得莱尔这样的诗人，我们应该抛弃人们对他的传述与附会，看清楚他心理的构成，强倨本性的需要，按照他内心生活的表现与演进，然后给予他本来的面目。

若肯精心地读过他的遗著，他的信札（特是写给他母亲的信札），我们便可看到他那种不可撼摇的伟大。他是曾苦痛过的，然而他也曾奋斗过。我们难以赞同那些爱好物质的人们，以为波得莱尔的奋斗没有外形的结果，便断定他是个低能儿。实在，波得莱尔的奋斗，没有形之外表——我很知道他曾梦想过进到"法国学会"，继续拉可岱尔[①]的位置，只有维尼对他表同情，但他很知进退，不久便放弃了！——他的奋斗，是在他自己的内心，因为具有特别敏锐的感觉，特别生动的想象与特别温柔的心情，所以在紊乱之中，他追寻秩序；在罪恶之中，他搜寻道德；在残缺之中，赞美完善；在不安之中，摸索和平，他想找一条新的生路，好上升去，以达到他理想上的幻梦。然而，疾病与贫穷，交相涌来，在他的面前竖立起不可超越的篱笆。于是，他向天呐喊，一直到死时为止。这是他内心的悲剧而与生俱来的，如圣奥古斯丁，如巴斯加尔，他们如同一母所生的兄弟，他们都在这条崎岖的路上打滚。因而，在他的意识上，精神上，以及灵魂上，由那种敏锐的感觉，倾斜的情感，他内心的生活表现的分外沉痛与可怜。也便是为什么这个外形平庸生活的诗人，他会创造出奇突的《恶之华》来。

六

一个伟大的艺术作品是同艺人的生活不相分离的，如果《恶之华》是人类智慧的结晶，在思想上，在艺术上，他占有不磨灭的位置，那

[①] 即法国天主教教士、法兰西学院院士让·巴蒂斯特·亨利·多米尼克·拉科代尔（Jean-Baptiste Henri Dominique Lacordaire，1802—1861）。

么，我们对作者的生活应当致最高的敬意。我们所以要敬重他的理由，因为作者是一位诗人，他的作品是人类苦痛的一部分的代表。

波得莱尔是一个"人"，因为他曾赤裸裸启露出他的优点与弱点来，而特别是在爱情之上。他有稀世的天才，他同时亦有可歌可泣的弱点，但是不装潢于技巧之中，将自己的弱点坦然无畏地揭示在人的面前，这种诚恳的态度，不是他的伟大么？在这种伟大之上，让我们首先看看他的爱情。

七

对于波得莱尔，爱情对他生活上来说是苦痛的。快乐的山泉，永远是滔滔不绝而汲不尽的。他曾爱过，他也曾被爱过。

在《近代心理》一书之中，法国的批评家补尔惹[①]曾谈到《恶之华》的爱情观，他用这句话来形容：《恶之华》所表现的爱情是"神秘的，自由的而尤其是分析的"。这种看法，实是捉住了波得莱尔的深髓，可是有一层要注意的：这三种特质，竟可说是伟大诗人的本质，惟在他的爱情生活之上，却非同时表现出这三种现象。

当他的爱情开始之时，他是从自由方面着手。他所求于爱情的东西，不只是要得到精神的平衡，使他不安的心有所寄托，而他竭尽全力，向爱情所索讨的东西，乃是官感的刺激。这样，方可以满足他的好奇心。持执这种危险的态度，在变化莫测的爱情前面，确然是没有好结果的。所以到后来，于失望之中，波得莱尔向爱情追索的东西，仅只是些幻想与遗忘。

在这样方式中的爱情，其结果必至苦闷，疲倦，失望与自杀的地步。倘使一个人，处到这种不幸的情境之中，具有道德的强力，高尚的理想，同时不忘情于他的职责，那么"反应"必自然地产生出来，惟一的缘故，

---

① 即法国小说家、文学评论家保罗·布尔热（Paul Bourget，1852—1935）。

乃是他看清楚自己没有为人所爱。可是如其一个人找到他真实的爱情，他会将全部生命敬献在爱的脚下，将一切都可去牺牲，以至于肉的快乐，不只是哲人们可以如斯，即那些放欲纵情之流，亦能做到这种地步，因为他们的官感虽然破坏，而情感却立在那儿不动的。证据是不难找出来的，当美丽的青春远逝之后，多少人不是咀嚼着情感上的孤独么？

波得莱尔具有很高的智慧，他常想用他的智慧规范他的行为与灵魂，尤其是在爱情之上。因此之故，他曾感到不少的苦痛，这在那些智慧晶明者，大都向这条路上做工夫。但是，波得莱尔奋斗的结果却正相反，假使进一步追求他失败的理由，我们看到他的智慧太自我化了。所以他在爱情上的错误，不是来自滥用情感，不是专贪无节制的肉乐（自然在另一方面看来，这剩余的发泄，是不能辞咎的），乃是来自他强烈的自我中心思想与那种过度的分析。

八

倘如波得莱尔在爱情上只追寻官感的满足，其害尚不很重大，因为他深心的情绪会集中在较为久远，较为永固的对象之上，他会自然地憎恶起这种粗陋的爱情来。在这样的情况之下，晶明的智慧，不惟可统治住他的心情，而且还可统治住他的官感，正如那些伟大的灵魂一样，便利用这种方法去完成他们的天职。但是波得莱尔不是如此。

自从他来到世间，他既没有好的遗传，又没有受过真实的教育，于是，感觉敏锐，想象丰富的他，在爱情生活上，他所希冀的便是奇遇与刺激。我们深知道浪漫派后期的人物，如加纳尔瓦，如佐治桑得[1]，他们常将肉感与文学混合在一起，不如是，似乎生活是无意义的。在另一方面，为着要守着他们自己的思想，他们须守着自由的心情，但是他们却忘了他们的感觉与脑筋已为这种浪漫的爱侵袭住了。再进一步，感觉的

---

[1] 即法国女小说家乔治·桑（George Sand，1804—1876）。

对象常是不能固定的，他需要新的满足，生活因之亦落在变化之中。正如变化的方式有限，他们不得不追寻技巧，再加上智慧失了作用，想象起而代之，一切的生活，思想与行为完全伏处在感觉指导之下，超出范围以外，这是多么危险呵！并非要否认爱情（外则，爱情是个事实，否认是枉然的），却只要能够保持住理智，情感与感觉的平衡！在自我中心的爱情之中，情感常是自由的，浪漫的！波得莱尔便是最好榜样。对他，爱情成为一种游戏，他不看重对象，却只看重自己。在女子身上，一切的举动，容貌与装饰都是为他自己而存在的。这样，为何他不蔑视女子而诅咒爱情哩？为何他不苦闷与疲倦而怨憎人生无意义哩？为何他不找寻酒精与鸦片而求一时的刺激与麻醉哩？我们知道波得莱尔是从这里边走过的。

九

将自己作为最后的归宿，作为世界的中心，随着自我所欲，把生活变为达目的的手段，于是超出社会之外，因为社会是一个深不可测的火宅；同时，以势所必至，亦超越过自然法则之外，因为这些厌烦的东西，足以碍窒个性的发展；禁锢在自我的园中，想象结构成奇异难以揣摩的美梦；这便是浪漫派个人主义的特征，将后起的少年们一起卷在里面，特别是自1830年之后。这种浪漫派的个人主义是很适合于少年们不定的心理的，但是他亦带来不可医救的创痛，原来将生活安置在这种方式之下，其结果必倾向于罪恶。纵使波得莱尔，以其卓越的智慧，伟大的灵魂，不至于一败涂地，然而在他的心理上，这种绝对的自我中心主义，没有不将他的意志破坏与毁灭的。我们自当给予同情，深晓得这是浪漫的余毒，可是在波得莱尔本身，难以摆脱他的一部分责任。

谁要读过诗人缪塞①《世纪少年的忏悔》第二章，当晓得这个很

---

① 即法国诗人阿尔弗莱·德·缪塞（Alfred de Musset，1810—1857）。

分明的理由。自从法国大革命之后,有两种潜力侵袭到少年们的血管内:一方面对社会失了信仰;他方面无力量来反抗。这两种潜力所结合而生的产儿,便是那绝对的悲观。住在象牙塔内的维尼,考古的买利买①,游于意大利的司但达尔②,都是带了这种彩色,将这个悲观表现到使人畏惧的地步,波得莱尔又何能例外哩?他承继了这种不幸的产业,对人类只是一种憎恶,创造力几乎丧失殆尽,蛰伏在自我之中,固为自我是一个人到途穷路尽之时,最后遁逃的地方,这实是有点可怜,但是时代的形成,谁能够逃出时间之外哩?

还不只如是。更坏的是失掉了想象的幻梦,他将无一处可逃走,即是说灵的自我屈服了,到了那失望的绝顶,把爱情比作宗教的人们,这时候亦发现了自己的错误。缪塞说:"将爱情与光荣同宗教相并论,那是古人们的幻想!"因之,他们找寻刺激,便自己麻醉,始而酒精,继而妓女。在波得莱尔爱妓女之上,还有另一种需要,他爱妓女,乃是爱他对女子蔑视的心绪,这种思想,常常流露在他的遗著之中:"女子不明白分开灵和肉……殴打女子是必须的。"也如尼采一样,在说:"你去找女子么?你不要忘了带上皮鞭。"

十

一个以自我为中心的人,常是一个无情的分析者。实在说来,所谓苦痛与快乐,都不过是一种感觉而已。波得莱尔是爱分析的,他用自我来分析自我。于是将他完整的本身截为两半:这一面,自我要享乐,要苦痛;而那一面却要观察与理论。愈是智慧晶明的人,他分析判断的能力愈为真确,同时对他自己变得更为无情。当其发现了自己的弱点,特是无力来反抗,怀疑与摧残交相袭来,其苦痛真是不可言喻了。我们不能忘了波得莱尔是一个大批评家,他不是一个普通的心

---

① 即法国小说家普罗斯佩·梅里美(Prosper Mérimée,1803—1870)。
② 即法国小说家司汤达(Stendhal,1783—1842),又译斯丹达尔。

理学者，在这种精细冷酷的分析中，他呐喊地说：

　　我是牺牲者，又是刽子手。

　　在这种苦痛中，他所得到的只是一个空虚，只是一个孤独，他需要爱。

十一

　　自 1842 年 2 月，波得莱尔回到巴黎之后，他便找到一个爱人。同时，因为这个女子，他的生活渐渐沉沦到苦痛的深渊。

　　这是一位"黑的爱神"，她叫作杜瓦尔。自 1840 年之后，杜瓦尔女士在巴黎的小剧院中做一个副角色，她既没有天才，又没有姿容，惟一见长的地方，只是固有的黑颜色。按着可靠的证据，他们的认识约是如此：有一天晚上，波得莱尔看着些带有醉意的人们戏弄她，那时她急不可脱，波得莱尔跑来，挽着她的臂膀，送她回到家内。此后，杜瓦尔便成为他的情人，而苦痛的种子亦撒下了。

　　她有很美丽的头发，青蓝而柔长，爱好俏皮，而生性却很残酷。认识杜瓦尔的人说："漂亮的头发是这个愚蠢与残酷的动物唯一的美丽。"她很爱吃酒，到后来，须将她送到病院之中。

　　波得莱尔忍负着她给他的苦痛，从她身上，他所得的，只是些堕落的情感。如其要寻求波得莱尔所以爱她的原因，也如吸鸦片烟的人一样，始而好奇，继而成为习惯，于是意志破坏而不能摆脱了。这位"黑的爱神"是来自远方的，从她身上，波得莱尔可看到远远的异域。她美的头发，身上的奇香，都足以解决波得莱尔的渴望：

　　　　秋天微温的晚上，深闭着我的眼睛，
　　　　我呼吸了你的热奶上的香味，

我瞧着幸福的海岸，
延长在迟滞太阳火光的照耀之中。
你的香味领着我去向那美妙的地方，
我看到一个海岸充满了桅杆与风帆。

波得莱尔的伟大处是在他的私德，杜瓦尔使他苦痛，他依然爱护她，设法找寻金钱供她来挥霍。波得莱尔的天才，是在他能将苦痛掠住用诗表现出来。这位"黑的爱神"时时"躺在沙发上，靠近炉旁，详静地睡个久永"。这不是人的爱情，这是地狱的爱情：

我爱你等于爱一条冥路，
呵，苦痛的瓶子，呵，伟大的沉静。
不纯洁的女子，烦闷使你的灵魂残酷。

这诗是美的，我们译不出他的万一。《恶之华》中最美的诗，恐怕是写于他感到创伤最沉痛的时候。坐在这位"黑的爱神"之旁，波得莱尔像是住在坟墓之中。

十二

波得莱尔虽住在爱情的地狱之中，他的爱却是不能毁灭的，因为杜瓦尔没有给他理想的满足。倘如他要碰着一位美的女子，他必去为她牺牲，我们知道一位伟大的诗人，美是他唯一的灵魂：

……我很美，我命令你；
为着对我的爱情，你只爱美；
我是守护的天使，诗神与圣母！

在《波得莱尔生活》一书上，克莱扑[1]说："在朋友的家中，波得莱尔碰着玛琍夫人[2]，这真是一个美的模型。有一天他向玛琍宣布爱情，她说她已有爱人了，可是他坚执地请求再看到她。"这个证据，足以证明波得莱尔所求于爱情者，乃是美。如果得到他理想上的人物，他是容易满足的，只要看看她便够了。这里是波得莱尔写给她的信，我们可看到他的灵魂：

我死了，你把我重生下来。呵，你不晓得我欠你的是什么？在你如天使的一顾之中，我曾吸尽了不明白的快乐；在一切最完善与最美妙之中，你的眼睛启发我的灵魂去求幸福。从此后，你是我惟一的皇后，美与情欲。你是我自己的一部分，而这部分是灵的本质所构成的。

玛琍，因你的缘故，我将来必然健壮与伟大。如伯脱拉克一样，我将使我的罗莱不朽。[3]你须是守护我的天使，我的诗神及我的圣母，好将我送到美的路上。

十三

在爱情之中，伟大的诗人们常是走着厄运的。波得莱尔亦非例外。他爱杜瓦尔，但他所得到的是痛恨；他爱玛琍夫人，但他所得到的是空虚。《恶之华》的一大部分便是表现这种压榨下的不幸的呼声：

我的心仅只是一块赤红而永冻的山石。

---

[1] 即最早的波德莱尔传记的作者法国作家欧仁·克莱普（Eugène Grépet，1874—1952）。
[2] 即玛丽·多布伦夫人（Mme Marie Daubrun）。
[3] 伯脱拉克，即意大利诗人、学者弗兰契斯科·彼特拉克（Francesco Petrarca，1304—1374）。罗莱（Laura），一译劳拉，是彼特拉克抒情诗集《歌集》中的女主人公。

虽然如是，他们忍受苦痛的毅力却非庸俗者所可望及。他们摆脱利害，追寻理想，并非是他们的弱点，反之，这是他们伟大的地方。久而辗转在阴暗途中的波得莱尔，女神为他而再生了，那便是沙把纪野夫人。

她长得很高，却非常相称，她有一双柔细而可爱的洁手，白如脱皮的葱根；她像丝绢的头发，金栗色的，形成些灿烂的波纹；她脸上的条纹，分外和谐，表现出活泼与灵动的神气；口小而常是微笑着，像在那儿偷颂美的胜利；她的精神很清明，天资超绝，在当时，她确是第一流的人物。有些人也曾非难过她的行为，在说她被一个富商来包养，这确是事实，但是没有多大重要的；在她的沙龙中，所往来的人们足以使她名垂千古，如大仲马，诗人高纪野，缪塞，佛罗贝尔以及雕刻家克莱幸日[1]，这位著名的雕刻家将她做模型，雕刻成一件著名的作品《被蛇咬的妇人》，陈设在 1848 年的展览会中。

她的厅堂，她的美容，因她而产生的艺术作品，都使她立刻成名。在利嘉米野夫人[2]之后，在碧尔锐稍公主[3]之后，沙把纪野夫人成为一代文人唯一的中心了。诗人高纪野在《恶之华》的序言中说：

  由她的眼睛与微笑，她鼓舞这种舌战，或者讽刺，或者赞许，她亦参与其间；同时辩论变得非常起劲。

是在比卯但寓所中，波得莱尔碰着她。她给波得莱尔留下的第一印象是不能磨灭的。自从许久以来，《恶之华》的作者在访寻他的诗神，现在，因杜瓦尔的反应，他在沙把纪野夫人身上，发现了灵和肉的美。他愿伏处在这位天神的脚下，做一个永久的爱的乞讨者。

波得莱尔对于他爱情的偶像常是神秘的，竟可说几等于宗教的。

---

[1] 即法国雕塑家奥古斯特·克莱辛格（Auguste Clésinger，1814—1883）。

[2] 即朱利埃特·雷卡米埃夫人（Mme Juliette Récamier，1777—1849）。

[3] 即法国公主玛蒂尔达·波拿巴（Mathilde Laetitia Wilhelmine Bonaparte，1820—1904）。

有五年之久，他给爱写匿名的诗与信。在 1852 年 12 月 9 日，诗人将字体变过，写给爱这封短篇：

> 深的情感具有不可破毁的廉贞，不去署名，那不是这种难以屈服的廉贞的表证么？

又，在 1852 年 5 月 3 日，从凡尔赛，他给她这首新诗：

> 充满快愉的天使，你认识苦痛么？……
> 充满美德的天使，你认识怨憎么？……
> 充满健康的天使，你认识发热么？……
> 充满美丽的天使，你认识皱纹么？……

过了六日之后，他又给她这封可怜的匿名信：

> 像孩子与病人，我是一个自我中心者。当我苦痛的时候，我想念我所亲爱的人们。普通说来，我在诗上想念你，当诗作好后，我不能禁止住这种欲望，好使诗中的对象者所看到。但同时，我自己藏匿起来，有如那些深怕得到至极讽刺的人们。

纵使波得莱尔隐匿起他的名字，沙把纪野夫人是明白的。有一天晚上，从宴会中出来，波得莱尔送她回去，这是个最好的机会，他们互相交换深心中隐伏的秘密：

> 一次，孤独，可爱与温柔的女人，
> 你的洁臂放在我的臂上，
> 依靠在我灵魂黑暗的深心……
> 做一个美的女人是一件苦痛的职业，

这是疯狂与冷酷舞女的平凡工作，
她倒在机械的微笑之中。

时间走着，波得莱尔生活在爱的神秘之中。于 1857 年 8 月 18 日，他写给她说：

……你不只是一个梦想与钟爱的影子，你是我迷信的偶像，当我将事做错时，我自己说："天呀！假如她要知道时！"可是，当我做了些好事时，我自说："呵，这才对得起她呀！"

沙把纪野夫人接受了他的爱，同时另一幕变形的悲剧也开始了。波得莱尔虽是害病，但他的心却是纯洁的。因为在他的爱上，他有很高的理想。他所以憧憬这位丽妇者，一半自因她的美貌，而那一半却因他沉溺于自己的想象之中。所以当他将爱得到之时，同时他发现了她不是一位诗神，自然更不是一位圣母！她所有者，只不过是个比较普通女子稍微漂亮的女子罢了！现在波得莱尔明白，他落在烦闷之中，他写给她说：

有几日，你是一位天神，这是何等合适，优美而不可破坏呵！现在你只是一个女子。

这种错误是来自他的想象与分析。他常想将想象变为事实，从那上面，去建筑他象牙的宝塔。自然，这是舒适的，同时亦是不可能的。毕竟，波得莱尔是一位伟大的天才，也如爱杜瓦尔一样，他会从苦痛上，用他的血去织绣成美的女红：

呵，有死的人们，我很美，像石块的幻梦。

十四

不懂波得莱尔的豪华与时髦，是难以了解诗人的思想与行为的。促他走到此路，形成一种奇突的生活，其原因很多，如他父母给他的遗传与社会的环境，使他逃脱不开。

他父亲的身上，常时保持着 18 世纪的幽魂，习染着假古典派的余俗。我们在前说过，诗人的父亲，常爱讲礼貌，重仪表；至于他母亲，因为受了英国上流阶级的教育，贪那种形式的体面，使得波得莱尔的天性养成，自然地迎合豪华与时髦的风尚。

介乎 1840 年与 1842 年之间，波得莱尔正在海上，于路易菲利扑①统治之下，乌司曼子爵②决定重新改造巴黎。巴黎是法国的灵魂，他们要给它穿一套豪丽的服装，以矜骄国家的富有与粉饰大革命后的太平。将大路凿通；建设起美的桥梁；市政厅重修过门面；设立起高等师范；剧院，咖啡店，游艺场不知道添了多少，黑而阴暗的巴黎，一变而为光亮与浮华的城市了。

物质生活的改变，常是以经济生活为标准。所以促成这种豪华的原因，纯由铁路勃兴与工业进展的结果。杰出而雄心远大的乡人，将田园抛开，移到都市之中，他们逐渐成为暴发户。一切的娱乐，他们不容贵族们专有，他们也想使别人听到自家的音乐，看到自家妇女的服装；离奇百出，斗角钩心，因为赚钱容易，生活日趋于淫奢。这种小资产者的生活表现，常引起贵族们的反感。

带有贵族风味的艺人们，如波得莱尔之流，是不肯与这些后起的暴发户相并立的。虽然，这些小资产家有钱，他们却逃不过讥笑，被艺人们视为庸碌与平凡。因而身着绫罗，却不知美之所在。他们常听到这些含讥带讪的话："暴发的小子们，你们没有智慧，又没有灵魂，你们虽

---

① 即法国国王路易·菲利浦（Louis-Philippe de France，1773—1850），1830—1848 年在位。
② 即法国的城市规划专家尤金·奥斯曼（Eugène Haussmann，1809—1891），但他所主持的巴黎改造是在拿破仑三世（1852—1870）时代。

然有的是金子，却是买不来那个'美'的！我瞧不起你们呀！"

自然，在这种环境之下，《恶之华》的作者是容易沉醉在里边的。我们要看清楚：他是一个十足的个人主义者；他要保持他的高贵，他不能不爱他的独立；因而他憎恶这个小资产的世界！在两个时代冲突的时候，豪华与时髦，常为社会特殊的现象，波得莱尔便是好的证例。

十五

为要将豪华与时髦表现到尽善至美，波得莱尔须先讲究他的服装。在诗人的眼中，装饰是一种艺术，因为美和自我结连起来，而自身遂变为一种艺术作品了。

论到波得莱尔的服装，在当时的社会上，却是很著名的。衣上的每道条纹，没有不经过精心聚神的考虑。一年之中，常是黑色的衣服；外衣阔大而华美；一只保养精细的手常捏着衣的背面；长的背心，上有十二个扣子，由下而上紧闭着，只留下最后的一个，以显示出内边洁白的衬衫；黑的领带，两端宽大，用心构成一个大结，上边没有一条皱纹，宛如雕刻成似的。裤子直垂到鞋上，因为是活在革命之后了。

服装是波得莱尔的灵魂。自 1846 年以后，他的经济渐次拮据，衣服便不能像以先那样讲究了。可是要与常人相较，他还是高他们一筹哩。

波得莱尔是特别爱护他的两手的。他病了，到友人的家中，第一件要做的事，即是去洗手。海脓[①]说："看到他的洁手与保护的指甲，波得莱尔表现一种孩童的快活。将手在窗前摆动，像是在那儿玩弄阳光。"

---

① 即法国作家欧内斯特·雷诺（Ernest Raynaud），其传记作品《夏尔·波德莱尔》1922 年在巴黎出版。

十六

如其只能看到波得莱尔外表的形式，我们将误会了他的伟大。他这种苦心的修饰，实是向着一种理想去进展。将服装作为完美的表现，没有不与内心生活相对照的。高纪野在《恶之华》的序言中说：

他度量他的语言，只用些选择过的言辞；有些字用种特别的发音，像是要人注意他特别给予的神秘的重要。

一方面，他这种放荡不羁的行为是来自他的天性的。在另一方面，此种悠久的浸渍，逐渐变为自我中心，而超出现实生活之外。因而，他与世隔绝，落在孤独之中。在他最苦痛之时，他的这种色彩表现的愈激烈，惟其激烈，他的服装变为更奇幻与迷离。抛开世间的成见，进一步探讨他内心思想的构成，我们会发现他禁欲的思想。这似乎有些矛盾，实际上却是他的本质。

在冲动、快活和苦痛的前面，波得莱尔保持着他坚强的意志，因为他要做一个不可撼动的人物。惟其如此，他的豪华与时髦将他引入浪漫派的个人主义之中，外来的一切，丑与恶，善与美，对他都是相等的。实质上，浪漫派的英雄没有不与社会相冲突的；为着他们自以为超出一切之外，他们形成些例外的人物了。他们反抗一切，诅咒一切，破坏一切。便是在死的前面，他们依然守着这种奇突的尊严。

在这种态度之下，他们是不能持久的，波得莱尔并非例外。失掉了美的幻想，给以永久的苦痛，为要解脱这种镣链，只有走到自杀的路上。我们晓得在 1845 年 6 月 30 日，波得莱尔曾想过自杀。可是，他虽接受了沙多布里扬，拜伦与普德[①]的余毒，毕竟能够自树一帜，

---

① 或指俄国诗人亚历山大·谢尔盖耶维奇·普希金（Александр Сергеевич Пушкин，1799—1837）。

可是，如果我们的经济不允许提前给我这个数目时，便是再少一点，我都高兴地去接受。"

这种穷苦的惨状，这种忍受侮辱的深痛，在他敏锐的神经上，无一不刻着深的条纹。自从他小的时候，他便深信他诗人的天才，而时时却束缚于微许的物质之中，其苦痛真不可以言喻了。不只如此，他肉体上亦受剧烈的打击，他的病，便是因此而来的。"你要从这个可怕的网罗中把我救出，"他向她母亲说，"自从昨天早晨，我住在拘留所中。"

在这种阴暗的生活之中，波得莱尔想逃脱，飞到辽远的法兰西岛之上，一种神秘的力量抓住他，从《恶之华》的CXXVI中，我们可看出："一天早上，我们走开，脑中充满了热炎……"

他虽如是的去想，他却不能去做。一个真的诗人，在他的思想与行为走到极端之处，常是相冲突的。在他的爱情上，正如在他的经济上，他同样受着压抑，"黑美神"像一条镣链，缚住他的两足，使他不得前进。杜瓦尔不只给他负担，经济日形拮据，而且妨碍他工作，使之不得生产："为着安静，为着避免那个女子不可支持的苦痛，我须在夜间工作。"

他爱她真是伟大的。他向他继父说："你苛刻地待遇我，纯是为了一个可怜的女子，自从许久以来，我爱她完全是由于义务。"

他同杜瓦尔的生活，渐渐走到失望之中。这个奇僻的女子，是波得莱尔永生的创伤，到他不能忍着的时候，他叹息失掉的好梦："少年时代的一切幻梦都消失了，给我所留下的，仅只是一个永久的苦痛。"

苦痛是传染的。他带病的神经与无力的反抗，都是很好的证据。他的本质，也如其他伟人一样，常是徘徊在阴暗的路中，失望与孤独交相压迫，一切都成为乏味："我自己常问：干这些，干那些，有何好处哩？这才是真正的烦闷的精神。"

在1859年，他惟一的希望是要逃脱巴黎。他想到洪伏洛去，那里有他的慈母，那里可休息他的残躯，促他走此路的原因，乃是要完成他的工作，要使他母亲感受到一点幸福。在1860年3月26日，他写给母亲说："如其你明白我同那种思想生活着：怕在我死之前，没有完成我的作品；怕在你死之前，没有使你幸福。只有同你，我能温慰地去生活，没有欺诈，没有谎言。"

十九

在这样凄惨的情形之下，自杀为何不产生哩？在 1845 年，此种思想已种在他的心内，他说："因为对别人无用，对自己危险，我要自杀去。"

但是，他不敢去实行。并非他在怕死，别有其他的原因。我们知道狂热阴暗的继特时代①，早已过去了。他虽受了浪漫派的影响，但他却非浪漫派的典型。其次，他是有信仰的人，他曾讴歌魔鬼与罪恶，而实质上，他相信一个真的主宰存在着，能够将理想寄写在此奇妙的信心中，失望虽来，他是绝不能久永的。最后，他是一个诗人，便是说他的行为常不履行他思想的逻辑的。当他在意志确定之时，他的想象会为他幻变出另一个世界。

如卢骚一样，他们到无法振作之时，在自身之外，寻找安慰。卢骚所得到的：自然。波得莱尔所得到的，却是母爱。在另一点上，波得莱尔是个个人主义者，一切都是以他自己为准则的："我是独自一个，没有朋友，没有情人，没有狗，没有猫，向谁去诉苦哩？我只有我父亲的一张肖像，而他却常是默默无言。"

二十

永久的奋斗之中，永久的逃脱，只有完结了现在的生活，方可归于清净。在 1862 年，波得莱尔已感到他的命运，他明白在残躯之上，渐渐地酿成歇斯底里的病了。他在日记上写道："同着欣慰与恐惧，

---

① 即哥特时代。

我营养我的歇斯底里。"

对他，巴黎成为一所不可停居的地方，他须逃开。但他不回到慈母的身旁，而却跑到孛留塞尔。他的想法，是想做几次公开的讲演，使他成名；更想找觅一个书局，使他的全集出版。

然而，成见云集的比国，是难以欢迎这个伟大的诗人的。他的两种希望，复变为两个泡影。他将比国恨到骨髓里边，他咒骂比国人吃的太好，比国人身体笨重，以全比国的房屋亦成为笑柄，因为屋顶上没有烟囱。

他苦痛，他沉闷。

在 1866 年 1 月 18 日，他已病了，病状已严重。2 月 5 日，他向安斯利纳①说，医生证明他的歇斯底里。可是，他为生活所迫，须仍然工作。他想回到巴黎，他却又憎恶它。他写给他的朋友安塞尔说："一切近代卑污，使我可怕。你们国家学会会员，可怕的。你们的自由觉，可怕的。道德，可怕的。罪恶，可怕的。时式文体，可怕的。进步，可怕的！"

在前边，我们述及他死的情形，此处从略。于 1866 年 8 月 31 日早上 11 时，他完结了这个苦痛的旅程："忍住吧，我的心，要睡着你粗陋的长眠。"

二十一

在探讨一个伟人的生活之时，有一个观点不能忘掉，便是要看他对于社会的态度，他对于人生的意义。凡是伟大的作品，没有不以社会为准则，含有深奥的真谛。否则，他的伟大，只是暂时的，偶然的，像一个虚影，既没有实质又没有灵魂。

在我们研究波得莱尔，亦当取此种态度。在前边，我们曾经述及他是一个个人主义者，对于当时社会，他所采取的态度，似乎只是憎

---

① 即法国作家、善本收藏家查尔斯·阿塞里诺（Charles Asselineau，1820—1874）。

恨。大致上说，活像是对的，但是不能看作定论。在他的思想上，言论上，常表现一种憎恶与讥刺，尤其是对于德莫克拉西派①。因为他们赞美庸俗，讴歌进步，而这两种实质常与他的本性相冲突。在他的日记上，他写道："为何那些德莫克拉西们不爱猫哩？这很容易猜中。因为猫是美的，它启示出奢华，私有权与逸乐的思想。"

将他放到当时，这种思想是不足使我们惊奇的。正如罗南②，佛罗贝尔，高纪野等一样，波得莱尔憎恨资产式的法国。浪漫的社会主义，大革命的乌托邦，也处处引起他们的反感。他们并不寻找一个确定的政府，他们既非奥尔力颜③派，七月的王政使他们乏味；又非拿破仑党，二次的王政亦使他们憎恶。他们唯一的倾向，是要做德莫拉克西的劲敌，他们憎恨人民的选举权，他们又攻击义务教育。他们蔑视群众，因为群众是庸俗的。在他们的思想上，一个强有力的政府，不是建设在群众的数目之上，而却要看个人的特质。可是社会进化论，却是当时的主潮，他们不能见容于当时的社会，退而洁身自好，隐藏于艺术帐幕之下，去提倡为艺术的艺术。

波得莱尔便是如此。他诅咒近代的社会，因为在他眼中，这个社会，日日走到自杀的路上。"世界是完了！""我们要毁灭在我们信为生存之下！"这种思想常常体现在他的遗著之中。

二十二

波得莱尔憎恨近代的德莫克拉西，有深层次的原因。一种主义，也如一种制度一样，当它到自信完美之时，不肯去反省，不肯去改革，不肯去演进，其危险真不知伊于胡底。那时候，只有强有力的人们，发现了破绽，敢于正面地去攻击，一直到底，事实将必为之作证。

---

① 即 democracy，意为人民、民主，通常特指古希腊民主时代（前 11 世纪—前 9 世纪）。
② 即法国哲学家、历史学家和宗教学家欧内斯特·勒南（Ernest Renan，1823—1892）。
③ 即 Orléans，指法国的奥尔良王朝，又称七月王朝（1830—1848）。

在社会前面，波得莱尔的态度即如是。对与否，我们不去估价，我们的要求，是想说明这种态度的由来。

倘如要追求这种态度的形成，其实我们所见到的，是他对群众的憎恶。在波得莱尔的眼内，丑陋是可憎的，但比丑陋更可憎的东西是庸俗；而在社会上，所代表庸俗者，在诗人看来，便是他人讴歌的群众。首先，身处于社会之间，他却要划出一块净地，去建设象牙的宝塔。至于社会的进化与否，他是漠不关心的。其次，须要记住他是一个惟美的诗人，他常是缺乏社会与历史的智识，他批评一切的标准，多率将事实摆脱而以审美为其立足点。在他的思想上，过去是最美的，最伟大的。即此，凡是属于现在的一切，不问其本质如何，一律处之以磔刑。最后，因为他是一个艺人，他的作品当时不为人赏识，他便孤独起来。因而在孤独之中，个人主义的色彩愈形浓厚，个性的反抗更为强烈，同时他与群众的冲突愈难避免。他破坏，他报复，他被人视为"捣乱分子"。

有了这些原因作为背景，在行为上，在思想上，波得莱尔没有不对社会发生强烈的反应的。他的反应具有两种形式：一方面是向极端的个人主义去进展，便是说他要信仰艺术，他方面竭力追逐理想主义，以其超脱现代。可是这两种主义，如其走到极端处，都不能见容于社会的。浪漫主义一部分的毁灭，便是缘此而来。将自身作为不易的法则，同时去追逐高不可及的理想的幻影，势必自行破产，历史上，有几个跳出这个律例哩？

二十三

到1848年，波得莱尔成为革命党的激烈分子了。他革命的使命，不在改变政治，为人们谋利益，乃是要复仇。自从小的时候，受不起他继父的纪律，遂结下不解的怨仇。在波得莱尔看来，吴比克将军是一切权力的象征，他要去破坏权力，首先他要打倒吴比克将军。

关于波得莱尔参加革命的工作，比尉松[①]曾写道："在1848年2月24日晚上，于补绥（Buci）十字街头，我碰着他，那时候，他正夹杂在方才劫夺军火铺的群众当中。他带着一支放两响的快枪，又光亮又新鲜。同时，他还带着一个很新的黄皮的子弹盒子。我叫他，他来到我身边，将他的内心冲动隐藏起来，他向我说：'我方才开枪来。'我微笑，看着他的军器而说：'不是打共和党吧？'他不答，他喊的很高，却常是那一句话：'应当打死吴比克将军。'"

这段历史，倘若追寻他的根源，分析他的心理，我们得到那时候他的一部分生活。在1848年2月27日与28日，他曾主办过一份革命日报，叫《民众的救星》，虽只出了两号，却已证明他那时的倾向。他以诗人的热情，亦想步拜伦的后尘。思想上，他虽在复仇，以期打死他的继父；肉感上，在他的心目中，却是手中火药的气味，较之妇女的脂粉更有诗意，更为芳香。切勿在他身上，去追寻言行合一的逻辑。我们应当承认，那时候，他具有群众的热忱，他将奥地利看作"三头的魔鬼"；他欢呼教皇庇约第九[②]的自由主义，他要皈依那些修士，以投到群众的怀中："你们救主耶稣也是我们的。"这些都是他很诚恳，很狂热的证据。

促成他革命的原因，还该归结到他处的环境之中。波得莱尔住在拉丁区，他的朋友，十之有九都卷入革命的潮流，他不能漠不关心，视为一种儿戏。其次，1848年的革命，不只限于社会与政治，在文艺上，他给予很重大的影响。在他的遗著上，他写道："1848年，我的沉醉。这种沉醉具有何种本质哩？复仇的趣味。破坏的快乐。文学的沉醉。读物的回忆。"

二十四

果真波得莱尔成为健强的革命分子么？还慢着！他结识了不少的革

---

① 法国作家于勒·毕松（Jules Buisson）。
② 即罗马教皇庇护九世（Pius Ⅸ，1846—1878在位）。

命分子，《工人之歌》的作者丢本[①]是他的契友，他曾说："这首歌曲是苦痛与忧闷的呐喊。"但是他的本质，自始至终是一个贵族的个人主义者。如其站在理论上看他，他太保守了；如其站在思想上看他，他太悲观了。这种保守与悲观的脾气没有不与当代的潮流——革命与进展——相冲突的。在他1848年的行为之上，虽不敢怀疑他的忠诚，但是亦不敢坚信他的信心，他的思想是矛盾的，他的行为是矛盾的，随他诗人的豪兴，他的生活放在偶然的反应之中，所以三年之后，他可去办一个反革命的报纸，叫《忧都豪日报》（*Journal de Châteauroux*）。

因他朋友般洛哇的建议，他去主编这个保守党的报纸。他去时，带着一个女优，假充是他的娇妻。董事们要为他洗尘，陈设着一桌美馔，他坐在当间，一言不发，似乎在保持他编辑的尊严。一位座客忍不住了，向他说："波得莱尔先生，你不说一句话吗？"

他答道："先生们，我没有一句话可说，我不是来此地做你们智慧的奴隶么？"

次日，他放荡不羁地写出些出人意料的言论。不只如此，人们发现了他所带来的女子，不是他合法的妇人，乃是他的姘头。这种败俗的行为，是不能为人们所原谅的。于是保守党决议将诗人辞掉，当开会之时，一个录士向波得莱尔说："先生，你欺骗我们，波得莱尔夫人不是你的妻子，乃是你的姘头。"

波得莱尔以敬重的神色来回答："先生，诗人的姘头较之录士的妇人，有时更有特出的地方。"从此后，波得莱尔脱离了政治生涯。

二十五

《恶之华》作者的晚年，竟可说是完全牺牲在穷与病的苦痛之间，如其他不晓得牺牲的意义，不惟他支撑不住这种重任，而且他的牺牲

[①] 即法国工人诗人彼埃尔·杜邦（Pierre Dupont）。

是无意识的，至于他伟大的精神更难表现出来了。

他忍受苦痛，大无畏地去牺牲，这种色彩是来自他的宗教。但是，他的宗教不像歌德的宗教，因为在歌德眼中，宇宙与自我是可给他以满足的。他的宗教，也不像嚣俄的宗教，因为在嚣俄眼中，宗教是情人的一只素手，会使他去详静地睡眠。他的宗教，更不像维尼的宗教，因为在维尼的眼中，寂寞的寂寞，虚无的虚无都足以窒碍他的苦痛的。波得莱尔的宗教，别具一形式，他不是外形的，乃是内心的；他不是想象的，乃是实践的。

在普通人的心目中，波得莱尔成为一个不可思议的人物，便是说他是那些不道德者之中更不道德的人。人们还举许多的证例，如在1857年《恶之华》出版后，为人控告，说这书有伤风化。我尊重他人的意见，但是要诚恳地追寻他的内容，深怕别人倒是太清高了！《恶之华》之中，有一种道德存在着，正如古士地纳[①]所说："像一面忠实的镜子，你反照出时代的精神与带病的国家。"那么，现在要问：波得莱尔具体的宗教是哪一种哩？

当波得莱尔来到人间之时，他便是一个公教的信徒。他父亲虽带有法国18世纪哲学的风味，但她母亲却是很虔诚的。他儿时的教育，自非完全宗教化，但一大部分却含有公教的成分。便是他死后，亦是按照公教仪礼来行葬，这虽不足证明他是个信徒，但在他生与死中间，他是同公教发生过深的接触的。

可是在他成年生活之中，有许多地方很难令人来推许，不惟如是，他还要攻击教会，做一个无神论者。克拉代尔[②]说："他既不信上帝，亦不信魔鬼。"

这种肯定是不能说明他的思想的。自从他的遗著，日记，信札集刊行之后，我们看到他的思想不是如此。便是使人畏惧的《恶之华》渐渐为人推重，比诸但丁的《神曲》。有一次，他母亲责备他不该反对

[①] 法国诗人、小说家马奎斯·德·居斯蒂纳侯爵（Marquis de Custine，1790—1857）。
[②] 即法国作家雷欧·克莱岱尔（Léon Cladel，1834—1892）。

那位修士，他写信给她说："那个修士不知道这一本书（指《恶之华》）却是来自公教思想的。"

并非波得莱尔夸大，他的这些奇花实是艳开在公教的意识之中。对他，不只诗歌须要以公教思想来营养，始可开出根深叶茂的硕花，便是一切的文明，亦须立在这个原则之上。他曾为文明下过一个定义："真的文明是在能够减少原罪的遗迹。"

二十六

波得莱尔所以能够走到这个结论之上，乃是因苦痛的经验。从苦痛上，他去想那人类的罪恶与命运。他的思想，常时表现在他的作品之中，如其要将他归纳起来，我们会听到这种呼声："我苦痛，我是个不幸者，虽是因人与人生的错误，但是，亦由我自取，因为我怯弱，我沦落。论到肉的爱，他只给我留下些空虚与憎恶。可是在我的深心，介乎患难之间，我感到一种不可言的伟大。我相信我的天才，在我的天才中，我重发现向善的进展，一种狂力向着一种新的生命。如何能够解释这个矛盾：一方面向恶，而他方面向善哩？我像一个原子，悬挂在这两个深渊之间。"

波得莱尔的生活，有如一个实验室，爱情，疾病，穷困的各样苦痛，他都经历过。也如巴斯加尔一样，他要将宝贵的经验启示给昏睡的人们："谁要贪快乐，即是说爱现在，谁便是山坡上打滚的人，他想掠住微草细木，却反将他们拔起，而一齐沉落下去了。"

这种苦痛将他置在轮转不止的路上，或者完全死去，或者用力奋斗，以求最后的归宿。

曾在人的爱情中追求他的归宿，他的结论："女子只是一个具有最诱惑形式的魔鬼。"他在唯美中寻找过他的归宿，但是他看不到一个坚固的基础，以使美独立。在他的理智上，他深信归宿是存在着；因为一切的存在都是有目的的。在他的遗著上，他又说："没有东西存在而无目的的，所以我的存在有一个目的，那一个哩？我不知道。"

不，他知道，他比任何人都明白。须在自身上求，天助自助者，波得莱尔是明白这个公开的秘密。到那苦极的时候，像那些灵魂伟大者们，他跪在物主的脚下，他去祈祷。他说："祈祷是力的贮蓄池。"

从祈祷中，他会发现一切肉欲的束缚。不如是，他是得不到热爱的。

"第一件事，须要取消了一切刺激肉感的东西。"这是他自己规定下的路程。

我们不要错认了波得莱尔，我们亦不当苛责他浪漫的生活。一个人有他自己的环境，时代与本质，同时他生活形式的反映自亦不同。世间绝没有一个公约的表尺，去绳准那些不同的，丰富的灵魂，只要站在忠实诚恳之上，一切都是伟大的。所以波得莱尔不是一个圣人，也不是一个皈依者，他是一个在罪恶中落魄的完人。他倒下，他奋斗，他站起来；他又倒下，竭其希望，他去苦痛，他去祈祷。《恶之华》即是如此而形成的。

二十七

当我们展开《恶之华》之时，第一首便是《祝福》，兹截取内中的一节，作为我们这篇文字的结论：

> 祝福呵，我的上帝，
> 给我们渎神者一种苦痛，
> 如那圣的医药，
> 如至善至纯的元素，
> 准备着健强，在圣的逸乐之上。

《中法大学月刊》第 4 卷第 2 期，1933 年。

中华文明概论

为充分理解何为中华文明，我们必须从对它的总体考量着手。自17世纪末耶稣会士传教至18世纪初，欧洲对中国有着一种较为严肃的认识。要想摄取一个民族的灵魂，光靠写几篇游记，或是翻译几本既不够准确又无大价值的文学哲学著作是远不足够的，应当身临其中，同呼吸，共心跳，恰似两个同榻而卧的人，彼此感知，直至双方最细微的音容笑貌。

法国著名文学批评家阿尔贝·蒂博代（Albert Thibaudet）在为威廉·马丁（William Martin）所著《对中国应有之了解》一书所作序言中说道："一名英国官员在履任中国十年期间决意写著一部有关中国的大书。但最终他搁笔弃之，给出原因如下：那是个初出茅庐者的空想。在此地逗留十年光景只不过让自己明白无论如何都不可能写出如上述书。"

但是，如能稍许培养对中华文化的认同感，我坚信尽管她有着与众不同的外表，但从各个角度看来都能引人入胜。威廉·马丁一书中包含众多明智且深入的见解，《对中国应有之了解》这一标题不仅指出世人对中华文明多有误解，而且力邀他们深入钻研其本质及精华。

倘若某天你们中有人去往中国拜访北京城，并在南城逗留片刻惬意的时光，步入千年松柏围绕的公园，在杂草丛生的长径尽头你会看见天坛，并被它汉白玉平台的简约与恢宏所折服。与它遥遥相对的是祈年殿，它蓝色琉璃瓦铺成的伞状屋顶犹如一只振翅欲飞的鸟儿，栩栩如生。在如此奇观面前，不必尝试理解，而应尽心感知。然而这位旅者终将被悲痛所侵袭，因为所有这一切正在沦为废墟。他哀悼这般奇景不能被子孙后代所欣赏，不禁扼腕叹息。由此看来，天坛实乃打开中华文明大门之钥匙，同时也是这一文明的象征。

在进入主题之前，为更好理解何谓中华文明，首先应注意如下几点事项：

第一，中国在数千年历史长河中一直作为孤立国家存在。尽管曾遭受外来入侵，其传统从未经历决然断裂时期，也未有过外来文化突袭。她一直用一种令人称奇的方式挖掘自身潜能，其自我生存的能力甚至让他国深感震惊。我们可以将此视为异乎寻常的契机，但同时也是一种不幸，因为她失去了来自外部世界的冲击。

第二，中国人民具有务实精神。自中华文明起源之时，一个指导思想就深深扎根于中国人民的精神世界之中，那就是儒家知易行难的观点。希腊哲学中抽象的形而上学理念从未在中华大地上扎根。大哲学家老子的著述中只有一些道德箴言或对宇宙万物的感悟。一种系统化的教条主义禁锢了中国人的思想，究其原因就在于这是一个务实的民族，这一点有些类似于接触古希腊文明和基督教之前的古罗马人。

第三，知识层面的兼容并蓄。这是威廉·马丁笔下的一个褒义词组。真正的中国人从于心，而非从于理。宽容，这一构成和平主义的众多要素之一，使中国人能够接纳两种截然不同的观点，同时并不会因此乱了心智。只要允许保留其自身理念，中国人将欣然接受一切思想。譬如佛教，若只是照搬印度而未经改良便无法在中国扎根。

第四，中国是一个幅员辽阔的大国，其南北差异正如欧洲波兰与意大利之间的差别。一个欧洲游客在本土旅行三天需要多次出示护照，而他在中国却恰恰相反。为数不少的中国人压根不知道国界线身在何方。因此你可以理解此泱泱大国必定拥有一种多元的共同文化。

了解了上述事项，我们便可以着手论述主题。上文我们提到天坛是中华文明的象征，事实上，"敬天"是这一文明的精神基石和根本出发点。古代中国在其广袤领土上所建的大部分庙宇都是为了敬奉上天，这一点有古经为证。《书经》中言及："天地合而万物生。"诸如此类例证不胜枚举。"天"乃最强之物，协调着其他事物的活动。尽管它的统治如此强大，但并非绝对。我们尤其需要注意这一特点。正如我们所设想，西方文明的基石是古希腊文化和基督教，"天"在彼文化中便有了不可撼动的属性，学者辜鸿铭在谈及儒教和基督教之区别时指出：欧洲宗教有着超现实主义的根源，而中国宗教属于纯人文的理念。但需补充一点，当我们谈及"天"这一概念已失去了绝对属性的同时应即刻注意到这并不意味着中国人只钟爱物质。"天"这一词汇包含四种完全不同的意义。首先，相对于"地"来说，它指宇宙空间的"天"；其次，"天"指代不依附于旁物而能自主自立的最高存在；再次，"天"代表命运之神，其存在缘由无从考究；最后，"天"意味着能和谐统治万物生灵的最高准则。对于中国人来说，"天"并不是皮埃尔·拉斐特（Pierre Laffitte）所声称的一个受盲目崇拜的偶像，但中国人又并不能为此找到一个超乎自然的解释，于是便转而认定"天"乃万物之准绳。对于一个人来说，道德信仰便是他的天，也就是一切行为的最高准则。某日孔子的一位弟子向他询问自己能否违背其教导，孔子答道："尔若心安，便可为之。"综上所述，"天"是强大的存在，其活动协调着天下万物之所为。中国哲学正是依附于这一宏大的理念继而创造出了所有的古代文明。

在情感层面，对"天"的崇拜可以解释为两种深情：一为对大地之爱；一为对自然之爱。实际上，大地是强大且神秘的存在，她孕育了人类并护其左右。历史上，侵略者可以在政治上占领中国，却从未在中国人中间安营扎寨。我们热爱并深深眷恋这块生养我们的土地，她不仅是我们的守护神，而且在我们眼中，她是有情感、有意愿的鲜活生命。因此，她与我们在感情上紧密相连。这种对大地的崇敬之情成了构成家庭的重要基础之一，我们在后文中仍将提及。无论从语言还是文字中，我们都能窥见中国人对大地的崇拜。在北京，天坛之后便是地坛，后者为祈求丰年所建。

中国人不仅对大地母亲有着深深的爱恋，而且对自然之爱有过之而无不及。对此，埃尔韦·圣德尼（Hervey Saint-Denys）曾写过非常精辟的文字："我们爱花，但中国人为之痴狂。我们醉心于花园中的繁花似锦与五彩斑斓，而在中国人眼中，每一株植物都是真实崇拜的对象，不仅寄托了他们难以名状的爱恋，也成了他们诗兴大发的灵感来源：无论是小说还是历史，直至他们的日常生活习惯，我们都可以从中寻得这一纯真痴爱的例证。达官显贵之间时常互邀品赏牡丹和菊花。在中国文学著作中甚至有这样一种说法，此类心醉之情从中国人的习俗上看是无法理解的，在陶醉于观赏植物的过程中，他们还力求能通过持续关注获取植物生长的点滴进程。"这一描述是完全准确的。比如在北京，你总能在皇家园林的宏伟建筑中发现自然的幻影，不是此处有个湖，就是别处有座假山，在两座亭子之间总有一座构造简单的小桥。我们须注意，中国人热爱自然，但这一自然是根据人来定义的。这就是中国人的一个主要特点，他们是务实的民族。

我们刚刚所阐述的几点看法无论是在知识层面还是在运用领域中都能产生重大的结果。首先，中国人秉性温良，其中一个原因就是中国人对外部世界、土地和鲜花有着深深的依恋。中国人的宗教情感不如印度人强烈，但他们仍希望自己的生活能被世人所理解。

其次，中国人有着极强的对具体事物的观察能力。在中国绘画和刺绣作品中，我们都可以找到这一来自对现实观察的精确性的表现。然而，上述现实世界是剔除了一切抽象特征的。西方人惊叹于中国哲学中缺少他们所构想的形而上学，我们可以从此处找到真正的原因。

正因如此，中国古代伦理学才能如此登峰造极，尤其以儒家为先。

中国人的思想中缺乏抽象思维这一点是显而易见的，这也是伟大中华文明的一大缺失。实际上，真正的科学在于发现现象产生的规律，并假定通过人类的智慧能够将它们从现实的诸多偶然性中抽离出来。同样，理想化中真正的艺术也来自于它们所具象的物质世界。中国文学作品中最触动人心的就是对现实的鉴赏。戴遂良（Léon Wieger，法国传教士）在谈及《红楼梦》时曾以蔑视的字眼作过如下批评："这是一部典型的中国风俗小说，冗长、啰嗦、缺乏条理、枯燥乏味，充斥着不可理喻的幻想。"对此评论我十分理解，因为要批判一部外国作品并宣称其不可理喻并非难事，但是当我们着手研究一部诸如此类的著作之时先要努力读懂它。而戴遂良却在此犯了双误：一方面，他以抽象理论去评判一部现实主义著作；另一方面，他所认识的中国来自于书本而非现实生活。

但不管怎样，中国人的思想还是因为缺少科学和美学的发展而显得不尽如人意。

现在，我们提出这样一个问题：中华文明是否仅像我们刚刚所陈述的那样，是否必须承认它在人类历史中不值得占有如此重要的地位。难道它没有另外一个更显著、更具意义的特征吗？我注意到，在中国逗留过的外国人都会对中国人民产生好感，这种好感是由衷的，颇有人情味的。在整个中国哲学体系中，心灵起着至关重要的作用。先哲们总是教导我们要做一个心地善良的人，而不应只是一个纯粹的有知识的人。即使中国人未能在实证科学方面取得进步，甚至也未能在诸如数学和玄学的抽象科学领域有所建树，但他们有自己的心灵文化，这造就了伟大的中华文明，它或许显得幼稚，但却简单纯朴、充满了青春的清新气息。辜鸿铭也持这种观点，他在回答自己提出的"何为真正的中国人"这一问题时曾说："真正的中国人是这样一个人，他过着具有成年人的理性却具有孩童的心灵这样一种生活。简言之，真正的中国人具有成人的头脑和孩子的心灵。因此，中国精神是永葆青春的精神，是民族不朽的精神。"

我仅举两个具体的例子来说明这种心灵生活，这也是辜鸿铭曾举的例子。首先来看语言，汉语也是一种心灵语言，这就是它为何简单的原因。孩子和未受过教育的外国人都可以学习。再看另一个众所周知的事实：我们知道，中国人记忆力非凡，这是因为中国人在用心灵而不是用头脑记忆。

前文讲述了祭祀亡灵的发展过程，这是中国家庭形成的主要因素。这种祭祀遍布整个中国，由不太相信来世的人所创。基督教神学所认为的那种死亡对于中国圣贤来说根本不存在。在他们看来，死亡只是一种自然现象，即一种生命模式取代另一种生命模式。很多观察家都认为，中国人不惧死亡，然而这并不准确。对一个中国人而言，死亡不是灵魂的解脱，因为他根本不相信来世，而是一代向另一代的自然过渡，因此，本着这种信仰，我们就有了构成家庭的重要因素。

现在，来谈谈中国家庭。我们刚刚看到，"天"是至高无上的，但却不是绝对的，因为它是自然层面上的存在。然而我们必须处处遵从于它，因为"我们于天神犹如苍蝇于孩子，会被轻而易举地消灭"。中国的伦理学家总是教导人们必须学会服从，必须顺从"天志"（墨子书中的篇名）。这种服从上天的观念深深扎根于中国精神之中。可以说，家庭就是社会的缩影，父亲就是天。写于汉代的《孝经》说道："每个爱自己双亲的人都远离罪恶。"

另外，我们已看到，中国人拥有心灵文化。这种文化的朴实和情感都来自于他对大地和自然的热爱。一个中国人可能会旅居国外，但是他的思想却一直和家庭联系在一起。这种情绪同样存在于中国文学中，其特征是缺乏异国情调。也正因如此，中国人非常忠于自己的家庭。

祭祀亡灵使得家庭成为一个真正的宗教中心，每个家庭都设有祖先的祭坛，在城中都建有宗庙，任何名副其实的中国家庭都有自己的家祠。中国人民同其他人民一样，需要科学和哲学，但他们也需要宗教来帮自己承担苦难压在身上的重负。这种家庭制度影响重大，建立了社会和私人生活的秩序：一方面，人们尊敬长辈，秉持孝道；另一方面是祭祀祖先。

在中国文人中间，很少有人相信他们万能的祖先。家庭对于他们而言就是社会。人们对家庭满怀情感，这是孝道以及君臣、父子、夫妻之间的相敬赋予的灵感。对家的情感又给社会正义以灵感，因为儒贝尔（Joubert）说过："人只有对自己所爱的人才会保持公正。"

家不仅是圣地，还是学校。我们在家中学到的第一件事就是辨别善恶。一个真正的中国家庭抚养孩子不只是为了使他们获得谋生的技能，而是为了使他们接受教育。孩子们学到的第二件事是永远作表率，说真话。孔子在《论语》中曾说："弟子，入则孝，出则悌，谨而信，泛爱众，而亲仁。行有余力，则以学文。"

简而言之，中华文明从拜天发展到祭祖先。家庭发挥了圣地和学校的双重作用。

从社会方面讲，家庭为中国国家制度树立了典范。在中国历史中，朝代更替频繁，但政府却总是同一个，因为它建立在家庭的模式上。皇帝只不过是一个社会大家庭的家长。事实上，我们有过很多值得称颂的皇帝，他们像家中的父亲一样忠诚。

正因如此，中国社会未曾有过种姓制度和世袭贵族制度。皇帝统治国家的权力是上天赐予，并非生而有之。如果某一皇帝品行不端或滥用职权，人民有权将他赶下王位。在孟子看来，杀死一个玷污人类名誉的皇帝并非犯罪，因为："民为贵，社稷次之，君为轻。"

因此，我认为，这种文明的灵魂可以用一词概括：细腻。大家很清楚，细腻并非殷勤，而是像我所认为的那样，它是单纯、深邃、开阔的思想作用的结果。简言之，它发自人类内心深处，不涉及丝毫情感或其他动机导致的冲动。我将引用一首唐诗：

洞房昨夜停红烛，待晓堂前拜舅姑。
妆罢低声问夫婿，画眉深浅入时无？

通过这首小诗可以看到我所指的"细腻"。新娘必须尽孝道向父母请安，但她也想通过精心描画的时尚眉形取悦丈夫，这极其正常。

欣赏完中华文明的全貌之后，我们应该粗略地研究一下能够改变它的因素。今天呈现在我们眼前的中华文明已失去了它真实的面貌。它不可能在与其他文明接触时不受影响，不会被改变。中国人绝没有通常人们所说的所谓的仇外情绪：鸠摩罗什①和耶稣会士可以做证。很多去过中国的人不知道中国历史，不懂汉语，不了解当地习俗，但我们丝毫不怀疑他们的诚意。然而他们不适应中国，去那里不是为了填补这个文明的空白或使它臻于完美，恰恰相反，是为了摧毁它。

第一个改变中国文明的因素是印度哲学。它的影响极其深远。仅指出在中国广阔疆域内修建的寺庙数量以及从印度获得灵感的哲学和美学作品就可见一斑。我们确信，中华文明自东汉起就与印度文明密不可分。在此应该指出，在印度的影响下，一方面，宋代（960—1276）哲学转向思辨；另一方面，它导致人们轻视尘世生活，形成极端悲观情绪。

改变中华文明的另一因素是与西方文明的接触，我不想讲述我们面前的西方文明是什么样子，因为这一话题超出了我的能力范围。然而，我至少要简单谈谈一个中国人眼中的西方文明，这可以使读者了解现代中国。

---

① 应为 Kumarajiva，作者在原文中写为 Kumaradiva。——译者注

17世纪，明末清初时期，大批耶稣会士来华传教，中国由此认识了西方，尤其从它那里学到了实证科学、数学、天文和力学。康熙皇帝对来自遥远国度的传教士们非常友好。人们之所以喜爱他们，不仅是因为他们传播了科学，还因为他们具有高尚的德行和无私的精神。很多知识分子，如徐保尔（Paul Shu）[1]，都皈依了基督教。然而，和佛教比起来，基督教的传播相当缓慢。主要原因有三：首先，天主教是一种神秘主义宗教，这与中国人注重实际的精神相抵触。其次，天主教反对祭祖先，而这正是中国人信仰的核心所在。最后是因为传教士之间互起争执。诸位很清楚，中国宗教习俗的问题有着非常可悲的结果。

中国人认识西方的第二阶段是在鸦片战争（1840—1842）之后。中国人受到英国人重创，在战败后寻找出路。然而未果，因为中国人没有意识到自己的力量。从此，清帝国日趋衰落。因此，一种想法流行开来，那就是在保留中国思想的同时吸收西方的实证科学。之后，五位中国大臣来到欧洲，深受这一思想启发。

在修建了铁路和工厂之后，中国的情况依然如故，甚至可能比以前更糟。随着外国帝国主义的入侵，中国被迫签订不平等条约。这似乎是因为中国没有发展实证科学，没有实行君主制。人们希望由人民群众当家做主，这在1911年成为现实。在传播现代思想的中国机关报《新青年》杂志中，陈独秀这样说道："通过实证科学和民主，欧洲找到了光明。我们必须承认，我们也能被它们拯救。"

二十多年来，在日本成功发展的刺激下，中国一直处于无政府状态。您现在应该知道其中真正的原因。丁文江先生这样认为："我们缺少的，是一种绝对信仰，其错在欧洲。日本的机遇在于，它是在欧洲尚有信条的时代吸收西方文化。而今，这些信条不复存在，我们不知道忠

---

[1] 徐保尔，即徐光启（1562—1633），明万历年间，曾任吏部尚书，是利玛窦的学生和朋友。——译者注

于何种信仰。一些人提供给我们法西斯主义，另一些人介绍给我们布尔什维克主义，但任何主义都不能强加于我们。只要欧洲实现道德统一，我们的斗争就能很快结束。"

前文简要地概述了中华文明。许多中国思想家不知疲倦地寻找中西文明间的一致，他们中的很多人笃信，这两大文明之间的纽带就是基督教。然而，正如 W. 马丁（W. Martin）先生所说，可惜的是，"基督教总是与外国帝国主义联系在一起，虽然它努力与之撇清关系"。

在当今世界，尤其在中国，恶源自头脑和心灵的失调，找回平衡的方法，就是向人们表明：人类的目的不是崇尚物质和力量。

本文原系法文，发表于日内瓦中国国际图书馆《东西文化》杂志（*Orient et Occident*, Geneve, Switzerland: Bibliothèque Sino-Internationale Genève）第四期，1935 年。现由朱轶青、杨金平译为中文。

两个时代的划分：抗战

将这次的抗战放在世界史中，我们觉着仍然是最伟大的。他的伟大，不在死伤的人数，不在损失的财产。他的伟大，乃是在划分两个时代，承先启后与人类一种生的活力与新的生机。

并非我们自己夸大，故意如此来形容，实因晚近一切的演变，我们倾力追求的路线，总是逃不脱这两个定点：人与物的调和；人与人的调和。从前一种出发，我们有玄学与科学的争斗，科学是神圣的，但绝不能仅看作机械。从后一种出发，我们有反帝的运动，反帝是神圣的，但不能视为苏联的特有。

如果我们不愿被挤出世界之外，沦为非人类的生活，这两种路线是必然的。但是，我们走这两条路线，不是自动的，不是有意识的，而是有几分盲目的。当乾隆五十八年（1793年）英国大使 Lord Macartuey 觐见乾隆皇帝时，所献礼物，如大炮、军舰模型、浑天仪等，皆为当时的科学的杰作，何以不会引起高宗注意，而反视之如敝屣，夷人一技而已？我们是被动的，因为身后的历史惯性，重重加在肩上，我们失掉了清醒的意识，禁锢在传统的心物论中。心即是物，物即是心，这样辗转解释，变得更为神秘，将求真的路完全滞塞住了。

我们之所以被动的原因，似乎不只是历史的惯性。假使我们倒退在曾李的时代，我们可看出他们都是独具只眼的人物，拥有大刀阔斧的精神。我们之所以落后，究在我们粗浅的唯物，时时在算盘上计较。

倘使我们不讳疾忌医，即我们的民族精神浸渍在粗浅的唯物内，官感的享受，利禄的眷恋，无时无地不在逸乐上计算。大家都是先利后义，虽有几个移风易俗的志士，毕竟仍属例外，他们只是暗夜的孤灯，在风中微弱摆动而已。为什么汉奸如此之多？为什么流亡者如彼之苦？为什么过去表特立异，割据地盘？我倒觉着勇于介绍唯物者们，那里边应当放点儿唯心！因为我们不仅没有真的唯物，便是唯心也不见得如何高明。

我们在偏狭的唯物内，外来的思想与知识，我们只是以利害来绳墨。在好一方面看，我们所喜欢的是实用与舒服；在坏一方面看，我们只产生那些投机与买办。所以被动迫走的两条路线，仍然不是认识明白的被动，乃是一种应付的被动，而一切唯心、改革、革命等，都成了雨后的河流，虽是泛滥，不久便落下去了。

假如我们再往深处看，我们会发现民族精神上的缺点：折衷（L'Eopit ecle izue）。折衷不是中庸，因为中庸是一种思想，他经过意识作用，而折衷是一种感情，他只有好恶，却没有是非。我们不能接受绝对的真理，却能接受互相矛盾的多种理论，非唯可以接受并且以此自豪，"兼容并包"不是我们推重的吗！讲到中国近代的文化，多少人的理论中仍然逃不脱这个折衷，中学为体，西学为用，便是一个证例。

我们的精神上受到这种折衷的推动，将人与物的观念，完全引到错误的路上。我们说人为万物之灵，而这个灵没有意识，没有同情，他只是一茎草芥而已。我们谈物，不求物的本身，而只求与人的关系，鸦片可以疗疾，却拿来毒种，为着那顷刻间的逸乐。应知，求人与物的和谐是对的，而我们却失掉真的作用；求人与人的和谐是对的，而我们又失掉诚的作用。真的反面是假，诚的反面是诈，这便是折衷的赐予，亦我们落后的原因。

不只如此，当折衷的烟雾笼罩了我们的精神时，我们的智慧失掉了作用，我们的抽象能力，亦逐渐减低。这种折衷的毒害，远在帝国主义之上，因为它堵塞了我们科学与艺术的坦途，摧毁了我们创造的能力。

　　科学与艺术，绝对不是聪明的产物，它是悠久刻苦劳力的报酬，一方面需要冷静的沉思，另一方面需要敏锐的观察，由此而得到定律与规例，然后产生出科学与艺术，在欧洲如此，在中国又何能例外？因此，在我们的科学与艺术运动中，仍然充满着折衷的幽魂，言科学大抵指机械，言艺术又仅限于阶级，便是认为最科学的理论，我们只觉着神秘。倘如以为是社会的错误，即人是聪明的遁词，我们不要忘了折衷是粗浅唯物的母亲，多少讲维新与革命的人，骨子内仍在利上着眼！

　　在这种情况下，我们看到两种典型的人物：第一，反智慧者，他们以适用为归宿，没有任何的理想与信念。他们的特征是不安，正像天地永远是个罪恶的魔窟，世界永远是对不住他们的。他们有许多主张，每个主张上蒙覆这轻薄的情感，他们只有冲动，他们却没有行为，他们只有刺激，他们却没有思想。第二，自我思想者，将一切都以我为归宿，将别人的苦痛来做自己的幸福。他们不知有国家与社会，更不知有世界与人类。他们的特征是不定，因为肯定后自我的范围便缩小，不能自由活动了！他们可以忍辱，他们可以含羞，只要自我的利益不受损失。他们永远是开颜大笑，不是来自乐观，而是来自自我的满足。

　　我们要问在这两种人构造成的社会内，如何能建设起人与人，人与物的调和呢？不仅不能，反而将固有的那点儿关系，从而击碎了。

　　我们民族受到空前的威胁，积极地起来抵抗与卫护，这个自动奇迹，便是我们胜利的凭依。因为抵抗凶横的敌人，我们不能没有彻底的破坏，首先破坏的，便是那种粗浅的唯物与这种的精神。我们曾经指出这两种的毒害，而今应当是他们寿终正寝的时候了。

　　历史上最伟大的事迹没有不是血换来的。我们这次的流血，在洗涤民族的污垢同时，也在灌溉创造的活力。多少视死如归的军帅，多少从容就义的烈妇义士，在说明我们到了一个新的时代，像耸入云表的灯塔，照耀着茫茫的大海。

今后我们的抗战，将变得更为艰难，可是担大任者绝非反智慧与为我者之流，这是敢断言的。因为支持抗战者，需要信念，屏绝不安，需要行为，屏绝不定。它是炮火中锻炼出的创造者，领导者化而为一的民族，向前奋斗。

我们要认清，这次的抗战是中国民族复兴的必经之路。这种必然性，也可说是我们寻找人与人、人与物调和应有的结果。事实非常显明，我们所以被侵略的原故，实以人与人、人与物失掉应有的平衡，致使我们沦落在苦痛内。抗战是一种积极的行为，争取自己的生存，同时也保障人类和平。纵使世界没有永久的和平，但和平高尚的信念，我们却是不能没有的。

我们说这次抗战是伟大的，它是划分新旧时代，使我们走到创造的路上，建立起人与人、人与物真正的平衡，即是说诚与真。诚必爱，真必信，这不是人类最需要的生力吗？

我们是有弱点的，并且很多，甩开那些琐碎的意见，不屈不挠地抵抗，光明是我们的。这不是幻想，这是真而又确的事实。

等着吧。现在抗战伟大的奇迹，将来变成领导世界的事实，便是我们搏击的敌人，也要分享我们血的代价，感谢我们的抗战。

原载《今论衡》第 2 卷第 1 期，1938 年。

历史因果的研究

一

研究历史不能不研究事实的原因与结果，否则无法建设历史科学的组成。但是因果的概念是非常模糊的，多少精深博识的学者们，与以研究，探讨与辩论，而所得的结果却非常矛盾，因为问题很复杂，似难以具体的说明。

有些理论家解释历史也如解释自然一样，须以整体为出发点，始能有所说明，因为"探讨科学关系者，个体是最强烈的障碍"，这便是说，人类行为或社会的演变，他的因果关系，完全是由定律产生出来的。别有些学者们，视原因为个别的，与定律无关涉，因为历史事实的原因，在事实所衍生的"位置"，当事实未发生之前，所有的各种因素是个别的，不是普遍的，既不是普遍的，也不是整个的。

柴纳博尔（Xenobol）有类似的主张，历史的任务，乃在建立因果的线索，何以会有种种变化的坛递，不如是，我们看不出人类行为心理的各样动因，这样，因果在历史上始有它特殊的价值。只就原因而言，它有许多条件所构成，但是条件的发现，有时是规律的，从这里产生出来的是定律。有时是幻变的，从这里产生出来的是"赓续"。

原因一字，因而含有极不同的概念，逻辑学者亦不得例外，所以这个字的意义常是紊乱的。站在研究历史方面看，对这些相反的概念，我们做何感想？在科学中，原因的概念是否是绝对的？在人类事迹中，是否按照事迹本体的不同，而当予以一种判别？

二

探讨原因，特别在历史上，乃在了解人类事迹的变化。真正了解变化唯一的方法，是在寻找"为什么"。为什么变化，这便要研究事迹变更的目的、动机与理由。

当我们开始想了解宇宙事物时，我们想象一切都是容易的，我们以为别人的动机与自己一样，别人的意志也和自己的一样，这样，似乎我们的智慧交感性得到一种满足。

这显然是不科学的。为了拥护科学的真理，不得不承认探讨为什么是错误的，因为人类事迹的变化只是这种事迹演变的开始，我们将自己的意念，置放在变化上，结果，单就变化，绝对不能解释事迹的真相。解释事物，特别关乎人类行为的，今人与古人不同，理由非常明白，即是我们不能凭空解释，我们须根据前人的经验与论据，始能有所树立。碧尔纳（Claudernard）说："原因的模糊，其病在事物原始的据论，因为原因的意义乃在最后的目的，所以事物的相关，事物的条件占有最重要的位置。"

三

拒绝用为什么来解释人类事迹，学者们用"如何"来形容，即是说明事物的关联与条件，我们可以得到它的真相。在时间与空间中，没有一件事实可以单独存在的，这几乎是一种确定论。

倘如从科学说：凡事必有因，所有事实的确定，必来自整体的各种条件，这种确定，不能与事迹新的说明，它仍只是一种取巧，因为他们只承认变化在相同中发生。事实上，无中不能生有，事迹之始并非绝对的，凡表现出者早已存在，这些说法都认为是因果，即人们称之为"成因"。

天文学家拉普拉斯（Laplace）说："观察宇宙的本体是一件整个的事实。"因而多少学者主张：一切事实织绣在一起，在无穷的条件中始能确定它的原因。但是精神能力所及之条件，只能系于最显著与最关联者，学者以绝顶的技巧，将这些原因人工的分开，为了方便，便把最关联的某项条件，作为原因。

一物断而坠，哲人称之为"意因"（Causa ad lititum）。但是，我们精细分析起来，即物之下坠有种种不同，或系物的重量，或系位置不善，或系人不谨慎把它推下来了，因此，按着自己的观点便确定物坠的原因，其他人不列举者，皆包在下坠条件内，因此，原因与条件没有绝对的分法，这只看各个人的绝断，或事物的重要，然后举出他的说明。

历史的叙述，学者们在无穷的条件下，用自己的观点来选定自己取用的原因，多少史学家为了实现他的思想，将事实颠倒过来。这也是为什么叙事史的研究者，常要贵重"价值"论的概念。别有些学者，完全以客观的态度，在事迹的位置与演进中，探讨原因，因为他们只看重陈述。

四

历史的宿定，在某种意义下，已含有一种科学的态度，因为他反对各式各样的奇迹，同时也反对原始神人说。宿定的含义，有"自然"原因的成分，便是说研究的事实与他周匝的事实关联。但是，在理论上，宿定是含混的，没有经过分析，它与混乱相等，我们知道自然的原因与科学的原因不同，正如璞与玉似的。宿定解释事实，史学家择其所从，因果的复杂性，即而消逝，所现者仅只是"相同"或"类似"而已。

事迹与物体，赓续与共存，其间所发生的现象，有相同与类似的地方。学者们托言附论，去其异而存其同。但是，凡事必有因，同一类现象，必有同一原因，如是，即重复的原因，必然得到重复的结果。这种推理，使史学家重经验与观察，将事迹抽象，或抽象出事迹构成的因素，如是而得一结论，即由是而探讨者，凡在相同环境内所发生的事实，其所求的结果与特征自然演变出来。

唯此处需注意：在科学的因果内，所求出的结果与事物的"前置"其判别的地方仅在抽象。因为结果与前置，含有同质，同体与同组织的原素。利包（Ribor）说"将原因视为前置，乃是原因由结果确定，两者交相错综，不能分离的。再往深处想，介乎前置与结果间，原素，转变，过程都是原因的基础"。

五

在宿定论的"相同"中，学者们注意重复的现象，探讨精确的"相同"，以求得因果的基点。这种态度，仍然是以实用为归宿。因为借着因果的知识，想达到一种预测的能力。科学综合的定律，由是体系化，以期达到控制自然的结果。

然而，通过进一步研究，我们不能认科学的综合，便是一种正确的说明，因为现象的关系也是一种定律，定律不能解释定律，这是很分明的。事实上，渐次体系化后所解释的真与前此所解释者不同，穆勒说："以定律解释别种自然定律，等于以神秘来代替神秘，而自然的行程仍是不可解释的。因为我们所能解释者是局部的，而不是整体的，解释所能做到的地方，可以将神秘变为习见，习见代替罕见，这是常人通用解释的意义。"

将因果关系付诸定律，定律的建立又系诸别种定律，这只是将神秘向后移动，特别在人类行为方面，探求自然关系，主观的成分，仍是不可避免。定律绳涉事迹虽可发生必然性，但是仍有不可解处，为什么某种事实具有某种特征呢？为什么某种特征又具有恒性呢？从此，我们可以说科学综合的特点，它排除那些偶然的事实，原因的原因。

六

问题是历史的综合是否也如科学的综合具有排险的特征？

探讨为什么，是否即来自研究事迹的本体？科学的因果，只说明外形与现象的关系，而人类行为内在的动力，亦即历史的因果之重要部分无法予以说明的。"力"由结果而定，"力"的表现来自事迹的自身。任何使之非人化，无法说明它的真相。在纯科学与宿定论之外，是否别有一种因果律，而较合于心理、语言与历史呢？这是未来学者们开阔的园地。

事实上，特别是研究历史，内在的因果律，不能漠视，因为它可说明人类行为，建设起历史的真理。

在别一方面，科学忽视偶然，偶然的本身虽无意义，却并非没有原因，我们竟可说偶然是没有合理的原因——不能相同或类似的产生。偶然的原因也许现实无意义，却不能说是不重要的。科学取消偶然，乃是从意义着眼，依据定律的标准。可是历史当重视偶然，在因果研究内当予以特殊的位置。

我们要知道，偶然是不违犯科学精神的。研究历史，搜集偶然的事实，与科学无特别关系，但是探讨偶然与别种原因所发生的关系，或偶然赐予的影响，这却是科学的。

研究普遍原因的影响是非常有用的。历史科学的特点，在探讨各种因果，由是产生历史的综合。因果问题偶然事实，定律与理，必然与偶然，逻辑的关系，都是历史研究重要的工作，由此始可建立历史科学。

原载《前锋》第 2 卷第 2 期，1941 年。

中国与法国18世纪之文化关系

一

近代历史的演变，以法国大革命（1789年）为其推动的主要因素之一。而法国大革命，又受中国文化的影响。所以当时耶稣会将中国文化介绍到欧洲，实有非常重大的影响。

欧洲的18世纪，即是说现代生活的开始，被人称之为"哲学的世纪"，看中国是一道曙光。当时最可注意者，是他们的伦理观念，从根本上起了一种质的变化，承笛卡儿之后，加强理性的发展，个性与意识，逐渐要求独立，形成一种个人主义。在最初，因为传统伦理思想的缘故，人们所探讨的是理论与现实的调和；继后，着重在进步上，而人们所追求的，是需要的满足与理想的实现。

论18世纪思想演变者，常比作埋在灰内的炭火，不时放出几点光芒；到1750年前后时，忽然发作，有如火山一样，焚烧了多少可爱的地方。事实上，这种说法不是很准确。朗松（G.Lanson）在他很深刻的名文内说："介乎1760年与1770年之间，斗争所用的武器，即是说1750年后所刊行最激烈的著述，实际上都是开始在18世纪初年的。"[①]

---

① G.Lanson, *Questions Diverses sur L'Histoire de L'Esprit Philosophique en Frace Avant* 1750. *Revue d'Histoire Littéraire de France*, 1912, p.3.

在此大转变中，耶稣会介绍中国文化到欧洲，虽不敢说负完全的责任，至少有一部分密切的关系。希落该脱（M. de Silhouette）说："中国哲学书籍，使我们了解良知的伟大力量。如果我们本着良知，即这种著述会使我们明白人类自然的法则，较诸近代法学家的著述，更为重要。"[1]

人生哲理是不能为种族与国家所规范的——至少18世纪的哲人是如此设想——所以这种哲学，"对于人的概念，建立起一种抽象的理论，超过时间与空间的"[2]。我们知道当时的哲人，如孟德斯鸠（Montesquieu）与服尔德（Voltaire），对人的观念，与巴斯加尔（B. Pascal）完全不同。巴斯加尔说："人是一根有思维的芦苇。"[3]而这些哲人，只重芦苇，却拒绝了思维。为此，在伦理的观念上，着重经验，起了一种本质的变化，正如比诺（V. Pinot）所说："这是一种应用的伦理。"[4]

二

在这个转变的大时代，耶稣会分两派。"在公教的君主国家内，因利害关系，耶稣会须与旧制度取得联系，不久便到没落时期，他们的精力，完全致用在权术与机谋上。可是在传教的地方，却截然不同，他们抛弃传教的正责，着重在学术与手腕上，纵使这是一种缺点，但是他们的热诚是应当敬重的。"[5]

也许是因为康雍乾特殊地强大，当时耶稣会来华人士，持着一种中和的态度。巴多明（P. Parrenin）在1730年8月11日写给麦郎

---

[1] M.de Silhouette, *L'Dée Générale du Gouvernement et de la Morale des Chinois*, 1729, p.2.
[2] G. Lanson, *Histoire de la L'ittérrature Française. 19ᵉ édit. Hachette*, p. 672.
[3] B. Pascal, *Les Pensées. 17ᵉ édit. Hachette*, p. 488.
[4] V. Pinot, *La Chine et la Formation de l'Esprit Philosophique en France*, p. 375.
[5] A. Dumerie，*Influence des Jesultes Considérés Comme Missionnaires, sur le Mouvement des Idées au XVIIIᵉ siécle*, 1874, Mémoires de L'Acad. De Dijon, T. II , pp. 2-3。

（Mairan）说："应当坦白地承认：如果瓦西雨斯（Vossius）太讲中国的好话，①R修士却又太说中国的坏话了。②两者有共同的缺点，没有中和的态度，任何人该以中和处世，特别是在中国。"③

耶稣会所持的中和是非常脆弱的，时时有被推翻的危险。当时西方群众视中国为一块神秘的地方，继耶稣会之后，他们也想探讨与研究，因为缺乏正确与多方的资料，结果失掉客观的态度。哲人莱比尼兹（Leibniz）致奥尔良公爵夫人（Mme La Duchesse d'Orléans）信中说："我同意耶稣会对中国信仰问题的论调，④关于这个问题，我同维也纳王公（Le Prince Eugène de Vienne）有点辩论，他很奇怪我是一个新教徒，却能同意旧教的理论。无他，我是大公无私的。"⑤地得罗（Diderot）也写道："如果我有剩余的时间，我要给你叙述我们有趣的谈话，我们提中国问题，哈朴（Hoop）与伯爵深感到乐趣，我自己有点怀疑，但愿所称赞中国的地方是真实的。"⑥

18世纪西方学者看中国，有两种特征：一方面，中国政治已脱离专制，却充满了迷信；另一方面，中国是宽容的象征，着重理性，构成知识界的乐园。这对于西方人士是多么诱惑呵！

三

因为耶稣会在西方的重要性，18世纪特别着重中国，不只是由于他们的著述引人研究，而且由于他们所居的地位，对他们的好恶，即

---

① Y. G. Lanson, *Formation et Développement de l'Esprit Philosophique au XVIIIe siècle*. Revue des Cours et Conférences, 1909, p.62. 在这篇文字内，朗松说："中国给人一种好奇，自由主义者瓦西雨斯在他的杂论（Variarum Observationum，1685）内，收集许多资料，赞扬中国的精神。"
② 这是指 Eusébe Renaudot. 他的译本是《九世纪两位回教徒到中国与印度旅行记》，1718。
③ Les Lettres édij, T. XXXIV, p.57.
④ "中国认识真宰，远在两千年以上，其敬重仪式可做西人表率"，见李明（Louis Le Comte）著：*Nouveaux Mémoires sur L'état Présent de la Chine*, J. Anisson, 1696, T-Ⅱ, p.141。
⑤ 皮诺特引证，见前书第336—337页。
⑥ 《致沃朗（Vollant）小姐》。

刻便转为对中国的好恶了。当时西方人士，对耶稣会有两种不同的意见，很可反映出那时人们的心理状态。在1746年，教皇本笃十四（Benoit XIV）宣称："耶稣会对宗教有伟大的贡献。时时谨慎，处处成功。"①从反对者方面看，于1762年，法国政府提出84条文，指出"耶稣会教人如兽地生活，教信友如无神论者"②。

不论赞成或反对，耶稣会推动了18世纪思想运动。马地纳（Pierre Martino）说："从东方文化中，耶稣会传教士介绍来许多哲学的理论，击破专制的政治，反抗传统的宗教，赞扬宽容的道德。"③就大体上说，马地纳的意见是对的，但是，我们往深处研究，即这种思想的形成，不纯粹是由于东方文化，它的渊源，实是来自文艺复兴。吴惹（Henri Hauser）说："无论是在知识方面，或政治与经济方面，并非夸张，16世纪具有一切的现代化。"④吴惹所指的现代是20世纪，18世纪自然寓于其中了。

当一国的知识或思想介绍到别一个国家时，时常变成一种批评的工具，耶稣会介绍中国文化到欧洲，亦不能逃脱。18世纪的思想家，利用他们的文献，反转过来攻击，这是当时耶稣会所料想不到的。试举圣经为例。

比诺论到中国与哲学形成时，他说："在1740年左右，圣经普遍性到了寿终正寝的地步，中国的无神论，便是对它的致命伤。"⑤耶稣会有识之士，也感到这种危险，他们想设法弥补，在《传信集》中，一位修士写道："先生，我坦白地向你说，我没有在中国见过一个无神论者。"⑥但是，纵使大声疾呼，群众是听不见的，群众所求者是能够帮助他们攻击社会的武器。

---

① G. S. de Morant, *L'épopée des Jésuites Français en Chine*, 1928, p.224.
② G. S. de Morant, *L'épopée des Jésuites Français en Chine*, 1928, p.224.
③ Pierre Martino, *L'Orient dans La Littératur Francaise aux XVIIe et XVIIIe Siécle*, Hachette, 1906, p.310.
④ Heuri Hauser, *Les début de L'áge Moderne*, Alcan, p.3.
⑤ V. Pinot, *op*, cit, p.365.
⑥ *Les Lettres édij*, T. XXXIV, p.35.

从别方面看，18世纪耶稣会所谈的中国，完全站在理性与人性方面，而当时思想家，视超性与神秘为一种缺陷，所以他们憧憬中国的思想，提出空前未有的理论：世界永远是进步的，伦理思想须脱离宗教的约束，因为伦理自身便可与人以幸福；人本是好的，所以不好的缘故，其错误乃在社会。这是法国大革命的精髓，也便是卢骚的理论了。①

四

当朗松研究中国对法国18世纪的影响时，他说："这个中华民族，只讲自然伦理，却有如是完美的榜样，不仅不是基督教徒，而且不是泛神论者，他们是些无神派。因为当时普遍意见，认定中国文人时常没有任何信仰，在服尔德未深刻研究中国文献之前，他对中国的观念便是如此。拜略（Bayle）在他的'杂思'中，也是如此。"②

我们在研究中国对法国18世纪的影响时，能随时发现幼稚与矛盾的地方，但是我们并不惊奇，因为一种文化输入别一国家中时，必有惊赞与反对的两种态度，他们不以文化出发，而以自己的意见、好恶、思想与政治为准则，我们试取18世纪两位思想家：孟德斯鸠与服尔德，作一研究，看他们如何认识中国，中国给予他们的影响又是如何。我们之所以选定这两位思想家，是因为他们是法国大革命的先驱，借此可看出中国在近代史上所占的位置。

五

介乎法国18世纪思想家中，孟德斯鸠是最好奇与最努力的。在他的著述中，特别是在他的《法意》中，时时举中国为例，中国给他一

---

① 参看拙著：《近代欧战的根源》，载《建设研究》第3卷第1期。
② G. Lanson, *Formation et Développement de L'esprit Philosophique au XVIIIe siécle*, Revue des cours et conférences, 1909, p.71.

种强有力的诱惑。

远在1721年（孟德斯鸠生在1689年），在他轰动一时的《波斯信集》中，他已提到中国。为了佐证其他民族生殖率增加的理论，他援引"中国崇拜祖先的仪礼"①这种说法，我们并不能看出它的精美所在，但是，从孟德斯鸠治学上着眼，却是值得我们提到的。

狄哈尔（Du Halde）刊印《中华帝国志》13年后（1735年刊行），孟德斯鸠发表他的名著《法意》，那里边提到中国许多地方。法客（E. Faguet）论《法意》时说："这不是著述，这是生活。"②因之，我们研究孟德斯鸠与中国，一方面，我们可看出自从耶稣会将中国文化介绍到欧洲后，如何影响18世纪。别一方面，我们借这种研究，可看出这位思想家的思想如何演变。

六

论东方影响法国文学时，马地纳说："孟德斯鸠解释一切，他探讨，他审查，然后他批评，从而抽出简单与普遍的原则。"③这种说法，我们是不能同意的，因为孟德斯鸠的治学，不是归纳，而是演绎。他从单纯的意念出发，先提出原则，然后再找事实来佐证。所以，他在《法意》的序言中说："我提出原则，我看见那些特殊的事实，一一屈服在里边。"④我们特别提到这一点，因为孟德斯鸠的著述，并非是纯科学的，这无损于他的价值，但是，他的这种态度是值得我们注意的。

孟德斯鸠将政体分为三种：共和、君主、专制。他将中国列在专制内。君主的神髓是尊荣，专制是恐惧，而共和是爱国⑤。但是，爱国

---

① 《波斯信集》，原名为：*Lettres Persanes*, Parés, A. Lemerre, 1873. "如果中国生殖率很高，完全来自思想：因为孩子敬祖先如神，非常敬重，死后又祭奠，以为他们的灵魂回到天中，又复转来，保佑家庭……" T. II, pp.65-66.
② G. Lanson, *Histoire de La Littérature Française*, pp.714-715.
③ P. Martino, *L'Orient daus La Littérature Francaire aux XVII{e} et XVIII{e} siécle*, 1906, p.316.
④ Montesquieu, De l'Esprit des Lois, Granier, 序言。
⑤ 同上，孟德斯鸠在例言中说："我所说共和特征，乃在爱国，亦即爱平等。"

并非容易的，首先要"爱平等、贫穷与淡泊"①，即是说一个民族必须据有道德。在别一方面，自从耶稣会介绍中国著述刊行后，强半的意见认为中国不是一个专制政府，而是君主的，试举几个例证："中国政府完全君主的……"②"中国政府是君主的，不是专制的……"③"中国政府虽非共和，但亦非专制……"④

就孟德斯鸠所用的资料论，将中国列为专制是完全错误的。他的意见，认定专制的特征在恐惧，专制政府的领袖，"必然是怠惰、愚蠢与荒淫"⑤。但是，当时西人的记述，非特盛称康雍乾为有德之君，而且特别赞誉中国政府的机构，完全合于自然法程。因为中国政府，保证两种重要的权利，即自由与私有权。不只如此，中国帝王虽是绝对，但是不像罗马时代的奈宏（Nero），"如果帝王有错误与恶习，人臣可以无所畏惧地直谏"⑥。按照孟子的思想，"民为贵，社稷次之，君为轻"，这对18世纪的政治思想，直可说是中国抛掷的炸弹。

但是，孟德斯鸠不肯牺牲他的原则与成见（政治上多少原则是成见构成的），他在《法意》中，竭力佐证他的理论。他也感到对中国认识的矛盾，因为善于言辞，他以一种巧妙的方式来自圆其说。如果中国繁荣，人口增加，不是由于政治，乃是由于气候。在关于中华帝国一章内，他说："中国的气候，意外地宜于人口增加……而最凶残的专制亦不能阻碍生殖率的增高。"⑦他又说："中国政治是专制，它的神髓是恐惧，或许在古时，版图不广，专制的成分较少。"⑧这样孟德斯鸠一举两得，既可佐证他的理论，又可免除别人对他的质难。

---

① E. Faguet, *En lisant les beaux Vieux Livres*, 15e cd, 1911, p.179.
② *Les Lettres édij*, T. XXXIV, p.50.
③ I. Bouvet, *Portrait historique de l'empereur de la Chine*, 1698, p.62.
④ *Nouveaux mémoires sur l'état présent de la Chine*, T. II, p.4.
⑤ 《法意》第3卷第5章。
⑥ *Obervation sur les Écrits, Modernes*, T. III, 1735, p.176.
⑦ 《法意》第8卷第21章。
⑧ 《法意》第8卷第21章。

不只如此，孟德斯鸠又说："在错误中也有几分真理。"①这种如簧的巧舌，由反对进到赞美，他说："在专制国家中，机构奠立，人民是幸福的，波斯与中国是好的证例。"②

七

要想了解孟德斯鸠《法意》中论到的中国，首先当研究他论中国时所根据的资料与资料的来源。无论他的资料如何繁多，来源如何复杂，他首先要求的是佐证他的理论，其次乃是供给研究。他的方法虽是实验的，但是这种方法，不是树立客观的真理，乃是证明他主观的理论。"孟德斯鸠不批评资料的来源，凡是刊印者，他都取来应用，在价值上是没有一点分别的。"③

《法意》中讲中国的资料，大半采自狄哈尔的《中华帝国志》。但是狄哈尔对中国很同情，难以给孟德斯鸠建立中国专制的理论。结果，他设法寻找狄哈尔较刻薄的言论，如"中国是用板子统治着"④。外表上，他不相信耶稣会教士的介绍，他需要常人的著述，始足征信，他举出郎若（Laurent de Lange）与安松（George Anson）来，因为"他们可以给他关于中国官廷强盗的行为"⑤。我们试做进一步的研究。

瑞典医生郎若，服侍大彼得，在1719年，随从帝俄大使伊斯马伊洛夫（Ismailof）来北京，谈中俄通商事务。1721年，俄国大使返国，留郎若继续谈判，居一年半，没有具体结果。因为俄国商人来华后，不遵守中国法律；其次，俄国政府庇护蒙古人，凡逃至俄国境内者，不肯交出；最后，西方耶稣会人与俄人没有好感，不喜欢俄国人留居

---

① 《法意》第8卷第21章。
② 《法意》第13卷第19章。
③ E. Garcassonne, *La Chine dans L'Esprit des Lois. Revue d'Histoire Littéraire de France*, 1924, p.205.
④ 《法意》第8卷第21章。
⑤ 《法意》第8卷第21章，注二说："除别的外，我们看郎若的著述。"

中国，因此郎若不受中国欢迎，行动亦不自由。所以他对中国没有好感，他的叙述中，当然有许多的牢骚。事实上，他虽来过中国，却没有时间与机会来研究，他绝对不会了解中国的，可是孟德斯鸠，却视之为不易的法典。

至于安松的《周行世界记》更是充满了许多成见与不正确的记载。安松带着战舰，在1740年，到南美洲攻击西班牙的岸口，过两年周行到澳门，拒绝纳税，便发生冲突。安松自恃武力，他说"有枪四百余支，火药三百多桶"[①]，"不论在珠江或其他地方，只凭这点力量，便可摧毁一切的抵抗"[②]。他不懂中国话，居留时间又不长，他又这样横蛮，他的旅行记，实充满了许多情感的好恶。比如他说："在买鱼时，买回许多石块来。"[③] 他又说："中国人特别爱钱，敬重有钱的人。"[④] 试问哪一个国家不是如此，恐怕英国更是如此。

为了证明专制是可憎的，孟德斯鸠需要这种资料，他反对"一个人服从别一个人"[⑤]，所以他重视郎若与安松的著述。"如果那些耶稣会的书籍与他的结论不同，其错误乃在传教士，别有用意。"[⑥] 从而，我们看出孟德斯鸠对中国没有深的了解，他所讲的中国，几乎是想象的。当他讲到法律与风俗的关系时，他采取较客观的态度，而他大部分的资料，采自狄哈尔的《中华帝国志》。[⑦]

八

自孟德斯鸠的思想论，法律与风俗截然不同，但是，他在研究中

---

① G. Anson, *Voyage Autour du Monde*, 1749, p.306.
② G. Anson, *Voyage Autour du Monde*, 1749, p.28.
③ G. Anson, *Voyage Autour du Monde*, 1749, p.315.
④ G. Anson, *Voyage Autour du Monde*, 1749, p.308.
⑤ 《法意》第3卷第10章。
⑥ Muriel Dodds, *Les récits de Voyages, sources de L'Esprit des Lois de Montesquieu*, Paris, 1929, p.97.
⑦ 拙著：*Essai sur le P. Du Halde et sa Description de la Chine*, 1937, p. 94.

国的文章内，指出中国的立法家，将之混而为一，构成一种礼节的特殊伦理观念。他说："中国立法最后的目的，乃在它人民安居乐业，为此，人民必须遵守礼节。"①因之，中国是一强国，非常幸福，其成功即在此。从这方面，自孟德斯鸠的观点论，中国政府给世界人士表现出两种重要事实：一、中国历史上，两次被外族侵入，结果侵略者为中国所同化；二、"在中国穷乡僻壤的地方，居民尚礼，如同那些有学问的缙绅一样。"②中国文化的结晶，便在"礼"，"他将精神上那种粗陋的缺点，完全取消了"③。正如雍正皇帝所说："优良的政绩，端在风俗淳厚，为此须正人心，申理性。"④

不只如此，孟德斯鸠赞美中国，别有原因，他爱中国家庭的伦理观念，他认定"中国的政治是建立在家庭上"⑤，所以民视君犹子视父，因而产生出尊老、敬师、忠君等伦理观念，这是礼的形成，也是礼的灵魂，"礼是中国的国家的精神"⑥。

孟德斯鸠《法意》中所讲的中国，有许多矛盾与不接连的地方，一方面，他认定中国的政体是专制的，另一方面中国政治的精髓却在家庭与礼节。前者是可憎的，后者却是可赞美的，于是《法意》中论中国的观念，不知不觉间改变了。他借此来攻击当时法国的政府，竭力推崇中国，中国的专制亦变而为合法的，这个结论是孟德斯鸠所想不到的。

九

影响法国大革命的思想家中，服尔德的重要性是不可估计的。他

---

① 《法意》第19卷第16章。
② 同上。
③ 同上。
④ Les lettres édij, T. XXXIII, p.173.
⑤ 《法意》第19卷第19章。
⑥ 同上。

整个的思想，是寻找自由，"使生活变得更为舒适"①。从他个性上看，他表现出一种无止境的好奇，法客说："服尔德有种好奇的天才。"② 当时法国有一种中国的风尚，不只中国的思想构成一种发酵性，乃至日常细微的生活，亦烙印着中国的痕迹。克里姆（Grimm）写道："有一个时候，每家的桌上，陈列着中国的物品，我们许多器具的样式是模仿中国的。"③

服尔德（即伏尔泰。——编者注）是中国化运动中的一位健将，他赞扬中国的理性，他将中国置放在世界史中。在哲学辩论时，他为中国辩护，说："我们诽谤中国，唯一的原因，便是中国的哲学和我们的不同。"④

当服尔德住"路易公学"时，他便开始留心中国的事实，他的修辞学教授杜海米纳（Touremine），虽未来华，却深解汉学，给服尔德许多影响。

他与康熙所宠幸的白晋（Joouchìm Bouvet）常交换信札，因之，服尔德关于中国的认识，有比较正确的资料。继后给服尔德中国知识者为傅圣泽（P. Fouguet），他说："耶稣会修士傅圣泽在华二十五年，变为耶稣会的敌人，好多次向我说：中国很少无神论者……"⑤

十

第一次服尔德讲中国，是在他的《哲学信札》中（1729年），虽说无甚重要，亦足看出大思想家的好奇，他说："听说百年以来，中国已实行种痘。"⑥他主张欧洲人亦采用这种手术，因为"中国是世界上

---

① Pelit de Julleville, *Histoire de La Iittérature Française*, T. Ⅵ, p.160.
② Emile Faguet, *Dix-Huitième siécle*, p.207.
③ Grimm, *Correspondance*, 1785.
④ 《伏尔泰全集》, *Carnier*, 1878, T. Ⅺ, pp.178, 180.
⑤ 《伏尔泰全集》, *Carnier*, 1878, T. Ⅺ, pp.178, 180.
⑥ 《伏尔泰全集》第22卷，第11页。

开化最早的国家"①。

我们研究服尔德与中国，首先当考究他敬重中国的原因，他那样狂热地爱中国，因为中国的宗教与政府，不只可以加强他的哲学信念，而且还可以攻击当时的宗教与社会。服尔德的哲学，是自然主义的享乐者，他说："人生最重要的事实，乃在求幸福。"②他是实利的、感觉的，他的一切伦理观念，完全是从这方面出发的。

自这位思想家观点来看，中国的宗教，既没有神秘，也没有教义，完全着重在自然方面。他说："中国士大夫的宗教是最可崇敬的，没有神奇的传述，没有不经的教义，以违背人类的本性与理性。"③我们知道服尔德的宗教思想，是一个泛神论者，基督教严密的教义，常给他怀疑的精神一种很不舒服的刺激。他视人性与理性具有最高贵的价值，并且可以给人以完足的幸福。

《中华帝国志》内，述及"自然情绪，在中国发展到最高的顶点"④。所以，当西方争论中国礼节问题时，特别有力量，他以一种辛辣的语调说："我们多次研究，所谓中国无神论，乃是西方神学者的杜撰，这是我们学究最后的疯狂与矛盾。"⑤

服尔德的这种言论，不是情感的或偏见的，因为18世纪的思想，其重要的精神是破坏，较之文艺复兴时期更为剧烈，服尔德继笛卡儿之后，必须使信仰与理智分离，即是说：凡不能为人类理智所了解者，须视之为荒谬。便是为此，孔子在西方18世纪思想上，有种特殊的力量，特别为服尔德所钦崇，不只是因为孔子不是个寓言者，也不是因为孔子是一个大哲人，其最重要处，是在政治方面。这是服尔德最羡慕的。所以，他不断赞扬地说："孔子是一位述古的大政治家。"⑥不只

---

① 《伏尔泰全集》第22卷，第11页。
② 《伏尔泰全集》第33卷，第62页。
③ 《伏尔泰全集》第18卷，第158页。
④ 《中华帝国志》第3卷，第155页。
⑤ 《伏尔泰全集》第18卷，第154—155页。
⑥ 《伏尔泰全集》第11卷，第57页。

如此，服尔德敬重孔子，因为后者可与基督教对峙，在他的哲学字典内曾写着这几句诗：

只用理智作解，
光耀精神而不炫耀世界，
孔子不是先知，却是一位哲人，
谁知到处却为人相信。①

十一

从耶稣会的典籍内，服尔德也晓得中国是有迷信的，但是在他的立论中，他起始即将中国宗教分为两种：士大夫的宗教与民众的宗教。所以到服尔德论佛教和道教时，他说："这是些民众的宗教，正如粗陋的食物，专为充饥；至于士大夫的宗教，可说是精炼的，含质最为纯洁，似乎普通人不当有此种宗教的。"②

服尔德所醉心的中国宗教，便是士大夫所崇尚的孔子。因为"帝王们、阔佬们、士大夫等的宗教，是理性上最高的产物，不含有些微的迷信"③。服尔德出身并不高贵，但是他的兴趣与心情却完全是布尔乔亚的。他瞧不起那些苦困无知的民众，所以在论孔子时说："孔子死后，其弟子都是帝王、阔佬与学士而不是民众。"④ 为了加强他的理论，他取耶稣会的著述以证明中国的宗教和基督教同出一源，他在《风俗论》内说："这便是为什么李明与别的传教士共同主张中国认识真上帝，在世界上最古的庙堂内献祭。"⑤

---

① 《伏尔泰全集》第 18 卷，第 151 页。
② 《伏尔泰全集》第 11 卷，第 179 页。
③ 《伏尔泰全集》第 27 卷，第 2 页。
④ 《伏尔泰全集》第 11 卷，第 176 页。
⑤ 《伏尔泰全集》第 11 卷，第 177 页。

十二

　　服尔德之爱中国别有一种理由，即是说他爱中国的政府组织，在他许多著述中，论中国政治机构是他最独到的地方。他完全与孟德斯鸠相反，他看中国没有绝对的专制，虽是君主，却是建立在"父权"上的专制。"这个伟大帝国的法律与和平，树立在最神圣与最自然的权利上，其人臣侍君如子弟侍父兄。"①

　　从这里，我们看到服尔德的理想政府，政府需要绝对，同时又须有议会。服尔德从英国返回后，醉心英国宗教、政治与哲学，但是他不敢公然主张。这时候，耶稣会正努力介绍中国，正如服尔德的理想。因为康熙和雍正是绝对的，但是却有六部的组织，为文人学士所主持，服尔德是多么羡慕呵！所以他说："只管跪在皇帝的前面，尊之如神，但不是绝对的专制，因为绝对的专制，是以意志为准则，没有法律的观念，但是，全世界保护人民的生命、财产、荣誉最有力者，那便是中国。"②

　　当服尔德写这两句诗时：

　　　　我常给中国皇帝去信，
　　　　直到而今，他没有给我一点回声。③

　　并非取笑，实是表现服尔德深心的情绪，我们知道这位思想家特别赞美乾隆，不是因为他的武功，乃是因为他的诗歌，当《盛京赋》④出版后，服尔德写道："我很爱乾隆的诗，柔美与慈和到处表现出来，我禁不住追问：像乾隆那样忙的人，统治着那么大的帝国，如何还有时间来写诗呢？……这是好诗，但是皇帝却非常谦虚，不像我们的小诗人们，处处充

---

① 《伏尔泰全集》第15卷，第776页。
② 《伏尔泰全集》第13卷，第162—163页。
③ 《伏尔泰全集》第10卷，第421页，系写给瑞典王克利斯蒂安七世（Christian Ⅶ）。
④ 《盛京赋》为钱德明所译，1770年出版。

154

满了高傲……"① 总之，服尔德认为中国政治是当时最进步的，六部的组织是最合理的，因为那些尚书和御史都是孔子的崇拜者，舍身为民，没有半点神秘的色彩，服尔德写道："人类精神不会了解六部的重要，一切官吏经过严格的考试，虽说不会了解，中国却便是实行这种制度。"②

十三

服尔德赞美中国，除宗教与政治外，别有原因：第一，中国没有世袭的贵族，只有凭借自己的力量始能得到社会的地位或高贵的官爵；③第二，一个官吏可以判处死刑，但须经皇帝亲笔批过，始能执行，这可见重视人民的生命；第三，从立法精神上看，"在别的国家，法律是惩罚罪恶；在中国，不只如此，还要褒奖德行"④。中国所以能达到这种地步，完全由于哲人与诗人领导内部政治，产生出宽大。这种宽大，从另一方面看，又是历史久远的结晶。

服尔德反对基督教，他用中国的历史攻击圣经的历史性，他说："圣经是没有历史性的，每个人须有批评的精神。"⑤他又说："为何我们的敌人无情地反对中国哩？为何反对欧洲与中国正义的人们哩？无知之徒，始敢说中国历史估计过久，将圣经的真实性摧毁了。"

服尔德在他的《风俗论》中，将中国列诸篇首，构成他著述的特色。前此著世界史者，如包胥野（Bossuet）是从未敢这样做过的。比诺说"由耶稣会的著述中，服尔德取资料与时期，以证明中国的久远；从自由主义者的言论内，他得到各种议论，以加强他的主张。他比耶稣会人士更大胆与更进步了"⑥。不只比耶稣会人士，设与孟德斯

---

① 《伏尔泰全集》第 29 卷，第 454 页。
② 《伏尔泰全集》第 13 卷，第 162 页。
③ 参看《伏尔泰全集》第 13 卷《风俗论》。
④ 《伏尔泰全集》第 11 卷，第 175 页。
⑤ 《伏尔泰全集》第 26 卷，第 389 页。
⑥ 《中国与法同哲学思想之形成》，第 279 页。

鸠相较，即我们看到更为深刻与更为剧烈，因为他俩对中国认识不同。

十四

纵使他俩对中国认识不同，在宽大方面，却具有同样的情感，服尔德看宽大，便是"思想、意识、信仰自由"[①]的象征，自路易十四以后，言论不能自由，他们借中国旁通曲引，以表现他们的思想。他们推重中国的宽大，足以补救当时欧洲文化的破绽，因为宽大是一种立身处世的美德，其自身便含有一种价值，但是重要处，乃在攻击当时的狭小。所以孟德斯鸠说："中国也有宗教的纠纷，因为我们的传教士向人家说：一切宗教是坏的，只要除过我们的宗教。"[②]服尔德更具体指出雍正问巴多明所说的话："关于中国礼节问题，欧人的纠纷使你们受到很坏的影响，平心而论，假如我们到你们欧洲，也如你们在中国的行为，你们做何感想？"[③]正如康熙所说："览此告示，只可说得西洋人等小人，如何言得中国之大理……"[④]

从服尔德著述方面看，他的名著《路易十四》内，为何要添一章"中国礼节问题"？因为服尔德不敢攻击当时的政府，用侧击法形容路易十四的伟大，衬托出路易十五的昏庸，但是路易十四有他的缺点，便是尚专制，不明白什么是容忍与宽大，所以他提出礼节问题，一方面作为佐证，另一方面作为全书的结论。

服尔德是一位见解很深的史学家，搜集资料，运用方法，都有独到处，唯独讲到中国，难免有一种偏见，竟至他赞扬中国一夫多妻制，他说："通奸在东方很少见……在我们欧洲几乎成了家常便饭……由此看出，是承认一夫多妻制好还是任其伤风败俗好。"[⑤]那么中国没有缺

---

① 《伏尔泰全集》第25卷，第15页。
② 《孟德斯鸠遗著》第2卷，第511页。
③ 《伏尔泰全集》第25卷，第99页。
④ 北京故宫：康熙与罗马使节关系文书影印本，第十四件。
⑤ 《伏尔泰全集》第29卷，第231页。

点吗？有的，服尔德认为不是政治的，乃是人性的，如果理性逐渐发展，将来的缺点是会消灭的。这已走到无止境的进步论内了。

十五

由耶稣会的介绍，中国在法国18世纪的思想上占一重要位置，在风俗上、在艺术上、在科学上都有相当的贡献，如茶的嗜好，瓦多（Antonine Watteau）的绘画，李时珍的《本草纲目》，在当时激起一种风气，一种趋向，以至一种动人的神往。但是最重要处，是孔子的思想，深入到对当时社会现状不满的人心内，如服尔德与孟德斯鸠，我们从他们的著述内，看中国给他们的影响。

在这个重知识、爱理性、幻想幸福的18世纪，中国自然成了他们所爱好的对象，数学家瓦尔夫（Wolf）因为崇孔而失职，引起欧洲学者的同情；路易十五想改革，白尔坦（Bertin）主张介绍中国思想。并非他们真正了解中国，实因当时烦闷的心理上，大家都相信中国是光明的象征。为什么？

自宗教方面言，18世纪思想家视基督教为人类进步的障碍，违反自然与人性，他们看到中国的历史与社会，始知唯我独尊的基督教，并非文化的别名。有如中世纪人所想象的，宗教之所以有存在的理由，不是因为有不变的上帝，乃是因为社会的需要，社会需要的急迫与否，那便要看理性发展的程度如何！因而，18世纪思想家，取中国为例，要求宗教是社会的工具，信仰和理智要绝对地分离！

自政治言，中国六部的组织，使哲人们改变了整个的观念，前此西方的政治理想，是在帝王一人身上，路易十四晚年说："朕即国家。"他这种含义，君为一切最后的目的与幸福，倘使与中国相较，相差又何止天壤？狄哈尔说："很容易看出中国为政者是与民以福利的。"中国的政治伦理，在觅取集体的安全，法人看到当时社会的荒淫，不禁要从根本改变政治机构，首先冲击的，便是专制、贵族、世袭，因为这是 18 世纪政治的台柱，不摧毁是不会产生为人民服务的法律的，即是说无法保证私有权与自由的安全。我们已走到法国大革命的门边。

我们不敢下结论说法国 18 世纪的哲人们，真正了解中国文化，但是，我们敢说他们心目中的中国，给了法国大革命一种强有力的推动，这是孟德斯鸠、服尔德等引为无上的光荣，却是耶稣会人士万没有想到的结果。

原载《建设月刊》第 5 卷第 2 期，1940 年。

中国文化西渐之一页
——17世纪末中法文化之关系与18世纪之重农学派

一

17世纪末，法国开始研究中国文化，其结果形成法国大革命，一直到今天，欧洲人仍然感受它的影响。便是说：一方面推重理性的发展，另一方面遵守自然的法则。前者的代表是服尔德（参看本刊五卷二期拙作：《中国与法国18世纪文化之关系》），后者的代表是奎斯奈（Quesnez）。

蒙达尼（Montaigne）在他不朽的《随笔》中，虽然提到中国，[①]但是他的论调却非常浅薄，这不是对中国的研究，这只是一种好奇，我们试举两种证据：

第一，自从1658年（顺治十五年）卫匡国（Martino Martini）刊行《中国通史》后，哲人巴斯加尔（B. Pascal）在他的《思维集》中说："虽说中国是模糊的，可是有光明的地方，你要去寻找他。"[②] 我们知道巴斯加尔的知识非常广泛，他在哲学与科学方面，造诣很深，他

---

① Montaigne, *Les Essais*, T.Ⅲ, p.396.
② B. Pasca, *Les Pensées*, p.593.

是绝不肯随便发言的。

第二，在1660年9月25日，白皮斯（Pepys）在他的日记中说："我派人去找一杯茶——系中国的一种饮料——此前我从未吃过的。"①这证明17世纪，欧人对中国的知识，仍然缺少深刻的研究。汉学家高田（Henry Cordier）论到茶输入欧洲时说："是在18世纪，欧洲始接受了饮茶的习惯。"②

不只如此，假使我们取17世纪末的权威著述，如戴柏洛的《东方百科字典》③即可看出他们不了解中国的程度，到何等可笑的地步。他解释孔子时说："中国科学的知识，大半来自印度，孔子便是由印度的学者所教成的。"我们不敢肯定古代中印的关系，但是孔子受业于印人，这却是从未听过的奇闻。

《东方百科字典》是1796年出版的，其时法国已有一种汉学的运动，1736年的《脱洛梧杂志》（*Menroires de Trévaux*）要求介绍中国学术与思想者，要诚恳一点，它说："好奇、爱说反常的事、投合群众的趣味、夸张、有时候还夹着几分谎话、多少有身份而平庸者，来自远方，要使中国的历史与事实，变成不可思议的东西。"④这确是当时的实况。

法国在17世纪末，因为路易十四的政绩，形成光荣的古典主义，同时发动两种不同的新动向，他们开始是并行的，结果混合在一起：一种是重商的精神，渴望黄金，远适异乡，步葡西两国的后尘，在1660年，法国有东印度公司的组织；别一种是宗教的，他们不怕牺牲，要将自己所崇奉的基督教，传到远东，结果，在1685年，路易十四派遣耶稣会修士来华。

路易十四派遣五位耶稣会学者来华，是受重臣科贝尔（Colbert）推

---

① 拙著 Essai Sur le P.Du Halde, p.10。
② H. Cordier, *La Chine en France au XVIIIe siécle*, p.761.
③ B. d'Herfelot, *Dictionnaire des Peuples de l'Orient*, 1796.
④ 巴黎国立图书馆，档案处，号码为：Fonds François 17240 内，有加西尼计划，提及科贝尔的原意，Fol. 246。

动的。科贝尔是一个爱秩序与繁荣的人，他接受了加西尼（Cassini）的计划，要求路易十四派遣这些数学家。一方面他知道中国文物的发达，要求这些学者考察富强的原因，借中国的科学，"改造法国的工业"；另一方面，法国受葡萄牙海外利益冲突，"借此与以一种对抗"。①

我们不只从这些事实中，看出重商与传教合在一起，在康熙四十五年的手谕中，亦可证明我们的这种主张，"近日自西洋来者甚杂，亦有行道者，亦有白人借名为行道者，难以分辨是非"；②可是，当路易十四执行科贝尔计划后，那些来华的学者，孜孜不息地研究，他们研究中国的历史，探讨儒家的哲学，测绘中国的地图，中国变成他们理想的国家，非特中国是"理性"的象征，有如服尔德所渴望，而且是"繁荣"的模范，奎斯奈视为完美的典型。

关于此，克里姆（Grimrn）给我们留下很好的插画："有一天，路易十五同他的大臣碧尔丹（Bertin）讨论，想改革当时的恶习，要他想一良好的办法，过了几日后，碧尔丹提出他的计划，路易十五问：'什么计划？'碧氏回答：'陛下，我们要接受中国的精神！'"

二

在1782年，傅圣泽（Fouguet）写给汉学家傅尔孟（Fourment）说："愈往前研究中国的问题，愈发现中国古代的可爱，但是直至此时，欧洲人还不了解的。"③当时欧洲的学者们，急切想了解中国的过去，特别是1700年左右，历史的研究成了学术的中心，也是傅尔孟，论到古代民族的时候，他提到中国的二十二史："至少有一百五十多册，记述二十二朝的史实，没有许微的间断，而每一朝都有几个世纪

---

① 北京故宫博物院藏康熙与罗马使节关系文书，第二件。
② Grimm, *Correspondance Litteraire*.
③ V. Pinot, *Documents Inédits Relatifs à la Connaissance de la Chine en France de 1685-1740*, p.10.

的。"① 中国是史学最发达的国家，自 17 世纪末至 18 世纪初，多少中国历史的著述，如春花怒放，其重要者如次：

1662 年，包梯（Baudier）著《中国帝王宫廷史》。

1667 年，鲁德照（Semedo）著《中国世界史》。

1670 年，包梯又著《满洲入关史》。

1688 年，奥良（D'orleans）著《满洲侵略中国史》。

1692 年，卫匡国著《中国通史》。

1696 年，李明（Comte）著《中国现代史》。

1697 年，白晋（Bouvet）著《中国帝王历史像赞》。

1698 年，高伯阳（Gobien）著《康熙圣谕》。

1729 年，宋君荣（Gaubil）著《蒙古史》。

1732 年，宋君荣又著《中国天文学史》。

1735 年，狄哈尔（Du Halde）著《中华帝国志》。

在这么多历史著作中，我们首当注意的是卫匡国的《中国通史》，起始用拉丁文写成，在 1692 年由拜洛纪（Peletier）译为法文，在当时激起很激烈的讨论。这部名著的成功，不只是由于他深刻的研究，与那些游记式的历史不同；而最重要处是他根据中国资料，认定伏羲为中国史开始的时期。视此，即中国远在洪水以前，早已有人居住，这与保存真理的圣经，发生了不可调和的冲突，所以巴斯加尔问："摩西与中国，到底哪一个可信呢？"② 当时领导法国文化的史学家包胥野（Bossuet）著世界史时，有心地置中国不问，正像中国位置在别个星体上的。服尔德素不喜欢包胥野，在《风俗论》中，将中国放在第一章，几次嘲笑包氏的识浅见短，认为他恶意地改变客观的史实。在 18 世纪，怀疑精神发展之时，中国悠久的历史给圣经的权威一种打击，至少要考虑圣经中所提及各种历史的问题，这是卫匡国的《中国通史》的影响，其重要虽不像一颗炸弹，但至少是一把匕首。当时的批评家

---

① Fourmont, *Réflextion Critiques sur les Histoires des Seciens Peuples*, 1735.

② Pascal, *Les Pensèes*, section IX.

162

说："一直到冯秉正（Maillac）为止，对中国的著述，没有再比卫匡国的更好的。"

关于中国历史的介绍，当推宋君荣的《中国天文学史》，他是科学历史的创造者，从中国的经书中，精细地搜集资料，不肯随便下一断语，他要利用古代典籍中天文的记载，建立夏商周的文物，他竭力主张《竹书纪年》的不可信，他反对历史的说教，使之成为真理的叙述。他本着这种新的精神，从中国史书中，搜罗匈奴、蒙古西北诸民族的资料，取材很谨慎，著成蒙古史。当时汉学家拉谬塞（A. Remusat）说："只此一书，已足使宋君荣名垂不朽。"[①]当中世纪蒙古侵入欧洲时，竭所有的学者，不明白这个可怕的民族，都认为是荒山中跑出的别种奇人，永远骑在马上，驰骋原野，有如一股狂飙，在蔽天的尘埃中，永远飘荡着九条白带胜利的旌旗。

现在宋君荣利用中国的资料，给欧洲解释这个可怕的民族，蒙古族也和其他民族一样；给欧洲人许多新的资料并且是可靠的。宋君荣死后，钱明德（Amiot）在1759年写给利斯尔（L'Isle）说："一直到现在，从未见过有如此精确者。"[②]

但是，许多关于中国历史著述，都是以欧洲的立场来介绍的，整个的中国人的中国史尚未树立，18世纪的学者们深感到必要，但这种艰巨的工作，很难有适当的人选。在1702年，青年史学家冯秉正来华后，怀有大志，便着手翻译《通鉴纲目》，经28年，始将全书翻译完毕，1737年译稿寄到法国，伏来海（Fréret）接洽刊印，但是"没有一个书铺愿意承印三十卷关于中国史的译稿"[③]。实际上，不能刊行的理由有二：一、18世纪的作家，好投合社会的心理，不肯重视纯学术的工作。宋君荣对此曾说："人们不喜欢抽象的枯涩的著作；人们只

---

① Brucher, La Chine et L'Extrême-Orient d'Après les Travaux Historiques du P. Antoine Gaubil, Revue.des Guestions Historiques, T. XXXVII, p.509.
② Lettnes, Édiffiantes, T. XXXVII, p. 14.
③ V. Pinot, La Chine et la Formation de l'Esprit Philosophique en France, p.143.

喜欢描写，报道，即是怎样借它来消遣。"① 二、中国历史，完全是别一个系统，它不只是非基督教的，而且与圣经发生冲突，在思想演变的时候，耶稣会不愿与反宗教者一种新武器。当耶稣会在1773年解散后，《通鉴纲目》译稿落在高瑞依（Gsosier）手中，从1777年到1783年刊印，欧洲始有中国整个的历史，共13卷。欧洲人深感到中国悠久的历史，他们要寻找其长久的原因，他们研究中国的哲学，便是说儒家的思想。

三

西士来华之后，他们读到"己所不欲，勿施于人"时，觉着这便是基督教中"爱人如己"的理论。他们感到一种惊喜，这不只是人类理性同一的伟大，而且借着儒家的伦理可以推进基督教的发展。李明在《中国新记》中说："中国人保存着真理的观念，已有两千多年了，他们对真理的钦崇可做西方人士的模范。"② 这种钦崇孔子自利玛窦始，后来者非为视此是传教的正法，而且是促进人类友爱的途径。邹元标《愿学集》中，有答利氏书说："……门下二三兄弟，欲以天主学行中国，此意良厚，仆尝窥其奥，与吾国圣人语不异，吾国圣人及诸儒发挥更尽无余，门下肯信其无异乎？中微有不同者，则习尚之不同耳……"谢肇淛《五杂俎》中说："余甚喜其说为近于儒，而劝世较为亲切，不似释氏动以恍惚支离之语愚骇庸俗也。"这是谢氏论利玛窦时所下的评语。

为了承继利氏的方法，凡耶稣会修士东来者，对儒家思想至少有一种涉猎，能够应付中国的社会，同时也将儒家的学术与思想，逐渐有体系地介绍到欧洲，他们推重儒家的理论，不只是因其是理性最高的发展，而且因为它的理论是持久的、不变的，得取多数人民拥护的，

---

① *La Chine et la Formation de l'Esprit Philosophique en France*, pp.144-145.
② *Nouveaux Mémoires sur l'État Présent de la Chine*, T.II, p.141.

刘应（Visdelou）肯定地说："中国儒家的思想，不特不与基督教相冲突，而且是相符合的。"①

假如我们检查17世纪末与以后的出版界，我们会惊奇学者们百不厌倦地翻译"四书"，按着年代，我们试举几种重要的译本：

1662年，郭纳爵（Costa）译《大学》与《论语》。

1672年，殷铎泽（Intorcetta）译《中庸》为拉丁文，附有中文的原文。

1687年，柏应理（Ph. Couplet）介绍孔子的哲学，深受时人的推重。

1711年，卫方济（Fr. Noel）译"四书"，外加《孝经》与《小学》。

1740年，宋君荣译完《书经》，1770年，始由汉学家奎斯奈刊行，这是当时译著中最好的一本。

雷孝思（Regis）译《易经》，雷氏死于1738年，经一世纪之久，始印行（1834年出版），这是《易经》西文最好的译本，因他利用冯秉正的译本，加以补充，又有刘应等对《易经》的研究。

17世纪末，许多通俗的中国哲学，流行在坊间，但是从学术的观点出发，都没有什么重要的价值。便是狄哈尔氏《中华帝国志》内"四书"与《诗》、《书》、《易》的介绍，也只是浅薄的叙述，假如从影响方面看，拒绝神秘的形而上学，趋重实践的伦理，给18世纪的思想界一种强有力的推动，此后西方的哲人们恭敬地置放孔子圣名于亚里士多德之上，包纪野（Pauthier）说："孔子是空前人类未有的大教育家。"② 因为苏格拉底、亚里士多德、圣多默，从未建立"人性"的伦理，由人类理性最纯洁的山泉中所涌出来的。在1769年，《中国历史》的广告中说："孔子的思想非常单纯的，他以地舆学家的方式，绘出庄严的长江大河，灌溉人类，他以细微的点绘出宏大美丽的

---

① Bouvet, *Portrait Historique de L'Empereur de la Chine*, 1697, pp.228-229.
② G. Pauthie, *les Livres Sacrés de l'Orient*, p.11.

城市。"①

18世纪是近代历史的起点,特别是在政治方面,他们自称是解放的,当时最流行的一句口号是"每个人用他自己的方式和平地追寻光明",而这个光明是照耀"民众的"。狄哈尔说:"移风易俗是中国哲人的伦理,非如希腊罗马哲人们斗智,是要合着民众的要求,便是说大众化的。"② 这种引人入胜的宣传,加上哲人如莱希尼池、瓦尔夫、服尔德、孟德斯鸠、奎斯奈等有力的推动,使人们了解到孔子是人类光明的象征。因为中国的哲学,重人性,崇伦理。它不是斗争的,它是和平的;它不是贵族的,它是民众的。多少御史们对神圣的天子,据理直争,正如包纪野的解释:"便是最前进的理论,也没有孟子'民为贵,社稷次之,君为轻'的更激进。"法国社会在18世纪已呈动摇的现象,受中国思想的推动,正如火上加风,演出1789年的史实,这是中国思想西传的结果,便是耶稣会人士也不能否认的。

欧洲人士曾追问:中国何以会有这样奇突的伦理思想,便是说,中国伦理观念在忠孝,他们归到"遵守自然的法则",由是而产生出农业的社会与文化,奎斯奈树立他重农派的学术。

四

法国史学家杜克维尔(Tocqueville)指出:"真正法国大革命的特点,可从重农派的经济学者著述中发现出来。"③ 因为凡物不得其平则鸣,在路易十四的晚年,外表虽富丽堂皇,内部却是危机已伏,他的战争,他的穷奢,特别是他那种绝对的专制,逐渐与民众脱节,圣西门说:"路易十四取臣民的财产为己有,臣民仅有的一点,仍是来

---

① *Yu le Grand et Coupecius, Propectus*, 1769, pp.5-6.
② *Description de la Chine*, T. Ⅲ, p. 58.
③ A. Oncken, *Oeuvres de Quesnay*, Introduction,1888.

自他的天恩！"①奎斯奈重农的经济理论，取中国为例，便在这时候建立起来。

奎斯奈并不真正了解中国，他同孟德斯鸠一样，首先提出自己的原则，然后以中国来佐证他的理论，但是他对中国的研究，却有正确的资料，他自己曾说："狄哈尔集许多不同的文献，著成《中华帝国志》，这部书的价值很大，便是按照这位学者的言论，我们研究中华帝国。"②

奎斯奈的理论，一方面认为一国的繁荣完全依靠财富，而一国唯一的财富便是土地，所以农业是国家的命脉，农人是国家的基本，因为只有农人才是从事生产的。在另一方面，人不能不生，生不得不仰给农业，为了农业的发展，人民首先须取得自由与私有权的保障。这是人类自然的要求，人类的幸福不在未来而是在现在，自然的定则便是人类最高的定则。在1767年，奎斯奈著《中国专制》时，他说："最宜于人类，保障自然权利，那便是自然定则，它是永久的，不变的，而且是最好的。"③

根据他这些思想奎斯奈形成重农派三种原则：

一、每个国家须切实尊重农业。

二、个人私有权与自由须有切实的保障。

三、一切政治的设施，须建立在自然法上。

为了加强他的理论，奎斯奈取中国为例。孟德斯鸠在《法意》中，将中国置放在专制内，奎斯奈开始将专制政体分为两种：一种是合法的专制，一种是非法的专制，他说："中国是专制的，但是它的政治机构却建立在自然法上。"④在中国四千年悠久的历史中，奎斯奈认为这是唯一隆昌的理由。他举舜为例，亲耕历山，"这位帝王所重者是农业的繁荣"⑤；他又举雍正敦劝农桑的圣谕，每年亲耕的表率，这是何等醉

---

① Y. Guyot, *Quesnay et la Physiocratie*, p.14.
② Quesnay, *Oeuvres Économiques et Philosophique*, p.592.
③ Quesnay, *Despotisme de la Chine*, p.645.
④ Quesnay, *Despotisme de la Chine*, p.613.
⑤ Quesnay, *Despotisme de la Chine*, p.574.

人，世界一等强国的帝王，原来只是一个执犁播种的农夫！

中国政府所以合理的原因，因为内政修明，遵守自然的秩序，农人在工人与商人之上；奎斯奈视为最合理与特别的一点是，中国永远是进步的，便是说财富增加，随着财富增加，人口也自然增加。他在《格言》中说："不必注重人口增加而当注意财富的增加。"①

中国是财富增加最好的模范，因为中国政府竭力保障人民的私有权。在《中国的专制》一书中，奎斯奈说："在中国所有权非常安全，便是那些雇员与佃户都得到法律的保障。"②假使我们取1692年，路易十四宣布"普天之下，莫非王土"相对照，奎斯奈感到何等失望！在他的著作中，百不厌烦地申述他的这个思想："保障个人的私有权是社会经济安全的基础。"③从这个观点出发，商业必然发达，交通分外便利，他谈论到中国时说："中国运河修理得很好，稍微较大的河流，到处便可航行。"④重农派看交通有如人身的脉络，使之流畅周行，农业始能健全，财富始能增加。

不只如此，奎斯奈判断一个国家，只看它的乡间，便可看出它的内政。假使没有荒地，交通便利，到处是蔬菜与田禾，阡陌相连，这个国家一定是富强的。当17世纪末，耶稣会修士东来后，他们写了不少美丽的文章，形容中国的农业。马若瑟（Premare）寄往欧洲的信中，有一段很动人的描写："沿珠江而上，始看出中国真正的面目，两岸都是稻田，有如草地，在这无垠的田间，交织着无数的河渠，帆船往来如梭，正像是在草地上泛游。更远处，山峦林立，树木丛生，山谷间有人工开垦的田地，正像杜来利（Tuleries）的花园。这中间有许多屯庄，充满田园的风味，悦目怡情，只追悔很快地过去了！"⑤奎斯奈一定读过这段话。他推重中国，有时觉着有点勉强，但是人们愿

---

① Quesnay, *Maximes Générales*. XXXVI, p.336.
② *Despotisme de la Chine*, pp.599-600.
③ *Maximes Générales*, IV, p.331.
④ *Despotisme de La Chine*, p.529.
⑤ *Lettres Édifiantes*, T. XXVI, p.84.

意放过这些小疵，因为谁也不能否认中国的历史，奎斯奈指出重农是自然法则必走的途径，"中国的悠久、广大与繁荣，便是来自遵守自然的法则"①。中国自古是重农的政府，这便是为何它能持久。碧非尔（Biefield）说："持久是一个国家组织最完善的表现。"②

重农派受中国的影响很大，他们视中国为乐园，他们对路易十五的政治与社会发生强烈的反感。他们深感到自然的摧毁与理性的消失，重农派的哲学家卜瓦洛（Poivre）说："假使土地耕种得很好，满生着稼禾，我可断定这个国家风俗敦厚，民安乐业，政治必然合理，我们可以向自己说：是在人中间活着的。"③

取中国为例，奎斯奈批评18世纪法国的政治是反理性的，社会是反农业的，个人是反人性的，他想改造这种病态的现象，结果促成一种革命。

五

路易十四派遣学者来华后，关于中国的著述，如雨后春笋，特别是自狄哈尔《中华帝国志》出版后（1735年），经百科全书派的渲染，形成一种"中国热"。克里姆在1785年11月的通讯中说："有一个时候，每家壁炉上陈设着中国的物品，而许多日用的器具，都是以中国趣味为标准的。"④ 中国的漆器、瓷器、刺绣、图案都成了最时尚的东西，好像没有这些东西来装饰，便要降低其社会地位似的。

在绘画方面更可以看出，1742年的展览会中，布谢（Boucher）陈列了以中国为主题的八张画，成为贵妇下午茶的谈资。当时包外

---

① *Despotisme de la Chine*, p.660.
② V. Pinot, *les Physiocrates et la Chine au XVIIIe siecle. Revue d'Histoire Moderne et Contemporaine*, T. VIII, p.207.
③ V. Pinot, *les Physiocrates et la Chine au XVIIIe siecle. Revue d'Histoire Moderne et Contemporaine*, T. VIII, p.203.
④ Grimm, *correspondance*, Nov. 1785.

（Beauvais）的织工厂生产的绣毯的图案，便是用的布谢的中国画。龚古尔（Goncourt）研究画家瓦多（Antoine Watteau）时说："瓦多受阿尔伯地纳（Albertina de Vienne）的启示，他有一个伟大的计划，他研究中国人生理的构造，特别是服装，他要雕刻一座形态毕肖的石像，在石之左角，他写着：F. Sao。"[①] 来华很久的王致诚（Attiret），在内廷绘画，曾绘澄观阁东西的壁画，他在信中，描写畅春园引人入胜的风光，路易第二深受震撼，也来建造中国式的宫殿。

当马若瑟将《赵氏孤儿》节译成法文后，狄哈尔誉之为最伟大的悲剧，只此断简残篇，已足窥见中国的文学。在 1755 年，服尔德由普鲁士返回，心中很不顺意，因为他与伏来德利克（Frederic Ⅱ）发生冲突，他写《中国孤儿》，借成吉思汗来对抗普鲁士的皇帝。《玉娇梨》最近已译为法文，底稿仍存在巴黎国家图书馆中，[②] 1826 年由拉谬塞刊行，题为"三姊妹"。诗人哥德，亦受到中国女性的影响，他曾读过《花笺记》、《好逑传》，《浮士特》中的"人性结晶"，很多人指出是受中国的影响。上了断头台的诗人石尼（André Chenier）读到《诗经》的课本，他想模仿《诗经》的体裁，改造法国诗的格局。这种醉心中国化的狂热，使法国大革命走到不可收拾的地步，那时候流行的歌曲中，唱着：

中国是一块可爱的地方，它一定会使你喜欢。[③]

原载《建设研究》第 5 卷第 5 期，1941 年。

---

①   *La Chine en France au XVIIIe siécle*, p. 763.
②   巴黎国立图书馆中，号码为：F.N.A.F.280. 第五件。
③   P. Martino, *L'Orient dans la Littérature Française au XVIIe et au XVIIIe siécle*, 1906, p.121.

古代中西文化交流略述

一

任何国家的文化都不是完美的,如果没有别的国家文化来补充!文化起于需要,适应各个民族的生存,正如太纳(H. Taine)所论,受气候、种族与时间所限制。因之,在文化起源上,虽有播化论与创化论的争辩,但我们同意发明与传播各半的主张。法国汉学家,有主张中国文化发源于埃及或巴比伦,他们的推论,有时颇近乎形而上学。我们知道中国以破布制纸,埃及用纸草制纸,墨西哥又用别种原料制纸,难道中国与墨西哥同受埃及的影响吗?

概括地说,在秦汉以前,中国文化是独立的;在晋隋以后,佛教传入,形成李唐的文物及宋元明的理学。蒙古崛起,驰骋欧亚,虽开东西交通坦路,但在文化上无特殊成就,只留下马哥孛罗富有刺激性的见闻记而已。土耳其兴起,阻塞中亚路线,为夺取东方香料,与若望神长缔结同盟,收拾十字军残局,发现新航路,这是世界史上最重要的史实。中西文化在印度洋也便正式接触了。

万历九年(1581),利玛窦来华,西方文化随公教传入,所不幸者,西方谋利者,挟其优越武器,未给中国留下良好印象,而中国卫道心切，只认西方文化是术而不是学，西人只知利而不知义，于是中西文化起了剧烈的冲突。这种矛盾，鸦片战争时始被击破。自此而后，中国备尝各种苦痛与侮辱，拱手接受西方文化，却也养成了民族意识。

多少人讥笑"中学为体，西学为用"的说法！如果我们承认自己是独立的民族，这是必走之路。我们并非说要复古，亦非说轻视科学，更非说西方文化统于六艺，我们只说：每个民族有它自己生理与心理的要求，中国的社会基调与欧洲不同，体用的说法虽旧，却应有新的解释。

二

有些中西交通史的学者们，主张中国文化是来自西方的，他们的证据是以星纪日与以事纪年，而在我国古代典籍内，也有些类似的记述，并且提到西方。如《穆天子传》周穆王西至昆仑，见西王母；在古本《竹书纪年》，也提到西王母来朝。《穆天子传》系根据《竹书纪年》，《竹书纪年》并不十分可靠，加以想象作用，遂说穆王至波斯，西王母即波斯女王。顾实《读穆传十论》中，指出古代中西交通的孔道："大抵穆王自宗周瀍水以西首途，逾今河南、直隶、山西，出雁门关，由归化城西，绕道河套北岸，而西南至甘肃之西宁，入青海，登昆仑，复下昆仑而走于阗，升帕米尔大山，至兴都库士山，再折而北，东还至喀什噶尔河，循叶尔羌河，至群玉之山，再西逾帕米尔，经达尔瓦兹（Darvarz）、撒马尔干（Samarkand）、布哈尔（Boukhara），然后入西王母之邦，即今波斯之第希兰（Teheran）也。又自今阿拉拉特（Ararat）山，逾第弗利斯（Tifris）之库拉（Kura）河，走高加索山之达利厄耳（Dariel）峡道，北入欧洲大平原，盖在波兰华沙（Warsaw）附近，休居三月，大猎而还，经今俄国莫斯科北之拉独加（Ladoga）湖，再东南傍窝尔加（Volga）河，逾乌拉尔（Ural）山之南端，通过里海北之干燥地，及今阿拉尔海（Aral sea）中，循吹（Chu）南岸，至伊锡克库尔（Issikkul）湖南，升廓克沙勒山，而走乌什、阿克苏、焉耆，再由哈密，长驱千里，还归河套北，逾阴山山脉而南，经乌拉特旗、归化城，走朔平府右玉县，而南逾洪涛山，入雁门关之旁道，南升井陉山之东部，通过翟道太行山而还归宗周。"假使穆王西行为真，用何种交通工具，为何西去，既去之后，何以后继无人？最使人费解的，穆王十三年闰二月初十日天子北征，绝漳水；十四年十一月初六日天子入于南郑，为时仅十九月，尚有三月行猎、王母的应酬，如何能行如此长的距离，这实使人费解！

《逸周书·王会解》中提及来朝各国间，有渠搜、月氏、大夏等西方古国，这些地方，除大夏见诸《管子》外，余皆汉以后西域国名。即《管子》中之大夏，据向达言亦为汉人所加。如无精确证据，只靠这些恍惚的记载，我们无法确定这种"惊人的奇迹"。

言中国文化西来者，取以星纪日，即日月水火木金土，巴比伦称之为七星，亦即《尧典》中："在璇玑玉衡，以齐七政。"《玉海·天文书》中："七政布位，日月星之主，五星时之纪。日月有薄食，五星有错聚，七者得失，在人君之政，故谓之政。"以七日为时间单位，最早见于《创世纪》："上帝造物，七日齐毕。"七日为周，不见于殷商，因殷商以旬纪时故，如《周易》中丰卦之初九："遇其配主，虽旬，无咎，往有尚。"但是，继在震六二爻辞："震来厉，亿丧贝，跻于九陵，勿逐七日得。"又在复卦辞："复，亨，出入无疾，朋来无咎，返复其道，七日来复，利有攸往。"于是，遂认周文化来自西方。沙畹（E. Chavannes）著、冯承钧译的《摩尼教流行中国考》中说："……考新旧唐书经籍志艺文志，北齐陈隋之间，已有七曜历（至易卦'七日来复'，别为一事，不可混解）。似今日星期输入之时，应在隋唐以前。"

取以事纪年，佐证中国文化之西来，丁山考宗周鼎彝刻辞，认为这是以事纪年的证例，如融卣铭："佳明保殷成周年"；中萧铭："佳王令南宫伐反虎方年"。这种记事方式，即认为受巴比伦的影响，在纪元前2474至前2358年间，有名王比生（Bur-Sim），在位九年，第一年平乌比洛姆（Urbil-lum）城，因称元年为"平乌比洛姆"年；第五年平沙姆（Sham），遂名为"平沙姆"年。但只据这种近似事实，便断言中国文化来自西方，未免过分轻率，标特立异。马利诺外斯基（Malinowiski）说："考古学和历史，供给我们许多凭据，表明器具、艺术或社会制度，可以在不同的文化区域内单独发展的。"

三

西方古代典籍中，也有简略的东西交通事迹，据克岱西亚（Ctesias）的波斯（Persia）书记载，在纪元前545至前539年之间，波斯大帝西流士（Cyrus）向东方进兵，大夏（Bactriane）便是第一个牺牲者，大夏失陷后，康居粟特（Sogdiane）随即臣属，妫水（Amou Daria）一带，包括马尔吉亚纳（Margiane）与Ouvarazmiya，悉为波斯所有，建工事，筑西洛波利（Cyropolis）城。向北进，为俄国荒原所阻，转向东走，至新疆附近。当时波斯军遇沙加（Caka）抵抗，骁勇好战，屡胜西流士。不幸沙加王阿莫若（Amorges）被俘虏，一时失掉重心；其妻斯巴拉脱拉（Sparethra）出，善战，败西流士，波斯释放阿莫若。据希罗多德（Herodote）记载，沙加为波斯属地。

在纪元前330至前328年间，亚历山大步西流士后尘，向东进发，由俾路支、阿富汗一直至土耳其斯坦，即至古时大夏。沿途建立许多城市，其间最著名者为：麦西德（Mesched）、犍陀罗（Gandhara）、加布（Kabaul）、撒马尔干（Samarkand）、高任德（Khojend），留一支军队，驻守于此，至纪元后7世纪，犹保存着希腊文明。《汉书·西域传》中说"大月氏西君大夏，而塞王南君罽宾"，"罽宾"即Gasmir，"塞"即希腊人，其时匈奴冒顿迫月氏，月氏臣大夏，复迫塞王至北印。

西方史籍中之记载，只可视为中西交通之接近，而真正为中西交通辟一新纪元者，为张骞出使西域，见诸《史记·大宛列传》。纪元前165年（汉文帝十五年），大月氏居甘肃西北，为匈奴所败，避居伊犁河流域；继又为乌孙所逐，迁居妫水。纪元前138年时，武帝欲利用他反匈奴的心绪，与之联络，夹击匈奴，张骞应募，出使月氏。当张骞过匈奴时，被拘十年，"与妻，有子"，继始脱亡，经大宛（Ferghana）、康居，最后到妫水北之大月氏。时大月氏王为胡所杀，其子立，无心报仇，张骞无果而返。在归途中复为匈奴所执，居年余，匈奴有内乱，乘机逃归。

张骞在外交上虽说失败，但是这种冒险的精神，足以表彰中华民族的伟大。"初骞行时，百余人，去十三岁，唯二人得还。"后人虽以"空见葡萄入汉家"讥之，但他带回许多经济与地理知识，给中国带来巨大的影响。

自张骞此行后，中国对西域有了较正确的认识，始知游牧民族之后，尚有许多富丽城郭，文物昌隆，宜于通商，即亚历山大当年所遗者，经年累月，形成伊兰希腊文化。为此，张骞主张有二道可通西域：其一即张骞往返所经者，可是北有突厥，南有藏种，时时加以断绝。汉武帝为控制通道计，占领今之凉州、甘州、肃州、敦煌等地。其二为假想之路，因骞在月氏时，见有邛竹杖与蜀布，询问来历，始知来自身毒（Sindhu），身毒位于南，张骞遂判定由西南亦可至西域。此后，中国政府向西南发展，即受此种力量推动，不知中印之间，隔有崇山峻岭，用那时的交通工具，很难到达身毒，开发江南的功绩，实一重要史实。但是，对黄河发源的观念，张骞以为来自塔里木河，系和阗与疏勒之混合，流入蒲昌海（Lop Nor），复潜入地下，至积石山而出，这是完全错误的，可是这种说法却非常流行，一直至纪元后822年（长庆二年），唐使刘元鼎至吐蕃后，始略知黄河发源真相，校正前说。

四

张骞死后，汉使数至西域各地：安息（波斯）、奄蔡（介乎里海与咸海间）、黎轩（亦作黎靬，即Alexandria）、条枝（叙利亚），当时中西交通之繁，以大宛为最，《汉书·西域传》说"大宛国……北与康居，南与大月氏接"，徐松补注说："三国境相接。"《汉西域图考》载之更详："由疏勒而西，出葱岭为大宛月氏，大宛在北，今霍罕国八城皆其地。"

纪元前 102 年（太初三年），汉与大宛国交战，取大宛都城贵山王城，在今之 Uratepe。大宛献马求和，因饲马故，输入苜蓿，并移植蒲桃（《史记》作蒲陶），蒲桃系希腊文 Botrus 之译音，汉镜以蒲桃为图案，亦足看出受希腊文化的影响。大抵在武帝时，俄属土耳其斯坦、里海、黑海、古波斯、叙利亚等地，中国对之有明确认识，敦煌便成了中西交通的孔道。

王莽之乱后，中国无力西顾，匈奴复起而作乱，暴敛横征，西域诸国不堪其扰，山车王贤出，戡定西域，贤死，西域又乱。明帝时，中原少定，移力绥靖西域，在纪元后 73 年（永平十六年），班超出使西域，兼用武力与外交，创一新局面。"五十余国悉纳质内属，其条支、安息诸国，至于海滨四万里外，皆重译贡献。"班超为西域都护。

当班超在西域时，闻黎轩即大秦国，仰慕大秦的富庶与文物，纪元后 97 年（永元九年），遣甘英至条支，渡海访大秦。条支为安息属国，安息垄断中国丝织贸易，不愿中国与大秦发生直接关系，因而安息船家向甘英说："海水广大，往来者逢善风，三月乃得渡；若遇迟风，亦有二岁者。故入海人皆赍三岁粮，海中善使人思土恋慕，数有死亡者。"甘英惧，不敢前进。所至之海，即波斯海湾，由此沿阿拉伯半岛入红海。班超居西域 31 年，返至洛阳时已 71 岁了。

费诺莎（Fenollsa）论秦汉美术与西方关系时，亦提到安息阻碍中西交通，他说："中国与罗马之直接通商，大为安息人所忌，不愿为介，故美索不达米亚所有之亚述、巴比伦及波斯之美术，以及流行于罗马帝国内之希腊美术，对中国影响并不深刻。"

远在秦汉以前，中国的丝织品已传到西方，亚历山大部将着丝绸衣，大家不明白何以这种衣料没有褶纹。希腊、罗马的作家，如索利纳（Solinus）、沙耐克（Seneca）、奥赫斯（Horatio）等都以诗歌咏，而当时的贵妇们，争相竞取，以着丝为光荣。罗郎（Lauranb）研究罗马服装时说："是在奥古斯都时代，由中国输入丝绸。"

因为丝绸大宗输入希腊，将原有对中国的称呼 Sinae 抛弃，而代以 Seres。Seres 有二意：一指蚕吐之丝；一指产丝之地。继后拉丁人也是这样习用的。拉丁的文人，如味吉尔（Virgilius）、薄利纳（Pline）以为丝是一种植物，由森林中树叶所制造成的。因之，西方对中国名称，亦无确定，到中世纪，弃 Seres，Thina（由秦得声）而用 Cathay，习而久之，西方人视中国（China）与契丹（Cathay）为截然不同之两地，引起许多误会。迨至 1595 年（万历二十三年），利玛窦游南京后，始确定契丹即中国，他写道："我的假设证实了，波罗说到南京后，须经一道江，此江即中国人所称之扬子江也；波罗又说江南有八国，江北有七国，非他，此即中国之十五省也。自我的观察言，契丹即中国，大可汗即中国之皇帝。"

因为交通不便，关山万里，辗转相传之知识，自然引起许多误会，中国史籍中之大秦亦是其一。当张骞与班超使西域后，始知乌弋山离即大秦。所以称为大秦之故，有种种不同的解释，据藤田丰八："汉时称美索不达米亚、底格里斯河与幼发拉底河间之沃地为 Daksina，传入中土，以地代名，遂称大秦。"据德礼贤（d'Elia）解释："……在公元 2 世纪时，中国称作秦，西利亚和东罗马称作大秦，因为西利亚和东罗马人比中国人高大，《后汉书》上也提及大秦或西利亚人说：'其人民皆长大平正，有类中国，故谓大秦。'"两说都能言之成理。

大秦一名，见诸中国典籍最早者为《后汉书·南蛮西南夷传》："永宁元年（120 年），掸国王雍由调，复遣使者，诣阙朝贺，献乐及幻人，能变化，吐火，自支解，易牛马头，又善跳丸，数乃至千，自言我海西人，海西即大秦也，掸国西南通大秦。"

《后汉书·西域传》："至桓帝延熹九年，大秦王安敦遣使，自日南徼外，献象牙、犀角、玳瑁，始乃一通焉，其所表贡，并无珍异，疑传者过焉。"延熹九年为公元166年，当时哲人Marcus Aurellus Antonius（121—180）为罗马皇帝。继遣部将Avidius Cassius征安息，破其都城（165年）。《梁书·诸夷列传》中《天竺传》说："黄武五年，有大秦贾人字秦论，来到交趾，交趾太守吴邈，遣送诣权。权问方土谣俗，论具以事对，时诸葛恪讨丹阳，获黝歙短人，论见之曰：大秦希见此人。权以男女各十人，差吏会稽刘咸送论，咸于道物故，论乃径还本国。"黄武五年为公元226年。至晋太康五年，罗马皇帝Carus遣使来中国，取安息都城，旋即死。西人研此罗马使者，臆断为商人，冯承钧在《大秦考》内说："顾桓帝之时与汉武隋炀之时不同，无所用其招徕外国粉饰升平之举也，予以为其使确为安敦及Cassus（此为Carus之误）之使。"可见中西交通，正式确立起来了。

五

元鼎六年（公元前111年），中国势力渐及南方，征服南越国，即今之广东、广西与北圻，置南海、苍梧与合浦等郡，受张骞假想途路的推动，中国与南方逐渐发生联系，这在中西交通史上是很可注意的。

《汉书·地理志》说："自合浦徐闻（海康），南入海得大州，东西南北方千里，武帝元封元年，略以为儋耳珠厓郡……自日南、障塞、徐闻、合浦船行可五月，有都元国；又船行可四月，有邑卢没国；又船行可二十余日，有谌离国；步行可十余日，有夫甘都卢国；自夫甘都卢国船行可二月余，有黄支国……平帝元始中，王莽辅政，欲耀威德，厚遗黄支王，令遣使献生犀牛。自黄支船行可八月至皮宗，船行可二月，至日南象林界云。"这些地方，只确知黄支是印度东岸之Kanchipura，即玄奘所记的建志补罗国。

三国时（245年），吴大帝遣康泰、朱应使扶南国，沿澜沧江而下，康朱著有游记，惜皆佚，可是在《隋书·经籍志》中，录有朱应所撰《扶南异物志》。其间最可注意者，在汉使未至扶南之前，扶南王遣使去天竺，谒茂轮王（Mouroundas），都于曲女城（Kanyakoubdja），中印交通，又多一路。

这种简略的记载，在沟通文化方面看，自亦简略。在公元初，大月氏越妫水至印度河流域，建贵霜帝国，笃信佛教。在公元前2年，贵霜王遣使至中国，口授佛经。《三国志·西戎传》中说："汉哀帝元寿元年，博士弟子秦景宪受大月氏王使伊存口授浮屠经。"继后明帝做金人梦，佛教更为盛行。当时除宗教外，普通生活亦受影响，如汉时女子耳环，有玻璃质者，系罗马产物；汉魏间之海马萄葡镜，亦系受希腊图案之影响。中国丝物之西传，固不待言；斯坦因（Stein）在和阗发掘之木简，亦足证明中国文化之西传。

假使我们相信费诺莎的话，中国雕刻最受西方的影响。他论孝堂山祠及武氏祠说："论年代与质朴，当推孝堂山祠，系公元后百年内之遗物，此种人马及驾车之模型，皆以线刻之，实中国人类生活最古遗于今日者。观多数马之驰骋，由横面视之，恰如原始埃及画之图案，数马相重。且其马非缩首短足之鞑鞑马，实血气充满之骏马，分外生动，头足高扬，矫然长跃，呈优美曲线之和谐，或鞍上有人，动作亦极良佳，盖取西方亚细亚壁画之方法与题材也。"这种说法，我们不敢视为定论，但中西艺术的接触，则是不能否认的。中村不折在《中国绘画史》中说："始皇二年，骞霄国的画人烈裔入朝，口含丹墨，喷壁成龙……又善画鸾凤，有轩轩然唯恐飞去的样子。盖骞霄国是西域的一国，其技术非常进步，由是中国的绘画便开始接触外来的形式，传其技工……"

六

秦汉以后，中西交通频繁，其与中国文化关系，影响至巨，特别是西方宗教之传入。

建元八年（372年），秦王苻坚遣使送浮屠及佛像顺道经于高丽，

179

其时佛教自犍陀罗传于东土耳其斯坦,经唐古时人之介绍,传至中国西北部,继后又东至高丽。中国僧人以不屈不挠的精神,西行取经,经六百年的时间,构成中西交通史上最重要之史实。

隆安三年(399年),中国僧人首先赴天竺求戒律者为法显。自长安出发,经兰州、凉州、甘州、肃州、敦煌等地,至鄯善国;继西行,至偈彝(焉耆),入于阗。于阗信佛,法显感其壮丽。法显由此出发,经子合国(Karghalik)、于麾国(Tach Kourghan),至竭义国(疏勒)。由此越葱岭,过新头河(印度河),至迦湿弥罗(Kaśmira)与乌苌国(Oudyana)。从此经犍陀罗国,观礼四大塔,又南行至弗楼沙国(即今之 Peshabar),见迦腻色迦王所建之窣堵波。继至那竭国(Nagarahara),拜佛之遗物,法显便在巴连弗邑(Patalipoutra)居三年,学戒律,东还时,顺恒河而下,至多摩梨帝国(Tamralipti),为当时 Bengale 大海港,继至狮子国(Ceylan)礼佛齿,住二年,乘舟至耶婆提国(Java Dvipa),又至广州。时风波大作,至长广郡界牢山(山东即墨附近),计十五年,著有《佛国记》,为世界重要之典籍。

天监十七年(518年),东胡建魏国于北部,胡太后命宋云与沙门惠生出使西域礼佛,各著有游记,今佚不传,其梗概见杨衒之所著《洛阳伽蓝记》。是书所记,多不详明,独于乌苌国及乾陀罗国多纪实,可看出此时为贵霜王朝时代。

隋炀帝受裴矩《西域图记》影响,亦欲开发西域,遣使至罽宾、王舍城与史国(Kesch)。《隋书》说:"炀帝时遣侍御史韦节,司隶从事杜行满,使于西蕃诸国,至罽宾得玛瑙杯,王舍城得佛经,史国得十舞女、狮子皮、火鼠毛而还。"

递及唐朝,佛教更为发达,其原因颇为复杂。在政治上,此前君主们极力提倡,梁武帝"日只一食,膳无鲜腴,惟豆羹粝饭而已",后赵石勒崇信佛图澄,后秦姚兴崇信鸠摩罗什,都予以有力的推动;在社会方面,十六国南北朝演变之后,不久便是天宝安史之乱,正如王昶司寇所说:"……民生其间,荡析离居,迄无宁宇,几有尚寐无吪,不如无生之叹。而释氏以往生西方极乐净土，上升兜天宫之说诱之，故愚夫愚妇，相率舶象，百余年来，浸成风俗。"不只人民的生活需要这种新的寄托，便是那些知识阶级，亦需要一种新的解放，张融死时，左手持《孝经》，右手执《莲华经》。智𫖮创天台宗，杜顺创华严宗，玄奘创法相宗，并非标奇立异，实是当时精神生活的需要。所以中外僧侣，络绎不绝于途。自西方来的高僧中，有佛图澄、鸠摩罗什、达摩、善无畏三藏、金刚智三藏、不空三藏；中国西去受戒求经者，有法显、宝云、昙摩竭、惠生、义争智三藏，其间最著名而关系中国文化最要者为玄奘。

玄奘于贞观三年（629年）首途，经凉州、瓜州至伊吾，承高昌国王之召，入其国，并至西突厥统叶护可汗。继循天山南路，过阿耆尼（Kara-cher）、屈支（库车 Koutcha）、跋禄迦（Yaka Aryk），越天山，过清池（Issyk kohl），至素叶城（Tokmak），晋谒叶护可汗，礼遇甚优，旋至康居，逾铁门，渡缚刍河（Oxus），经犍陀罗而至印度。

玄奘游南印度还，居那烂陀寺（Nalanda）者二年，继应迦摩缕波国（Kamaroupa）国王鸠摩罗（Koumara）之请，至其国；而摩揭陀国（Magadhn）戒日王（Harsha Ciladitya）欲见脂那僧，坚请前来，召开大会于曲女城。继后玄奘归时，渡信渡河，遇风波，微损所载经典与花种，越大云山（兴都库什山），至于阗，修表入朝，请恕十五年前私往天竺之罪，使还报，贞观十九年，玄奘凯旋入长安，佛教从此有坚固的基础，而中国文化，虽有韩愈的拒佛，却不能阻止激起一种质的变化。《法苑珠林》载有王玄策出使事，正史中未曾提及，在天宝间（751年）悟空西去，初未出家，中途因病设愿，病愈落发为僧，但从未出玄奘右者。

七

西方宗教中祆教传入中国，为期亦早。《魏书·波斯国传》："波斯国……俗事火神天神……神龟（魏孝明帝）中，其国遣使上书贡物云。"唯在当时，以缺乏西方历史与语言知识之故，中国学者将祆教（Mazdeisme）与摩尼教（Manicheisme）混而为一，不相分辨。宋释志磐《佛祖统纪》："初波斯国之稣鲁支，立来尼火祆教。"

火祆教的创立者为曹赫斯特（Zorcastre）。这位波斯的哲人，相传出自皇家，约公元前660年生于墨地（Medie），为人谨思慎守，喜思维，一日出化，得天书名"成德瓦斯达"（Zeud-Vesta）。由是建立宇宙二元论，善恶永远在斗争中，善神为阿莫池（Ormuzol），按照石刻说："他是万物的生命，天地人的创造者。"恶神名阿利曼（Ahriman），象征残缺，黑暗便是他的说明。善神的代表是火焰，因为火焰含有一种神秘，特别是光明的象征。人死后三日，须受阿莫池的裁判，行为性灵纯洁者与之为友，恶浊者落秦瓦（Chinval）桥下，永无光明的一日。

萨珊王朝（Sassanides）时，定火祆教为国教，因政治与交通关系，祆教遍传西域，如康居、高昌、焉耆、疏勒、于阗等地，相继建立祆祠。南北朝时，东西交通频繁，祆教亦随入中土。《魏书·宣武灵太后传》中："后幸嵩高山……从者数百人，升于顶中，废诸淫祀，而胡天神不在其列。"陈垣先生对天神解之曰："天神以其拜天也，其实非拜天，不过拜日月星辰耳。日月星辰丽于天，拜日月星辰无异拜天，故从中国名谓之拜天，又因其拜火，又谓之天神火神。"

继北齐北周之后，中土仍祀天神，《隋书·礼仪志》内载："……后主末年，祭非其鬼，至于躬自鼓舞，以事胡天，邺中遂多淫祀，兹风至今不绝。"唐承周隋，祆教传播愈广，敕建祆寺，置萨宝府（萨宝译自回鹘文Sartpau，义为商旅队首领，见向达先生所著《唐代长安与西域文明》），设祆正、祆祝，胡人充之，掌其祭。其时祆教非常发达，贞观五年（631年），波斯人何禄来长安从事传教，按宋敏求《长安志》，火祆祠在长安一城者，有四处：布政坊西南隅、醴泉坊西北隅、普宁坊西北隅、靖恭坊街西。按《两京新记》，祆祠在洛阳者，至少亦有四处：会节坊、立德坊、南市、西坊。从祆寺在两京设立数目上，亦可见唐时祆教的隆盛。

继后，武宗时，西域平定，逐渐压迫外来的宗教，《新唐书·食货志》中说："武宗即位，废浮屠法，籍僧尼为民二十六万五千人，大秦，穆护，祆二千余人。"《唐书·百官志》中也说："祠部……两京及碛西诸州火祆，岁再祀，而禁民祈祭。"

八

景教为聂斯多（Nestorius）所创，聂氏生于叙利亚之日尔曼尼西（Germanicie），元嘉五年（428年），聂氏为君士坦丁主教，时东罗马受希腊影响，多作抽象神学的讨论。聂氏主张耶稣有两身，圣母为纯人性的，因而否定耶稣的超人性。在431年，爱弗斯（Ephese）宗教会议，定聂氏理论为异端。聂氏道不行，出走利比亚，在440年间，死于荒原内，而他所创的理论，风行中亚细亚一带。

天启五年（1625年）乙丑，西安西郊土中，发现建中二年（781年）建立的石碑，上刻中文与叙利亚文，词句富丽雄壮，字体端庄健老，碑顶刻"大秦景教流行中国碑"。这一文献，引起许多中西学者的讨论。

贞观九年（635年），叙利亚人阿罗本（Alopen）来华传教，太宗命房玄龄出郊迎宾，度僧二十一人，建寺庙。寺在义宁坊，原名波斯寺。《长安志》说："义宁坊（原注：本名熙光坊，义宁元年改），街东之北波斯胡寺（原注：贞观十二年太宗为大秦胡僧阿罗斯立）。""斯"显为"本"之误。

阿罗本受封为护国大法主，景教日见昌隆，"法流十道，国富元休，寺满百城，家殷景福"。当时名相郭汾阳亦与景教僧伊斯友善。李白的《上云乐》被认为是描写景教的作品。"碧玉炅炅双目瞳，黄金拳拳两鬘红。华盖垂下睫，嵩岳临上唇。"这完全形容西方人的面貌，鼻高有如嵩岳。"能胡歌，献汉酒，跪双膝，立两肘，散花指天举素手。"这是形容景教的祷祝。景教碑为大秦寺僧景净（Adam）所述，系主教，文字必出华人之手。至于景教名称之由来，正如钱念劬在《归潜记》中所述："入中国后，不能不定一名称，而西文原音弗谐于口，乃取《新约》光照之义，命名曰景，景又训大，与喀朵利克原义亦合，可谓善于定名。"

自《大秦景教流行中国碑》出，清儒给予许多考证，冯承钧先生有专篇记载，王昶的《金石萃编》，毕沅的《关中金石记》，钱大昕的《潜研堂金石文跋尾》，杭世骏的《道古堂集》，魏源的《海国图志》，徐继畬的《瀛环志略》等，均对此碑有著述。西儒介绍景教碑者，亦复不少，最早的著述，有葡人阳玛诺（Emmanuel Diaz）的《唐景教碑颂正诠》；最完备者，当推夏鸣雷（Havret）的《西安府景教碑考》。总前贤所著，最精而最博者，当以钱念劬的《归潜记》。

当景教碑传至欧洲时，欧洲学者如伏尔泰等怀疑它的真实性，现因敦煌发现的经典中，有许多中文译本，景教及景教碑的真实性完全不可撼摇了。

德礼贤在《中国天主教传教史》中，言及西方景教传教士来华，所带经典有530部，而译为汉文者，有35部。最早的译经，要算《移鼠迷诗诃经》，讲耶稣一生事迹，颇为详尽。此经大约是贞观九年至十二年间之译品。其次是贞观十六年所译《一神论》，是一本神学书，述及娑殚、复活、永生等理论。此外尚有《三威蒙度赞》、《宣天至本经》、《志玄安乐经》。最后两部经典，为大秦寺僧景净约在8世纪末叶所译。当时景教势力颇大，成都也有景教寺院。

会昌五年（845年），武宗受赵归真推动，大兴教难，景教与祆教等遭受同样命运，势力日渐衰下去了。宣宗即位后（847年），闰三月下诏："敕会昌季年并省寺宇，虽云异方之教，无损致理之源。中国之人，久行其道，厘革过当，事体未弘，其灵山胜境，天下州府，应会昌五年所废寺宇，有宿旧名僧，复能修创，一任住持，所司不能禁止。"这虽是弛禁,可是不久便有黄巢之乱(878年),景教亦受到摧残,因为过百年后(980年),景教主教遣人向欧洲报告说:"中国景教,如今始毁灭了,本国奉教者,先后消灭,教堂已拆毁,中国境内只剩了一个景教信友。"所以德礼贤说:"这样看来,中国景教,第一次完全毁灭,谅必是在将近纪元后1 000年的时候。"

九

摩尼教为摩尼(Mani)所建立。摩尼生于埃克巴坦(Ecbatane)一个贵族家庭,其父便是一位宗教家。摩尼受此环境的影响,潜思与推进他的理论。在沙朴一世(Sapor Ⅰ),公元242年(正始三年)时,摩尼开始传教,自言所宣扬的理论,并无特殊创见,仅综合前圣所言,如摩西、曹赫斯特、释迦、耶稣,加以一种补充,使宇宙间有真正的光明。他又主张人生是一种斗争,是善与恶的斗争,正如光明与黑暗。他这种理论,不只风行中亚,而且传到印度与中国。

关于摩尼教在中国最初的记载,是玄奘的《西域记》。在叙述没剌斯国时,他说:"天祠甚多,提那跋外道之徒为所宗也。"提那跋,据沙畹解释,便是摩尼教的Denavari。

宋僧人释志磐所著之《佛祖统纪》,曾提及摩尼教入华史实:"延载元年(694年),波斯国人拂多诞持二宗经伪教来朝。"沙畹考定志磐记述,录自宗鉴重修的《释门正统》。根据敦煌的文献,拂多诞非人名,乃一种称号,系古波斯语"Fur-sta-dan"的译音,意即"知教义者"。

《册府元龟》卷九七一记:"开元七年(719年)六月,大食国、吐火罗国(Tokharistan)、康国、南天竺国,遣使朝贡,其吐火罗国支汗那(Jaghāniyān)王帝赊,上表献解天文人大慕阇,其人智慧幽深,问无不知,伏乞天恩唤取慕阇,亲问臣等事意,及诸教法,知其人有如此多艺能,望请令其供奉,并置一法堂,依本教供养。""慕阇"古波斯语为Muze,作师解。

摩尼教入华后，未能即刻盛行。慕阇居华十三年，便有敕令禁教。杜佑《通典》说："开元二十年（731年）七月敕，末摩尼法，本是邪见，妄称佛教，诳惑黎元，宜严加禁断，以其西胡等既是乡法，当身自行，不须科罪者。"这时只禁中国人，胡人仍可信教自由。

摩尼教来华，输入七曜，北天竺沙门不空弟子杨景风，著有《吉凶时日善恶宿曜经》说："夫七曜者，所为日月五星下直人间，一日一易，七日周而复始，其所用各各丁事有宜者，有不宜者，请细详用之。忽不记得，但当问胡及波斯并五天竺人总知，尼乾子，末摩尼以蜜日持斋，亦事此日为大日，此等事持不妄，故今列诸国人呼七曜如后。"据沙畹解：胡即康居；尼乾子梵文为 Nirgranthaputra，汉言外道。蜜日持斋，即日曜日，蜜有时作密，康居语为 Mir。

代宗时，回纥强，摩尼教利用政治力量，向中土发展。《唐会要》说："大历三年（768年）六月二十九日敕赐回鹘摩尼为之置寺，赐额为大云光明。六年正月，敕赐荆、洪、越等州，各置大云光明寺一所。"迨至武宗初，回鹘势衰，波及宗教，刘沔偕沙陀吐浑之兵，破回鹘。《唐会要》说："会昌三年敕，摩尼寺庄宅钱物，并委功德使及御史台，京兆府差官检点，在京外宅修功德回纥，并勒冠带，摩尼寺，委中书门下条疏奏闻。"

《新唐书》中所提更为具体："诏回鹘营功德使，在二京者悉冠带之。有司收摩尼书若象，烧于道，产赀入之官。"此后摩尼教存于中国者乃变质华化之摩尼教。

原载《建设研究》第6卷第2期，1941年。

近代中西交通之研究

一

宝应元年（762年），报达（Bagdad）回教教主选出，中西交通的陆路，便被封锁了。自此以后，西方学者们视地中海为世界的缩影，纵有对于东方的记述，不是抄袭亚拉伯人的传述，便是非常幼稚！只有9世纪稣来曼（Suleiman）的游记，叙述亚拉伯人在中国的商情，中国政教的状况，可是在欧洲方面，并未产生反响。在中国亦无西方人士的踪迹。

13世纪蒙古帝国的崛起，不仅使亚洲政治与社会起了很大的变更，而且使中国与欧洲发生直接关系。淳熙十五年（1188年）"百折不挠的帝王"成吉思汗，着手组织蒙古帝国，开始树立他伟大的胜利。他的事业，空前未有，由中国北部一直至得尼（Dnieper）河畔。

宝庆三年（1227年），成吉思汗死后，可怕的蒙古侵略者又卷土重来，自乌拉山、基辅（Kiew）直至乌地纳（Udine）。在1241年（淳祐元年），列尼池一战，击溃伏来得利克第二（Frederic Ⅱ）的军队，全欧震动，那些以思维为主体的历史家与地理家，无法明白蒙古人的实况，以为是荒山中的蛮族，只见自和林至奥德（Oder）河，来去如狂飙，人马所至，灰尘随起，在无垠的荒原中，永远飘荡着九条白带胜利的旌旗。

三年后（1244年），使臣柏郎嘉宾（Jean de Planc-Carpini）东来，道经战场，"匈牙利几省地方，不见人烟，这才真是叫作灾年"。

蒙古人到欧洲激起一种恐惧，使荷兰渔人不敢去英国海滨捕鱼，同时也给执政者一种刺激，改变过去禁锢的作风，教皇因诺增爵第四（Innocent Ⅳ）便是好的例证。在1243年，因诺增爵被举为教皇后，他作出两个重要决策：一方面要到蒙古本部传教；另一方面联合蒙古，共同夹击回教。当时正在十字军热烈的时候，他这种主张非常新颖，且适合当前的需要，因之，他停止里昂宗教会议，首先要派遣出使东方的使臣。

教皇遣使东来，是中世纪国际政治上重要史实。史学家李可多（Riccoldo de Monte-croce，1242—1320）说："便在蒙古人侵来与残杀时，上帝复活了多明我会与方济各会，以广播耶稣的信仰。"英国史学家巴黎（Mothieu Pario）推定："蒙古人也是基督教徒，系犹太人十支中之一，许久散亡而仅存者。"这些学者们都想予蒙古人一种同情。

二

柏郎嘉宾是罗马教皇派出的第一位使臣和林者，著有《鞑靼蒙古史》，自里昂出发，取道陆路，经卜拉克（Praque）、波希米、克拉哥维（Cracovie），购四十张狸皮、八十张貛皮以准备送人。继经乌克兰，过顿河（Don），至亚斯脱拉干（Astrakoan），晋谒拔都。至此旅程颇为顺利，心中怀着热烈的希望，可是转入中亚西北部时，但见草木凋零，枯骨暴露，"漠北群山静立，在夜间可听见鬼哭"。

欧人不善乘马，远程更为艰难，他说："眼泪盈盈，前途不知生死。"叙利亚人向他说："要走这条路，只有乘蒙古马始能胜任，因为蒙古马可以雪底寻草。"柏郎嘉宾"将腿扎住，以支持这每日可怕的行程"。过咸海,入云山重重的山地,景色特殊,逾阿尔泰山,时在 6 月,仍然是冰天雪地。终于达到蒙古境内,经三个半月的工夫,在 1246 年 7 月 22 日,他到了贵由可汗所居地,距和林仅只半日的行程。

贵由即位后数日,丞相镇海导领柏郎嘉宾觐见,定宗问清来意,即赐回诏,译为拉丁文,并附有波斯原文。在这复文内,既没有缔结同盟的心意,也没有皈依基督教的决心,而是自居上国,视罗马教皇为臣属,要他速来纳贡。

1246 年 11 月 13 日,柏郎嘉宾无功而返。次年 5 月 9 日至拔都军营,6 月 9 日至基发,由波兰、科隆至里昂。时史学家沙郎伯纳(Salimbene)方由意大利来,叩问柏郎嘉宾出使的经过,录在他的札记内。柏氏之后荣升为主教,但疲劳过度,在 1252 年便死了。

柏郎嘉宾虽未成功,但是他带回许多蒙古的消息,引起西方人士的好奇。法王路易九世,领导第七次十字军,继教皇英诺森四世之后,也想与蒙古缔结同盟,夹攻埃及。1248 年 12 月 20 日,路易九世至西扑尔(Chypres)岛,遇蒙古使臣大卫(David)与马可(Marcus),自称奉波斯蒙古戍将宴只吉带之命,敬谒法王,缔结同盟。

不只如此,西方起了一种传说,言贵由可汗已皈依基督教,患关节炎,一切政务委托大臣合答与镇海,二人皆基督教徒。据柏郎嘉宾记载,贵由可汗帐侧有一教堂,其玉玺文为:"天上之皇帝,地上之贵由,奉天命而为一切人类之皇帝。"这些乐观的消息,促成路易九世遣使东来。而这个艰巨的任务,交由郎友漠(Andre de Longpumeau)执行。

郎友漠系法国高白伊(Gorbeil)人,精通亚拉伯、叙利亚、波斯的文字与语言,他在小亚细亚工作,很受路易九世的敬重,他带着许多礼物,在 1249 年 1 月 27 日由西扑尔岛起身,经安都(Antioche)、波斯,沿里海向东进发,他的行记在地理史上具有很大的价值。因为根据他的记载,我们始对里海东南有更为准确的认识。

当郎友漠至蒙古时,贵由已去世(1248 年),只能觐见定宗皇后

Oqulquimis。她接受了法王的礼物，复了一封傲慢的回信，郎友漠无果而还。1251年至巴勒斯坦，遇法王冉未尔（Joinvlle）说："路易九世听郎友漠叙述后，深悔不该遣使东去。"这又是一次失败。

法王路易九世，信仰很深，他所派使节出使失败，依然平息不了当时的流言，如拔都儿子沙儿打克（Sartack）已皈依基督教，若望神长与蒙古领袖会面，于是决定第二次派使臣，遣吕柏克（Guillaume de Rubrouk）东去。

吕柏克是佛郎德（Flandre）人，善观察，能言辞，身材很胖，他说，每次换马时，他的胖体迫使他抢那健壮的马匹。1252年春，吕柏克离开西扑尔岛，至君士坦丁堡，准备远行。次年5月7日，乘船至克里米，遇蒙古人，他说："好像进到一个新世界，或历史上别一个时代。"向东行，"二月以来，未曾睡过帐幕，或寝车上，露天而卧，途中不见村庄，只见荒冢累累……"8月8日至沙都（Saratow），乘船，抵拔都行营，吕柏克盛装晋谒，呈法王书，拔都问："传闻法王率军出国远征，果是真的吗？"吕柏克回答："是的，因回教徒污渎上帝居宅，以故出击。"吕柏克退后，有人来通知："如欲居留蒙古国内，须请命蒙哥皇帝。"即是说需到和林。

因为气候关系，吕柏克换上皮衣，由乌拉尔向东行，路上时受饥饿，深幸还带有送人饼干，可以救急。过咸海北，逾妫水，向东南行，入山地，"因为柴火缺乏，尝吃半生的羊肉"。不只如此，驿站还和他开玩笑，每次给他留下"最柔弱的与最不驯的马匹"。1253年12月27日抵蒙哥行营，距和林已不远矣。

次年1月3日，吕柏克第一次觐见蒙哥，遇之以礼。但是，关于皈依基督教及联盟事，蒙哥非常冷淡。因为蒙哥守太祖遗训，对任何宗教取宽容与中立态度，一律平等，无所偏袒。吕柏克在5月30日最后一次觐见蒙哥时，深感自己德薄鲜能，嗟叹着说："如果能如摩西在法宏庭中做出许多奇迹，蒙古人也许会改变他们的信仰。"

蒙哥欲派遣使臣回聘，吕柏克惧为奸细，托言"途路不靖，难保旅人安全"，拒绝了。蒙哥付以手谕，赐后酒，吕柏克问："向法王报告后，是否可以重来？"蒙哥不答。

蒙哥致路易九世信中，首引太祖谕语："长生天命，天有一帝，地有一主……"书颇长，且多傲语："汝奉谕后，须遣使来报，欲战抑和，设汝自以国远，山高水深，蔑视天命，则彼能转难为易，化远为近，知悉吾人之所能为也！"

1254年7月6日，吕柏克由蒙古起程，至高加索得威尼斯商人助，次年5月5日抵地中海滨，给路易九世以长而生动的报告，返法国，著有旅程回忆录，培根（Rogeu Bacon）曾充分利用他的资料。在中西交通史上，吕柏克纵使有很大的功绩，却有四世纪之久，无人提及他，这也可谓不幸了！从此路易九世抛弃了他联络蒙古的思想。

三

在中世纪末，威尼斯为西方商业中心，而威尼斯诸商家中，波罗（Polo）一族最享盛名，因为他们对地理的贡献非常重大。在1280年，于克里米老马可·波罗（Marco Polo de son Severo）留一商店，由他两个弟弟继承经营，将业务扩充到布加拉（Boukhara），即于此遇忽必烈使臣，因为要晋谒乌拉古。继忽必烈即位，蒙古使臣须由报达返北京，临行前，坚请波罗兄弟随往汗巴里（Khan-Balig）。

波罗兄弟东来，目的在探奇与谋利，但间接却发生了宗教关系，忽必烈优待他们，因为他们"像别人一样，能说蒙古话"。蒙古帝王喜欢听欧洲各种情形，便请波罗兄弟作为他派往教廷的使臣，要求教皇"遣送百位基督教的学者，并须通晓七艺"。

忽必烈予波罗兄弟以护照与费用，至元六年（1269年）四月返至东地中海滨圣日达克（St. Jean d'Acre），其时教皇克莱芒四世驾崩，新教皇尚未选出，虽遇教皇东方代表维斯贡地（Visconcli），亦无以复命，不得已返至威尼斯。尼可拉（Nicolo）之妻已死，其子马可·波罗已十五岁矣。

维斯贡地被举为教皇后，取号格利高利十世（Gregoire X），随即召回波罗兄弟，付以复信，在1271年，波罗兄弟带着马可·波罗向东方出发了。经报达、塔里干（Talikan）、妫水、喀什噶尔、敦煌、凉州、大同，于1275年5月抵上都，忽必烈非常开心，而马可·波罗尤得其欢心。

波罗有才能，善揣人意，出使哈喇章（乌蛮）、云南、缅国，必留心地方风俗，归而详为世祖呈述。波罗居何官，史无明言，张星烺先生认为官至枢密副使，伯希和认为张星烺的主张"没有使人信任的价值"。

至元二十九年（1292年），马可·波罗伴送科克清公主往嫁波斯阿鲁汗，取道海路，由泉州起程，经麻六甲、锡兰、阿姆池，海上漂泊三年，抵波斯。时阿鲁汗薨，公主改嫁合赞汗。合赞汗为波斯贤君，优遇波罗等，阅九月，含泪别公主，于1295年抵威尼斯，马可·波罗已四十二岁矣。

抵家，沧桑已变，亲友见他们衣服破烂，口音不正，拒绝入内，继更衣出黄金与宝石，亲友加以敬礼，咸呼"百万君马可"（messer Marco Millioni）。

在1299年，日纳（Genes）与威尼斯战，马可·波罗被俘，在幽禁期内，用法文向他的同伴吕斯底恩（Rusticien de Pise）口述在华经过，遂成这部不朽的作品：《马可·波罗行纪》。牛津公学创办者维克罕（Wykeham）取之为冬夜的读品；圣伯丹（St. Bertin）将它收至《异闻录》内。《马可·波罗行纪》直接影响了哥伦布航行的决心，间接介绍至西方许多新知识，特别是在地理方面。

四

忽必烈死后（1294年），继位者为帖木儿，西方人旅居北京者，只孟高维纳（Montecorvino）一人。孟氏于1247年出生于意大利沙来纳（Salerno）附近，幼时便加人近东传教会，在小亚细亚一带有很好的成绩。

在1289年，孟氏以哈东二世（Hethun Ⅱ）使臣的资格，回至罗马，适北京使臣哈班古马（Habban-cauma）亦至，备受欧洲欢迎，罗马政务会议招待他，巴黎大学欢迎他，英皇在包尔道（Bordeaux）接见他。当时，孟氏受教皇尼古拉四世（Nicolas Ⅳ）之托，出使东方，取道波斯，取向印度，于1294年抵上都（北京）。

元成宗很敬重孟氏，予以传教的便利。孟氏所写的两信——第一封写于1305年1月8日；第二封写于1306年2月13日——很可看出当时经过的情形。在他的第一信中说："在1291年，我由波斯湾起程至印度，停居13月……路上同行者，有多明我会修士尼古拉，不幸死于中途，将之安厝。继后向前进行，至中国，即鞑靼帝国，其帝王称大可汗。将教皇信件转呈后，便向他宣教，虽然他崇信偶像，却十分和蔼地待我，你们瞧，我住在北京已有12年了。"他在北京建教堂两所，任北京第一任总主教。

孟氏享年82岁，死后为人惋惜。继承者柏卢斯（Andre de Perouse），深感人力的缺乏。在1326年时，柏卢斯已感到孤独，追怀同来者，多已物故，他慨叹着说："都回到天主的怀中去了，我独留在人世。"

孟氏之后，间有西方旅行家东来，或因途路不靖，或因准备不充足，因之很少有成功者。当时最可记述的，只有和德理（Odoric de Pordenone），著有《东方诸国见闻记》。

和德里决意来华，取道南路，由波斯、印度、锡兰、苏门答腊、爪哇、婆罗洲，由广州登岸。继由泉州、福州、杭州、南京、扬州、临津、济宁至北京（1325年）。在北京遇孟高维纳，晋谒泰定帝，居三年，由内地西返，取道陕西、四川、拉萨、波斯、亚美尼亚而返意大利，约在1329年与1330年之间。这是第一位西人至西藏者，他的游记竭力赞美中国城市的伟大,广东人对饮食考究,他说:"好吃鹅,味美,装置很精,比我们的鹅大两倍,价钱非常便宜。"

在 1338 年,教皇本笃十二世(Benoit XII)接见蒙古使臣阿兰公卿(Alans),典礼隆重,特任马黎诺里(Marignolli)回聘,抵华后,献骏马,深受顺帝优遇。

马氏所献之马,"高六尺八寸,长一丈一尺六寸,除后蹄为白色外,遍身全是黑毛"。多少文人咏歌,艺人绘画,在 1815 年,《顺帝乘马图》尚未失去。权衡所著《庚申外史》亦提及此事:"……祁后因起曰,脱脱好人,不宜久在外,上遂领之。会佛郎国进天马黑色五明,其项高而下钩,置之群马中,若橐驼之在羊队也。上因而叹曰:人中有脱脱,马中有佛郎国马,皆世间杰出者也。"马氏在 1345 年 12 月 26 日由泉州登舟,1353 年返欧洲。

元时中国西去者,强述之,一为邱处机至中亚,其弟子李志常,记其经略,名为《长春真人西游记》;二为蒙哥可汗在 1259 年遣常德为专使,至麦尔夫(Merv),见于刘郁之《西使记》。

元亡后,西欧有两世纪之久,无人提及中国,这种沉默化为一种神秘,15 世纪末,欧人将中国放在里海附近,或印度河与恒河之间,前人所提的中西交通的途路,所过的城市,完全成了神话的名词。所以意大利人形容一件最不可信的事时常说:"唉,还不像马可·波罗!"

五

元朝末年,中亚诸汗国失掉联络,构成一种混乱局面;适塞尔柱突厥(Turcs seldjaukides)兴,灭报达帝国,取尼塞(Nicee),以至东罗马帝国灭亡(1453 年)。这样,东西交通要道:由埃及出红海,由地中海至幼发拉底河,由黑海经俄罗斯南部至天山,从此完全梗塞。

当十字军东征后，西方人渐明白东方的富庶，他们想从突厥与威尼斯商人手中，夺回香料与珠宝商业，同时与若望神长缔结同盟，夹击非洲的回教。于是西方颖出之士，想另觅一新路，达到他们的企图。

可是，西方中世纪的地理知识是非常浅薄的。当亚拉伯科学知识，局部地输入欧洲之后，受马可·波罗书籍的刺激，配备古代希腊罗马地理知识。他们主张：西班牙之西与亚洲之东相隔不远。1410年岱理（Pierre D'Ailly）刊行《世界》一书，他引了许多古人的议论来佐证他的主张。如亚里士多德说："西班牙之西与印度之东，相距不远……"塞奈加（Seneca）说："如果有顺风，在几日内，便可达到印度……"薄利纳（Pline）说："由印度海至加地斯（Cadix）需时并不很久。"这种真伪相半的理论，加上航海技术的改良，意大利在14世纪第一次用指北极的磁针；葡萄牙改用加拉瓦尔（Coravelle），每点钟可行十公里，这些事实，便构成新航路发现的原动力。

自1415年后，葡萄牙亲王亨利组织探险工作，在沙克来斯（Sagres）搜集许多书籍、地图与仪器，每年探险队出发，必须超过前次所至之地，自1416年至1488年，共72年努力，最后迪亚士（Bartholmeu Dias）发现"风波角"，后更名为好望角。

伽马（Vasco da Gama）于1497年7月，率船三艘，渡好望角，沿非洲东岸，得亚拉伯领港者指导，至加里库特（Calicut）。在1499年抵葡京，葡王授予"印度洋上将衔"，虽然失船一艘，人员牺牲三分之二，但是获利六十倍。当伽马第二次去印度（1502年），以二百四十万佛郎之货，换回一千二百万，这种厚利激起亚拉伯人的嫉妒，战争遂起，葡人败亚拉伯人于地雨（Diu）。

至阿布该克（Alphonse d'Albuquerque）出，逐渐形成长五千海里的航线。在1510年取卧亚（Goa，即小西洋），为今后开拓殖民地的中心。1511年，进袭麻剌甲（《明史》作满剌加），意在夺取香料，《明史》说："地有香山，雨后香堕，沿流满地，居民拾取不竭。"1513年取亚丁，1515年取奥姆池，自此后凡由红海与波斯出海东航者，完全为葡人所控制。在 1514 年（正德九年），葡人至广州贸易，大获厚利。

当葡萄牙领海权日渐扩大时，西班牙起而直追，哥伦布于 1492 年发现美洲；巴尔包（Balboa）于 1513 年穿过巴拿马地峡，"登德利英（Darien）高峰之上"，始见汪洋大海，断定哥伦布所发现者不是中国而是另一个世界。继后麦哲伦于 1519 年至南美洲，出海峡，入风平浪静之大洋，以其平静遂取名为太平洋，至菲律宾。1521 年 4 月与土人战，麦哲伦死，遗业为埃尔卡诺（Delcano）领导，取道好望角西还，二百三十九人而生还者只二十一人，可是周行世界的伟绩，便由他们建立起来了。

新航路的发现，使中西交通开创一新局面，在经济、政治与文化上激起很大的变化。以经济为中心的地中海开始移至大西洋。过去繁荣的威尼斯与马赛，现在变为凋零的城市。16 世纪前半的现金，忽然增加了十二倍，由此影响到物价，波丹（Bodin）在 1568 年写道："自从六十年来，物价提高十倍以上。"西班牙从墨西哥与秘鲁得到许多金子，转输至各地，促成工商业迅速的发展，形成许多新兴的资产阶级，逐渐推翻那些贵族，激起一场社会革命。在知识方面，新人、新地、新动植物的出现，扩大知识领域，发生好奇、怀疑、分析、比较等精神与方式，促成科学的进步，而旧日的认识、伦理、偏见，渐次予以淘汰，要人重新来考虑一切。

六

新航路发现后，中西交通进入一个新阶段，可说完全是悲剧的。第一，当时西人东来者，完全是一种侵略的行为，他们取一种殖民的高压政策，平时课以重税，变时予以屠杀。如西班牙对吕宋华侨，万历三十一年（1603 年），屠杀华侨两万二千人；崇祯十二年（1639 年），又屠杀两万余人。中国政府却无可奈何。第二，西人东来者，完全唯利是图，凶横强悍，不足代表西方文化。《明史·佛郎机》中说："……其人久留不去，剽劫行旅，至掠小儿为食。"御史庞尚鹏说："喜则人而怒则兽，其素性然也。"他们初次与中国接触，便留下这样坏的印象，当然中国看他们是夷狄，既是夷狄便不能与诸夏并立了。这样，中西的正常关系便很难建立，事实上又不能阻止这种潮流，结果便留下邪道了。

在16世纪无所谓民族意识，即有亦与现在不同。葡人重来，获厚利，年达三百余万金，他们明白中国是上国，是天朝，所以他们的方法，便是贿赂地方官，装作进贡，这样便没有做不通的道理。

正德十一年（1516年），葡人白来（Gernao Perezdlmdade）至广州，同时行者有药剂师比略（Thomas Pirez），善言辞，充葡国大使，武宗召见。《明史》说："……已而夤缘镇守中贵，许入京。"乘船至梅岭山，登陆，至南京，复转而北上，至北京"从驾入都，居会同馆，见提督主事梁焯不屈膝，焯怒，挞之"。同时葡人居广州者，多不法行为，武宗拒见，送之回广州，嘉靖二年死于狱中。

初葡人来华通商的地方，在上川岛附近之浪白滘，西名为圣日望，在嘉靖十四年（1535年）时，葡国侨民已有五百多人，商业颇发达。香山县南端阿妈澳为海盗所据，葡人器精兵勇，逐海盗占据，贿赂地方官吏承认这种事实。《明史》说："濠镜在香山县虎跳门外……嘉靖十四年，指挥黄庆纳贿，请于上官，移之濠镜，岁输课二万金，佛郎机遂得混入，高栋飞甍，栉比相望，闽粤商人趋之若鹜，久之，其来益众，诸国人畏而避之，遂转为所据。"

葡人占据澳门，是地方官受贿拱手奉予的。他们怕葡人的武器，他们又爱葡人的金钱，于是造出许多理由。如果葡人住在岛上，"巨海茫茫，奸宄安诘，制御安施？"设如住在澳门，则"彼日食所需，咸仰给于我，一怀异志，我即制其死命！"这是我们的封锁政策，便用这种策略来驾驭夷人。万历二年（1574年），筑墙于澳门半岛的土腰，留一门，派兵守之。正如蒋廷黻先生所说，这是一个葫芦，我守其口，安分听话，口即开，否则便塞住，把这些不知礼义的夷人，便窒死了。葡人年纳一千两租金，交香山县政府。自康熙三十年至乾隆十九年，

197

改为六百两，葡人请求免去租金，耆英拒绝，道光二十九年（1849年），澳门总督阿马尔（Amaral）断然停止付租金，中国无可奈何，光绪十三年，中国承认其永久占领权。

葡人东来，虽知中国弱点，即利用贪官奸民，但是他对中国无可奈何，只得以进贡资格，与琉球、暹罗立于同等地位，始能与中国往来。

葡人独霸东西贸易，有六十年之久。西班牙亦欲染指，隆庆五年（1571年）便来经营菲律宾。万历二年冬，海盗林凤攻马尼拉市，为西班牙军队击退，林凤转据林加烟湾，王望高奉福建巡抚命，率舰二艘追击，在彭加锡南（Pangasinan），得西班牙人助，将林凤捕获。西班牙总督亚利斯（Lavez Aris）遣使至福建，受中国官府优遇。万历四年二月，中国使臣至马尼拉，宣告帝旨，允许西班牙人至厦门通商。

1581年（万历九年），葡西二国并而为一，五年后，菲律宾总督上书菲力普二世（Philippe Ⅱ）言中国兵力空虚，士兵类诸乞丐，只要有一万多西兵，即便不能征服中国，至少亦可得沿海诸省。因为西班牙与英女皇伊丽莎白斗争，在1588年，西海军无敌舰队，全军覆没，以故西王没有采纳总督的进言。东方虽暂时无事，西葡在东方的利益，不久便被荷兰与英国夺去了。

荷兰与西班牙对抗，在1602年组织荷兰东印度公司，资本六千六百万盾。荷人袭澳门不逞，转据澎湖岛。天启四年（1624年）又占台湾。当郑成功失败后，退台湾，荷人拒，与之战，荷军大败。清兵攻厦门，荷人出兵襄助，有功，得赏金与赐缎，先后遣使三次（顺治十二年；十八年；康熙三年），行叩礼，中国以贡使遇之。世祖谕："若朝贡频数，猥烦多人，朕皆不忍。著八年一次来朝，员役不过百人，令二十人到京……"

英国远东的经营，最初并不顺利，查理一世（Charles Ⅰ）派卫德尔（John Weddell）来华，于1637年（崇祯十年）抵澳门。葡人惧，联络华人对抗，英人乃转驶近虎门，欲登岸，中国不许，武山炮台被英攻陷，守兵溃逃，英人到处焚烧，"掠走猪三十头"，但是英人东来

198

目的未达。

当时英国革命起，来华气象不景，遂与郑成功联络，缔结条约（1670年）：取台湾货物，同时供给郑成功军火与教官。康熙二十二年（1683年），郑克塽降清，英人失望，设法转向清廷，经过多时的争取，康熙三十八年，英人可在广州设立堆栈。

英人善经营海外贸易，乾隆元年，广州十二艘番船，英国已有五艘；乾隆十八年广州二十七艘番船中，英国已有十艘，位居第一。从此后，因为经营印度，英国在远东渐次取得领导地位。

西方人挟着锐利的武器，精密的组织，他们在远东树立下稳固的基础，东南的山河，时时受西人的威胁。中国受历史的支配，不能破除华夏与夷狄的畛域，受属臣的蒙蔽，结果形成一种名不副实的"大国主义"。西人"放弃和平交涉，改用武力"。

在这种危境下，万历八年（1580年），哥萨克的远征队，逾乌拉尔山入西伯利亚，中国北部的局势，日日严重起来。崇祯十年（1637年），俄人达雅古斯克（Yakutsk）炮台，位雷纳河畔，又二年俄人至鄂霍次克（Okhotsk）海岸，占据有四百万方海里新地。俄人野心愈炽，南下至黑龙江与清室起冲突。当时我们有强硬的外交，应付得法，康熙二十八年订《尼布楚条约》。

《尼布楚条约》中规定的东北是大东北，除我们的黑吉辽三省外，俄之阿穆省、滨海省也是我们的，即是说它在经济上、国防上享有独立的地位。这个条约是有清一代最互惠平等的条约，共六条。如："两国民持有旅行免状时，无论于何地之领土内，得交通以营其贸易。"这条约维持到咸丰五年。但是，俄人东来，中国南北受欧洲势力威胁，形成一种"剪刀式"的侵略，中国便陷于很严重的地位。

七

在15世纪初，中国经营南洋，惜后继无人，始终未建成强大的海

军。太祖在钟山设桐园与漆园，做造舰的原料；太学内收容外国学生，设立四夷馆，养通译人才，先后遣赵述、张敬之、沈铁等出使三佛齐、浡泥、西洋锁里等国，宣扬国威。

成祖为明朝雄才大略的帝王，承继太祖遗志，永乐元年，遣尹庆出使南洋，自永乐三年（1405年）至宣德七年（1432年），郑和前后七次下西洋，将士多至两万七千余人，南洋一带，遍有足迹，西至亚丁及意属索马利兰，这种航海伟绩，因为政府没有固定方策，士大夫又看不起这些事业，社会也不奖励航海人士，结果只是昙花一现而已。

八

公教是超国家的，它以全人类为对象，要在大地各角遍布拯救人类的福音。当新航路发现后，西方传教士踵葡西两国航海家之后，亦相继东来，构成东西交通史上另一种局面，即是说在那"明心见性"，天理人欲的争辩中，增加了新的因素。

可是，16世纪公教的传入，是非常不幸的，因为当时的旧欧洲，已到崩溃的地步。罗马教皇的神权与世权，需重新估价，皈依公教教会的国家，因为自己的利害，不只是分裂与对峙，还有冲突与战争。人文主义的发展，使每个人都开始产生怀疑与觉醒的意识，他们怀疑过去，他们觉醒个人、国家与民族的意识。因之，每个人要用他自己的语言，直接同上帝"说话"。最初西方的商人，只留下凶残野蛮的印象，传教士也便受华人轻视，很难打消中国人的戒惧。这并不是说传教士与商人同流，乃是因为那些商人也是公教信徒，中国人便将他们同等相待了。

这样，在欧洲，信仰与理智产生了冲突，形成宗教改革；在中国是华夏与夷狄的冲突，拒绝这种唯我独真的精神。虽然少数的士大夫了解公教，但它始终未造成普遍的新精神，有如佛教传入时的情形。

1519年，路得将教会腐败情形，揭于威丁堡（Witténberg）教堂

门口，欧洲各层阶级，如火如荼地投入这个旋涡，每个人狂烈地考虑这个问题：信仰自由。路得原只是想要进行改革，即回到初期基督那种简朴的生活，结果却是一种革命，破坏了中古世纪造成的精神统一。

便是在这种情形下，于1534年，罗伊拉（Ignace de Hoyola）创立耶稣会。他们代表一种新精神，针对当时的流病，除贞坚、贫穷与服从外，特别要服从教皇命令。他们坚忍刻苦，一扫过去恶习，以利物济人的态度，树立新的公教。远东便成了他们宣教的重要园地。

九

耶稣会修士来华，就其影响而论，当推沙勿略为第一。这是一位热情的法国人，巴黎大学结业后，入耶稣会。1541年4月，由西班牙起程，经好望角，次年5月至卧亚。继至满剌加，遇日人安次郎，得知日本国情，遂有去日传教之念，在卧亚准备好后，于1549年和安次郎进发，8月抵鹿儿岛。

从此后，沙勿略往返于平户、山口、丰后诸地，由是得知日本文化悉来自中土，当他宣扬公教时，辩难者累次说："汝教如独为真教，缘何中国不知有之？"因此，他转念来华，不特日本将来自可皈依，而且可以事半功倍，他说："在日本及他处所遇之华人，皆甚聪明而多智，远为日本人所不及。"

1551年（嘉靖三十年）沙勿略离日本，途经上川岛，遇友人培来剌（Diego de Pereira）船，计议以使臣资格，入朝中国皇帝。他们虽得到卧亚总督的同意，却为满剌加长官阿达伊（Alvaro de Ataide）拒绝，因为其嫉妒培来剌专使的荣誉。

沙勿略东来志坚，华人安顿（Antonio）任翻译，葡人到处为难，至上川岛，不得前进，与中国商船约，先期启碇，沙勿略另设别法，不意得热病，1552年12月3日，客死上川岛，安顿在其侧。继沙勿略而东来者，有罗明坚（Michele Ruggieri）、范礼安（Alessandro

Valignano）等，但成就最大者，当推利玛窦（Matteo Ricci）。

1552年10月6日，利玛窦生于意大利的马池达（Macerata），入耶稣会后，遇贤师范礼安，立来华壮志，并从克拉维（Clavius）学数学、宇宙学，特别是天文学。万历十年，应范礼安之召，抵澳门，学中国语言与文字。1583年9月10日抵肇庆，言行非常谨慎，待人接物非常和蔼，有渊博精深的学术。他开始结交士大夫，有问他东来的原因，他说："夙闻贵国政治昌明，私心仰慕，所以不辞跋涉，远道西来，欲求皇上隆恩，挂赐终身寄居贵国，以便奉侍天主。"是时利玛窦通晓汉文语言，略知经史，粤人钟铭仁、黄明沙慕利氏天文学，与之过从甚密。

六年后，利玛窦至韶州，识姑苏瞿太素，相谈甚得，劝利氏脱释家衣，易儒冠儒服，名大噪。1595年夏，利玛窦初次至南京，因不适应其气候环境遂转南昌，谒建安王多㸅，蒙优遇，王问交友之道，利氏著《交友论》。

万历二十六年，利玛窦第一次至北京，时满洲乱起，朝鲜不靖，不得觐见中国皇帝，返南京，受瞿太素之约，居南京洪武岗。当其与人谈论时，他用委婉方式，使人知道他有许多新奇的知识，而这种知识在中土前此未有的。他对那些已经认识他的人，做进一步的暗示，使人明白这些科学知识，仅只是人类智慧部分的结晶，不是最后的目的，最后的目的是爱，即永远不变、公正、至圣的天主。他想把这两种高贵的知识，恭呈在中国皇帝的面前。

1601年1月，利玛窦得礼部文，入京呈贡，偕八人，呈天主圣像、天主经、圣母像、自鸣钟、铁弦琴、万国全图。神宗念其不远万里而来，召见，命内臣观学西琴。利氏留居北京，与之往来者多达官名士，1610年5月卒于北京，赐葬阜成门外二里沟滕公栅栏，王应麟为其撰写墓志。他的重要著述与译著，有《天主实义》二卷，《畸人》十篇二卷，《辩学遗牍》一卷，《几何原本》六卷，《交友论》一卷，《同文算指》十一卷，《西国记法》一卷，《测量法意》一卷，《万国舆图》，《西字奇迹》一卷,《乾坤体义》三卷,《勾股义》一卷,《二十五言》一卷,《圜容较义》一卷,《浑盖通宪图说》二卷……

利玛窦为介绍西方文化之第一人,李日华《紫桃轩杂缀》中说:"玛窦紫髯碧眼,面色如桃花,见人膜拜如礼,人亦爱之,信其为善人也。……余赠之诗云:浮世常如寄,幽栖即是家。彼真以天地为阶闼,死生为幻梦者。较之达摩流沙之来,抑又奇矣。"他奇是因为有奇突的学术,同时也能尊重儒家的学问,王廷纳赠利氏诗说:"西极有道者,文玄谈更雄,非佛亦非老,飘然自儒风。"

利玛窦东来,正是明朝衰弱时期,正如李逊之序《三朝野纪》中说:"内有朋党之祸,外有边隅之忧,加以奄户播虐,赤眉煽乱……"忧国之士,多喜欢这种实践的学术。谢肇淛在《五杂俎》中说:"……其书有天主实义,往往与儒教互相发,而于佛老一切虚无苦空之说,皆深诋之。余甚喜其说为近于儒,而劝世较为亲切,不似释氏动以恍惚支离之语愚骇庸俗也。"

利玛窦平易近人,以近性的伦理,实用的技术,深得中国士大夫的信任,其所结交者,有礼部尚书瞿景淳之长子瞿太素、京兆尹王应麟、礼部尚书王忠铭、太仆卿李之藻、大学士徐光启、名士杨廷筠等。他的功业,"不在其他自宗徒时代,直到如今,任何国都的成就之下"。

利玛窦逝世后,遗业由龙华民继任巨艰,肇庆、韶州、南雄、南昌、南京、杭州、上海、北京已有天主教堂,在万历三十六年(1608年),中国已有两千多信奉公教者。当时西士来华知著者,有郭居静(Catanlo)、罗如望(J. de Rocha)、庞迪我(Diego de Pantoja)、熊三拔(Sabbathin de Urris)、阳玛诺(E. Diaz)等,都有惊人的成绩。应扬谦写道:"自窦来后,其国人往往有至者,大抵聪明才辩,多有俊士,窦初入中国,一字不识,数年之后,能尽通经史之说。"这是仁和潜斋先生的评语。叶向高赠西国诸子诗:"天地信无垠,小智安足拟。爰有西方人,来自八万里。言慕中华风,深契吾儒理。著书多格言,结交皆贤士。淑诡良不矜,熙攘乃所鄙。圣化被九埏,殊方表同轨。拘儒徒管窥,达观自一视。我亦与之游,泠然得深旨。"

十

论到意大利时,《明史》说:"其国人东来者,大都聪明特达之士,意专行教,不求利禄,其所著书,多华人所未道,故一时好异者咸向之,而士大夫如徐光启辈首好其说,且为润色其文词,故其教骤兴。"

在1596年,利玛窦明了中国概况后,他提出两点:"假如不能向皇帝取得许可,在宫廷宣教,至少在中国境内自由传教,即将来传教事业无保障,成就很少。其次假如得到许可,在短期内,便可有几百万人的皈依。"明清之际,这可说是西方传教政策。

就概括而论,西士来华,不约而同采取三种步骤:第一,他们要让中国士大夫明白:世界旷阔,文化错综,中国固为文化昌隆之邦,但非绝对的、唯一的,正如传信集中所说:"我们要中国人明白西方也有颖出的人材。"第二,他们要中国士大夫明白:中国文物虽高,但是科学不发达,没有奇技利器。嘉靖二十一年,汪铉送至北京的佛郎机炮数尊,可打五六里远。梅文鼎《怀薛凤祚诗》:"……讵忍弃儒先,翻然西说攻。或欲暂学历,论交患不忠……"他赞叹徐文定公:"乃若兵家谋,亦复资巧思。我读守圉书,重下徐公泪。神威及旷远,良哉攻守器。当时卒用公,封疆岂轻弃……"第三,在立身行道,儒家固为典范,但在超性方面,尚有缺点。河东韩霖在《圣教信证》中说:"……从古以来,中邦只有身世五常,尧舜孔孟之道,并无他教可以比论,历代相传,后来者,故不以为前儒之学所不足。至于佛老空无之虚谈,又何足拟,正儒无不辟之。今天主教有生前死后之明论,补儒绝佛之大道,后来者岂犹可以为前儒之学全备无缺,无不足哉。"

利玛窦树立这种基础,以中国士大夫为对象,以学术为由,接近达官贵宦,传播公教,有十足的进展。

十一

万历三十八年十一月日食，钦天监推算错误，周子愚举荐庞迪我与熊三拔，译西法历书。熊三拔著《表度说》、《简平仪说》。至崇祯时，受徐光启推动，重用西士，有瑞士人邓玉函（Jean Terenz Schreck）、德国人汤若望（Adam Schall）、比利时人南怀仁（Ferdinand Verbiest），成《崇祯新法算书》一百卷。在罗马国家图书馆中，耶稣会文献（Fondo jesuitico，1305 年）说："……自前朝奉旨修历，只因该监所推交食不合，皆由旧法七政差讹，乃始决议改修。所谓改修者，皆推算非铺注也。二十年来著成新法历书百十余卷，皆天行理数之学，创法者之所指授，受法者之所讲求，皆推算非铺注也。……"自是以后，钦天监监正一职，例为西士充任，汤若望着重仪器，著《新法表异》、《历法西传》等；南怀仁著有《灵台仪象志》，增加许多仪器。康熙十三年管工员外郎翁英奏，铸造黄道仪等器六件并周围栅栏，共用银一万二千零二十七两三钱。因为受西士推动，官家编制《御定四余七政万年书》、《历象考成》、《历象考成后篇》等，乾隆时，戴进贤加以修订，而西方重要学理，如哥白尼、梯告、加利来、开普勒、奈端等，亦渐输入。

由于西士的学识与道德，他们逐渐与政府发生关系。永历守肇庆，庞天寿掌军国大权，由彼介绍，得识耶稣会士瞿纱微（A. X. Kaffler）与卜弥格（Micher Baym）。瞿纱微系德国人，顺治六年（1649 年）来华，助永历帝守两广。戴笠《行在阳秋》内说："己丑，清兵攻桂林，焦琏击走之，翌日又追，败之。清侦兵变，积两城坏，猝薄城，环攻文昌门，式耜与琏分门婴守，用西洋铳击中胡骑，琏出城战，击杀数千人。"这样依重西人，皇室与公教发生关系。永历嫡母王太后、生母马氏、妃王氏、太子慈烜，皆入教受洗。卜弥格受皇室重托，致书罗马教皇。卜氏于 1652 年至威尼斯，后三年得教皇亚历山大八世（Alexandre Ⅷ）复信，由葡京起程东来，同行者八人，五人死于途中。卜弥格至安南后，转广西，但大势已去，瞿纱微、卜弥格都于此牺牲了。

自明末以降，中国向外要求的是军火与专家，当吴三桂反，南怀仁铸大炮百余尊，分发各省，又仿欧式铸神武炮三百余门，著《神武图说》。康熙二十七年，索额图等订《尼布楚条约》时，西士张诚与徐日昇随行。交涉至决裂时，得张徐两客卿斡旋，得完成和约。他们固然以期接近中国皇帝来提高社会地位，但是亦招疑忌。全祖望有诗咏欧罗巴："五洲海外无稽语，奇技今为上国收。别抱心情图狡逞，妄将教术酿横流。天官浪诩庞熊历，地险深贻闽粤忧。夙有哲人陈曲突，诸公幸早杜阴谋。"

　　在西方文化输入中，测绘中国地图最为重要。我国古代虽有地图学，如贾耽禹迹图、宋淳祐地理图、《永乐大典》之元代西北三藩图，但尺寸比例缺乏精确性。自张诚由东北返京后，进亚洲地图，向圣祖建议东北重要性。继随圣祖幸各地，随时测定纬度。康熙四十七年四月十六日，白晋、杜德美、雷孝思着手测绘长城，未及一年图成，圣祖意外喜悦，决定测绘帝国全图。除前三位神父外，尚有费隐、潘如、汤尚贤、冯秉正、德玛诺、麦大成。始于康熙四十七年，终于康熙五十五年，共费九年时光，完成了这件伟大工作，康熙赐名为《皇朝全览图》。康熙感到骄傲，向内阁学士蒋廷锡说："此朕费三十余年之心力，始克告成……使九卿细阅，倘有不合，九卿有所知者，可即面奏。"《皇朝全览图》最著名处是在它的方法，宋君荣解释："带首很大的指南针、时表、许多别种测绘仪器。用分好尺寸的绳子，从北京出发，沿途测量……他们观察子午线，时时看罗盘上角度与针的移动。"他们所用的方法是三角法。许多人指摘《皇朝全览图》的缺点，在地形地理的缺乏，但是，他们也遇到种种困难。如宋君荣写道："满汉官员，严厉地监视他们，不准西士任意移动……"

　　纵使如此，测绘中国地图是中国18世纪科学上重要事实。正如当时人们批评说："欧人了解中国较之欧洲许多省份更为明晰。"

　　在伦理与哲学方面，其成就虽不及科学，却也有几部译著应该提及。李之藻与傅泛际（Fvan Cesco Fuvtado）合译《名理探》十卷。李之藻又译《寰有诠》六卷，系中古对亚里士多德物理学的解释。毕方济之《灵言蠡勺》，探讨灵魂。高一志（A. Vagoroni）著《空际格致》，阐明宇宙原质的构成。至神学方面，利玛窦著《天主实义》；汤若望之《主制群徵》。与宗教最接近者为艺术，在绘画方面，利玛窦呈献方物中，有圣母像，程大约将之刻在墨苑内。郎士宁、马国贤、艾启蒙、王致诚等在技巧与色彩上增加了许多新方式，焦秉贞的《耕织图》，便是利用西洋技术做成的。徐日昇与德礼格介绍西方音乐。《律吕正义》续编中论及徐日昇时道："后相继又有意大理亚国人德礼格者，亦精律学，与徐日昇所传源流无二。"

畅春园之水木明瑟，即西方之喷水泉，乾隆时雕纹刻镂，有十二处专门模拟西式，由蒋友仁（Benait）设计，毁于咸丰十年（1860年）英法联军之役。当乾隆十八年（1753年）葡使来华，游畅春园，"富公爷带钦差去看西洋房子，很美好的，照罗马样子盖的，内里的陈设，都是西洋来的，或照西洋做的。富公爷问钦差西洋见过没有，他说有好些没有见过"。

最后，我们提及医学的输入。樊国樑《燕京开教略》中说："清康熙三十二年，圣祖偶染疟疾，西士洪若翰刘应等，进西药金鸡纳治之，结果痊愈，大受赏赐。"在《澳门纪略》中也说："在澳番医有安哆呢，以外科擅名久。"瑞士邓玉函来华后，著《人体概说》，为我国最早的解剖学。忠弥格专论脉搏与舌苔；罗德先与罗怀忠（Casta）皆为御医。当时的药品，以油类最多，如苏合油、丁香油、檀香油、桂花油及冰片油等。

十二

中西文化的冲突，随着西士在政府与社会的活动，日见剧烈起来。杨光先反对汤若望的历学，便是很好的证明。这种冲突是必然的，因为中国正统思想，不能接受西方抽象的纯理，将人生与宇宙各种现象，归纳到几种单纯的原则内。

其次，明亡之后，创伤在心，时时有种戒惧的心理，杨光先在

《不得已书》中说："世或以其制器之精奇而喜之，或以其不婚不宦而重之，不知其仪器精者，兵械亦精，适足为我隐患也。"因之，杨光先得到一个结论："宁可使中国无好历法，不可使中国有西洋人。"这种论调，很投合稳健派的口味，吴明烜起用，掌钦天监，可是测验天象不准确，汤若望、南怀仁又被重用了。

公教未能造成精神生活的巨流，其原因不在中国的拒外，乃是来自教士内部的斗争。第一，欧洲发生宗教的纠纷，每因种族、语言、国家等因素不同，加增他们的摩擦，东来者日众，他们"把欧洲的斗争，移到中国了"。第二，罗马教会是超国家的，但自1631年后，多明我会、方济各会、巴黎外方传教会相继来华，但他们没有耶稣会在中国的地位，结果发生了礼节问题。

耶稣会主张天即天主，孔子是圣人，敬祖不是偶像，便是说公教要中国化。反对耶稣会者，他们拒绝利玛窦所立的规矩，要西方公教的仪式一丝不改地移植过来。康熙同情耶稣会，北平故宫文献中说："奉旨谕众西洋人，自今以后，若不遵利玛窦的规矩，断不准在中国住，必逐回去……"惜罗马教皇，没有具体主张，时以人事影响到决定。克莱芒十一世（Clement XI），反对耶稣会主张，遣多罗来华，康熙读他的禁令后，拘押在澳门。继又派嘉乐来华，虽委婉曲折，焦唇敝舌，亦无结果。康熙亲手下谕："览此告示，只说得西洋人等小人，如何言得中国的大理……今见来臣告示，竟与和尚道士异端小教相同，彼此乱言者莫过如此，以后不必西洋在中国行教，禁止可也，免得多事。"

雍正即位，实行禁教理，西士虽受重用，但也不在于他所信奉的宗教，而在于他的技能。

十三

雍正二年（1724年）正月十日，世宗正式禁教。究其原因，说者纷纭，约有四种：一、基督教的独尊性与中国中庸的精神不调协；二、西士来华后，有些利用宫廷的地位，干预党争；三、礼节问题，使传教士内部分裂，教宗又无定见，加之国籍不同，修会不同，更增其复杂性；四、传教者以科学为方法，器精械奇，使中国人畏惧。当时广东碣石镇总兵陈昂，两广总督杨琳，特别是闽浙总督满保，陈请禁教。西士仍在内廷供职，钦天监仍置西士为监正，畅春园仍有传教士，但是公教很难向外发展，深入知识阶级内了。大势所趋，中西关系，树起另一种倾向，由文化转为经济的关系。

代表经济关系的机构，当推广东的十三行，梁嘉彬在他精深的研究中说："粤设海关之年（康熙二十四年）可确定已有十三行，第当时行数实不过数家，而名曰十三行者，则或诚如《粤海关志》所云'沿明之习'耳。"番禺屈大均死于康熙三十五年，他在《广州竹枝词》内说："洋船争出是官商，十字门开向二洋。五丝八丝广缎好，银钱堆满十三行。"乾隆时，李调元仿屈作，也说："希珍大半出西洋，番舶归时亦置装。新到牛郎云光缎，边钱堆满十三行。"

远在开元二年（714年），市舶司已设立，周庆立任市舶使。宋对外贸易制度较为完备，广州、泉州、宁波、杭州，征收关税及管理一切事务。阮元《广东通志》载，广州城西南一里，建市舶亭海山楼。城西有蕃坊及数千蕃人冢。元海禁大开，前后设立市舶司七：泉州、庆元、上海、澉浦、广东、杭州、温州。至元三十年（1293年），制定市舶例则，外来金银珠玉，有舶牙专理。舶牙即夷商与洋行。明对外贸易，分公私两种：公者为贡舶与市舶；私者有商舶寇舶，因而有"贡舶为王法所许，司于市舶，贸易之公也；商舶为王法所不许，不司于市舶，贸易之私也"。《粤海关通志》说："国朝设关之初……今牙行主之，沿明之习，命曰十三行。"其范围，初着重"以夷货与民贸易"，继后较重于"与夷互市"。

中国并非闭关自守，康熙二十三年上谕大学士等曰："向令开海贸易，谓于闽粤边海生民有益，且此二省民用充阜，财货流通，则各省亦俱有益。……故令开海贸易。"又康熙二十四年，福建总督王国安奏，进贡货物亦须征税，上谕："外国私自贸易或可税其货物，若进贡者亦概税之，殊乖大体，且非朕柔远之意。"雍正即位后，亦谕说："国家之设关税，所以通商而非累商，所以便民而非病民也。"其时西欧来华经商者，有双鹰国（奥）、单鹰国（德）、黄旗国（丹麦）、花旗国（美）、红毛国（英）、法兰西、葡萄牙等国，都很顺利。

中国不明国际的动向，不能树立对外贸易制度，《广东通志》的记述，很可看出当时中国无贸易政策。"康熙二十四年，开禁南洋，始设粤闽监督，雍正二年，改归巡抚，七年复设监督，八年八月，归总督，九月归广州城守，并设副监督，十三年专归副监督，乾隆七年，归督军粮道，八年又放监督，是年四月归将军，十年归巡抚，十二年归总督，嗣后专设监督，仍归督抚稽查。"这种演变，证明我们不着重国际贸易。可是，这是获利的机关，争相竞取，借政治力量，垄断对外贸易。当时官吏经营者亦不少，有皇商、总督商、将军商、巡抚商等。

这些商行，并不能摧毁十三行的势力，原因有二。第一，凡与外人贸易者，须有较雄厚的资本；第二，外国人怕中国官吏麻烦，要中国商人代办一切手续，十三行又能守商业信用，如价格统一，不掺杂劣货，不争夺，不欺诈等。

外国人看这种商行组织是一种便利，因为官办者，舞弊很多。《钦定世宗宪皇帝圣训》内："近闻榷关者往往耳目于胥役，不实验客货之多寡，而只凭胥役之报单，胥役于中，未免高下其手，任意勒索，饱其欲者。虽货多税重而蒙蔽不报者有之，或以重报轻者亦有之。不遂其欲，虽货少税轻而停滞关口，候至数日者尚不得过……"除这些税吏贪污外，守口岸员役众人，额外索求，旗员亦额外加派，设私簿征收。蒋廷黻先生举以茶叶一担为例，出口税三两八钱银子，而国库中所收入者，只二钱，其余三两六钱便由下而上折扣与抽分了。外人要发财，每担茶叶运至伦敦共费二十两，市价四十两，仍有利可图。十三行便在这种畸形状态下发展，它不只是一个出口贸易的公司，还带有外交部与警察局的作用。

外国船来时，须有中商作保，守许多禁令。禁令愈多，敲诈的机会愈大。乾隆二十五年两广总督李侍尧奏准五事，约束外商：

一、外商在省住冬，永远禁止。
二、外人到粤，令寓居行商馆内，并由行商负责管束稽查。
三、内地商人借外商资本及外商雇汉人役使，并行查禁。
四、外商雇人传递信息之积弊，永行禁止。
五、外船收泊处所，着拨管员弹压稽查。

这些禁令并不苛刻，继后却愈出愈奇了。番妇不得来广州；夷船开走，夷人不得住在广州；夷商只能去河南岸花棣散步，每月三次，每次不得超过十人；外夷不得坐轿；外夷不得学汉文；外夷与中国官廷交涉，须由十三行转，外写禀而自称夷。因为他们是夷狄，所以不知礼义廉耻，若不服从这些禁令，便撤退华人罢市。

道光十三年，行商共有十三家，如下表：

	商 名	行 名	人 名
1	Howqua 浩官	Evo 怡和	Woo shaou yung 伍绍荣
2	Mowqua 茂官	Kwonglei 广利	Loo ke kwang 卢继光
3	Puankhequa 正炜	Tungfoo 同孚	Pwau shaou kwang 潘绍光
4	Goqua 鳌官	Tung hing 东兴	Seag yewiu 谢有仁
5	King qua 经官	rienpow 天宝	Leang ching che 梁亟禧
6	Sunching	Hingtae 兴泰	Yeu khe cbang 严启昌
7	Mingqua 明官	Chung wo 中和	Pwau wan taou 潘文涛
8	Saoqua 秀官	Shun tai 顺泰	Ma Tso Leang 马佐良
9	Pwan Hog qua 海官	Yan wo 仁和	Pwan wau hae 潘文海
10	Sam qua 爽官	Tung shun 同顺	Wu Tien yuen 吴天垣
11	Kwan shing 昆官?	Fu tai 学泰	Yih yuen chang 易元昌
12	Lamqua	Tung chang 东昌	Lo Futae 罗福泰
13	Taqua	An chang 安昌	Yung yew kwang 容有光

十三行成了一种特殊组织，彭玉麐说："咸丰以前，各口均未通，外洋商贩，悉聚于广州一口，当时操奇计赢，坐拥厚货者比屋相望，如十三家洋行，独操利权……"他们与外商往来，习染西洋风气，广州幽兰门西，许多西洋建筑，宛如西方城市。自五口通商之后，十三行便独揽对外贸易，对外贸易废止后，仍握茶丝贸易。至咸丰六年后，十三行便退出了历史舞台。

十四

18世纪，英国逐渐取得海上霸权，遂想改善其在华的地位。乾隆五十七年（1792年）派马戛尔尼（Lord Macartneg）来华，清廷仍以贡使待之。"……但该贡使航海往来，初次观光上国，非缅甸安南等处，频年入贡者可比。"

因为中西国家观念不同，马氏失败，瑞征、福康安等反对，阻止进一步的补救。但马氏为人温和，亦得到许多同情，如直隶总督梁肯堂、军机大臣松筠、浙江巡抚长龄等。马氏去后，法国革命随起，英国怕革命潮流波及自身，与拿破仑战，最后取得滑铁卢的胜利。嘉庆二十一年（1816年），安白脱（Lord Ambert）来，仁宗下逐客令。

这种局面是不能持久的。英国向海外发展，争市场，建立殖民地，不得不打破这种局面。同时英国内部起了两种运动：一是自由贸易思想的发展，二是工业革命。从前一种出发，中国的贸易政策是顽固的；从后一种出发，中国是工业发展的障碍。加之英国想借在中国的利润，经营印度；传教士不堪禁令，亦要求开放。但是中国自认为其是"天朝上国"，不可能对夷狄退让，这种矛盾的结果，便是鸦片战争。

贞元时，阿拉伯商人输入罂粟，清初以药材税之。雍正七年颁布禁吸令。乾隆三十年前，每年输入额至多为二百箱，以葡人经营者为多。及至乾隆四十六年，英东印度公司垄断对华贸易，孟加拉又为产鸦片之地，于是输入日众。因为英国取得印度后，行政与军费自需仰给鸦片烟的收入。道光元年，鸦片烟的输入，年约六千箱，每箱百斤；道光十五年，已增至三万箱；至道光十九年，已超过四万箱。道光十六年四月太常寺少卿许乃济奏："……近年来，夷商不敢公然以货易货，皆用银私售，竟至二万余箱，每箱百斤，乌土为上，每箱约价洋银八百元。白皮次之，约价六百元。红皮又次之，约价四百元。岁售银一千数百万元，每元以库秤七钱计算，岁耗银一千万两以上……"

当时，因为这种漏卮，发生白银日渐减少的问题。传闻白银向外流出，鸦片烟便是套取白银的钓饵。证之白银价格，亦是日见缺少。嘉庆时，每两纹银换制钱一千文；道光时已增至一千六百文。白银价高，是因为缺少。道光二年二月，御史黄中模奏："近年各省市肆，银价愈昂，钱价愈贱，小民咸以为苦。"事实未必如此，铸钱太多，钱价贬值，但是更进一步促使战争的发生。

道光十九年（1839年）春，林则徐奉命禁烟。他是中国理学正统人物，不怕威胁，不怕利诱，但他的抱负，始终没有展开。虽然禁烟成功，但是随后的鸦片战争签订《南京条约》，开五口通商。继此之后，又订《天津条约》与《北京条约》，正如蒋廷黻先生所说："这是剿夷的代价。"

在这种大动荡中，中西交通进入另一阶段，赖曾左胡李诸人维持，必须自立图强，寻求治本治标的办法。治本是训练洋枪队，开造船厂，废科举，创学校，派留学生；到光绪时，开矿，设海军，修铁路，办电政，立招商局。治标是守约避战，建立外交。甲午之役是我们自强的失败，但是却换来一件特殊名贵的宝物：民族意识。

民族意识是近代中西交通中最大的收获，我们以此应对幻变的世界，同时支持危难的抗战。

原载《建设研究》第 6 卷第 3 期，1941 年。

历史与个性

传记的风尚是近代史学最显著的趋势，其原因虽多，要皆由于历史是一种科学，它得到遗传学、心理学、医学、犯罪学种种之助，欲使历史达到求真的任务，予人类行为一种合理的说明。因之，在历史上，最使人注意者为个人，他们造成各种事实，至少他们与事实发生密切关系，那些史学家自然予以特殊的价值。

这种风尚与重视并非现代发明的，我们看《史记》内各种世家与列传所占的篇幅，便知真正史学家对传记的态度，即是说他们对历史人物所表现的个性做何种的解释。

许多史学家以为萃集个人的事实，指出与众不同的特殊地方，便可解释事实演变的原委，所以我们常听到某人支配了某时代，竟至将某世纪以某人命名，如路易十四时代、维多利亚时代，而在我们历史上如尧舜、文景、贞观等就更不用说了。

将历史的转变视为某人的作品，我们绝对不能说这是错误的。蜈蚣可以杀象，蚁穴可以破邸，为何个人不能推翻社会或改变社会呢？但是，我们的问题，不是在明白能与不能，而是确定个人在史事上如何演变。

无疑的，个性是人类事迹的因素，有林则徐那样深厚的理学修养，始有那样的卫道；有得米斯托克尔的冒险，始有沙格米的胜利。于是，多少史学家便认为这是一种定律，而且是一种普通化的。为此，泰纳提倡的"特征说"以为："抓住历史人物的特点，便可明白了他的发展。"泰纳的这种说法是根据遗传学得来的。因为个人生活内，具有其先人某种特征，借此可以预测，以解释过去的事实，或推断未来的动向。

倘使我们作进一步研究，泰纳这种论断未免简单与主观。遗传的复杂远在我们想象以外，比如某种官能的特征，未必真是超出其他者之上，即使超出，又因年龄关系，亦不能永远维持其特征。泰纳的理论虽说有科学的外表，但骨子内仍是玄学的。多少个人的特征是由偶然造成，便是为此，教育有他特殊的价值，针对这方面用功夫的。

比泰纳更进一步的是圣背夫，他的野心是做一个"精神的自然科学者"。他的研究有许多地方不能以纯逻辑来衡量，但是其学说证明了社会学的重要，引历史入一个新的途境。

个人的心理因素，逐渐有明确的解释，我们深感到史学家，必须要请教心理学者与社会学者的研究。因为人类行为含有无数的偶然，但是人类智慧的价值，便在淘汰这些偶然。试举天才为例：普通论天才者，常含有成见，或尊之为超人，或降之为愚夫，即是说天才的概念，仍然非常空泛，对多少史学家，那只是知识薄弱的卫护，或私心好恶的遁辞，我们看同一个历史人物的传记，其表现必然不同，多少凯萨、拿破仑的传记即是证例。

个人的个性是历史的一种因素，这是无法否认的。它比偶然更为普通，在某种限度内，他与心理现象混在一起，受社会环境的支配。在历史上，我们遇到多少无关重要的偶然，同时也可遇到多少无关重要的人物。因为历史人物的重要与否，完全要看他的影响深浅与久暂。

许多传记，确实做到有趣与动人的地步，但是，若从科学历史角度着眼，便觉着价值的贫乏，因为他们做传记时，受了传统潜力的支配，或者拘泥于某种思想，而将真的对象，移到用的方面了。"用"也是历史的任务，但是必须以真为第一条件，否则，这只是一种宣传而绝不是历史。

反之，在历史上，有些人的影响很大，却未被人提及，这种有意和无意的遗忘，对求真是一绝大的障碍。为此，真正史学家的任务，乃在那些名人之外，寻找那些无名的英雄，他们才是真正历史的人物，因为他们的思想、行为与生活，无时不潜伏在人民的意识内，他们不是偶然的，他们是一种典型。各个民族与国家有他们自己典型的历史人物，因为各个民族与国家有它自己的文化。同时，这些典型人物推动他们的民族与国家，使文化得以赓续与扩大，这种相因相成，要历史学家予以合理的说明。

从这方面产生的传记，我们才认为是真正的传记，以含有历史的个性特征。现在历史的任务，乃在研究史实基本的因素。在何种情况下，史学工作者，始能发现历史的个性，质朴的叙述出来。传记不是小说，因为它排绝想象，它有客观的资料，经过严密的鉴别后，予以逻辑的综合，这便是说，真正历史人物，乃在代表文化结晶的个性，他虽是无名的，却是民族与国家的。从精神上看，他又是人类的。

原载《振导月刊》第2卷第1期，1942年。

欧洲文化简释

一

佛罗郎斯国家博物院中藏有文艺复兴时米该郎（Michel-Ange）一尊雕像，题为"胜利者"，其形象是一位美而健壮的青年，膝下压着一个奴隶，头向前伸，有似一条耕牛；而这位英俊的青年，举起他强有力的臂膀，正要打时，他停止了，脸向后转，表现出厌憎、疲倦，无可奈何的神气，他胜利了，却也失败了。罗曼罗郎曾以此像解释这位雕刻大师的生活，我们现在拿它来象征欧洲的文化，试加一种解释。

二

尽管欧洲每个时期的文化都有它的时代特点，但是却有一个共同的倾向：在人与人、人与物之间，要用分析的方法，于复杂中求统一，施以一种精密坚固的组织。这便是说：在社会与自然的前面，他们要追问一个根底，寻找理智的满足。

为此，希腊亚波罗的庙堂上，刻着"你要认识你自己"。苏格拉底要说："你不探讨真理而热心于富贵，你不觉着可耻吗？"达尼在随笔中说："我知道什么？"欧人不只是重知，而且将"知"当作是一切的归宿，从希腊到现在，无论是哪一个时代，或哪一位学者，他们所致力的不是逻辑，便是数学。这两者是说明人与人、人与物两种最锐利的工具，只有从这两方面出发，始能得到真的知识。

三

希腊人对知的探讨的立足点为人体是一切的中心。他们不像埃及与中亚，以宗教来解释人类的生活。他们对社会不愿逃脱，对自然不起恐惧，他们由肉体到精神，由现实到理想，无时不在追求着对称、平衡与和谐。他们由个人至城市，由城市至社会，由社会到人类与宇宙，无时不加以逻辑的控制与数学的说明。因为这两种工具，虽说是抽象的，却是形式的。正等于他们所追求的美是局部与整体的调和与对称，是非常有分寸的。雕刻与建筑、竞赛与宗教的仪式，无处不表现于形体的美，便是亚里士多德——那样一位精深的哲人，而他最大的贡献不是形式逻辑吗？

古希腊是文化的十字街心，不只人种复杂，语言习惯不同，而且地形起伏，受海与陆的支配，进而形成独立与自由的精神。他们诅咒命运，憎恶神秘，因为这对于个性的发展，是一种斩不断的障碍，而将晶明的意识完全掩蔽了。他们要明白自己的一切，积而久之，自己便是衡量人与物唯一的标准，正如人之最可凭恃者为形体，所以他们把一切的神，都有健壮的筋肉，独立的性格，永远在斗争与冲突之中。他们综合了古代人类的知识，予以一种形式的表现，可是这种形式是个体的，有机的，现实的。这里边藏着不可思议的美，却不是希伯来人的天国，而是希腊酒神的剧院。

四

希腊发现了人体是一切的中心，罗马却发现了社会。这个孜孜不息的拉丁民族，爱土地，重所有权，较量锱铢，一切集聚在意志上，他们所推重的是利害，他们所拒绝的是美丑，即是说他们推重理性而拒绝情绪，这就是为什么他们最古的文献是十二铜标法。

当罗马人在海陆发展时，所遇的敌人是很顽强的，但他们能够一一克服，与其说是由于军事，毋宁说是由于法律。他们能够履契约的规定，因为契约维持人与人的关系，正是实用精神所要求的。自从罗马立国起，便用众志成城的方法，向四周扩张，以法来控制自己，以法来支配他人，便是神也不例外。拉丁的哲人说："人之可贵乃在合法。"法是公平的，同在社会上，为何能以种族、地理、语言等将人分做种种等级呢？便是这个缘故，革拉古斯（Grachs）兄弟为平民来奋斗与牺牲，也是这个缘由。大多数法学家并非罗马人，如该雨斯（Gaius）是小亚细亚人；巴比尼斯（Papinius）是腓尼斯人；毛德斯地纳斯（Modcstnus）是希腊人。

罗马帝国包含着许多不同的民族，为了维持帝国的安全，需要有共同遵守的法则，他们认定人生的目的在服务于牺牲，以便社会到完美的地步，帝国是集体意志的象征，帝国的光荣便是社会的安乐。因之他们重社会的设施，如道路、剧院、澡堂、水道，这些设施无处不为集体来着想。这只看安东族统治下的帝国，便知道法律的效用。所以孟森说："罗马的精神是在人民服从法律。"

五

古代罗马的理想是在组织健全的帝国，这个帝国便是社会的别名，他的人民，每个都是好士兵，同时又是好公民，在法律面前一律都是平等的。到纪元后二三世纪，这种古代罗马的精神变质了。一方面，受蛮人的侵入，使旧社会起了一种波动，混合与同化，即是说古代罗马的理想，不得不屈就现实，随着现实来推进；另一方面基督教降生，发现了灵魂的价值，使得每个人知道：这个世界是靠不住的，每个人只是过客。

这两种因素使古代罗马社会失掉它的平衡。罗马人怀念着当年的辉煌，可是不明白：何以基督徒自奉简约，快乐地视死如归呢？过去希腊人所恐怖与诅咒的命运，现在要拿上帝来解释，它不是可怕的，而是可爱的，所以他们说上帝是爱。爱的实施便是要爱人如己，因为人不止在法律面前是平等，在神的面前更是平等的。为此，基督说："你们要互相爱，因为你们是兄弟。"

六

中世纪受基督教的支配，形成精神的个人主义，狂热地爱未来，以养成不可摧毁的个性。刚比斯（Ibomas de Kambyse）说："虚幻，一切都是虚幻！"他们视人生的最高价值是灵魂的完美，各种生活几乎都含有一种孩子的气概，在十字军东征时，多少人去耶露撒冷是为着死而去的。他们看死不是灭亡，乃是生的降生。正如十三世纪哥特式的建筑，由罗马式的笨重与暗淡，一变而为清明与玲珑。

便是因为这样思维的方式，我们觉着中世纪很难了解。我们觉着多默斯（St. Thomas）的哲学比亚里士多德更为奇突，但是，中世纪讲求灵魂，结果使思维术推进，树立起科学的基础。多默斯在他的巨著（Summa Theologica）中，处处以问题出发，提出反证，得到结果论，完全是几何形式的。但丁《神曲》的结构，仍然逃不脱中世纪的影响，也是数学式的。其所以不同于希腊者，是因为希腊以人为归属，而中世纪以神为归属。

七

中世纪文化的基础，建立在信仰，信仰需要仪式、堂庙、教会来支持，便是说实质与外形的调和。正如哲人精神的特点在"知"，当知的范围扩大，旧的外形便不能保守了。东罗马的灭亡，新航路、新大陆的发现，便将时代划分，产生了文艺复兴与宗教改革。

这两种思潮，起始仅只是两种运动，继后合而为一，变成一种革命，开创了新的时代。他们同是要复古，但这个"古"，既不是拜里克来斯的希腊，也不是圣保罗的罗马，而是埃哈斯姆（Erasme）与加尔文（Calvin）所想象的希腊与罗马。因为他们觉着空间扩大，每个人要拥护自己的意识，做理智的信证。这一点，从《圣经》译为多种语言看，更觉意义深长。在理智上坚认上帝的存在，但要用自己的语言来对话。

八

从这种大转变中，他们要求解放，追寻似乎已失去的自由；他们要求对自然的认识，加以一种控制。他们的思想以纯知为目的，但是，从前的纯知便是上帝的别名，而现在却是人的了。

这种思想的演变，不是偶然的。因为他们以人为中心，用分析的方法，怀疑的态度，产生组织自然、应用自然。在组织与应用上，没有比数学更合适的了。文西说："数与量是控制自然的基础。"哥白尼说："真不是外形的，而是逻辑思想用到自然现象中。"加利莱更进一步说："自然这部书是由数学写成的；事物的真实是由形、数、运动而得。"

九

观察自然的程序是唯一控制自然的方式。每次观察所得便是经验。每种新的经验，建立起新的假设。假设实验而没有例外，便是真的知识。培根说："知识是能力的权衡。"这便是说知识愈丰富，能力愈强大。因而探讨知识成了西方人士唯一与最高的目的。

17世纪就是受了这种精神的支配，外表上虽详静，而内部却很紊乱，形成 18 世纪科学惊人的进步。数学有：Menge，D'Alembert；天文有：Laplace，Lalance；物理有：Franklin，Volta；自然科学有：Buffon，Cuvier；生理有：Haller；解剖有：Hunter；医学有：Laennec，Pinel，Avenbwgger，Corvisart。

18 世纪科学的进步，使人感到物质幸福的可贵，嗟叹失掉的自由，憎恶那种人为的社会。这样人与自然的斗争转变为人与人的斗争，从此产生了法国大革命。

十

法国大革命带来资本主义的发展，起初是不自觉的。因为在大变动平静后，当时浪漫主义正达到强盛的地步。浪漫主义不是文化的，乃是社会的；他是一种彻底的个人主义，每个人都是不过时的英雄，因为他们的出发点，是个人幻变的情绪，他们所追求的是自然的幻觉。可是生活不是虚幻的，而是实有的，所以他们尽管诅咒，但不得不迁就现实，可是他们没有得到自由，却将宇宙的统一破坏了。

十一

自从 18 世纪以后，机械与殖民地的发展，将人变为生产的工具，成了经济人（Homo Economicus），便是说幸福与繁荣合而为一，这种理论是由亚当斯密所提出的。因为无止境的进步，一方面增加了欲望，别一方面生产过剩，人受了机械的支配，结果造成本欲控制物质，反而为物质所控制，马克思不是视人为机器吗？我们看到疯狂的争夺资源，贪婪的制造生产，结果在纺织厂内有受冷的痛苦，在面包铺内有饿死的危险。

这种矛盾的现象，我们不能归咎于科学，科学在求真理，以扶助人类的幸福为职责。但是现代文化却在排演一套最惨的悲剧，这是为什么？

现在文化的病源，在人失掉正常的概念，即是说人是一副国家机器或阶级机器中的一个小零件，他没有智慧，没有思想，这种机器愈复杂，愈进化，而人的意识愈降低，结果是一个总崩溃。这不是科学的错误，这是"文化不以人为中心必有的现象！"正像米该郎的雕像，他胜利了，却也失败了。

你不信吗？你看现在的战争，除过那外表的因素外，还不是现代文化的病症发展的结果？时间会给我们一种正确的说明。

原载《前锋》第2卷第2期，1941年。

元代西欧宗教与政治之使节

上　卷

一

元时方济各会修士来华史实，系东西交通史、公教流行中国史最动人与最有趣的一页。他们的努力、冒险、大胆，无处不表现伟大与有趣，他们迅速的成功，无穷的希望，以及最后的失望，又含有滑稽与悲哀的成分。但这个史实，常为人覆上一块厚布，不愿揭开，带有几分神秘的色彩。不过，就他们所处的时期，所行的事迹看来，实为欧洲中世纪的交通史上，最辽远与最冒险的尝试，和新大陆的开发、东西航路的发现，具有同样的价值。

二

西方人在未来中国之前，首当明白：中国是否存在？从何处始可到达。便是在希腊与罗马时代的末期，他们只知有中国这么块地方，却不清楚由何路始可到达。

希腊与罗马的势力扩展到埃及与幼发拉底河后,他们的商人与水手,很有规则地与远东贸易,因为远东货物的昂贵,竟致西方市场蒙受重大的影响。这时商旅们所行的陆路,至少有一条,可以安然行走;水路方面,按照季候风的来去,在印度洋内也可遇到中国商船。交易地点,则在锡兰岛附近,有时亦在波斯湾。

但古代东西交通史上,除如东汉孝桓帝延熹九年,即纪元后166年,大秦王安敦"遣使自日南徼外"来朝等含混的记载外,并没有可靠的叙述。而当时的旅客,亦不能使中国与罗马直接发生关系。货物交易,须经许多居间人物,至于当时有限的地理知识,因途路遥远,辗转相传,其损失较诸货物更为利害。像古代地理学家斯脱拉朋与朴岛莱买,对于里海与印度洋之轮廓,其错误与矛盾的言论,较之古地理学家爱好多德更多。至现在,若想从他们的著述中,划出亚洲东北部精确的路线,仍是一件非常困难的事情。

三

古代西方人对中国不正确与错误的认知,没有比对中国产物不了解表现得更淋漓尽致了。希腊与罗马有知识的商人也是一样糊涂。当远东丝绸侵入欧洲皇家市场后,妇人服装,渐趋奢侈淫靡之风。塞奈克与少利纳士诸文人,既已言之矣。"产丝地"一语,逐渐成为神秘地方的别名,经过长时期后,始命此为中国。为着要将地方与产物两意念联合起来,希腊语中,将已用之 Sinae(即中国)一字抛开,而用 Seres,这个 Seres 字含有二意:指吐丝之蚕,亦指产丝之地。拉丁人也是如此用的。

纵使如此,他们对于蚕丝与产丝之地,仍无精确的概念,不晓得这些漂亮丝物,其原料究竟是什么。继危尔锐洛与薄利纳之后,许多人认蚕丝为植物,由森林中的树叶织成的。纵使别人较有合理的解释,如包作尼亚士,在第2世纪末,著有《希腊宗教指南》,可是关于丝的神话与妄语，仍是到处流传，而欧亚交通的途路，亦缘此而埋没。到雨士地尼（527—565年）王朝时，始将帐幕揭开，西方市场始明白与东方交易情形。

蚕丝神秘的揭破者，系聂斯多派的传教士，自艾发斯宗教会议（431年）后，聂派不能在希腊境内存在，传至波斯，成为独立的教会。继后爱得斯学派停止活动（489年），尼西泊派起而代之，开始扩大宣传，超越中亚细亚，最后到达中国。

历史学家扑落告扑给我们保持着这个有趣的传说：据言两位聂派教士，从中国回来，为避免税关严厉的检查，将棍端剜空，蚕种藏在里边，始得携带出境。从此东罗马人明白哪里是蚕丝与产丝之地。

四

打破东西交通的障碍，给商业与宗教一种便利，虽只是昙花一现而已。不久回教向外发展（632年），报达教主的选出（762年），引起欧洲人的注意，同时亦封锁了波斯一带的陆路。当时日尔曼族皈依基督教，欧洲传教士们，得到新开辟的园地。在希腊方面，虽与印度仍断续往来，然英地告扑洛斯脱不健全的宇宙知识，并未引起向东方推进，纵使他的绰号永远是破天荒的旅行者。不久之后，在7世纪初，西毛加达给我们一段短而可靠的记载，但这是种偶然获得，且来自土耳其方面。从此，对于亚洲东部与中部的居民状况，我们多少有点正确的知识。

实际上，西方人仍不了解中国，他们零碎的知识，都是来自传闻。只有那些聂派教士，始由亚洲中心到达"丝乡"。在13与14世纪间西人的游记上时常提到他们，却不予以同情。到西安景教碑出土（1625年，刻自唐建中二年781年），始证明他们东来传教的踪迹。同时，亚拉伯人由海路推进，一直超过麻六甲海峡。9世纪苏来曼之游记，记载着他们在中国的商情，这对中国政教的状况增加了许多有趣的材料。除过亚拉伯人和聂派教士外，在中国及其周近，并无西方人士的踪迹。

五

在 13 世纪的前半期，荒原中起了一股暴风，使亚洲的政治与社会，发生强烈的骚动；同时中国与欧洲，发生直接的关系。截至此时，欧亚是不相往来的；由一种历史的讽刺、给欧人开放亚洲门户者，却是蒙古人。

在 1188 年，"百折不挠的帝王"成吉思汗，组织蒙古帝国，开始了他许多伟大的胜利。从 1207 年，着手进攻中原，经二十多年之久，占领中原。继后逐渐扩展，侵略加来米颜、土耳其斯坦、波斯、脱拉少克颜纳、高拉散、高加索及俄罗斯南部（1224 年）；又自北京至地伏利斯（1220 年）、窝瓦、得尼拜尔及加尔加（1223 年），经和林、亚马利克、撒马尔干及布加拉。蒙古辽阔的地界，以马之驰骋为界限。第一次的侵略，即止于得尼拜尔。

成吉思汗死后（1226 年），继位者又卷土重来，从乌拉尔与基发（1240 年）一直至西莱锐平原（1241 年）、匈牙利、脱来继斯、乌地纳各市场。列尼池一战（1241 年），使佛来得利克第二胆寒。其时各国溃退，整个欧洲沉入恐怖中。柏斯池被火焚烧，贵发名城，亦遭同样命运；三年后，柏郎嘉宾过其地，只留二百余所房屋。匈牙利有几省之地，旅行半月，不见人烟。蒙古人激起的恐惧，传播甚远，竟至荷兰伏利兹渔人不敢去英国亚尔莫斯海边捕鱼，这才真是叫作"灾年"。

从蒙古草原，以骏马直驰至西欧中心；当欧洲尚未确实了解时，那些历史学家与地理学家，如倍根之流，以为这是古代马地亚尼特之余留，或为可咒者高克与马高国，从深山与岩峪中跑出，向欧洲侵来。这是一种可怕的驰骋，自和林至奥德尔河，人马所至，只见一股暴风的灰尘，在那里边，飘荡着永远胜利的九条白带的旌旗。

但是，在亚洲以至在欧洲某部分，如果将蒙古人的事业，只归纳到战斗、残杀、破坏、抢劫与聚敛之中，我们决不会了解当时真正的事实与情况。当蒙古人取得政权时，以成吉思汗为法，晓得组织的重要。继后与汉人接触，更启发与增强他们的组织才能。他们袭用流刑，含有繁荣蒙古之意。吕柏克在和林，曾见各种匠人、司书、僧侣以及艺术家。蒙古人以马征服世界，他们说："帝国乃是由马统制。"他们的总务与驿站，组织甚为健全。如此繁多的信札，在辽阔的帝国内，传递亦很迅速。罗马教廷的使臣，很能明白，为了快走，每日他们可换六七次乘骑，蒙古人征收税务，派遣差徭，有时非常苛刻，却也为了稳固财政与加强组织。

我们只知蒙古人所向无敌的胜利，却不知其有精锐的侦探，每次大军出动之先，侦探队早已放出去了。

对于各种宗教，他们采一种宽容的态度。元世祖看着各派宗教说："正如掌上的手指，每个都是服侍手掌的。"元世祖把手掌比作他的帝国。

六

因为宗教的关系，纵使蒙古人是可怕的，欧洲人士，特别是教皇，内心减轻了不少的恐惧心理。在欧洲历史上，自从蛮人阿地拉与匈奴侵略后，从未见过如此巨大的事变。当时正值十字军东征，欧洲人士的心理上，即刻起了两种意念：一、向蒙古传教；二、与蒙古联合，夹攻回教。假使这种策略成功，基督教的地图将完全变色，世界亦将产生一种新的局面。

为了了解教皇因诺增爵第四新政策的价值，一方面当了解当时基督教的情形，在13世纪的中叶，罗马、德国、君士坦丁的基督教徒们，互相分裂，互相排挤；另一方面，蒙古人计划不定，1241至1246年，又无领袖人物。此外，西方还传播着有力的流言，说蒙古王公已皈依基督教。

七

因诺增爵第四，方选为教皇（1243年），放下他所提议的里昂会议，即刻决定向蒙古领袖派遣三个使臣。向中国北部来者，系柏郎嘉宾——曾为西班牙及德国方济各会会长。其余二位则向南去，一以罗兰为首，系方济各会修士，取道叙利亚；另一位以安息灵为首，系多明我会士，取道波斯，有西蒙与居斯加为赞助。

当报达回教主陷落（1258年），乌拉古（Houlagou）威名远播。在消息尚未证实前，教廷的半传教性半外交性的使臣，在1245年已向东方出发。他们充满了热烈的希望，道经开普查及伊兰蹂躏的草原，枯骨暴露，沙漠北部，群山静立，"在夜间，和着风声，可听到鬼哭"。在这种凄凉的景况内，罗马使节，向可汗居处，策马前进。当时亚洲西部，多明我会传教最力、组织最强者李可多曾说："即在蒙古人侵来与残杀时，天主复活了多明我与方济各两修会，以巩固与传播基督的信仰。"苦痛之后，继以希望，这次东方之行太乐观了。英国著名史家马太巴黎，从圣多般修院内，推测到蒙古人原是基督教徒，系犹太十支中，散亡后幸存者。

实际上，蒙古侵入欧洲，给新兴的两个修会——方济各会与多明我会——一种新的热力与方向，因为他们的志趣，是"为基督远行的"。也如六七世纪的爱尔兰人，徒步大陆，留下许多含有诗意的遗迹。两个修会的修士们，不久便组织成"为基督的旅行团"，他们的发动、规则、职责特别是初期的练习，很值得较深刻地研究。因为他们训练这批人才，由东方言语着手，一切都是有方法的。他们当时重要的工作，集中在克里米与里海。自从回教主失势后，由该处推进，直与亚洲中部，波斯及波斯以东的地方。日纳与威尼斯在黑海的商民，拉丁民族占据包士伏尔（1204年），在交通上，自有不少的便利，给欧洲相当的利益。方济各会的信札，既已丰富，复寓新的发现，却未说出他们这种英雄的尝试。

13世纪中叶，基督教传教工作开始，为时不久，便有重要结果。罗马教廷，将蒙古人所居地，划为三大教区，其中六个小教区，隶属于方济各会。第一教区为亚桂命，在开普查，内有两个副教区：加察利亚与沙莱。第二为东方教区，内分三个副教区，即东欧的君士坦丁堡、小亚细亚的脱来彼任德、波斯的达伯利池。第三为契丹教区，专管中国及东土耳其斯坦，但此教区，建立较迟，往中国的使节，须经由前两教区，路途虽远，却未出蒙古属地。此外，因契丹一名，方济各会修士，始为欧洲尽介绍中国之责。

八

派往蒙古之使节，未至大可汗处，两人已告失败。罗兰动身与否，尚未可知，至于安息灵及其同伴西满，亦未越过波斯，仅到拜住戍将驻守地。他们留下一篇有价值的叙述，而文生特包凡氏竟为之妄加改穿，收入所著《历史镜》(*Speculum Historiale*) 内。

1247年安息灵等抵波斯，蒙古戍将拜住守此，欲晋谒，面呈教皇书。蒙古守校询问来自何方，答："奉教皇命至此。"复问教皇为何人，答言："卓出众人之上，视若父若君。"乃怒曰："汝主未闻大汗为天子，而拜住那颜为其辅将乎？其名应举世皆闻。"安息灵温言以答。

守校见拜住后，又问安息灵："教皇既遣来使，以何馈仪来献？"安息灵答言："未携何物，教皇不以物馈人，亦不受人馈。"守校又说："尔等欲空手见我主，前此无例可援！"安息灵回答："倘不能入见，即请以所致书转呈主将。"

待将教皇书译为波斯文后，守校呈拜住，又偕大汗书记出，命派选二人，觐见大汗，但以礼节问题，辩论终日，未得要领。日暮，诸教士终日未食，退居帐中，离拜住所居帐，约有一公里远。

四日后，安息灵等复赴营索答书，但无人接见，日日前去，如是者有9星期，当时正在盛夏，烈日炎炎，拜住将卒，无一前近与言。

西蒙说："鞑靼人视诸教士卑贱如狗。"拜住得知，怒其直言，欲杀之者三次，卒未行。

7月25日，安息灵得拜住复书，内容很倨傲：

> 那颜拜住，奉贤汗命谕汝教皇：使者赍来书，言词倨傲，未审汝命如是，抑其自作如是？书谓吾人杀戮过重，殊不知吾人奉天命，与大地全土主人诏敕，凡降者，保其水陆与资财，复献其兵力，凡拒抗者，则灭之，兹特谕汝教皇，朕欲保汝水陆与资财，必须亲身来营纳款，并入朝大地全土之主，否则其结果仅有天帝知之。兹遣使臣爱别吉薛尔吉使汝国，汝来朝与否，为友为敌，可速自决，遣使来告。七月二十日作于西田斯。

安息灵持此返教廷，出使共三年七月，得此成绩，可说是不辱君命了。

九

担负着教廷使命，却未与蒙古缔结成功，在俄国王公与主教前，又复惨遭失败。63岁的柏郎嘉宾，却享有特殊光荣，便是到了蒙古可汗的都城。他的旅行记述，题为《我们所称鞑靼的蒙古史》，系对蒙古人的风俗、宗教与组织最宝贵的史料，因为是来自他个人直接的观察。当他回到法国，倦困至极，无力多言，沙郎柏纳沉醉地听人读这部奇异的作品。当时因诺增爵第四派遣使臣的目的在于联络与探险，并非纯粹为了传教。柏郎嘉宾的同伴本笃，也留下一篇经略，两文相对照，完全符合教廷的训令。

从里昂到贝加尔湖附近，往返行程，需时二年七月。柏郎嘉宾所历重地，为扑拉克、包埃米、西莱锐、柏莱斯路，自此处起，本笃即加入他的行程。后经波兰，遇瓦西里——亦名巴锐尔，系瓦拉地米与服利尼的公爵。过克拉哥维时，他买了四十多张狸皮，八十多张獾皮，作为沿途送人的礼物。后又穿过俄国及乌克兰，他曾致力于教会统一的工作。之后到战后摧毁的基发，下得尼拜耳，过东河，到现在的洛士都城畔。1246年4月4日，到窝瓦河下游，约160公里，便是亚士脱拉干，其地住着成吉思汗之孙拔都，营帐粗陋，气象雄伟，真是一座活动的京城。

当柏郎嘉宾到时，拔都执事官询问有何物来跪献，诸教士回答："教皇不能必其使者抵奉使地，故未携馈品，又途路艰险，势所不能。可是我们有私物奉献蒙古汗。"蒙古官得知来意，引赴拔都帐幕。诸教士至帐前时，须先逾两火间，祓除不祥，火旁树二矛，矛上系绳，绳端系布片，凡人畜衣物必须经其下，有两妇诵咒洒水。蒙古官命三曲左膝，勿触门阈。及入帐，拔都高坐台上，一妃侍侧，宗室官吏坐于帐之正中，男左女右，诸教士跪陈致词，呈教皇书。拔都命立于帐左。此帐广阔，系得之匈牙利王。拔都善饮，每酒必作乐歌唱；性和善，惟令西方使臣，前赴选举新大可汗之地。

十

直至此时，旅程虽倦困，但还可说是顺利的。因瓦西里与斯拉夫贵族，告给柏郎嘉宾许多蒙古人的消息；同时并得到俄国向导许多忠实的帮忙，基发以后，一切由他们领导前进。现在却不同了，从窝瓦河到沙郎加是一段最艰辛的旅程，复活节日，亦须行路，前途茫茫，不知生死。欧人不善乘马，远行更为困难。在基发时，蒙古军旅事务员，系叙利亚人，曾向柏郎嘉宾说："要走这条路，只有乘蒙古马，因蒙古马能在雪底寻草，像蒙古别的动物，不需刍秣，便可生活。"

他们不习惯于长途跋涉，可现今却要自早至晚，无时停息。当离拔都营时，本笃为着事前准备，对我们说："将腿扎住，以支持每天可怕的行程。"从复活节前40日，食物便起恐慌。复活节后第一周，走了很长的途程：每天要走六七站。

自窝瓦盆地起,一直到西尔达里亚,即古之伊亚沙尔脱河,入乌拉尔湖,为里海沉落后暴露出的大平原。柏郎嘉宾经过其地后,即入峰峦层叠的山地,景色特殊,继后近德村加根的亚拉都（Alatau）山相传为人类分布地点,亦即各种侵略者必由之处。经过一段长的行程后,时虽在6月底,仍然是冰天雪地。终于进到蒙古,听说不久将选举大可汗,帝国各处的大员,差不多都已赶来。这种消息,使蒙古向导非常兴奋,披星戴月,自朝至暮,生怕误了这个大典。因之,不顾欧人能力,只是策马前进,"早晨吃点晚上所剩的饭"。经过三个半月苦痛的行程,在1246年7月22日,柏郎嘉宾到了贵由可汗驻驿地：西拉奥尔都介乎沙郎加河与奥贡尔河之间,距和林只半日行程。

五年逝水般地过去,不幸承继窝阔台遗位的选举尚未成功。柏郎嘉宾觐见蒙古可汗,须等四星期。贵由从拔都处得知教士西来目的,便指定一帐幕,作为教皇代表的住宿处。这种简陋的款待,却使一位西方俘虏即银匠吕岱纳非常感激,他为新可汗雕一宝座,并铸一印玺,其后,回复教皇的信札上盖有此印。经过许多会议,选举方得完成,定8月15日为登基大典,接着又有七天的盛宴。

柏郎嘉宾随时考察,并一一记录。他估计各地所派的代表,约有四千多人,有的来进贡,有的来朝贺,有的来报告。大致都受优礼,而教皇代表,成为最特殊的人物。俄国太子耶和斯拉夫,系柏郎嘉宾的同伴,助力不少,据说赴太后杜拉基纳的宴会后,"忽暴死,七日后,身现青斑,为毒死无疑"。这些都使柏郎嘉宾升起一种耐人玩味的沉思。关于蒙古习俗与组织,柏郎嘉宾都有丰富的记述,给当时史学家一种精确的史料和浓厚的兴趣。因欧洲正被蒙古侵略,他们便竭力搜罗旅行家的叙述,以著述动人的读物。

十一

当柏郎嘉宾策马向基发与窝瓦河行进时,教皇正召集里昂会议。

其第 16 次会议，专门讨论鞑靼问题。俄国彼得亦前来参加，他是俄国一位神秘的主教，"既不晓得拉丁，又不懂得希腊与希伯来语言"，借着翻译，却能回答因诺增爵第四所提出的九种问题。关于蒙古的宗教与信仰，人数与武力，对欧洲的企图、条约的尊重，接见使臣的状况，各有详细的询问，而前此那种深度的不安，亦逐渐明朗化。教皇当时所忧虑的，也无非是这些问题，在他的私心内，想与蒙古缔结同盟，既可减少蒙古的威胁，又可解决回教问题。假使我们把俄国彼得的报告与柏郎嘉宾就地所得的资料相较，自可看出里昂会议所得的消息与认识，更为准确，更为丰富。

因为柏郎嘉宾居的地位太好，容易了解蒙古帝国的宗教。自得尼拜尔至黄河，自波斯湾至北冰洋，各种宗教，交相并存，如聂斯多教、佛教、回教等。蒙古人敬至尊的天神，对景教有特殊的好感。在不同的宗教与种族间，柏郎嘉宾特别提及蒙古人的容忍与宽洪，他们有时竟对一切漠不关心。

我们当一作若望神父王国的调查。欧洲自 1 世纪以来，即传言东方有一王国，完全为基督徒。此事系奥东在罗马听加柏拉主教所说（1145 年）；继后教皇亚历山大第三至信若望神父，这个传述便到处风行。攻陷达米耶脱后，维特利又播散这个故事，民间传得分外有力。教皇的宗教政治计划，帝王们欲与蒙古人媾和，无不受这一传述的影响。这个传述的散布，一直延续到哥伦布时代，只是将内边的英雄，由中国与印度边境，移至阿比西尼亚了。当时，欧洲人希望这位神父是在蒙古统治的亚洲。所以柏郎嘉宾，竭其所能地去寻找，结果是毫无影踪。

十二

贵由即位后数日，柏郎嘉宾偕数国君主入觐，丞相高声唱名，诸人屈左膝四次。入觐前有人遍搜全身，恐暗藏兵器，继又命入门时勿触门阈。觐见者各献礼物，以金帛皮革为多，仅柏郎嘉宾等无物可献。

入觐后，贵由命丞相转告诸教士，笔述来使目的；并问教皇宫内是否有人懂蒙古文、俄文、波斯文。柏郎嘉宾回答：没有。最好的方法是用蒙古文写出，在觐见时，将它译为拉丁文。帝亦采纳。后数日1246年11月11日，加答、拔拉、丞相偕书记数人，同来教士住所，译贵由复教皇书，柏郎嘉宾以拉丁文逐字记录，不使有误。然后在可汗书上加贵由印玺，并附波斯译文。可汗有意派一使臣访问教皇与各王公，并与柏郎嘉宾偕行，但柏郎嘉宾疑使臣系侦探，便加以拒绝。二日后，诸教士觐见皇太后，她各赐狐裘一袭。

柏郎嘉宾的结论，以为蒙古人要发起新的侵略，欧洲人自然起了戒惧。实际上，在梵蒂冈档案中，发现的贵由波斯原文信，可看出既不能缔结平等同盟，又不能使蒙古人信教，如教皇当初所望。蒙古人自拟为世界之主，视他国为臣属，因之，要教皇称臣纳贡。对于宗教，却在那胜利高傲的言辞内，泄露出些微的好感。

11月13日，柏郎嘉宾起身回欧。次年5月9日到窝瓦河拔都营中，重新会见不能渡河的同伴，大家总以为生前不能相聚了。6月9日，他们到了基发，城内有许多威尼斯、比沙、日诺的商人。他们快乐地款待教皇代表，认是死中复活。后由波兰、包埃米、高洛尼回到里昂。他遇着同会多嘴的历史学家沙郎柏纳。沙郎柏纳系教皇的朋友，方从意大利来，请柏郎嘉宾叙述出使的经过，在他的札记上，满满地记载了五六页。因诺增爵第四祝贺他的使臣，祝升他为亚尔巴尼亚安地瓦利的主教。但饥寒困苦影响了他的健康，1252年他便与世长辞！

十三

纵使教皇使臣出使蒙古并没有特殊的成绩，然与蒙古同盟，使蒙古人奉基督教的希望，时时活跃在欧洲人的心中。从亚洲基督徒们传来的消息，特别是景教徒们，虽说不很忠实，却引起生动的兴趣，尤以景教教士亚达为著。在柏郎嘉宾离开蒙古后，他便与贵由往来。法王路易第九亦想派使与蒙古缔结同盟，反抗埃及，并传播宗教。

多明我会教士郎友漠曾研究过东方语言，他至少晓得亚拉伯、叙利亚、波斯三种文字。路易第九很敬爱他，驾崩时仍呼着他的名字。几年来，他在近东与亚达共同工作，使景教与罗马接近。路易遣使最可注意处是他的动机。当时（1248年）有些无名使臣，如大维与马可，自称奉波斯蒙古戍将宴只吉带命，来谒法王，要求同盟。信中言及已皈依基督教，并保护东方所有信徒。此外，又传说贵由大汗已受洗礼。当时贵由患关节炎，又沉于酒色，政务委托合答与镇海大臣处理，此二人皆基督教徒。合答系贵由之师，曾以基督教义授贵由，以故基督教在朝颇得势。柏郎嘉宾曾见可汗帐侧有一教堂，贵由似有奉教之意，其印玺之文为："天上之上帝，地上之贵由，奉天帝命而为一切人类之皇帝。"

这些动人美丽的消息，是景教徒们伪造呢？还是过分夸张而使法王乐观呢？不论如何，郎友漠从西扑岛的尼哥西起程，经安底奥基、波斯与里海之滨。他的行程很有趣味，给地理历史上以很大的贡献。按照他的叙述，我们始确定里海的东南边界。

当郎友漠到贵由营幕时，贵由已去世（1248年）。是年春，贵由欲赴叶密立河畔养疾，道过民舍，悉赐金帛。时拖雷妃沙儿合黑帖泥，以拔都未入朝，贵由既西行，有暗斗之意，密遣人告拔都，嘱为自备。是年4月，贵由行至距畏吾儿都城别失巴里七日程之地，病烈，死于道，年四十三岁。

当时接见郎友漠者，系摄政皇后，所受待遇尚优，然结果不符路易第九所期。1251年3月，西还报命，回至巴力斯坦凯萨垓，觐见法王。证明蒙古军中，有许多基督信徒，当派遣带有主教神权之传教士前往，1253年1月20日，教皇因诺增爵第四于覆路易信中授予全权。其时流言又起，传说拔都儿子沙尔打克已信教；成吉思汗曾与若望神父会面；蒙古军队内，有八百多小教堂设置在车上，路易第九的使臣便在这些诱人的传述中出发，结果仍未成功。历史家冉未尔叙述蒙古女王粗陋的回答，法王的自悔语调间，流露出很悲哀的神气。

十四

因诺增爵第四的信尚未到，路易第九已决定一种新的计划，要派遣方济各会修士吕柏克出使蒙古，到中国边境。这是很艰辛的旅行，需要有特殊的能力，始能胜任。

吕柏克居然做到了。当到蒙古帝王帐前时，他安静地唱圣诞节时的圣咏。及到可汗面前，却沉默不言。可汗问他：

"在我面前，你是否有点恐惧？"

"怕吗？"吕柏克回答，"如果我怕，我不会来至此地！"

吕柏克是当时法属伏郎德人。他的履历，我们不大明白。按照他的叙述，我们看出这是一个善于观察，头脑冷静，有毅力，有学识的修士。说到他的身体，他笔下流露出一点描述，他说："到每站换马时，我肥胖的大肚，要我必须抢那最壮健的马。"

1252年的春天，吕柏克离开西扑岛，经圣若翰达尔克到君士坦丁。准备行装，补充各种材料，因为意大利许多商旅，寄居此地，与蒙古所属地方，常有密切往来，能得到各种消息。吕柏克自然不愿失掉机会。

1253年5月7日，吕柏克起程，坐船到克里米之稣达克。同行者，尚有修士克莱芒，青年告塞尔，还有一位翻译与仆人。这位翻译很可怜，他最怕在那有限的数字内，翻译那讲道与说理的文字，吕柏克感到重大的失望。按照意大利商人的忠告，从稣达克动身，使用牛车，因为吕柏克带有许多行装、书籍、送长官们的礼物、葡萄酒……

十五

约在6月1日后数日，吕柏克第一次与蒙古人接触，"好像进到一

个新的世界，或到了历史上另一个时代"。当过柏勒告扑地峡后，正如"过了真正地狱之门"。向东行进，自稣达克以来，"有二月多，未曾睡过帐幕，或卧露天下，或寝车下。途中不见村庄与建筑物，只见荒冢累累……"到沙尔打克居处，吕柏克盛装晋谒，从者持法王礼物，沙尔打克及其诸妻甚以为异，吕柏克呈路易第九书，并附有亚拉伯与叙利亚译文。

这位蒙古王公，并非基督教徒，且有揶揄之意。次日，沙尔打克语吕柏克："如欲留居国中，须经我父拔都许可。"

拔都营临窝瓦河畔。8月8日，吕柏克等抵沙拉都，从此乘舟，直至拔都行营。抵拔都营后，吕柏克惊奇游牧城市之广泛，长有三四里，人民繁庶。拔都帐居中，门向南，每帐相隔，有掷石之遥。帐以毡为，上涂羊脂，以御雨雪。此种帐立于车上。迁时，以牛驼拉之他去，非常方便。

吕柏克谒拔都于大帐，拔都坐金色大床，旁坐一妇人，其他男子列于该妇之左右。帐内沉寂，拔都注视甚久，继命发言。吕柏克祝福后，呈法王书。拔都问：

——传闻法王率军出国远征，果是真的？
——是的，吕柏克回答，因回教徒污渎上帝居宅，故欲声讨。
——从前是否已派遣使臣来此？
——尚未。

吕柏克出帐后，有人来告："如欲留居蒙古国内，须请命蒙哥皇帝。"拔都要将他们送至和林。吕柏克虽聪明有才干，拔都亦和蔼接见，但没有具体成绩。

十六

因为气候关系，蒙古领袖供给吕柏克等皮袄、皮裤、皮靴、皮袜、皮帽。此外还有两匹马，专驮行李。

从 9 月 15 日，由乌拉尔河向东行，路上分外艰难，吕柏克等饥饿难忍，深幸带有送人的饼干，可以救急。同时还有几个西方俘虏，也尽心服侍他们。

过咸海北，越西尔达里亚河后，向东南行，渐近亚洲中部山脉，即阿拉都山北。旅程十分困难，所吃食物，"因为缺乏柴火，只吃半生半熟的羊肉"。驿站和他们开玩笑，每次只留下最柔弱、最不驯的马匹。气候亦特寒，从 11 月 6 日起，"须将羊皮反穿，毛向里边"。这一切的一切，吕柏克给我们留下很多有趣的叙述。1253 年 12 月 27 日到蒙哥行营，此时离和林不远了。

蒙哥行营初次招待吕柏克，并不如何客气，他们住在低狭的茅屋，食物简陋，反之，那些蒙古的向导，住在高房，喝着"米酒，使人想到乌塞尔酒"。1254 年 4 月 5 日，他们到了和林，情形逐渐好转，一直住了六个月。在这个世界商旅集团中，各种宗教相聚并行，"像苍蝇找蜜一样"，蒙哥很宽洪，不与任何宗教为难。吕柏克兴趣很浓厚，常与回教、景教、摩尼教、佛教等公开讨论，他感到分外的快乐。此地有些公教人，大半是俘虏，如加布希野系可汗的金银匠，拔克脱系蒙哥一皇后的侍女。吕柏克特别招呼他们，在复活节的前一星期，欧洲人士聚餐一次，吕柏克着会衣，给他们解决良心上的各种问题。中国即是古之丝乡，处处引起他的好奇。他是第一个欧洲人书写中国字体，同时建议中国应用纸币。

十七

1254 年 1 月 3 日，吕柏克第一次觐见蒙哥。蒙哥遇之以礼，但关于缔结同盟，皈依基督教，在可汗眼中，却不在意。是年 5 月 31 日为最后会见，他们曾讨论教理，吕柏克感到刹那的吉兆，可蒙哥即刻又恢复中立态度，因为要守成吉思汗遗训，对任何宗教，一律平等，无所偏袒。吕柏克深感失望，认将来亦未必成功。他谦虚地说："如果能像每瑟在法劳庭中做出许多奇迹,蒙古人也许会改变他们的信仰。"他要求留居蒙古,结果却被拒绝了。

当时,蒙哥欲派一使臣,随吕柏克西来,因为"所经道路不靖,难保旅人安全",被吕柏克拒绝了,实际是怕使臣为侦探。蒙哥付以手谕,吕柏克问:"向法王送达后,是否可以重来?"

蒙哥不答,只命多带旅行必需物品,并赐之以酒。

蒙哥致路易第九书内,首引成吉思汗谕语:"长生天命,天有一帝,地有一主。天子成吉思汗谕曰:耳可闻与马蹄可到之地,可将此谕谕之。其不从而欲以兵抗者,将有眼而不能视,有手而不能用,有足而不能行,长生天及地上神,蒙古主之命如此。"书颇长,译者有多处不明何意,故有许多处语意不明,手谕中但所表现的态度则颇为高傲。

1254年7月6日,吕柏克辞别蒙哥,和他的向导起行,由和林到窝瓦河费时共70日。他找着告塞尔和他的同伴,又找到他的书籍与祭衣,"只短了圣母小日课与亚拉伯文史料"。后在高加索,得威尼斯人帮助,在1255年5月5日,回到地中海边。其时,路易九世已离开西扑岛。吕柏克遂从圣若翰达尔克寄给路易九世一篇冗长而生动的报告,并求法王向他与会长说情,准他回法国看望朋友。

他的回忆,曾被洛杰·培根充分利用,但在当时没有柏郎嘉宾时的成功。纵使吕柏克有不可否认的功绩,却有长达四个世纪内引起无人提及他,也可算是不幸了。

十八

离开和林时,吕柏克回顾他的成绩,在宗教与外交上可说完全失败了。失败的原因,系事前没有充分调查,没有确实考察西方宗教与政治领袖的态度。最重要的,当时蒙古人徘徊在基督教与回教之间,欧洲人也不了解蒙古人的心理。倘蒙古人与欧洲人结盟成功,历史上必起更大的变化。在欧洲方面,较之亚美尼亚王哈东第一从和林所得者，如减轻贡赋、免教会税课、退还回教侵略地等，必不可同日而语。在蒙古方面，因交通关系，希腊、拉丁、基督教文化必然传到蒙古，也许会产生亚洲的文艺复兴？

下　卷

一

威尼斯商家中，马可·波罗最享盛名。中世纪的地理典籍中，他曾放射出强烈的光芒。

马可家与开普查的方济各会，交往颇密，老马可·波罗（Marco Polo de San Severo）终时（1280年）曾在克里米的稣达克留下一所商店。他的两位弟弟——尼古劳（Nicoll）与马飞（Maffeo）——即往克里米经商（1260年），旅即进展到布加拉（1263年）。3年后，遇忽必烈使臣，使臣是派往晋谒乌拉古（Houlagou）的，但得到忽必烈即位（1260年）消息便由报达回北京。临行前，蒙古使臣坚请兄弟二人随往汗巴里（Khan-Balig，即北京），觐见忽必烈。40余年前的一天，骁勇不屈的成吉思汗向别人说到他的孙儿忽必烈："你们听这孩子的充满了智慧的话吧。"

波罗兄弟东来，目的在谋利与探奇，但间接却发生了宗教关系。忽必烈款待他们分外客气，因为他们"像别人一样，能说蒙古话"。蒙古帝王很爱听他们讲欧洲、教皇、教会等各种事实。前此柏郎嘉宾与吕柏克所认为的戒惧者，于今已完全消失。忽必烈请波罗兄弟任他派往教廷的使臣，带着"土耳其文的信"，要求教皇遣送"百位基督教的学者，并须通晓七艺"，借以证明"基督教的教义是最好的"。

大可汗给予马可兄弟护照与费用，至元六年（1269年）四月，始返抵圣日达克，其时教皇格来蒙第四已驾崩。新教皇尚未选定，虽遇教皇东方代表维斯贡地（Telaldo viscon de Plaisance），亦无办法。波罗兄弟因离乡已久，决回故里一趟，至家，尼古劳之妻已早卒，而日后声名鹊起的大旅行家马可·波罗已15岁矣。

维斯贡地被举为教皇后，取号额我略第十，将波罗兄弟由小亚美尼亚之洛亚操（Lajazzo）召回，嘱返圣日达克，携带信件，偕多明我会修士二人东行。不意二修士中途停止前进，不再去小亚美尼亚，波罗兄弟仍继续行程，时在1271年11月。

二

兄弟二人动身时，曾带着尼古劳的儿子，即著名的马可·波罗。1275年5月抵上都，立得忽必烈知遇。从此在中国任官，到处访问旅行，前后共18年。归时，取道海路，由福建泉州起程（1292年），经麻六甲、锡兰与奥姆士（Ormuz），然后于威尼斯（1295年）。他给我们留下很有价值的叙述。

威尼斯与日纳战争时（1299年），马可被俘，在幽禁期内，用法文向他的同伴吕斯底西思（Rusticien de Pise）口述在华经过，著成了这本不朽的作品。牛津公学的创办者维克罕（Guillaume de Wykeham），将它作为冬夜聚会时的读品。圣伯尔丹（St. Bertin）的将士又将它收在《异闻录》（Livre des merveilles）内。这些游记所述的异闻，颇能刺激时人好奇的心理，加强人们传教的热情。沙郎柏纳也以"异闻"为题，将柏郎嘉宾的报告添在里面，塞勿拉克（Severac）亦将他本人与和德理（Odoric）的游记附入。至于马黎诺里（Marignolli）的记载，从第三行起，便说："人们所称的异闻的地方。"

马可·波罗昆仲二次离华后，忽必烈受洗礼的消息，忽然传到欧洲，教皇尼古劳第三重定传教方针，派遣方济各会修士来华。行至半途，不能通过波斯，又知受洗消息不确，只得停止进行，这又是一次失败。

实际上，欧人未了解当时蒙古宗教状况。佛教势力，逐渐发展，寺庙达四万一千所，僧众在二十一万三千以上。忽必烈在位时，持容忍宽宏态度，各种宗教，并无差等。据马可·波罗说，忽必烈对基督教特具好感，也许是真的，但他不久便死了（1294年）。继位者为帖木耳（1294—1307年在位），其时孟高维诺（Jean de Montecorvino）已到中国。

三

自久以来，方济各会会长柏施道（Bonagrazia de Persiceto）即已筹划传教工作。里昂会议时（1275年）他曾导引蒙古使臣出席。他所派往东方传教的（1279年），孟高维诺，是"基督远行队"的会员，在东方传教多年，波斯方济各会工作，便是他组织成的。

孟氏以哈东第二使臣资格，回到罗马（1289年）。其时北京亦遣哈班使臣至罗马。哈班系聂斯多派教士，享有盛名。抵欧洲后，备受欢迎，罗马政务院招待他；英皇在包尔道（Bordcaux）接见他；巴黎大学欢迎他。当时孟氏正年富力强，精通东方语言。

孟氏有教宗尼古拉四世的通牒（1289年7月13日）及致哈东第二、忽必烈各种信件，便动身向东出发。他择定走南路，以便过波斯时可以结束前此的工作。当工作结束后，他离开达伯利池（1291年）时尚有两位同行者：一系多明我会修士尼古拉（Nicolas de Pistoie）；一系意大利商人伯多禄（Pierre de Lucalongo）。三人向南行进，由海道取向印度，从此后，再听不到人们谈论他们了。

尼古拉四世死后（1292年），已有三位教宗继任，到格勒门五世时（1305年）教廷移至亚维农（Avignon），常接停居蒙古帝国方济各会修士工作报告，独于孟高维诺，付诸阙如，永远沉默。人们以为他死了。

四

在 1307 年，波阶（Poitiers）教廷忽然接到一封奇突的信。原来孟氏尚活着，独自在中国传教，有绝大的成功，恳请派人赞助。第一封信，系 1305 年 1 月 8 日所写，接着又有一封，系 1306 年 2 月 13 日，托威尼斯商人，带至克里米或开普查，然后再转寄教宗与方济各会总会长。

东西交通至此仍然继续，从孟氏信内，我们晓得阿黑纳（Arnold de Cologne）到了北京（1303 年）；另一位龙巴地（Lombard）的医生，亦接踵而来（1305 年），可是我们不知他们所走的路线。孟氏的海程，是由波斯湾、南印度、麻六甲、泉州而至北京。北路途程较短，却常为战争原因而堵塞。

孟氏旅途情况，曾在信内叙述，那种动人声调使人不愿再加解释：

> 孟高维诺，方济各会修士，1291 年由波斯达伯利池起程，到印度。停居十三月，于宗徒多默所建立之教堂，付洗礼者有百余人。路上同伴，有多明我会修士尼古拉，不幸中途得病而死。我们把他安葬后，仍向前进行，来到中国，即鞑靼帝国，其皇帝称大可汗。将教宗信札转呈后，即向他宣说教义，他虽沉溺在偶像教内，却十分和蔼待我。你们瞧，我住在这里已有十二年了。

聂斯多派在蒙古发展的力量与人数，出人意料。当成吉思汗时，其道士与修士，已免除赋税，到忽必烈时代，创立特别官职（1289 年），专管聂派宗教的传布。自吐蕃文献发现后，更证明聂派的重要及在亚洲各教区的情形。

孟氏叙述聂派所播散的流言，致使工作遭受打击，但他勇往

宏毅，能够战胜各种困难，他曾叙述在华工作，使人惊奇：

　　五年以来，聂派制造流言，我多次在可耻的死的威胁下，被传到法庭。承上主特佑，皇帝由别人口供内，始知我的冤枉和反对者的狡猾。终于将他们的妻儿，贬逐出去。

　　有十二年之久，在这辽远的异域，我没有机会"告解"。德人阿黑纳修士（Frère Arnold）来后，始有办法。六年前我在北京建立一座教堂，上面加建一座钟楼，装着三口洪钟。此地约有六千人受洗礼，倘如没有聂派蜚言，必在五倍以上。……我收养七岁至十四岁间的孩子，有四十多个，教他们学习拉丁文和公教信仰。我给他们抄了些圣咏，三十多首赞歌，还有两本日课。有十一个孩子，已能唱经，并且懂得我们的仪式。我在与不在，他们都像修院中似的唱经。许多也能抄写，做些日用的事情。每当他们唱时，皇帝听着非常高兴，我则点钟敲钟，举行神圣的仪式。

表象上孟氏有破天荒的成功，骨子内却感到自己力量的薄弱。一方面，扩展传教事业的工具时时感到缺乏，如经济，只有公教商人的赞助，无确定的基金。另一方面，他所听到欧洲的消息，又非常失望：

　　如果没有聂派的诽谤，将不知有多少的收获。倘如我有两三个助手，也许皇帝亦受洗礼。待我们修士来后，如何减轻我的疲倦啊！但是如有人真来，他当只有一个愿望，即以身作则，不要只是装作……自从许久以来，战争将北路阻塞，我有十二年得不到欧洲各种消息。两年前，龙巴地医生来此，道及教会中许多怪话，我很明白细底……

　　兄弟们，我恳求你们，要将这信中的内容，使教皇、红衣主教、会长们都明白。敬请我们会长，寄一本经文、圣人传记、圣歌与有音符的唱经本，以便作为资鉴。我只带来一本袖珍日课与小的弥撒经本。假使我有样本，我的孩子们便会自己抄写。

为着将孩子们分在各地，我正建一座新的教堂。我老了，不是年岁老，我才五十八啊！乃是由于疲倦。我学了鞑靼的写法与语主，即是说蒙古的普通语。我将新经与圣歌译为蒙古语，写得很好，装订甚为考究。每到诵读时，讲道时，我拿出来给大家看，借此以宣扬基督圣律。

五

从孟高维诺的第二封信内，我们看到了一种孤独与无力：

远游的人，特别是为了基督，不能互相见面，亟需语言与书信的安慰，在我们可说这是一种博爱的要求。多年以来，住在关山万里的地方，你们未得到我的任何信件，自然要奇怪。可是我的奇怪，并不次于你们，前此从未得到你们的信札与问好。似乎任何人不会再想念我，有人告我说：你们曾得到消息，说我早已死了。去年正月初，托一位朋友带去许多信件，寄给克里米修会会长——这位朋友系契丹可汗的伴侣，来觐见中国皇帝的。那里边，叙及我的情形，并求会长抄一份转寄你们。现在伴送可汗的人们已返，得悉信已寄到，那位带信的朋友，由沙拉尹到了达伯里池。前信已说过，今从简，不过使你们明白：第一，聂派曾虐待我们；第二，教堂与房屋皆已筑成，为使一般易于了解，绘六幅圣经画，题词用拉丁、蒙古与波斯文；第三，我收养的与受洗的孩子们，有几个已死了；第四，自从到蒙古与中国后，付洗礼名有几千人。

孟高维诺虽是孤独，却也遇着他的知友，如吕嘉隆高（Pierre Luca-longo），系在达伯里池路上的伴侣，他是一名富商，曾给孟氏买了一处风景很美的地方；乔治王，他出身名家，西方人称为"若望神父"，原为聂派信徒，皈依公教，礼遇孟氏，特为辅祭，并拟建一宏伟壮丽的圣堂。孟氏信中曾这样说：

> 乔治王死了已有六年……其兄弟复蹈往昔错误的路。我独自一人，不能离开大可汗，而途路过远，相距二十余日行程，又难前去！但是，却有几位助手，我们深信一切都会实现的。

因为大可汗遇之以礼，孟氏有所庇护，充满种种希望，坚信前途的光明：

> 在1305年，对着可汗宫门，建起一新的居所。距宫廷甚近，只隔一条路，相距只一箭之地……在堂内，我们唱圣歌，大可汗宫内便可听到。这事遍传民间，如天主愿意，将必有伟大的成绩。
>
> 城内很大，新旧两座教堂，相去两里半路。将孩子们分做两批，使独自学行仪式，我是总管，每周来做弥撒……

孟氏常提及可汗对罗马代表的优遇：

> 你们要晓得可汗帝国是世间最大的。我以教宗代表的资格，宫内享有特别位置和随便出入会议的权利。不论任何贵宾，大可汗总是特殊待遇我。他曾听到罗马宫廷、欧洲各国的情形，他很盼看到这些地方的代表。

这两封信，是东西交通史、传教史最宝贵的资料。阿黑纳曾叙述孟氏，或许为温得都（Jean de Winterthur）改削，实质上是最可靠的。其第二封信的结尾，是爱利莫西纳（Eleemosina）所摘录，不是原文。

这些意外消息从中国传到教廷后，激起大家惊奇与欣慰的情绪，对于今后传教的工作，更蒙了一层浓厚的希望。亚维农教宗若望二十二世，分外关心蒙古传教工作，自 1316 年至 1334 年，特别厚遇传教士。在 1345 年，尚祝圣多明我会主教，派往日本。

六

孟氏的第一信到欧洲后，多明我会的旅行队便做第一次试验，为职事所阻，不能通过克里米，结果转向开普查去。

在 1307 年 7 月 22 日，教宗格勒孟五世，祝圣方济各会七位主教。他们要做第二次尝试，取道海路东来，帮助孟氏工作。他们原有祝圣孟氏为北京总主教的使命，使之成为"处理东方与蒙古教务之领袖"。当时教区尚未确定，至若望二十二世时，将契丹、开普查、小亚细亚北部的教区，划为北京教区之附庸（1318 年），继后又加入土耳其斯坦的亚马利克（Alma-ligh）、克里米的加发（Caffa）、里海附近的沙拉尹、达纳（Tana）及古莫克（Kumuk）。

这次教廷所派的七位主教，其结果仍未达到目的。维列纳夫（Guillaume de Villeneuve）携有英王爱德华第二致蒙古可汗信，却未动身。其余六位，带着许多修士，向东方出发；可是在奥姆池与马拉巴（Malabar）之间，三位主教及许多修士，因水土不服，壮志未酬就死了！三位主教姓名是般池亚（Nicolas de Banzia）、亚西斯（Andreucei d'Assise）、塞佛斯道夫（Ulrich de Seyfreidsdorf）。

其余那三位主教，亚尔伯尼（Gerard Albuini）、柏卢斯（Andre de Perouse）与加斯带劳（Peregrin de Castello），终于来到中国。亚尔伯尼留在福建泉州，其他两位，经三月行程，到达北京。他们祝圣孟氏为总主教，居五年，可汗赐恩，优遇异常，据当时所记，公教有十足的进展。

七

　　北京第一任总主教孟高维诺，在致和元年（1328年）去世，享年八十有二。这是一位慈祥的老人，他的死，个个都感到惋惜。公教与非公教，皆推重他的人格与道德，中国公教中，是由他光荣地创始的。

　　孟氏死后，教皇格勒孟第五任命弗劳伦斯（Pierre de Florence）为北京主教，协助柏卢斯，共管北京与泉州教堂。泉州向系独立，由亚尔伯尼管理，亚氏死后，加斯代劳承继，为时不久，加氏亦死了（1323年）。在1326年正月，柏卢斯追怀过去，不禁悲从中来，凄惨地说："都回到天主的怀中去了，我独留在人世。"

　　如果我们考察来华人士，虽说络绎不绝，可是也感到一种悲哀：很少人到达目的地！有些因营养不足，途路艰辛，中途死了；又有些为人杀害，死于非命，如多郎地纳（Thomas de Tolentino）被派来华，有三人同行，当到孟买附近沙尔池脱（Salzette）岛时，为回教人杀死了（1321年）。

　　总之，在教皇的信札内，使节与旅行家的记载内，我们可窥见当时中国教务发达，西方对中国怀有特殊的希望；可惜我们没有更精确的史料来建立更精确的研究。

八

　　晚唐时，泉州已为各国贸易往来之所，北宋至南宋间，更为发达，元祐二年（1087年）设市舶司。在孟高维诺未死前，泉州已划为主教区。某亚美尼亚妇人，捐资建一教堂（1313年），巍峨宏大，壮丽无比。亚尔伯尼死后，柏卢斯负主教重任，由北京至泉州（1323年），途中有皇室仪仗队护送，俨若王室宗亲。

　　柏卢斯履任后，又建一座教堂与一所修院，在他的信内（1326年）曾写的道：

在城外一里余，建修道院一，可容二十个修士。以其秀丽言，完全超过我在欧洲所见者之上。有四大间，可做宗座代表居所。

据停留泉州的意大利商人说，教会所用经费，悉由可汗资助，年约一百多金弗劳伦，合一万多金镑。论到宗教，听人自由：

这些人们，有个共同意见，也可说共同错误，即认为一切宗教，皆可救灵魂。我们传教者，可以自由行动，但不能说服犹太人和萨拉森人。反之，偶像教却有许多人皈依，唯在信教后，并不循规蹈矩。

也是在这封信内，柏卢斯泄露出自己身体状况的消息："白发便是年老的象征"，他精神很好，不愿写信，因为"他不明白谁活着，或谁死了"。

泉州教务继续发展。柏卢斯死后，又建起第三座壮丽的教堂。教皇代表马黎诺里说：

为了那些商人，在教堂附近建设起堆栈与澡堂，由方济各会传教士来管理。

据克里米方济各修会记载，在教皇若望第二十二世与蒙古领袖信件中，许多次提及"钟的权利"，因为蒙古人允许自由装置大钟，纯系特殊开恩。当教皇代表道过泉州（1342年），钟声铿锵，觉着分外堂皇。曾给两口巨钟行礼，赐名日纳（Jeanne）与安德特（Antoinette），装置在萨拉森人居住的中心。在1342年后，亚拉伯14世纪大旅行家伊宾拔都达（Ibn Batuta），过泉州时，曾听着这两口钟声，其声噪杂，使之难忘。因回到加发时，复听到方济各会钟声，搅乱了他的睡意，生起不快。

九

和德理是中世纪最伟大的旅行者，亚洲东、北、中三部地带，遍留他的足迹，所著《东方诸国记》较之马可·波罗所著者，更享盛名。和氏诞生在乌地纳（Udine）附近小村内（1265年），入方济各会，继又加入"宣道旅行朝圣团"，决志来华。取道南路，由脱来伯城（Trebizonde）起身，经达伯里池、波斯、印度、沙尔池脱、马拉巴、锡兰、苏门答腊、爪哇、婆罗洲，在广州登陆。

和氏来华后，随地考察，经泉州、福州、杭州、南京、扬州、临津、济宁，至北京，其时孟高维诺尚在。停居三年后，离华返欧，取道内地，由陕西、四川至拉萨。

西人至西藏者，当以和氏为第一。约在1329与1330年间，经波斯、亚美尼亚至意大利，积劳成疾，1331年1月13日，在乌地纳逝世。方济各修会致命册上，著录和氏之名，每年1月14日为其纪念日。

和氏未死前，曾向沙乐纳（Guillaume de Solagna）讲述其旅程记略，由克拉池（Henri de Glatz）为之缮抄，又由温德都在亚未农为之补充，至今尚有抄本百余种。

和氏经过中国不少的名城，因此在他的著述内，颇多兴趣浓厚的记载。他认为："较之欧洲最大者，其壮丽与伟大，有过无不及，竟可说两者不能相较，亦不当相较。"他曾叙述广州，"其城之大，无人敢信"。自然要提广州饮食，他们考究食物，自古如此。和氏说："吃鹅甚为考究，做得好，装得美，比我们的鹅竟大两倍，价钱却非常便宜。"

和氏与其忠实同伴雅各伯（爱尔兰人）北上时，曾调查当时方济各会事业，访问"当地基督教徒与萨拉森人"，在泉州，遇着柏卢斯，将在达纳致命者的遗体，安葬在教堂内。在杭州遇着些同会修士，教务甚为发达，"他寄寓一位权贵家中，此人已奉教，系三位传教士所劝化的"。继后到扬州，得见"方济各会的修院与教堂，还有景教的教堂与修士"。

和氏曾觐见泰定帝，知遇特深，并为大可汗降福。当唱"圣神临格"时，以银盘敬献苹果，因遇可汗出巡，必献礼物，以表敬意。和德理的叙述，证实"孟高维诺颇负声望。取得帝王信任，赐以高位"。其次，"多数萨拉森人，异教者，鞑靼人，在宫内亦居要职，均改变信仰"。据史家 Marien Scat 说：受和德理劝化者，达两万余人。

和德理旅行记初到意大利时，或题其书曰：和德理曾经在亚未农，向教皇若望第二十二世要求在方济各会修院内选择五十位修士来华传教。迫于病，返乌地纳，遂即逝世，新的传教团亦因此而中止。

十

当罗马教廷得到孟高维诺去世的消息后（1333年），教皇若望第二十二世祝圣尼古拉为北京主教，尼亦方济各会修士。次年，偕20位神父，6位兄弟，起身东来，经小亚美尼亚、克里米，取道北路，至亚马利克时，不能前进，即停居其地，受到意外的款待。继后，不知所终，或者中途遇险，死于非命；或如《明史·拂菻传》三二六卷所载，曾进入中国；无论如何，在1336年，他们尚未到北京。

是时，元帝遣使西往，使团领袖名安得（Andre），随员15人，欲与教宗建立经常往来关系。1338年至亚未农。乘使团之便，五位公教阿兰公卿——阿兰即奄蔡——致书教皇，非常有礼，但隐约间颇露怨意。怨北京大主教职虚悬之久；怨所招待的三四位罗马使臣，未带教皇纶音，以践诺言；他们更怨可汗优遇公教，而教皇却未与可汗取得密切联系。他们信中说：

大可汗的恩惠，可救许多灵魂……此地公教人士，深为惭愧，因西方教友不忠于诺言，却是些说谎者。

教皇本笃十二世接见蒙古使臣（1338年），仪式隆重，即刻准备覆书与礼物，派定马黎诺里为代表。是年11月终，马氏偕蒙古代表及五十余修士同行，从拿波里出发。在中世纪传教史上，这是向蒙古遣使最隆重的一次。

我们所知马氏的有关史料，以前只有教皇任命使臣的文件，及蒙古王公信件。近悉马氏西还后，曾将其十五年（1338—1353年）经历，记录在一堆杂录内，这是出乎意料的。马氏返国之次年，荣任比西尼纳（Bisiniano）主教，但并未急于赴任，又曾充查理第四史官。在闲情逸趣中，以考证来消磨岁月，如叙述创世纪，描写地理夹杂许多远东奇闻，或旅程中所经的地名。"这真是藏在地层内的化石，多么名贵啊！"

马氏东方的见闻与印象，在中世纪地理学者中，亦当占一重要位置，他自己也说："奇异胜过说教。"其与交通史有关者颇多，略述如次：

在开普查时，马氏备受可汗隆重待遇，因有教皇信札及丰厚的礼物，如华贵的衣服等。继到亚马利克，虽说萨拉森之暴乱时已中止，但在公教方面，却有不少牺牲。共计有黑侠儿（Richard de Bourgogna）主教、五位方济各会修士、三位神父、两位兄弟，一位翻译，名若望，系新皈依者。此外尚有一位热诺商人，名其洛（Gillot de Modene）。这次损失甚大，马氏停居一年，恢复传教工作，据传颇有进展。

1341年终，启程向北京进发，取道天山北路。次年8月19日，抵上都。顺帝优礼接见他们，恩荣备至，而尤喜教皇礼物及附有钤章之文件。

在所著蒙古《珍异志》中，曾提及骏马一事。1336年时，包尔登西尔（Guillaume de Boldenselle）旅行东方，得悉蒙古领袖，酷爱西方骏马，据云向教皇所求者，只是"祝福、教士、骏马"三者而已。此次马氏所献之马，有"六尺八寸高，一丈一尺六寸长，除后蹄为白色外，遍身全是黑毛"。当时文人咏歌，画家临绘，而以《顺帝乘马图》

最为著名。18 世纪时，耶稣会神父宋君荣（Gaubi），在清宫内，犹见此画，直至 1815 年，尚未失去。

十一

当教皇代表进北京时，仪式庄严，有三十二位随员，马氏着祭衣，导以持十字架者，提香炉与唱歌者绕行于后，缓步前进。至宫中时，唱"我信云云"，为顺帝特别降福，顺帝虔敬接受。宫中礼遇甚渥，共居三年，有特别随员与侍者，都是可汗派来的。食物与饮品，一切从丰，以至"灯笼所用之纸"，亦由皇家事务处供给。

在北京，马氏见有许多教堂，信友三万余，常与别的宗教人士讨论，"甚为隆重，灵魂得益匪浅"。关于中国细情，却未详叙。其时元室内政腐败，马氏知大乱将临，不愿久留，离北京赴泉州。1345 年 12 月 26 日，由泉州上船，启程回欧。

马氏善利用闲暇时描述了他生平很多趣事：在爪哇，"曾骑在皇后的象上"；到锡兰，自言已近地上天堂，看到亚当山，"便在此，亚当哭他的儿子"；在科木林海峡（Cap. Comolin）"仿照印度河畔的亚历山大，竖一碑于大地一角，直至世界末日，佐证他是教皇的代表"。

马氏回到欧洲后（1353 年），教皇因诺增爵第六得元帝覆书，证明蒙古帝国内，有许多基督教徒。遂举行亚西斯会议（1354 年），选定教士，祝圣主教。在 24 位会长实录内，提及此事，语颇悲愤："因为处理者漠不关心，以故没有成绩。"这是最大原因，但还有两种原因，亦不能忽略：一、如历史家瓦定所言，听说蒙古战事已起，所以搁置；二、瘟疫发生（1349 年），"疫症重大如此，致有三分之二修士去世"，许多方济各会修院，竟无人居住。

十二

此后东西交通，复沉沦于黑暗中。教皇乌尔朋第五欲重整旗鼓，恢复远东传教事业，在 1370 年 3 月 11 日，任命伯拉脱（Guillaume de Prat）东来，八位教授随行。伯氏系神学专家，曾在牛津大学做研究。

自教廷决定派遣使臣后，即尽三月之力，想一切之所想，以为准备。如特许主教权利、书籍、证件、信札，以至授洗方式，在这些特权内，有一条最使人感到悲哀：

> 因为途路遥远与旅途困难，大主教不必每四年述职一次。

可是，如果他们离开欧洲，正如当时记录中所说，他们将遇到何种命运？能到达目的地吗？到了亚洲什么地方？无影无踪消失了吗？这些问题，仿佛落在沉静中，永无解答的一日。

当教廷作最后努力时，中国政治已起了大变动，将传教的一切希望毁灭了。元朝灭亡（1368 年），公教的依靠亦随之而倒。虽有孟高维诺的成功，但在中国人意识中，并未立下深固的基础，不足抵抗这翻天覆地的变更。

元朝灭亡后，在西方有两世纪之久，无人提及中国，更不论"东方奇闻"了。对于那些拜占庭的学者们，中国位置，又变作不可思议。在 15 世纪末，有一学者，竟将中国放在里海附近，又有人放在印度河与恒河之间。我们在当时旅行家的记述中，已看不到前人所提及的途路与城市了。

十三

这百年多的中西交通——自里昂会议（1245 年）至马黎诺里西还（1353 年）——蓬蓬勃勃，有春花怒发之概，及至元亡，风吹云散，一切毁灭。于是欧人发问：利玛窦与南怀仁所称之中国与北京，是否即马哥孛罗与孟高维诺所称之契丹与干巴利克？

至于他们所留遗物，最重要者，为弗罗伦斯罗郎地纳（Laurentiana）图书馆内所存的《圣经》，写于11世纪，系羊皮质，是17世纪时耶稣会柏应理（Philippe Couplet）司铎从中国人手中买得的。

沉默与尸骸永远葬在坟墓内！当我们想到这些辽远的往迹，对这些富有诗味的英勇开创者，自当予以崇高的敬意。

附　记

杰人司铎来信，嘱为《宗教与文化》撰稿，乃依该林克（Ghellinck）氏所著《13、14世纪中国之方济各会》，草就此文。如有补于中西交通史于万一者，那便是意外的收获。

宗临记于广西大学

原载《益世报·宗教与文化》第35—40期，1943年。

论法国民族与其文化

一

19世纪末,法国史学家罗南(Renan)论到当时的悲观思潮,向狄洛来得(Déroulede)沉痛地说:"青年,法国正在弥留的时候,请你不要搅扰他啊!"看到法国现在遭遇的种种,谁能不联想起罗南的话,为之太息呢?

纵使我们不如是想,深信法国仍有它光明的前途,但是,在这种剧烈转变中,遭遇到最大的危机,这是不可否认的。当波兰受第三次瓜分时,布尔克(Burke)以一种讥刺的语调说:"看了欧洲的地图,我们发现一块很大的空白,那便是法兰西所占据的地方。"

自从法国这次屈服后,沉默忍受未有的苦痛,宛若已不存在,谁能说布尔克的话不是法国今日的写照呢?深怕真正的法国人也有这种说不出的感觉吧!便是为此,在今日论法国民族与文化,觉着更有意义,我们试想说明:何以那样优秀的民族与文化,竟会沉沦到这样凄惨的境地。

二

说明法国文化的所以，是非常困难的，它既具有幻变莫测的形式，又有丰富复杂的内容。它有精密逻辑的智慧，可是这种逻辑的方式，深受直觉的力量所支配，因此巴斯加尔（B. Pascal）说："心有它的理智而理智是不会了解的。"笛卡儿是善于分析者，他树立起怀疑的精神；一涉及信仰，便不允许加以批评了。假使我们想到细菌学家巴斯德（Pastear）：他的生活何等虔诚，在他神秘的宗教情绪中，不只不能阻碍他科学的发明，而且予以强有力的赞助。法国真是米失勒（J. Micielet）所谓"老而更老，新而更新"的国家。

法国民族天才中绝对不会产生哥白尼（Copernicus）与加利来（Calilée）的，并不是法国文化落后，乃是它的文化中心别有所在。居曹（Guizot）在《法国文化史》中说："法国文化的神髓，端在发展社会与智慧……"社会是普遍与外形的条件，智慧乃是人的别名。就我们的观察言，法国民族的精神，便在发展人性中的社会性而将之艺术化。

欧洲历史上，有一幕不可遗忘的剧，是法德两国最大的伟人相遇：拿破仑与歌德。这幕剧是象征的，两个民族的代表，彻底明白了他们的不同，而又猜中他们深心类似的秘密。拿破仑向诗人说："歌德先生，你是一个人！"

对于"你是一个人"一语，多少人曾辩论过它的含义。有人看这句赞言，系形容歌德的仪表，等于说何等的相貌。但是，我们不做如是解释，拿破仑的赞扬，乃是看歌德是一个人类的天才，象征庄严伟大的力，从那上面，拿破仑发现了自己民族的缺陷与伟大。歌德善于启发艺术的坦路，创造卓绝的美，向拿破仑皇帝泄露出灵魂的秘密。

歌德生在德法怨恨之际，他了解法国文化的价值，在1827年说："对于法国人们，我们没有任何挂念。他们在世界上占有高贵的位置，而精神从未窒息过。"歌德爱法国，正因为法国爱歌德。从诗人身上，法国人发现了希腊罗马的遗痕，地中海不朽的空气，艺术化的人类精神，那样普遍，那样均衡，正是法国所追求而与其他民族所不同的。高纪野（Théophile Gautier）赞美歌德说："在横蛮的炮声中，歌德做了西方的天神，艺术呼吸到清鲜的苍苔。"这正是高纪野对自己国家文化的赞咏。

三

就欧洲民族而论，法国人没有英国人坚强的意志，没有意大利人敏锐的感觉，没有德国人过度的忍耐，可是他有清晰的头脑，善于生活，最了解人性的需要。我们不妨这样说：法国民族精神，最使人注意的，是他们的社会性。凯萨在《征高卢记》（*De Bello Gallico*）中，形容高卢人"爱说话，爱喝酒，喜欢交集朋友，却非常勇敢……"法国产有许多的美酒，成了他们生命的象征，它是愉快时生命的活力，所以民众现在仍唱：

> 朋友们，坐在圆桌旁，
> 告我说这酒如何……

它又是苦痛时的一种麻醉，波得来尔（Baudelaire）不是说："啊，苦痛的瓶子，呵，伟大的沉静！"所以，佛郎克林（Franklin）说："法国是最善于生活的一个国家。"

因为其社会性发达，所以法国人最怕丑陋与横蛮，处处要施一种"技巧"，形成一种礼貌，以维持人与人的和谐。只要看他们的歌台舞榭，沙龙酒馆，便在一般生活中的社会生活，又如何发达呢？法国产香水最好，衣样最多，斗角勾心，并不是一种肉的逸乐，而是要它变作一件艺术作品，施以一种精细的修饰。当诗人石尼（A. Chenier）咏达朗脱少女（Ia Jeune Tatantine）不幸时，他所追悔者，乃是"美的香水没有洒在她的发上"。

将自己作为一件艺术作品，看重外形，要线条色调与自己配合，发生一种和谐的节奏，使人鉴赏，从别人的心目中，反映出自己的影像，这是如何美妙的快乐。正如达绮斯（Tháis）对着镜中的影子说："你告我，我是否是很美的！"

法国人怕丑，却爱滑稽。伯格森在《笑的研究》内，指出滑稽是笑的因素，含有高度的社会性。法国文学中，不善于幽默，却善于滑稽，从哈伯来（Rabelais）小说中哄堂大笑，攻击社会；经莫里哀戏剧的刻画，一直到法朗士轻松的讥刺，无处不与反社会性者作战，他们不允许社会上有孤僻与奇突的现象。

法国人也有冲动，如谬塞（Musset）的诗；法国人也有冷酷，如拉伯里野（La Bruyére）的散文。但是这两种情绪与英国人同意国人有本质的不同，他们的出发点是社会，冲动与冷酷是一种方式，证据是他们将自己常作为滑稽的对象，都德（A. Daudet）在《小物件》中，便是这种态度具体的表现。

符野（A. Fouillée）论到法国社会性时说，"我们不能孤独地思想，也不能孤独地生活"，像主张超人的尼采与天神自比的希脱拉，法国人不但不会了解，简直视为一种滑稽。

四

罗曼·罗兰论歌德时说："我爱，故我在。"罗曼·罗兰语此，在表现他人生的理想，他认为爱的价值远在真的以上，因为他所看重的是行为与生活。从这方面，我们又看到法国民族的特点，端在心理分析，解割人心。

路易十四时代的文物，交集在"人"上，服尔德指出这个时代的特征，在"各个艺人能够捉住自然的美点"。因为美是爱的对象，它有种强力，使人不能不受它的约束。正如波得来尔诗中说：

呵，有死的人们，我很美，像石块的幻梦。

但是，我们要注意，自然不是山川草木鸟兽，而是指人心以及人与人的关系。莫里哀、拉辛（Racine）的戏剧中自然是人心的分析，便是拉凡登（La Fontaine）的寓言内，所谈的猿猴、秋蝉、乌鸦等，又何尝不是当时人物的写照呢？塞维尼（Sévigner）夫人，看完拉辛名剧《爱斯德》（Esther）后，叙述她的印象说："一切都是质朴、天真、美妙与生动……"

由包绪埃（Bossuet）的宣道，到路易斯（P. Louys）肉感的描写，美的价值虽不等，可是他们认美是生命，却又是一样的。这便是为何发热的碧奎（Charles Peguy）赞扬女哲人伊把地（Ipathie），因为在2世纪时，一神论者要摧毁希腊的雕像，她要以生命来卫护沉默的美，在碧奎视为是最伟大的，其价值与稣格拉底的死是相等的。

审美的观念，深植在法人的心灵中，巴来士（M. Barrés）爱这句句话："不要破坏，不要损伤。"这在他走出罗南的书房后，如何地感到法国灵魂的所在，因为美不是抽象的，更不是神秘的，他是生活的秩序，情绪的和谐。

服尔德论"趣味"时说，"刺激起美的情绪"。中古骑士的风度，18世纪沙龙的健谈，都表现趣味的追求，发现了比美更美的"风韵"。假使我们读拉辛的《伊非日尼》（Iphigonie）或《安得马克》（Andromaqus），即我们明白在使人入神的风韵中，排绝了个人的观念，完全是人性的美化。

但是，我们不要忘掉这是艺术，法国人虽善于了解人心，使之美化，可是他们不全是艺术的天才。近二百年来，这种精神的动向，腐蚀了生命的活力，他们只贪图官感的刺激，使内心纪律崩溃，因为由刺激所产生的情绪，变幻不定，其结果便是留下空的躯壳。试问《茶花女》的价值，究竟何在，生怕除好奇与消遣外，我们看不到它的意义。

五

法国民族精神别一种特点，是逻辑的精神，基建在理智上，以分析为出发点。也是由数学观点，笛卡儿肯定"我思故我在"的结论。巴斯加尔分析人类精神，一种是精细的，另一种是几何的。所以，对于事物的态度，英法完全不同：英国人事事要观察，法国人事事要推理，将之普遍与抽象化。便是在语言上，亦可看出它的不同。里瓦洛（Riyarol）论法文时说："法文语句的构造，须按照自然的秩序，必须要清楚……不清晰不是法文……要学法文，须要晓得排列字句，有如学初级几何，明白点与线……"

薄瓦洛（Boileau）说："每个字要有它的位置。"它须按照自然序位，不能有丝毫的紊乱，有如凡尔赛宫殿，无处不表现对称与均衡。18世纪思想，所以能风靡全欧，实有赖于数学精神的帮助。纯理性主义无非是数学精神与人文思想的配合。我们看服尔德与底得罗（Diderot）等的精神，完全着重在普遍上，使每个人的智慧可以接受，而把复杂的情绪与艰辛的生活，归纳到几个抽象的原则内。

卢梭在《民约论》中，仍是幸福的普遍，要求自由与平等。他并不觉着这两种美德是互相排挤的。实在说，普遍的自由，等于没有自由，以重量轻质个性随之消灭。倘使真能获得自由，即平等必须随之消逝，他们利用逻辑的方法，将人性与社会问题，混在一起，结果使个人与社会脱节。符野这种微妙的诡辩，解释法国没有个人主义，认为以自由反抗集体规律者，仍然是社会的。

符野没有考虑法国浪漫主义的本质。便在他的个人主义嚣俄的"苦人们"，固然含有浓厚社会主义的色彩，可是他的本质仍是个自由主义者。只要看他对拿破仑的态度，读《克伦威尔的序言》，便可证明他所幻想的是解放。

法国理性的发展，第一个重要的结果，便在认为人类是一体的；第二个结果，要对人类有广大的同情。罗兰夫人说得好："我觉着我的灵魂是国际的……亚历山大希望侵略别的地方，而我只希望爱他们。"我们知道美国独立，法国曾与以有力的资助，米尼（Mignet）在《佛郎克林传》中说："为了完成伟大的目的，法国不怕参加长期的战事。"

六

在欧洲国家中，法国统一最早，组织亦较为完密。自西罗马灭亡后，法国民族意识，已粗具雏形，克洛维斯（Clovis）便是一个代表。可是，法国构成真正的国家，在欧洲舞台上发生积极作用，实始于加贝（Capet）王朝（987年），前此无所谓法兰西国的。

加贝王朝的君主，深明白法国的使命，他们采取农人的政策，视土地为生命，得寸进尺，不惜任何手段，以达到圈地的目的。在别一方面，此时虽处于封建割据时代，他们以婚姻政策，设法加强皇室权力，造成一个集权的国家。

远在希腊罗马时代，法国是一条甬道，由马赛至大不列颠，商人络绎不绝。这使高卢的文化与经济起了很大的变化。自罗马帝国灭亡后，法国成了各民族竞争的舞台，451年阿底拉（Attila）进袭巴黎；723年波纪（Poitiers）战争，使萨拉森人不得北上；885年纳曼人围攻巴黎，这些事实使法国人民族意识觉醒，接受了基督教博爱的思想，同时也接受了罗马政治的组织，而这两种文化，又都是有利于加强中央集权，尊重权力与纪律的。自是而后，罗马帝国所遗留的道路，破坏不堪，国内交通，须假内河航行，巴黎道成了法国的中心，犹罗马城之于罗马帝国的。

从地理上看，欧洲所有的国家中，法国是得天独厚的。就边疆论，除东部外，其他三面非常明确，因而法国历史的发展，一方面争取自然的边疆，别一方面着重在民族的团结，地理因素构成了强大的向心力。道克维尔（Tocqueville）论法国统一时说："法国是整个的，居中支配全国，在一人指导下，可以处理国内所有的事务。"

法国中央集权的形成，又因经济关系，可以满足其自给自足。它有肥沃的低地与平原，因地中海故，气候温和，雨量充足，树立起农业的基础，没有向外扩张的必要。他们最大的恐惧，在防御外敌的侵入，因而它需要自然的边疆，更需要集权的政府。法国的基础，以中产阶级与农民为中心，非利普奥古斯都（Philippe Auguste）利用平民，树立王权，以抵抗英国的侵略；路易第九虔奉基督教，喜保守，爱正义，代表精神的胜利，产生了13世纪独特的文化。士林哲学，峨特式的建筑，《罗郎（Roland）之歌》，脱利斯当（Tristan）小说，给全欧洲很深的影响。路易第九死（1270）后，无名诗人写道："王政消逝，正义永葬，名王之死，平民又将向谁泣诉？"

这是法国政治最修明的时候，它很了解自己，也如我们中国，武力采取守势，文化采取攻势。所以，在法国历史上，如果破坏它的中央集权，或发动侵略政策，结果必然是凄惨的。

七

自新航路与新大陆发现后，荷兰与西班牙崛起，向海上扩张，法国介乎两国之间，隔海与英相望，它的国策起了质的变化。这种变化，基于政策难以确定，一方面因其西临大洋，法国常思颠覆荷西海上霸权，缔造一帝国，以掠获殖民地，其发展的结果，必然与英国发生剧烈的冲突。另一方面，东边无确定界限，受罗马往昔侵略的影响，常起控制欧洲大陆的野心，结果须与奥德争雄，形成德法世仇。自法兰梭第一（Franccis Ⅰ）以后，法国近三百年历史，常在选择与尝试中：时而向海出发，时而进袭大陆。法国人的社会性，国际化的语言，给法国人一种强烈的刺激，创造出许多幻梦。倘如不得已而失败，又回到传统政策上，自给自食，以养国力。我们看惠实利（Richelien）对奥国的策略，科贝尔（Clbert）海上的经营，都有惊人的成功，从它的历史上看，也许是一种不幸。拿破仑第一与第三，纵有雄才大略，亦不能推翻自然决定的命运。

并非我们夸大，欧洲的国家中，没有一个可以成为帝国的。假如有的话，那不是自然环境的使然，乃是由于人力所为，他们可以"独霸"一时，却不能"一匡天下"。便是罗马帝国，它也只是建立在平等法律基础上的一个国际联盟而已！法国自然环境，比较其他国家为优，可是绝对不能与中国和美国并论。如果分析它历史上最光荣的时代，我们看到路易第九的成功，在于基督教正义的精神；路易十四的伟大，乃在古典派代表的秩序；拿破仑第一的声威，在乎善于运用大革命刺激起的情绪。

法国受环境的刺激，情感的冲动，要用意志满足它的幻想，重建罗马帝国，开拓无落日的殖民地，结果完全失败，成为悲剧中典型的人物。从历史上看，法国这次惨败，仍是受了"青蛙变牛"的余毒，而在地中海边做梦的政治家，永远不会觉醒的。

太纳（H. Taine）为一严谨的史学家，对此亦持一种缄默，他们太相信智慧与冲动，每次悲剧产生后，如丹东（Danton）在国民会议中说："先生们，为了克服困难，我们要大胆，还要大胆，永远要大胆，法国便救出来了。"这是普鲁士围攻凡尔登后，丹东提出的对策。

我们深信法国仍有它光明的前途，在它最光明的时候，我们又深信不会有奥古斯脱，也不会有维多利亚，它所有的是重农学派的方案，保存加贝王朝传统的精神。

诗人危尼（A. de Vigny）咏摩西时说："主啊，我孤独地活着！"孤独是一种反省的机会，是测量灵魂深度的标尺，是一种永久的沉默。但是，这都是违犯法国人的社会性内心生活最深的巴斯加尔，不是呐喊："永久沉默使我怕得很！"

八

凯萨《征高卢记》中，指出高卢人爱好新奇，法国人想象非常发达，新奇是一种美妙的感觉。18 世纪思想者，推崇物质无穷的进步，痛恨旧制度的专横，要建立自由与平等的理论，产生了大革命。他们犯了两种错误：第一将政治问题与社会问题混而为一，破坏重于建设；第二，中央集权政治瓦解，使法国历史脱节。拿破仑是个行动家，他认识现实，在1812年向议会中说："不顾民心的要求，历史的教训，要用幽暗玄虚的观念论支配政治，法国所有的不幸，便是从此产生的。"这些话有它的价值，我们不能以人废言，但是在断头台树立起的时候，血染了他们的眼睛，耳中只听到 Ça Ira 的歌声，又有谁相信这种言论呢？

史学家彼兰（Piaenne）论法国大革命时，很深刻地说："法国革命有类宗教改革，他是一种普遍情感与思想的表现；从本质上看，两者并非民族的作品。法国革命不是拉丁人特殊的现象，犹宗教改革不是日尔曼的。普遍的倾向，普遍的原则，革命者有清醒的意识。原当衔接传统的过去，却偏要斩断，引为无上光荣，以创造新时代。并非只限于法国人，可以演用于一切的人们，但是在法国实现后，国家的特征，逐渐变为国际的特征……"

因为国际环境关系，法国须将革命理论变质，它不是因为对革命有新的认识，而是看到军事失利，巴黎占领，不得不接受事实。此后法国的政治，徘徊在彷徨与矛盾中，拿破仑第三是最好的代表。深幸历史潜力，仍有其积极作用，外表上法国仍有他光荣的躯壳。拿破仑第三这方面要造成一个帝国，那方面要扶植民族解放，结果产生了色丹的悲剧，这是谁的错过？

法国大革命的成功是社会的，不是政治的。科学发达，经济组织变更，法国19世纪的政治家，无法控制这个时代。他们以"多数"与"少数"作为政治的原则，将责任放在民众身上，而政治家却巧舌如簧，坐享权利。试看贪污如彼之多，内阁变更又如此之快，便知个人活动等于零，而集体活动，又必然是空虚的。雷纳教授论到法国民主政治时说："现行的民主政治，不是变质，便是要走向绝路！"

政府与人民脱节，所以它要失败，但是法国人民是无过错的。

九

法国民族是非常优秀的，如果他的政治不改变，加强中央集权，他的前途是幽暗的；如果他不遵循自然条件，自给自食，确定他的国策，他仍然是悲惨的；如果不恢复旧日健全的伦理，而只清谈，斗那微妙的理论，他将来是绝望的。

就目前言，法国只有两条路可走：第一，与同盟国家共同作战，牺牲到任何地步在所不惜；第二，发动比1789年更大的革命，争取它的独立。但是两者的实现，须有一位比拿破仑更伟大的军事家，他须有坚决不拔的意志，始能负担这种特殊重任。否则，除非再生一个贞德，恢复法国民族的意识。可是，就目前情形论，现实令人非常失望，使人感到寂寞与空虚，除过同情他们遭遇的不幸外，我们也像拉丁的哲人说："这不是神的错过！"

原载《建设研究》第9卷第1期，1943年6月1日。

西班牙历史上的特性

一

此次西班牙内战，虽不及"九一八"事件重大，却也是改变世界局面重要因素之一。若从西班牙自身历史上看，意义更为深长，那是查理第五（Charles V）的国际化与腓里朴第二（Philippe II）国家化的斗争，南北两部矛盾的冲突。

1936年秋，西班牙战事剧烈的时候，比利斯的一位青年作家，地得瓦尔（Charles d'Ydewalle），想了解战争的实况，冒险亲去，得到一个凄惨的结论："我脑子内永远忘不掉那句话，自己打自己。"

我相信这个结论有他的理由，却不能概括一切。因为将一件复杂的历史事件，归纳在一句单纯的语句内，很难说明它的所以的。西班牙的事件，不纯是一个内战，而是欧洲政治、经济与文化病症的暴发，非常具体。所可惜者，那时候"不干涉委员会"的诸公，有如非洲的鸵鸟，设法将头藏起，以为这是地方事件，任它演变了两年。

欧洲历史上没有再比西班牙的历史更奇突的，突然的光荣，突然的衰落，使人眼目眩昏，无从明白他的真相。因之，读欧洲人关于西班牙的著作，几乎一致赞扬它的过去，批评西班牙人现在道德堕落，无止境的贪污，好说大话，不肯工作……实在说，这是人类共同的弱点，并非西班牙人所特有，所差者只程度而已。我想在这篇短简叙述中，试指出西班牙历史的特点，进一步解释它在欧洲史中所占的地位。

二

西班牙在欧洲历史中是最特殊的。伊卑利半岛，位于地中海西部，较希腊半岛与意大利半岛开化迟，因之，它的发展没有顺着自然的程序，急转剧变，而是成为西方民族斗争的战场。它的历史的演进，很难以常理来理解，充满了许多偶然与独特的事件。

次之，西班牙北部，以比利牛斯山与欧洲大陆隔绝，形成一个特殊地带，除由海道外，大陆的影响较少。中部多山，山峦起伏，间以荒原，而又缺少内河，交通变为非常困难。就伊卑利半岛给予的历史影响言，每个地方有它的"区域"性，每个地方有它割据的历史，所以西班牙历史上有一定则：如果没有外方的压迫，它是永远分裂，绝对不能统一的。

倘如欧洲的历史是一部地中海的历史，西班牙便是自然过渡的桥梁，它将欧洲与非洲连接起来。在西方历史转变中，它占一特殊重要的地位，致使参预外事，构成西班牙国家发展的弱点。革尼瓦（Ganivet）说得好："在西班牙历史中，过度向外发展，没有自身反省的机会，成为它的致命伤……"

另一种史实，西班牙特别重视宗教，就地理位置论，它应当是基督教与伊斯兰教调和的地带，可是不是以和平方式，而是以暴力的手段。一方面因为西班牙人追逐宗教是外形的，另一方面受"区域"的影响，不善组织，憎恶逻辑，以"力"为最后的凭依。希腊古代地理学家斯脱拉本（Strabon）说："西班牙人不能互相团结，由其高傲的性格，过度相信自己的力量。"

三

从西班牙南北两地的差异上看，更可见他们民性的不同。克来岛（Gredon）山将西班牙划为南北两部，北部多山，居民顽强，爱孤独，喜战斗，时常穿着黑衣，日日与矿山和山地来斗争。斗争是他们行为最高的表现，流血视为常事。截至现在，西班牙人不是仍视每年的斗牛为狂欢的节日吗？正如他们自己夸张说："是吃了石头做的面包所长成的。"

从这个地带产生的人物，无疑非常冷酷，着重有纪律的行为。耶稣会的创立者圣伊尼斯（St Ignace de Loyola）便是好的证例。是在1521年受伤后，决心脱了战衣，披上袈裟，将身心献给教会。在宗教改革的暴风雨中，要以行动替代默想，为真理奋斗。他自认永远在兵役期间，只不过是为上帝罢了。耶稣会精神所在，是那含有战斗的绝对服从，是那和平的抵抗。

南部临地中海，充满了甘蔗、橘子与葡萄，有丰富的想象力，强烈的情欲，感觉特别敏锐。随着起伏的波涛，幻想辽远的地域，西人形容空中楼阁，不是语之为"西班牙的宫殿"吗？自从非洲文化的输入，忧闷的心绪补救了这种想入非非的情调。证据是西班牙人最理想的人物，是那禁欲派的哲人塞奈加（Sénèque），在纪元前4年，生在高尔杜（Cordoue）。

这位哲人教人说："不论事实如何演变，你要使人明白你是一个人。"人首先要社会化，要有统一性，要理想与事实调和，从这方面，西班牙讽刺的文学，古典派的绘画，都曾有过不朽的贡献。革尼瓦在西班牙史中说："西班牙人的灵魂上，受禁欲派的影响很深，其影响所及，不只在法律、政治、宗教与艺术上，而且还在民众的语言中。"

革尼瓦的观察，自有讨论的地方，但是伊斯兰教侵入后（711年），遭受到强烈的抵抗，未始不受这种禁欲的影响。可是，我们要注意，西班牙人不善于思维，又无精确的概念，他们理想的禁欲派，不是哲学上有体系的理论，更非埃及宗教家的苦行，乃是一种自然伦理的行为，他的目的是做人。符野说："做人两字，最可形容出西班牙人的民族性，没有比这个更深刻的。"

四

因为西班牙多产金属，腓尼斯人到加地斯（Cadiz）周近，建立殖民地，战后希腊、迦太基、纽米地（Numidas）、罗马等人，踵趾相接，争夺这座欧非的桥梁。西班牙是欧洲各种人聚会的地方，常含有一种神秘。亚里士多德说："西班牙之西，遇顺风，不数日便到印度之东。"

这种混合民族，争夺剧烈的地带，它的民族性常是矛盾的，这方面爱好伟大，尚缥缈的幻想，那方面事事要观察，着重现实，趋于享受。薛万代斯（Cervantes）深了解它的民族，刻画出诘阿德（Don Quichotte）与彭沙（Sancho Panza）两种典型的人物。

这两种典型不同，却有一共同点，便是两者以"力"为重心。力是一种作用，如果没有健全的伦理指导，那是很危险的。

西班牙的伦理思想，清一色是基督教的，可是不幸得很，他们虽是基督教忠实信徒，但外形重过内心，虚荣胜过实质，没有真正接受了基督教博爱的精神。

当1492年，攻陷克来纳德（Grenade），与伊斯兰教8世纪的斗争告一段落，形成西班牙教宗的统一，但是基督教自身的分裂，呈现崩溃，审检制应运而生。审检制曾留下多少恐怖的回忆！审检制是一种蛮性的遗留，是没有伦理的暴力，单就塞维尔（Seville）一城言，在脱克马达（Torquemada）一人审判下，焚死者有七百人，无期徒刑者有五千人。到17世纪末，因宗教问题，马德里的审检厅判决一百二十人受死刑，其间二十一人被焚死时，审检官祈祷说："我不愿有罪者死，但愿他皈依正教，得以永生！"圣保罗说："爱以不使人苦痛为原则。"这种残酷的行为，将正路闭塞，为何不教人虚伪呢？我们要记着，虚伪是宗教最大的仇敌。

审检制直接摧毁了民族的力量，多少优秀的家庭，便这样无代价地牺牲，不只文艺停止了活动，便是农工也降低了生产。总一句话，审检制毁灭了西班牙民族的创造力。从间接的影响说，宗教不能导人为善，却教人虚伪，西班牙人爱说这句话："十字架后有魔鬼。"这是很耐人玩味的。

五

西班牙人爱极端，表现出一种英雄主义，这在它的文学上，更可看出，加斯脱落（Guillen de Gastro）的瑞德（Cid）便是好的证例。此种英雄主义完全与日尔曼民族不同；在德国一切以意志为发动，它要集体实现，造成自己的民族一种特殊的地位。西班牙即反是，它的英雄主义是想象的产物，强烈而狭窄，不能持久。此之西班牙历史上发生许多不正常的事件，它不明白什么是伟大的升平。

进一步分析，这种英雄主义是情欲、尊荣、嫉妒复杂情绪的混合，从戏剧中整个表现出来。魏加（Lope de Vega）在"没有报复的惩罚"中，很精密地分析这种复杂情绪。暗杀、劫夺、剑客，西班牙文学中有丰富的记载。

西班牙特别尊重女子，论者多归之于中古骑士行为，殊不知骑士仍是英雄主义的表现，并非光明磊落，乃是一种有技巧的侦探。如果发现女子不忠实，第一步便是报复，第二步要将这种报复变成一种秘密。加尔德伦（Calderon）把他的剧本题为"秘密的侮辱，秘密的报复"者，深明白西班牙人的精神的。

英雄并非一定要流血始成功的。为此在宗教上，西班牙产了许多杰出的人物，圣代洛斯（St. Thérése）在七岁时，便想到亚拉伯人地带去效命。到晚年她自己说："我还没有到二十岁，我觉着这个失败的世界，已经踏在我的足下。"这是一种豪语，而也只有西班牙的女子才可以说出的。

凡是英雄主义，没有不走极端的。极端是精神失调的表现，纪夏登（Guichardin）说："或许因为西班牙人的不协调，致使民族精神贫乏，不安，趋于激烈。"这种观察是很正确的。

六

西班牙历史上，有几次重大的演变。每次的演变，西班牙人并不能有效控制，结果变为被动的。究其原因，西班牙始终不是个纯大陆国家，所遭遇的事件，使它失掉平衡。在别的国家是致强的因素，在它反变为衰落的原因。

在布匿战争以前（纪元前264年），西班牙仅只是市场。及至迦太基不能与罗马并立，阿米加（Amilcan）又不能见容于迦太基政府，遂退居西班牙，向北开发，组织军队，西班牙渐具国家的雏形。汉尼拔（Hannibal）出，承继其父之志，"永远不做罗马人的朋友"，他利用西班牙战争的精神，给罗马前所未有的威胁。有两世纪之久，西班牙人倔强的抵抗，西皮云（Scipio）拥有六万大军，却不能解决四千西班牙人。继后贲拜（Pompée）、凯沙、奥古斯脱都曾领教过西班牙人顽强的意志。

但是，西班牙须变为罗马的行省，他在侮辱中得到三件宝贵的教训：第一、西班牙人明白团结的重要，接受罗马文化；第二、了解精神价值，皈依基督教；第三、认识自己战斗的精神，西班牙民族意识觉醒。纵使蛮人侵入，凯尔脱人、西哥德人、高卢人、日尔曼人等不能摧毁了罗马的影响。

罗马教会，利用西班牙地理形势，民性激烈，使它成为基督教防御的堡垒。从711年后，伊卑利半岛成了宗教斗争的场所。从此后西班牙的历史变成了一部教会史。罗马教会与以种种鼓励，使它继续奋斗。自宗教言，它建立了丰功伟绩，保障了欧洲基督教的安全。自西班牙国家言，其结果是非常不幸的。因为这种过度的宗教化，不是由于人民内心自由的要求，而是由于特殊环境所形成，完全变成一种外表的装潢。这种不好的影响，钳制住民族的创造性，致使智识落后。凡是外来的思想，都视为危险的东西，墨守陈规，不敢违抗"西班牙"教会的意志，在他们流行的格言中有"知识太发达便要招致邪思"之语，这是如何开倒车呵！

一切要戒惧，一切要慎重，结果只有愚蠢的自然下去，在西欧国家中，西班牙的教育是最落后的，文盲最多，教会须负重大的责任。利奥（Sanf d Rio）勇敢地说："诚然我们没有审检制了，但是，审检制的精神仍然笼罩着我们。"我们要明白这种态度卫护宗教，不特无裨益于基督教，而且是反基督教的。

七

在 1492 年，用围困方式，伊沙白（Isabelle）攻陷克来纳德，西班牙历史进入另一种矛盾的阶段中。轰动欧洲的哥伦布发现新大陆事件，使西班牙失掉正常的发展。

第一、西班牙有幸得到新的领地，它虽然有海军，却不能控制大洋，在短的期间内，须将海权交给荷兰与英国。它是一个半岛的国家，而它的文化却是欧洲大陆文化的延长，又经过亚拉伯沙漠文化陶冶，其自身含有尖锐的矛盾。

第二、自新大陆发现后，西班牙成了欧洲的金库。据当时人的估计，欧洲的现金突然增加了十二倍，西班牙人不善利用时机，只懂享受，逐渐轻视劳动，从新大陆搜刮回的现金，即刻转移到别的国家手中。在富丽的外形内，隐藏着怠惰、欺诈、投机、取巧等恶习，侥幸与偶然是正常的途路，西班牙变成了冒险的乐园。

第三、西班牙拥有的无可对敌的财富，扩大了它政治的野心，因为它可维持庞大的军队，它觉着比罗马帝国更大的帝国，须由西班牙建立这个奇迹。它视武力为解决一切的方法，16、17 世纪的光荣，由此形成；但是它的致命伤却也在此，查理第五、腓里朴第二的历史，便是好的说明。

显然的，西班牙的历史概括在宗教、战争、致富三个概念内。

八

查理第五，继承父母的遗产，除了法国、波兰、意大利北部外，整个欧洲都在他的掌握中，外带着新大陆未开扩的殖民地。查理第五外表上冷酷，却有坚决的意志与无止境的野心，从1519年被举为帝王后，幻想建立世界帝国，与法王佛郎沙第一（Francois Ⅰ）争霸。

西班牙是半岛的国家，他没有中心，使统一加强。复杂的民族、语言与中古封建割据之力，构成它的离心力，过度相信自己的武力，不善运用外交，结果三十年的斗争，终于失败了。当时一位大主教说"没有得到一颗胡桃的价值"，这是一种讽刺，却是当时的实况。

革尼瓦深明白西班牙的历史，他严正地批评查理第五说："完结中古后，西班牙原当利用八世纪的经验，对国家有确实的贡献，谁想他的所为，正违背国家的利益。查理第五的影响很坏，他使西班牙失掉自然的途径。"

查理第五幻想的大陆帝国失败了。

与查理第五性格相反的是腓里朴第二，爱闲静，不肯多说话，默想而不决定，一切往后推，以不解决而解决，任时间来推演。那不里（Naples）的总督说："倘如死来到西班牙，我相信他活得更长久。"

我们不要误解腓里朴的外表，这种"慢的表现"是他一种政治的技巧，事实上，他是很有决断的。他对审检制的加强，利用宗教，顽强偏执的奋斗。他反抗荷兰独立的运动，结果1581年荷兰独立；他想摧毁英国在荷兰的力量，破坏海上的竞争，结果1588年，整个无敌舰队惨败了。

腓里朴幻想的海上帝国，变为一座蜃楼。他不了解海性，结果将海上的霸权转交给了英国。在失败之余，他想利用法国的宗教战争，夺取法国王位，但是亨利第四（Henri IV）的皈依，他的计划仍然失败了。

16世纪末，西班牙人过着繁荣的生活，骨子里却充满了衰落的毒菌。伏奈宏（Forneron）说："在1596年，腓里朴第二财政崩溃，停止付债款。"事实上，西班牙的"农业、牲畜、工业、商业已完全摧毁，全国人口减少，许多房屋，门关户闭，无人居住，总一句话，国家已到了危险的地步"。

西班牙历史上最伟大的时期，便是查理第五与腓里朴第二统治时候，前者摧毁了政治的自由，后者毁灭了宗教的价值。西班牙不正常的发展，没有控制着特殊的机会，其衰落成为必然的。

从18世纪起，欧洲国家突飞猛进，只有西班牙沉睡在地中海滨，与世隔绝，海上霸权逐渐丧失，殖民地如落叶飞散，这是一个最具体的教训，每个国家都应该反省。

九

西班牙历史上的事件，几乎都在矛盾中，出乎普通意料以外。正如它的自然环境一样，冬天多雨湿，夏天反而干燥，它虽是半岛，却具有大陆的特性，但是这种大陆不能建立农业，而只一片含有沙化性的荒原。它没有希腊星罗棋布的岛屿，便于航海；又没有伦巴地（Lombardo）肥沃的平原，训练那种热爱地的精神，这便是为何亚拉伯人可以占据八百年的理由。

因为这种矛盾与复杂的因素，又因为它在地中海占的特殊地位，所以它的历史，任何事件发生，无不牵涉到欧洲整个问题，西班牙问题得不到合理的解决，欧洲绝对不会安宁的。

就西班牙自身言，政治最为落后，国家的实力，仍然操在地主、教会与军人的手中。自从亚尔丰斯十三（Alphonse XIII）即位后（1902年），他不能接受时代思潮，解决农工问题，又不能革除教会的恶习，减轻人民的苦痛，他守着前人的遗训，仍然要孤独，以形成一种特殊的局面。

第一次大战时，西班牙发了许多横财，可是人民并没有得到实惠，社会问题依旧，而它传统的专制，却须改变。于是利瓦拉（Primo de Rivera）将军的独裁，成为不可避免的事实。利瓦拉虽善于应付，财政的困难依然无法解决，财政问题有种发酵性，必然引起革命，终于在1931年实现了。

这次革命是相对和平的，十四个月内，六十二人牺牲；同时这次革命是成功的，一向反对的民主政治，现在无条件地接受了。西班牙披上民主的衣服，容纳"前进的"党派，组织人民政府，可是它并没有民主的实质。教会仍然拥有丰厚的资产，握着教育的实权；生产仍然操在地主的手内，农工问题并没有解决；军队虽由国家培养，却与政府对立；他们利害不同，对人民政府的攻击，却是一样的。佛郎哥是一个传统的象征，便是在这种矛盾下，他利用德意的力量，驱逐国际志愿军，他成功了，西班牙又走上军人的路径，而整个西班牙社会、政治、经济等问题仍然没有解决。

十

传说当上帝创造世界时，西班牙要求一个美丽的天空，他得到了；又要求美丽的海，芬芳的水果，美丽的女子，他仍然得到了；他进一步要求一个好的政府，却遭了上帝的拒绝，并且向他说："未免太过分了！如果给予，西班牙成了地上的天堂！"

但愿佛郎哥了解这个传述的真义，要知道好的政府是由好的政治家造成的。而西班牙历史上最缺乏好的政治家，他们几乎都是浪漫主义者，眷恋过去，幻想未来，却不能把握住"现在"。

原载《建设研究》第9卷第2期，1943年9月1日。

巴尔干历史的复杂性

一

巴尔干问题，扩大点说并不只限于罗马尼亚、保加利亚、希腊等地带。它具有一种历史的复杂性，随时代不同，问题的严重性亦有差别。巴尔干有不同的语言、宗教与种族，反映到文化、政治与外交上，不只是微妙，而且形成一种混乱状态，影响到整个欧洲的局面，这便是为何人称巴尔干为欧洲的火药库！

巴尔干的文化，正如它的历史一样，没有统一性，它是希腊、罗马、土耳其、日尔曼、斯拉夫几种文化的混合。它的文化与历史没有统一，所以它的政治始终没有健全的组织，而巴尔干各国政治的动向，常受外人支配，相因相成，给外人一种较易侵略的机会。因此，只有从它的历史背景，始能说明这种复杂的实况；我们在这篇叙述中，试想指出支配巴尔干动向的主潮，从那上面，或许可以看见它的真相。

二

巴尔干是东欧的一部分。就地理言，欧洲是亚洲半岛的延长，欧亚两洲无明确的界限，常随历史演变，欧亚"洲界"的伸张，时有变更，东欧与巴尔干便成了争夺地带，故德奥俄土都直接参与争夺，英、法、意等国又不能默而坐视。

欧洲历史演变的中心，一为地中海，古代罗马与现代英国，从未忽视过，要争取地中海的控制权。一为中欧平原，德奥等国无不设法夺取巴尔干半岛，因为巴尔干系控制欧洲大陆最好的据点，又是欧洲大陆与海洋最好的连接线，较之喀巴阡山更为有效。自古野心家视巴尔干为活动的场所，马其顿由此地发祥，奥托曼帝国设法稳固其政权，而俄罗斯、奥地利与德意志则利用民族与宗教问题，搅起斗争，这里是非问题都是次要的，所重者唯利害而已。

赖若（L. Leger）论巴尔干人民作战时说，"他们不善平地战争，特别喜欢在树阴与岩石下，或在山隘凹道处，构成作战隐避场所。"这儿的居民，善战喜猎，有健壮的身体，喜欢吃酒、冲动，为着许微细事，便可发动战争。因之，巴尔干居民，一方面没有坚固的组织，采取集体的行动，以克服自身的仇敌；他方面每个民族偏执自己成见，区域性很强，更是在东罗马帝国统治的时代，始终未将之希腊化，至今罗马尼亚仍守着拉丁文化，便是好的证例。

东欧自古为民族迁移的场所，哥德人、匈奴人、斯拉夫人、亚瓦尔人、保加利亚人、马甲尔人、蒙古人、突厥人，……先后侵入，造成一种混乱的局面。自罗马帝国起，始终采取防卫政策，达斯（Daccs）人南下，图拉真只好沿多瑙河筑坦路、建铁门，经五年战争（101—106年），始解除罗马帝国的危机。到东罗马时代，侵入帝国境内新民族，不只复杂，而且强大，构成一种应付的局面，和平者许其居住；强悍者，予以玉帛，使其他走，如460年，狄奥多利克（Theodoric）南下，帝国不能保卫，予以金帛，请其移至意大利。

由民族问题势必涉及宗教问题，可是宗教问题绝不能平心静气解决。当十字军发动后，西方理想者，幻想希腊教与罗马教的统一，只看第一次十字军，阿来克西（Alexis）所持态度，便知是无法达到这种理想的。到第四次十字军抢劫君士坦丁堡（1204年），更证明合作也不可能了。当东罗马灭亡（1453年）后，奥托曼帝国由巴尔干西进，除罗马教与希腊教之外，又加一回教，其冲突日见剧烈，各民族为宗教而斗争，宗教成了干涉他国最好的借口。

三

东罗马帝国的文化是希腊的，对于侵入巴尔干及东欧诸民族，尽了启蒙的责任，可是也给予不好的影响，如宫廷的斗争、不讲信义的外交、神学上虚幻的辩论，处处阻碍团结与组织，因而土耳其兴起，阿克汗（Orkhan）改革军队后，逐步向西迈进，成了欧洲最大的威胁。

当阿克汗与东罗马公结婚后，顺手取得鞑靼海峡（1356年），随时可以进入巴尔干。当时巴尔干分成许多区域，各自为政，只有塞尔比亚较有组织，得杜商（Etienne Donchan）为领袖，他有毅力，幻想建立东欧帝国，亦如查理曼大帝对于西方似的。自多瑙河至希腊尔达（Mt Oeta）山，迅速经营，乘拜占庭与保加利亚正在衰弱之时，顺利地在乌斯古朴（Uskub）加冕。可惜创业未半，中道崩殂，享年三十四岁。这个希腊正教的国家，未能得到西方基督教的同情，结果只是昙花一现，虽有若无而已。

在莫哈德第一（Mowad I）时，取罗马尼亚与保加利亚等地，拉萨尔（Lazare）战于高索夫（Kossovo）（1389年），结果大败，塞尔比亚失其独立。士兵长驱直入多瑙河，匈牙利王西锐斯蒙（Sigismond）抵抗，西方组织十字军参战，结果又败于尼哥保利（Nicopolis）（1396年）。从此以后，亚尔班尼亚与匈牙利相继奋斗，空留斯干德柏（Scanderbeg）与汉牙德（J. Hunyade）两个英雄的名字，成为传述中人物。到1453年，东罗马帝国灭亡后，巴尔干问题重新换一个局面。

在君士但丁堡陷落十一年后，罗马教皇庇约第二（Pius II）重新组织十字军，西方政治与军事领袖没有一点反应，以沉默应付。西尔维雨斯（Aeneas Sylvius）写着说："基督教没有首领了，教皇与帝王并不为人所重，正像对付虚幻与绘画的人物。这种情形，如何能使人作战呢？……"教皇无法，死于苦闷之中。

土耳其向西欧进攻，巴尔干问题变得更为复杂，1663年与1683年两次侵略，维活纳仅免于难。也是从这时候起，土帝国政治腐败，军队逐渐堕落，被迫签订加落维西条约（*Kalovtci*）（1699年）。在土耳其统治之下，解放匈牙利是巴尔干民族的一致要求，因为土虽统治了希腊、塞尔比亚、保加利亚等地，将他们的政府解散，他们的语言、宗教与习惯，仍任其存留形成战胜者与失败者对立的地位，常思独立反抗。现在受匈牙利独立的刺激，巴尔干亦有相同的要求，可是非走向西欧强国之后，无法达到他们的目的。

加落维西条约在巴尔干问题中是一条划分线，奥国取得匈牙利，完成"向东进"（Drang nach Osten）的第一步，而将亚曹夫（Azof）让给俄帝大彼得，引起俄国南下的野心，俄国同奥国争夺巴尔干成了近代欧洲最重要的问题。奥国的崩溃，基本原因便伏于此，这是耐人寻味的。起而代奥者为德国，他们都用民族问题为借口，直至今日，仍然是如此的。

四

巴尔干问题中，斯拉夫民族问题最为重要。这个民族爱跳舞，喜音乐。当向西移动，受喀巴阡山阻挡，分裂成南北两支。北斯拉夫向波兰与波希米（Bohema）迁移，便与德国冲突，捷克问题，成为两种民族斗争的历史象征。胡斯（Jean Huss）、锐斯加（Jean Ziska）、洛塞（Rose）、马沙利克（Massarik）、贝奈斯（Benes）都是反抗德国有力的代表。但是捷克问题中，常由宗教问题变为国家问题；继又由国家问题，演为宗教与民族问题。波希米王在1409年说："在我们的国度内，波希米人当居第一位……"驱逐德人，非特是宗教问题，而且是民族问题。

斯拉夫民族向南发展，以巴尔干形势故，分为数支，接近东亚尔普斯山有斯洛维纳（Slovenes）族，在萨夫（Save）地带，有克罗脱（Croetes）族，两者皆宗奉罗马教，用拉丁字母。向南接近保加利亚者为塞尔比亚，完全希腊化。就巨哥拉夫而言，纵使种族与语言相同，因宗教各别，其历史始终未曾统一，便是今日合为一个政府，仍然是两个不同的人民。继后斯洛维纳并于奥，受日耳曼人支配；克罗脱虽建立独立的国家，却自1102年后，将其王冠献于匈牙利，至1918年，始脱离其羁绊；只有塞尔比亚独立一时，在1389年为土耳其所并，其复杂情形，自可想而知了。

倘如从斯拉夫民族发展言，而南北斯拉夫衔接处，却为匈牙利所断，横亘其间，阻止东欧斯拉夫的团结。匈牙利占据多瑙河平原，好战，自11世纪起，受罗马教皇指导，接受欧洲文化，皈依罗马教。到1301年，本国世系中断，教皇将王位授予那不里（Naples）王，自此匈牙利成为罗马教会的忠实信徒，可是在巴尔干与东欧，除种族斗争外，又增加了宗教斗争的因素。斯拉夫民族情感日见发展，所差者只缺乏强有力的领导国家予以有效的援助。他们期待着，但自身无法建立，遂请俄罗斯担任起斯拉夫领导的任务，俄国至现在仍然不会放松这种任务的。

五

白俄帝大彼得后，对巴尔干问题不肯放松一步，时代潮流所趋，形成所谓大斯拉夫主义。许多论这种思想的发轫，因于帝俄的野心，但是研究大斯拉夫主义的基础，我们会看出语言学者的贡献。加杜里克（Michel Dourich）与杜勃维斯基（Dobrovsky），那些政治家与陆军人物，从这些学者的研究内，得到一种刺激与启发，自从1818年后，关于民族问题研究的书籍，如雨后春笋。存若哇（E. Beurgeois）说得好："从这时起，民族原始的状况，古代传述与歌谣的研究，形成一种希望与人探讨；这种运动，我们不能称之为国家的，因为始终没有斯拉夫国家的存在；这只有给以种族为依据者一种托辞而已。"

试就19世纪初，关于斯拉夫民族重要著述，便知俄国为何与土耳其作对，法国一位史学家说："巴尔干人民脱离土耳其的镣链，只为受俄罗斯的束缚而已。"

1818年，汉加（Hank）著：《利布沙的判断》（*Jugement de Libusa*）；

1822年，杜勃维斯基著：《古斯拉夫原则》（*Les principales palesslaves*）；

1824年，高拉（Kollar）著：《斯拉瓦之女》（*La fille de Slava*）；

1825年，庸克曼（Jeungmann）著：《捷克文学史》（*Histoire de la litterature Tcheque*）；

1826年，沙佛利克（Chafrijk）著：《斯拉夫语言史》（*Histoire de la laugue slave*）；

1837年，沙佛利克又著：《古代斯拉夫》（*Les antiquite's Slaves*）；同年莫斯科设立历史博物馆，由鲍克定（Pogodine）主持，又过两年，鲍任斯基（Bojainsky）在大学主讲斯拉夫语言。这种运动系18世纪末卢骚思想的赓续，利用德国人勤勉忍耐的精神与方法所促成，从沙佛利克著述内，我们看到耶那（Iéna）大学教授们的影响。

在这个时代最使人注意的为高拉作品，他利用方言的关系，建立民族的统一，主张原始斯拉夫是整个的，故高拉说："我们当用全力以求民族原始的统一。"他著名的诗：

斯拉夫，斯拉夫，你要使母国狂欢；
你俄罗斯人，塞尔维亚人，捷克人与波兰人
应当生活在一齐，变成一个国家。

约在1837年，把拉斯基（Polatsky）刊行波希米历史，以七年辛勤的研究，叙述斯拉夫与日尔曼民族的斗争，碧尔池（Pertz）语之为"最重要的著述"。将此书与《日尔曼史迹》（*Monumenta Germaniae Historica*）相提并论，不只因为科学的价值，实代表时代精神，要利用语言学，以求斯拉夫民族的团结。

俄皇利用这种思想，发展大斯拉夫运动，可是这种政治的野心，

随人与时的不同，表现出一种剧烈的矛盾。他一方面想缔造成一个帝国，借语言与宗教的关系，施以一种统治，但这与德国东进政策不能并存，故联法以抗德；另一方面，各民族要求独立，恢复旧日历史，这样又与帝国自身利益相违，结果须联德，以树立东欧与巴尔干之威信。一直到今天，这两种传统政策，仍然支配着俄罗斯的政治与外交。

六

加脱利纳第二（Cntherine Ⅱ）采取英勇与机警政策，向东欧与巴尔干推进，1774 年加纳尔著（Kainardji）条约，奠定俄国南下的基础。虽然退还土国占领地带（除过亚曹夫外），可是在条约中，允许俄国过问巴尔干与东欧宗教问题，正如土帝国内基督教徒，无论是希腊教或罗马教，皆受土之虐待，视俄国为自然保护者，寄以希望与幻想，以求解放。由此，俄国有借口过问土帝国内政，而 19 世纪巴尔干问题中，俄国居重要位置者，即此。

俄国有条约的"义务"，又有学理的佐证，对巴尔干被压迫的民族，自愿负起解放的重任；而东欧受法国大革命的思想，要求自由与独立，恢复被摧残的"人权"。只看希腊独立时，诗人摹仿《马赛曲》，便知受法国影响到何等地步！"去吧，希腊的孩子们，光荣的时期来到了……"

巴尔干民族复兴问题，俄奥法英诸强国都直接参与，只是他们各有自己的幻想，形成不同的姿态。俄国与奥国对立，奥欲伸其势于多瑙河出口处，巩固其统治权，故对基督教独立并不寄以同情，当希腊独立，梅特涅（Metternich）以一种冷漠的语调说："土耳其人残杀希腊人，希腊人又杀土耳其人，这便是我们得到的消息，这个问题，超出文化以外……"至于俄国，因为是斯拉夫民族领导者，竭力援助各民族的独立，私心企图占据君士坦丁堡，以控制海峡。

英法两国的政策与俄奥不同，他们采取二重政策。由于历史传统作用，自同情基督教解放运动，但为了殖民地与地中海的安全，又不肯改变土帝国局面，防止俄奥的扩张。可惜土耳其泥于传统政治，既不能随时代转变，又不能利用列强的矛盾以自强，结果欧洲土耳其逐渐分裂，每一次巴尔干问题都呈现一种新的倒退。

自 19 世纪后，巴尔干问题变得更为复杂，土帝国既无法自存，势必借助外力，而欧洲正在帝国主义发展时期，对土帝国的保存与瓜分，每个政治家与外交家，各自有其私心计算，是绝对不可能协调的。假如瓜分，即那些基督教国家应如何处理？而分配方式，又如何能公正？这是绝对不可能解决的问题，因为这些强国，表面上虽有堂皇的主张，骨子里却完全是一片私心。这样，巴尔干的复杂性，只好随时间加重，任其在复杂中自行演变。

我们试将 19 世纪巴尔干问题演变的概要，作一归纳，即可知它在欧洲史中的地位。

一、塞尔维亚的独立（1804—1815 年）。米罗克（Miloh）为领袖，以谨慎与忍耐的态度，在 1830 年 8 月，得到解放，取得自主权。

二、希腊独立（1821—1829 年）。因为宗教与文化关系，纵使奥相梅特涅不愿人干涉，英俄法合派舰队，产生那瓦利纳（Navarino）战争；至 1829 年，俄国陆军渡多瑙河，直趋君士但丁堡，土急求和，签订安得堡（Andrinople）条约，希腊从此独立。

三、克里米战争（1854—1856 年）。俄皇尼古拉推行大斯拉夫主义，视土耳其为"垂死或已死"的病夫。在 1853 年 1 月 9 日，俄皇向英国大使说："当我们同意后，我便完全放心了，别人的想法还管他做什么！我们应当布置好，你瞧，在我们臂上是一个垂死的人（指土国），假使我不预先布置好，将来是很不幸的。"但这种政策与英国利益相违，结果英国联法与沙丁王国，产生克里米战，签订巴黎条约，土国借此保存，俄国大斯拉夫主义遭受到打击。

四、巴尔干战争（1875—1878 年）。俄国不能出黑海，巴尔干问题始终未能解决，适波黑（Bosnia, Herzégovina）二省遭灾年，反抗杂税，虽有英国援助，结果产生俄土战争，在短期内，占领索非亚、安得堡等地，土急于求和，签圣斯泰芬（San Stefano）条约，创一大保加利亚国。英反对召开柏林会议。第一，大保加利亚分为三部：马其顿仍归土；东罗马里任基督教总督治理，须土苏丹同意；保加利亚为自治国，宗主权仍属土。第二，波黑两省，以土国名义由奥匈帝国管理。第三，蒙德内哥罗、塞尔比亚、罗马尼亚三国完全独立。这种条约，没有顾及民意，只增加巴尔干的复杂性。

五、土耳其革命（1908年）。马其顿问题发生后，土耳其进步党摧毁哈米德（Abd-il-Hamid），多半是军界人物主持，奥匈帝国占有波黑二省；保加利亚借此宣布独立，俄国与塞尔比亚感受到一种侮辱。

六、第二次巴尔干战争（1912—1913年）。当马其顿受土压迫，保加利亚与塞尔比亚缔约，继后希腊亦加入，蒙德内哥罗允助塞，思解放马其顿，在1912年9月，巴尔干同盟军袭土，节节胜利，宛若俄国报复柏林会议的失败，而德国与奥匈帝国以为减少自己的威严，他们憎恶大斯拉夫的发展，土国在伦敦会议中让步，而奥义要保障亚德里亚海，因为亚尔班尼亚阻止了他们的出路。当提议分割马其顿时，保加利亚忽然攻击巴尔干同盟，结果失败，签订保加洛斯（Bucarest）条约。奥匈帝国不愿塞尔比亚强大，自是失败；保加利亚未得马其顿，自感到失望；俄国未取得海峡，又见德国主持土国军队，自亦不满足。

七、第一次世界大战的火，是从塞尔比亚燃着的。大战后东欧及巴尔干变色；奥匈帝国瓦解，巨哥斯拉夫扩大，亚尔班尼亚、希腊、罗马尼亚各改善局面；保加利亚失掉滨海地带，土耳其只留着君士但丁堡城了。继后奥匈倾向德国，保倾向意大利、捷克、巨哥斯拉夫、罗马尼亚，构成小协约国以与奥匈对抗，土国在洛桑会议中，争取得色雷斯（Thrace），俄国因自身革命，放弃了旧日的政策。

七

巴尔干宗教、语言、种族、历史与习俗的不同，使得没有一种向

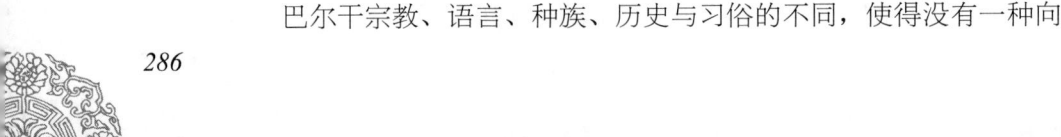

心力建立起巩固的政治组织，遂产生不出整个生命的文化。因之，巴尔干常在分裂之中，这种分裂是非常不合理的。

分裂是一种衰弱的象征，必然受外力支配。从历史上看，由希腊至土耳其，始终未将文化建立起来。因为它处在欧亚衔接地带，自古为各民族活动的场所，每次民族迁移，必然遭受到损失，形成一种仇恨、偏执、狭小与顽固，时时在戒惧中。因为要戒惧，不得不找强国作依附，结果巴尔干成了列强斗角的地方。

东欧与中欧为欧洲大陆的中心，奥地利所以能称雄数世纪者，实因维也纳地形最好，易于防守。故奥地利统治匈牙利后，威权增强，能够抵抗土耳其的侵略。巴尔干为大陆欧洲与海洋欧洲的枢纽，由玛利查（Marritza）与瓦尔德（Vardar）两河直趋拜耳格德（Belgrad），如是，即维也纳与多瑙河上布达拜斯脱（Budapest）动摇，此萨洛尼加与君士但丁堡之所以重要也。

德国为欧洲大陆的领导者，向东进的政策是它的自然趋势，故德国自统一以后，首先打击者为奥地利。这次战争中，奥捷两国首为牺牲品。自从1866年以后，奥国实力已不存在，成为德国附庸，它以东欧为对象，时时培植"成长基点"，向巴尔干蔓延。

严格地说，土耳其与俄罗斯是"欧亚"的国家，英国是超洲的，因之，欧洲均势问题，不在德法两国，而在地中海与巴尔干。直接在巴尔干冲突者，是大日耳曼与大斯拉夫民族。英、法、土、意等国，自不能袖手旁观。故自土帝国退出后，巴尔干问题日见复杂了。

从文化上言，如果巴尔干不能建设一种统一于自身的文化，将永远受俄德两主潮的推移，时在颠荡中；从地理言，只有从巴尔干着手，利用各小国反德潜力，始可予德国致命的打击。德国始终要造成欧洲大陆的中心，盟国如不能控制巴尔干，德国是不会崩溃的。

原载《建设研究》第9卷第4期，1944年3月1日。

李维史学研究

一

伏连（Robert Flint）论李维说："苟其历史主要的目的（好像他所设想的），在乎供给前例和激励美德和爱国心，我们便不应当责备他不顾史家的本职。"[①] 史家本职是什么，这不只是难解的问题，而且是不可能解决的问题。所以李维在史学的贡献，须从他的时代着手，由是看出他所表现的历史，含有何种意义与价值。

屋大维即位后，史称奥古斯脱时代，注意内政，充分发展国家思想，享有秩序与和平。罗马是一切的中心，如埃奈（Eneas）初至拉西幼姆（Latium）说：Hic domus, haec patrias est.[②]（这是居停的故乡。）

纪元前29年，安东战败，屋大维返罗马，味吉尔（Virgilius）诵其名著，以彰德威，"在绿野田间，沿着小溪，我建立大理石庙堂，明齐（mincis）河畔，饰以轻柔的芦苇。中间竖立凯萨之像……"[③]

这真是一个动人的时代。

---

① Flint（Robert），"Introduction", *History of the Philosophy of History*.
② Virgilius, *Eneides*, 7.V. 122.
③ Virgilius, *Georgiques*, 3.

二

诗人味吉尔使奥古斯脱不朽，可是没有李维的史籍，仍然会留下许多残缺。味吉尔赞美奥古斯脱是超时间的——贤王明君应得的褒奖。李维却按照时间，叙述时代逐步的实现，刻绘那一个民族的命运。所以李维的历史观念，完全与现在流行者不同，历史不是科学，而是一种伦理，其目的在有用于政治。

人类精神，单独不能创造科学，因为科学需要资料与工具，它需要必须的准备工作，更需要环境，促成科学精神的发展。奥古斯脱时代，视科学为一种博闻强记，客东（Cato）与老孛利纳（Olde Pline）知识渊博，却没有形成系统与组织。奥古斯脱执政后，视历史为政治上最好的工具，政议场两边的竖像与题铭，目的不在"述真"而在"赞扬"。克拉尼（Grenier）说："将过去复活，与现时一种教育的意义，这是当时最流行的。"[①]

在叙伊东（Suétone）记载奥古斯脱的叙述中，我们更可明白当时对历史的概念："奥古斯脱尝读希腊罗马史学家的著作，寻找陈例，对公私有裨益。他节录许多史事，寄赠家人与官吏，有所资鉴。有时他向元老院，读整本史学著作，如麦德洛（Metellus）论生育重要；吕地利（Rutilius）反对大兴土木，为着使人明白，他的主张系继续前人的遗训。"[②]

三

李维的历史观念，便在"适用"。他的《罗马史》[③]缺点很多，没有严密的方法，时常夹着情感的冲动，可是他能把握住史实的重心，

---

① Grenier(Albert), *Legénie romain*, p.395.
② Suétone, *Angustus*, 87.
③ 原书名：*Ab urbe condita libri*。

运用心理分析，让过去的史事再现出来。为此，他在"叙言"中说："倘使历史知识是有用的，便在静观过去壮丽的遗迹，或者为自己，或者为国家，使众人有所取法……"

李维著《罗马史》的目的有二：一在与人以教训，二在赞扬罗马。两者以载道为职志，诚如罗马传统的精神："做一个好公民，做一个好士兵。"① 这种理想并不是孤独的，但是李维却能更进一步。客东著《述源》一书，教其子明白罗马的伟大；沙吕斯脱（Salustro）的著述，在于反抗贵族，赞扬平民；凯萨《征高卢记》，即是一种自我的赞扬。而李维在使罗马整个复活，使每个罗马人得到一种政治教育，这与奥古斯脱的政治理想是非常吻合的。

李维的历史作品，富有罗马帝国传统的精神。可是缺少批评，不考究资料的价值。他深知波里比（Polybius）的著述，如关于汉尼拔战争事迹，但是他不喜欢那种严谨史学的精神，那种枯涩的考证，冷酷的博学，完全与李维的精神相违。李维说："精神淘育在古时，我的灵魂便是古人的。"②

李维视历史是一种雄辩，并非求真与探讨因果关系。他是一种艺术，在文辞上庄谐兼有，有类西塞豪（Cicero）。

在希腊罗马作家中，李维敬服者有二：第一是反抗腓里朴第二（Philippe Ⅱ）的狄摩斯登（Demosthene），其时雅典执政者③，怯弱与投降，而狄氏焦唇敝舌，以过去的伟大来刺激人民，试图挽救雅典的独立。第二为西塞豪，公元前 63 年加地利纳（Cathelina）叛乱，以大勇行为，拯救共和。这种政治行动，李维确定了他对历史的概念。④ 西塞豪说："史学家不仅要叙述人物行动，为着更有声色，须描写风度，性格与生活……"⑤ 因之，李维把对"真"的叙述，放置在次要地位。

---

① 拙作：《欧洲文化史论要》，第六章。
② Tite-Livi, 43.13.
③ 如：Schine, Isocrate, Phocion。
④ 李维致其儿子信中，曾言研究狄、西两氏作品。
⑤ Cicero（Tullius Marcus）, *De Orat*, 2.15.

四

太纳（H. Taine）论李维说："李维叙述人物，赞扬善行，顺便提及原因，不善排列史实，许多遗漏，而且也不善选择……他能叙述出意想不到的概念。"① 太纳对李维的评论，有局部是正确的。他受了科学运动影响，将人类活动，归纳在时间、环境与种族概念中，以求达到求真的目的。然而李维著《罗马史》，自成一家之言，与其说在阐明过去史实，毋宁说是以史实佐证自己的思想。李维是典型的罗马人，有类客东，他憎恶不能代表传统精神者，所以他反对凯萨。

李维在《罗马史》第一卷中，释城市的建立，在其不可信征的传述中，流露出一种高傲，不谈罗马城的地理与经济，只强调城市来历的特殊，他说："在城市建立先，完全充满了诗意，其根源是可靠的。我不否认，也不赞成，最好让人神相受②的传述，使此城建立时更为壮丽。"③

到第六卷时，他有宝贵的资料，虽然仍是取舍，却能充分利用。他说："至此，我所叙述的历史甚为模糊，因为时代久远，如相距太远之物，仅见其存在。次之，史料不足，不能有史实信征。最后因高卢人入寇④，全城着火，文献焚毁。但是从此之后，对内外皆可清确地叙述。"⑤

五

奥古斯脱时代，表现升平气象，奥哈斯（Horace）咏歌：

由于你，牛在田间祥静吃草；

---

① Taine(Hypolite), *Essai sur Tite-Livi*, 1856. p.127.
② 指 Rhéa Silvia 与 Wars 相合，生 Romulus 与 Rensus 事。
③ Tite-Livi, 序言。
④ 指公元前 390 年 7 月 18 日，Allia 之战役。
⑤ Tite-Livi, 6.1.

> 万物丛生，船可安行海上；
> 信任吹散了疑云。①

李维以散文表现时代的伟大，他运用古人著述，却不加批评，证明奥古斯脱为传统代表。他对史实选择，只要"近似"②，使人"感"受到罗马帝国的可爱，他的任务便达到了。

李维视史学与文学无大区别，他没有凯萨《征高卢记》的纯朴，也没达西脱（Tavitus）史学的严谨，可是他善于分析，运用技巧，刻绘出他的心意。

试举一例：在蛮人入侵，中产阶级被消灭，罗马危难时，他说：

> 有一不幸的老人到政议场，衣仅蔽体，破烂不堪，苍白，瘦弱，长的发须，呈现出分外难堪的神色。纵使如此，却认识他，曾做过队长，有特殊战绩。群众对他很同情，绕着他，问他何以至此？他说：当与沙班（Sabins）战时，敌人毁其田舍，掠走家畜，不幸之上，又有重税负担，须借债，利高无法偿还，失掉祖遗田产，有如毒蛇，侵入自身。债主变为凶手，将他殴打，背上有许多鞭痕……
>
> 群众忿怒，准备暴动，要求取消债权，元老院无法，忽传外敌侵入，民众立刻提武器，去与敌人作战。③

李维这种描写，宛如小说，夹有许多想象成分。一个史学家可否如此写历史，我们无法加以可否，但是古人如此做，我们觉着分外生动与亲切。

---

① Horace, *Carmen*, 4.16.
② Grenier 说："在所有著作中，如开始一样，'像'便是真的标准。"
③ Tite-livi, 2.23.

六

我们不能以现代的史学观念,来批评李维的著述,须要了解他的时代与环境,始能明白他的价值,罗马精神寄托在政治上,李维利用传述,表彰过去的史事,将历史变成一种教育的工具,深合时代的要求,为此,加地斯(Cadix)的居民,千里特来游罗马,瞻仰李维的仪容,这可看出他的影响,而罗马史也从此有了定形。

奥古斯脱时代,版图扩大,李维将罗马介绍给失败者,其态度和平,使误会减少,这方面,李维有很宝贵的贡献。也是为此,5世纪的高卢诗人纳马地颜(Rutilius Namatianus)说:

Fecisti patriam diversis gentĭbus unam; profuit iniustis te dominante capi.(世上不同的民族,将你造成唯一的故乡。)[①]

现在研究李维者,只看他是一种史料,那完全是错误的。李维有他历史的观念,并非没有尽史家的职责。

原载《国立桂林师范学院丛刊》创刊号,1944年。
又载《国立中山大学校刊》第22期,1949年4月5日。

---

① E. Lavisse, *Histoire de France*, 1.2.

16世纪经济革命

上　地理发现

一

封建势力衰弱，君主政治奠立，经济结构受到最大的影响。各国有力的君主，深知政治的统一，须以经济统一为基础。里昂市场的设立，不仅是与日内瓦对抗，而且要争取意大利中北部商业，使法国经济繁荣。路易十一创设路政，英国亨利七世修造桥梁，虽为政治与军事设想，实际受惠者，却是一般商家。

商业是国家经济的命脉，因之，商业的竞争，不是个人，而是国家，盐、谷物、明矾为当时最需要的用品，国家与以一种变相的统治。英法两国，急切关注工业，英国的羊毛与毛织品，法国的丝与地毯，都是国家经济的中心。经济国家化，在欧洲15世纪末，成为每个国家的新动向。

这种动向，促成国与国斗争的新工具，每个国家企图在国外扩张经济实力，争取市场，因而资金的需要，变成欧洲急切的问题。

当地理的大发现未实现时，欧洲人首先在本土采矿，中欧成为金银的矿区因为炮的使用，已成为战争有力的工具，使得军需原料铜的缺乏非常严重。这种矿工业突然的发展，形成一种自然的专利，哈布斯堡的财产，建立在矿业上，巨商符若领取地洛（Tyrol）采矿权，于1487年，须付出23677金佛罗郎押金；次领取斯瓦池矿权，又付15万金佛罗郎押金数目。稣伯伦到采矿工业发展，指出现金的需要说："在15世纪末与16世纪初，从未感到如是需要现金的流通，而银的购买力最高，这是不可忘掉的。"

欧洲采矿的活动，事实上没有显著的成效，以先天不足故。须特殊努力，冲破埃及与威尼斯在地中海的障碍，另外新矿区，始能解决"欧洲的经济危机"。这有待于地理的大发现。

二

一个诗人叙述葡萄牙的航海者：

> 他们驾轻舟，
> 在无把握的大海上，
> 寻找从未走过的海路，
> 静观天下新的星星，
> 那是他们国家的人从未见过的。

这种惊心动魄的大事件，并非是偶然的。由于十字军与土耳其西侵，亚拉伯科学知识传入欧洲，西人地理知识有特殊的进步，代谒（P. Dailly）刊行《世界》一书，杂以古人议论，主张西班牙之西与亚洲之东，相距不远。取亚里士多德、塞奈加、薄利纳诸氏之说，"如有顺风，在几日内，便可达到印度"（塞奈加），这种真伪相半的理论，给人一种强有力的刺激。

航海工具同时亦加改良，意大利首用指北极的磁针，葡人改良航船，每小时可航行十公里。从葡萄牙亲王亨利组织航行工作开始，经七十二年努力，地亚士发现"风波角"。

便在地亚士由海路进发时，高维汉由陆路出发，至北州东岸，环绕非洲航行的准备，亦已完成了。

三

欧洲向西航行至印度的观念，使哥仑布完成他的大业。这个织工的儿子，身体高大，有卷发与深蓝色的眼睛。他的性格偏执，坚持欧洲西岸距中国不远的见解，许多人以为他的主张，系多士加纳利信中启示的。1474年，多氏致葡萄牙宗教者说："较葡国经几内亚更短的航路，便可达到香料地带。"

我们很难想象中古何以如是重爱香料，葡国对抗威尼斯，西班牙又对抗葡萄牙的原因，便是在争夺香料。假如再往深处看，发现金银，应付当时经济的演变，实为有力的推动。马哥孛罗的游记中，如何称赞中国的富庶！

当葡王拒绝哥仑布的计划后，1486年至西班牙，得平沉助，于1492年8月3日，自巴洛斯起程，经三十三天，至巴哈玛。

这次航行，自然是一种冒险。从水手的日记中，可看出发现新大陆时实况："10月10日礼拜三：所有的人都觉得旅程太远，不愿前进了。船长安慰他们，不要失掉勇气，并说不久便可致富；船长又要他们清楚，一切不能变更他的计划……10月11日：大海，向西南行，又西进。平达船手新发现芦苇，用刀制的小木棍，还有陆上生的草及一块木板。片纳船看见一棍上有许多花，很快乐，船长下令：向西进，平达撑起三帆，前进，做发现大陆的表记，第一个看见大地者，为水手脱利亚纳……船长也看到一点微光，四周密布着黑暗，他还有点怀疑，他举起火把，不时地挥动……10月27日至古巴，称之为小西班牙。"

次年3月15日，西班牙王宣布新发现，庆祝哥仑布的胜利，接着又有第二次航行，以其没有如马哥孛罗所言者富庶，哥仑布声誉渐低，这证明渴望黄金，实为有力的推动。

哥仑布死后的次年（1507），地图学者瓦尔德斯姆来以参加过四次航行者亚美利加之名，授予所发现之地，新大陆由是降生。

四

西班牙加强经营美洲，提高了西班牙的地位，使欧洲历史起很大的变化，争夺的范围扩大。对新发现的新地，西班牙特别组织一个委员会，哥仑布第二次出发，有一千五百工人与劳动者随行，十七艘西行的船中，没有一个女子参加，这证明对所发现的地，尚无一定把握。可是，西人深知新大陆未来的价值，嫉妒地不肯放松，而此后的世界，须重新划分，确定发现的主权。

费迪南为虔诚信徒，将哥仑布携回的金子，装饰罗马圣母大教堂。教皇亚历山大第六，处理西班牙1493年5月4日请求：向西百里外所发现的土地与岛屿以及由此向印度而未发现者，皆属于西国，是年9月26日，教皇正式承认。

五

中古时期，埃及与威尼斯控制欧洲的对外贸易，到15世纪，这种现象突然改变。第一，谟罕默德第二攻陷君士但丁堡，阻塞巴尔干通路。中欧大陆商业城市衰落，增加了地中海边岸的重要性。第二，葡萄牙发现好望角后，创立新航路，旧日自红海到开罗的路径非常困难而费用又大，故埃及与威尼斯商业的专利，被葡萄牙夺去了。

从此以后，香料集聚地，不在亚历山大城，而在里斯本，威尼斯去埃及运香者，在1503年时，空船返回，因为里斯本香料市价，较威尼斯低五倍。自1504年后，里斯本经常有十二艘船向东航行，采购

香料与珍宝，而地中海航路，停止利用，一直到苏夷士运河开创的时候，始恢复他的繁荣（1869年）。1506年普利雨利写道："近年来失掉对德国商业市场，造成威尼斯的不幸，完全系葡萄牙所致……"

当伽马第二去印度（1502年）以240万佛郎货，换取1200万佛郎厚利，亚拉伯人忌之，又受威尼斯推动，战争遂起，葡人败之于地雨。

阿布该克继地亚士与伽马之后。构成五千海哩的航线，1510年取卧亚为开拓殖民地的中心，1513年取亚丁，次年又攻陷奥姆池，葡人封锁了红海波斯海湾航路。威尼斯无法对抗，其商业一落千丈。

六

葡萄牙对于船舶的构造、航路的情况，有如古代腓尼基秘而不宣。伽马向东出发时，曼纽埃说："由于非洲东岸的发现，我们有了新头衔、新财富，长此努力下去，除过到达威尼斯，日纳亚，佛罗郎斯致富的东方外，还有什么期待呢？"事实上，新大陆的发现是偶然的，也可说是错误造成的。但是，好望角的发现，却是经验积累，一种推理与意志的成功，一种渴望致富的要求。

1498年5月18日伽马抵加利古后，里斯本与香料地接连的梦完全实现了，这些开创者，曾"经过多少恐惧"，始取得东方不可思议的财富，证实了马哥孛罗并非是愚人的谎言者！次年，伽马返抵葡京，葡王授予"印度洋上将衔"，虽然损失船一艘，牺牲三分之二的同伴，算起来仍获利六十倍，这是何等致富的捷径！

伽马是一个实利者，却没有政治眼光，也没有合理的宗教精神。当他到了印度后对德里蒙古帝国、德康印度王国并没有引起重视，而是看作一个空名！他的目的，只想利用地方的纠纷，保持商业的利益，建筑防御工事，离间地方的团结，必要时，便是一种大屠杀，使土人屈服！

这种态度，自然引起反抗，印度、开罗、君士但丁堡及威尼斯共

同抵御，结果没有优良的武器，精炼的海军，导致完全失败，印度开始进入灭亡的途程。西方人初次至东方，便给人留下一种"强盗式"的印象，阻碍了与多民族合作的路径，这是非常可惜的。

七

1511年，阿布该克由卧亚出发，焚毁与劫掠麻六甲（《明史》作满拉加），报复初次的失败。满拉加为我国藩属，不能拒抗，作有效的缓助，仅只一张公事，便以为解决。《明史》中说："后佛郎机强举兵侵夺其地，王苏端妈来出奔……遣使告难。时世宗嗣位，敕责佛郎机，令还其故土。逾暹罗诸国王以救灾恤邻之义，迄无应，满加拉竟为所灭。"

葡人不只不退，麻六甲还成为其东进的基地，以及入暹罗与中国的足踏石。阿布该克推进，至安孛纳，这真是香料地带，《明史》中说："地有香山，雨后香堕，沿流满地，居民拾取不竭。"阿布该克是葡国国家经济建树者，他给欧洲开创了殖民地的坦途，1519年以阿氏之死为界点，在欧洲经济史中划分了两个时代。

16世纪初，英法虽步葡西后尘，欲于海上有所发现，却无特殊成就。葡西两国以其地理环境，以及多年与亚拉伯人斗争的经验，对地理的发现上，成就特大。1537年纽奈斯写道："发现新的岛屿，新的土地，新的海洋，新的人民，特别是新的天空，新的星星。"葡西两国在进行一种竞赛，即争取香料地带，事实上也便是储蓄黄金，两国维持海岸的出口处，西班牙的爪达桂维、加地斯、塞维尔，代替了瓦郎斯与巴斯洛纳。

八

当西班牙人到了巴西与中美后，并未见遇如人传述的中国与印度

的财富。他们犹疑不决，1512年巴尔包亚，穿达利英土腰，登其峰顶，始看到"南海"的新大洋。这证明哥仑布所发现者为另一个世界。

西班牙嫉妒好望角的路径，想续令航行，以达香料地带，这种环游世界的伟业，留给不朽的麦哲伦。

麦哲伦系葡萄牙贵族，有学识，确知地球的面积与海洋的统一性。他曾协助亚麦达与阿布该克工作，继以不能与国王合作，入西班牙籍。1517年向西王查理申言："不经葡人航线，亦可达到香料地带。"查理与之签订十年的合同。这个消息使葡人非常不安。

1519年9月10日，麦哲伦起程，同行者二百三十九人，他有精确的科学知识，有必然成功的信念。领航者中，有彼加发达，曾记述这次航行过程中遇到的风波、恐惧、失望、饥饿，与发现"太平洋"的狂喜，1520年至关岛，又至列宾，以志发现，遂用西班牙太子之名。1521年（正德十六年）4月与土人冲突，麦哲伦牺牲。

主舰"脱利尼达"毁于海风，由胜利号载之西还，由加纳领导，经好望角，葡人多方阻碍，终于完成使命。当他们回到西班牙时，仅廿二人，其间尚有四个土人。

里德论到航行世界时说："一个西方人而突然变成东方人了。"这实是一件不可思议的事。麦哲伦西行的成就，系哥仑布发现的结果，从此后，欧洲人再不能保有他们固有的世界观念！近代欧洲史中，世界观念的演变最有趣味：希腊罗马人的世界，只是一个地中海；中世纪的世界，仅只是基督教。自从马哥孛罗的见闻记问世，多少人只认为是"神奇的"著作，对日望神长所在地，印度女子有无灵魂，蒙古人的由来，都作一种奇离的解释，不敢违犯《圣经》的解释。现在发现了世界的整体，除基督教古老的文化外，尚有许多更古老的文化，欧洲只是世界的一部分，基督教只是世界宗教的一种，在中古文化崩溃转变之时，这是何等有力的打击！人类历史须以新的观念去理解。西方人的意识在此时有了不可估计的变化。

下　资本主义形成

一

中古经济，由于封建制度割据局面，濒于危绝的境地，葡西两国地理的发现，欧洲经济冻结的状态，突然进入革命状态。亚来斯语此为"文艺复兴的个人主义"。

16世纪初，西方人的心理与中世纪不同，中古寄托在未来，以刻苦俭约相持，时时在恐惧中。百年战争结束后，随着时代的转变，他们爱生活，重物质，有无穷的欲望，好奇，事事都要尝试，觉得生命的可贵。

16世纪经济革命的特点，首在物价的提高，杜莫森认为物价上涨，始自1524年，他说："从这年起，一切物价皆提高，那种高涨，不是偶然的，而是经常的。"这种现象，货币论者，咸以缺少抽码流通故，各国囤积现金，不能流通，交易入停滞状态。证据是在16世纪初，为了解决交易停顿的问题，各国在改革币制的发动。

从别一方面看，自新大陆发现后，许多现金流入欧洲。波丹在1568年说："自从六十年来，物价提高在十倍以上。"有人估计自1541年至1544年三年间，新大陆输入欧洲，有1700万金佛郎，这虽不能视为定数，却可说明现金大量输入的现象。到1545年波多西银矿的开发，形成一种过剩的危机，西方人心理上起一种变化。

总之，地理的新发现，加强了国际贸易，原有的经纪机构，不能去应付现实环境，势必加以一种改革。

二

从威尼斯夺取的香料商业，为了推销，从规模较大的组织，施以一种统制，一切要国家化。胡椒一项，系葡王独有的专利。

商业组织扩大，旧有的地中海边的城市，渐次失掉重要性。里斯本为16世纪海外贸易的中心，居民仅有十万，而葡国经济实力又薄弱，不能大规模的开发，武装必需的船舶。不得已，只有借助荷兰的运输，德国的现金，始能有所成就。

便是因为这种原故，安维尔成了欧洲国际贸易的中心。自1499年起，葡王派有半官半商性质的代表驻此。十一年后，西班牙亦有同样措施。纪西地尼写着说："安维尔如是繁荣，始于1503年与1504年。其时葡萄牙得到加利古王特许，将印度香料与药品运回，复从葡国转运于此……"

欧洲经济重心移至大西洋后，安维尔成了商业重要城市，亦因接近德国南部，那些金融家便于活动。在这个繁荣的城中，德国商家经常驻此者，有富若、魏尔斯、来令若、高生普洛特、伊莫夫、荷斯泰德等，他们有组织，可以与葡王对抗。

这种金融组织，使资金大量流入葡西两国，到查理第五合并荷兰后，德商魏尔斯成为西班牙财政中心人物。1516年查理向魏尔斯借巨款27000金镑，须出百分之十一的利息，由安维尔城做担保。每次选举时，富若与魏尔斯成了后台策动的人物。

富若也是西班牙重要的债权者，198 121杜加的债务，查理无法偿还，以值135 000杜加皇家田庄抵押，一直到腓里朴第二时代，富若一直是西班牙大地主。

三

16世纪欧洲的国家，就政治言，已有集权的政治组织；就财政言，向受封建传统力量的支配。因为事实的需要，政府与金融家的结合，构成近代化特征之一。

金钱是战争的神经，要作战，便需要金钱，可是封建化的财政组织，不能即刻集聚大量的现金，以供运用，不得已须向外借贷。付以抵押，于是产生了"信用贷款"。马克西米要参加战争，同盟者予以17万杜加的协助，而解决问题的枢纽，却操在富若的手中。这个金融家允诺半月内支付一半；余者六个礼拜内付诸，马克西米的军队，始可动身。

当时欧洲各国中，以法国财政较为健全。可是查理第八、路易十二、弗郎沙第一诸王，所以能够发动意大利战争，完全得到里昂银行家的支持。里昂为金融活动的中心，消息灵通，深悉欧洲政治活动的背景，那些金融家，从日纳亚购买，出卖给西班牙与德国，传统的经济活动陷入停止状态，这时欧洲产生一批金融政治家，杜其便是一个最活动的人物。

原始"信用"只是一种工具，现在它本身具有一种价值，金融交易成为一种有力的商业，与货物交易分道扬镳，这已踏上资本主义的路径。旧日的商业机构，逐渐淘汰，1528年纳瓦若罗写道："每年里昂四次墟集期，从各处流入许多金钱，意大利、西班牙与荷兰金钱交易很活跃。"当时普遍的倾向，不只里昂如此，贝桑松、日纳亚都有同样演变的动向。

金钱交易渐次超过货物交易，盈余数目字，超过人意想以外，中古的货物交易场，渐次含有近代交易所的意味。关于这一点，安卫尔城为很好的证例。1531年，安维尔新建交易厅，门上刻着"In usun negcaiatorum Cnjus Cum aus nationjs ac linguae"，意为"为各国与各种语言交易使用"。对于这种新的活动，诗人罗锐伊说："说着各种语言，穿着各样衣服，这里是世界的缩影。"

四

16世纪经济的演变，带有浓厚的资本主义色彩，其现象之一，即吸收游资，产生一种有款制度。1526年荷斯泰德企图囤积大量的酒、麦与木材，首先运用这种方法向民众收资金。对于此事，奥斯堡编年史学者桑德尔说："王公、侯爵、贵族们，资产阶级的男女之人，都向荷斯泰德投资，收到百分之五的利息。许多佃农们仅有十个佛罗朗的资金，也要参加这种事业。有一个时候，荷斯泰德付出的利息，有百万佛罗朗以上。"

纵使桑德的记述有过分夸张的地方，至少我们可以看出信用存款的发展。教会反对这种生财之道，那些金融家又说此为慈善事业，借此维持那些忠实人们的生计。在亨利二世时，政府也利用这种组织。

经济的演变，形成资本家阶层，他们在社会上创立许多新事业，富若为最好的例子。其先人自1368年后移居奥斯堡，不久便创设纺织工业，继后收集棉花、丝、香料、铜、水银等货物，垄断欧洲市场，欧洲重要城市都设立富若的汇兑所。桑德写道："富若与其亲属之名，不只全国皆知，便是非基督教的国家都知道。皇帝、王公、贵族派遣使臣，教皇亦向他致敬，认为他是最忠实的信徒。那些枢机主教在他面前，亦须起立。"

五

金融企业的发展，形成许多贵族，富若与威尔斯是当时显赫的代表，有如佛罗伦萨美第奇家族。他们的势力庞大，意大利、法国、西班牙，直至南美洲，到处有他们的机构，他们是当时政治上的重要人物，查理五世与弗朗茨一世的斗争实际上便是他们在背后操纵。

这些金融家成了特殊的阶级，他们也要包养许多艺术家，以装饰新贵的身份。奥斯堡成了艺术的中心，收藏着许多珍贵的物品，奢华生活将中世纪质朴与简陋的生活完全破坏了。

民众仍过着清苦的生活，对这些新贵抱有强烈的反感。新贵们控制着大量的现金与货物，物价上涨，以为他们统制所致。于是民众攻击他们，教会中宣道者批评他们："一个城中有四五个交易所，则是一种危险，而且是极大的罪恶。违反博爱的道理。他们会囤积全国的酒……任其规定价钱，而且还说：非如此价，我们无法出售。他们将穷人置放在困难的生活中。"纵使教会禁止，其结果仍是徒然的。

物价上涨，经济不景气，构成社会重大问题，如经济恐慌、农村破产，虽不像现在这样严重，但在当时已够为政者穷于应付了。法国自路易十一时起，手工业低落，无产阶级的团结，资产阶级的压迫，形成一种斗争。城市代替农村，有组织的工业代替手工业，工人运动现象亦已发生。1509年埃尔夫，1513年乌尔姆与科隆诸城，都发生过工人的运动。

里昂是工业的中心，是资本家集聚地，罢工风潮层出不穷。在16世纪中叶，欧洲大城市已脱离中古社会，向近代社会演进，其特点乃在经济发生的革命。

原载《广西日报》1946年（具体期数不详）。

结束国际联盟

一

国际联盟在日内瓦举行最后一次会议，下周行将解散，往事不堪回首，有心者为之嗟叹，大有"人事无常"之慨，可是，我并不如是想。

国际联盟代表 20 世纪的精神，它是政治上的新组织，适应国际环境的迫切需要所产生的。它绝对不是"乌托邦"，因为"乌托邦"没有实质的存在，并且不曾有成果。我们看国联的历史，在短短十九年中，虽说不幸短命，却尽了最大的努力，为了保障和平，曾签订过四千五百六十八种条约！在它结束行程最后的一年，战火已起，还签订了二百一十一种和平条约。这些数目字，真有点啼笑皆非，和平为武力破坏，正义为暴力摧毁，国联有如罗丹雕刻"夏娃"的像，满身表现无可奈何的神气！没有比这更惨的了。

二

国联做过多次领土的仲裁，并且是成功的，如雅兰岛和科孚岛等事件。但是，到"九一八"事件发生，日本用侵略手段，夺取东北，狡避战争的名词，代以"自卫"，由于列强的自私与短见，致使国联束手无策，此次为第二十六次的领土仲裁，此次事件泄露了它的弱点！现在彭古在日内瓦追怀往事，表示遗憾；那时候，他与白里昂西门等工作，我们奇怪这样颖出的外交家，当时为何那样噤若寒蝉呢？

从"九一八"事件后，国联威信日渐扫地，有若长堤决口，不久暴力泛滥，淹没了整个世界。巴拉圭与波利维亚同是会员国家，双方交战，不接受国联调解，而在国联外缔结和约！德国蔑视《凡尔赛条约》，恢复军备，进兵莱因河！意大利侵略亚比西尼亚，并不介意国联，国联成了漫骂与讥讽的好资料，与其说它失败，归咎他人；毋宁说它不幸，而这种不幸是先天带来的。

三

1918年第一次世界大战结束时，领导战争者言："我们为正义而战，从此后再没有战争发生。"他们虽如此说，他们的内心却有种种的疑虑，便是：个个都不愿战争，个个都怕战争；人人都希望和平，人人不信任和平。这种心理笼罩着凡尔赛，因此《凡尔赛条约》，实质上只是一个停战的协定，列强分配胜利后的利益，他们都赞成国联的成立，因为国联可付与有效的保证。

试读当时和会的记述，试追想山东问题的处决，便知英法意日等国的代表，都有他们自己精妙的算盘，只有威尔逊怀着一种单纯的逻辑："大家都是被侵略者，合力抵抗是最有效的。"他相信他理想的实现。

当威尔逊到巴黎后，感觉到这个新环境，外表上富丽与狂热，而内部却有矛盾，使他怀疑，不像他所期待的。因怀疑而不安，由不安而成惧。克鲁满沙与路易乔治，非特不能与他合作，却变成他的对敌，他开始意识到这个古老狡猾的欧洲。

四

威尔逊与英法的对峙，也可说是国际思想与国家思想的决斗。两者都需要国联这样一个机构，可是他们对国联的动机与态度完全不同，结果国联成立，参院不支持他们领袖创导的事业，拒绝他带来的正义，因而国联在最初便失掉它前进的生机，倒退在19世纪政治的旧圈内，便是说这是维也纳会议与神圣同盟的赓续。

所以美国参院反对加入国际联盟，以盟约第十条故。[①] 他们不愿将"打发我们孩子去作战的权利"（洛其语）交给国联，因而要慎重，参院考虑与批评有三十个礼拜之久。但是，如果认此为唯一的原因，即不解当时实际的情形，国务卿蓝辛是个实际政治家，在1919年5月19日曾向布立特说"我认为国际联盟在现时是完全无用的"，我们无法说明他们真正的用意，为何他不直接向威尔逊表示？从克鲁满沙口中，启示出一部分理由。当论到美国国会不能确定批准《凡尔赛条约》时，这位老虎总长说："这是一种稀奇命运的嘲弄，便是没有美国人，国际联盟也能存在的。"

美国不参加，俄国正在革命，德国须条约履行后始准加入，这种情况下这样一个新生的国际机构，失其普遍性，当然不能肩负重任，自是意料中的。

五

国际联盟自始不是国际的，而是欧洲的。也只有从这个角度去

[①] 第十条为：国联会员国担任尊重并保持所有国联各会员国的领土完整与现有之政治独立，以防御外来的侵犯。如遇此种侵犯的任何威胁或危险之虞时，行政院应劝告履行此项义务的方法。

看，始知它全副精力，仍然是建设欧洲力的均衡。我们研究国联盟约，正像读但丁的《君主论》，或者亨利第四的《大计划》。从《西发隆条约》，建立欧洲均势后，每到欧洲局面变更均势是唯一的解决办法，防止法国革命的神圣同盟，针对三国同盟的三国协商。因此我们说：国联是稳定欧洲的新方式，它不能负世界期待的重任。

然而国联所处的时代却是国际的，它也知道使命的所在，它却没有实力，形成了一个超国家的地位——如果国联发生积极作用，那些强国必然遭受打击，因为正义与暴力是不能并存的。

事实上，每个领导国联的强国，不肯放弃本国的政策，结果国联变成一所说空话的厅堂，处在悲惨的地位，既不能卫护国际法的尊严，解决国际纠纷；又不肯降低地位，变作交换意见的场所，于是每个严重问题发生，结果只是"应付"，不能作有效的控制。中日问题的伦理制裁，在我们是感到失望，在国联则尽了最大的努力；意亚问题，国联宣布经济制裁，意大利并不在意，而奈古斯须坐兵舰逃到伦敦。

六

尽管国联有弱点，我们须认识它的重要，这是人类合作必备的机构，建立世界政治系统唯一的路径。国际法庭，国际劳工局，技术合作，文化合作，都有显著的成绩。想在短时间内，组织一个健全的国际机构是异常困难的。我国始终信赖国联，因为我们信赖正义，国际法应该有最高无上的统治权。国际的理想并未失败，集体的安全不能摧毁个体的存在，联合国从国联的历史上，可得到许多宝贵的教训。

本月12日下午国联大会闭幕后，国联即停止存在，从速成立"清理局"。在国联大厦的墙上，应该刻着这四句诗：

如今华丽的栋梁摧毁了，
冲天的烽火消灭在烟雾中。
鼓角的清声寂然无闻，
守护人静立在小山之顶。①

原载《广西日报》1946 年 4 月 17 日，桂林。

---

① 见 Sir Walier Scott, *Marmion* 诗中。

意大利文艺复兴的特质

一、文艺复兴与意大利

15世纪，欧洲的精神上，开始一种新动向，便是直接研究希腊罗马古文物，创立一种新文化。这种大胆的企图，思潮的剧变与影响，被法国史学者米失勒（Jules Michelet）称誉，语之为"文艺复兴"，1855年刊其名著。继后又为布客合德（Jacob Burckhardt）学者，加以一种有力的传播，遂成欧洲史上重要的史实。

这种运动，非特要与中世纪判别，而且要与之断绝。所以文艺复兴的本意，乃是种一种"再生"，"再生"含意非常广泛，可有种种不同的解释。如果"再生"是跳过中世纪，直接与古代相连接，即此种企图，非特不可能，并且与历史与文化演进规律相违。每个时代有它自己的生命与特性，但是近代从中古蜕变而出，正如中古来自古代一样。

欧洲古代文化，限于地中海范围，它的活动亦并不阔大。当日耳曼民族侵入后，摧毁古文化缔造成的体系，那并不是古文化的毁灭，而建立一种更广更深的新文化。

基督教取得合法地位后，欧洲人逐渐认识精神价值，与日耳曼民族性配合，形成大陆欧洲的间展。16世纪，精神特征之一，系个人主义的发展，但是"个人主义"一词，远在圣本笃时代，便非常看重，宗教原则，便以尊重个人意志为起点。倘论到国家的演变，德国历史反映出日耳曼民族上的个人主义，而中古的社会环境，特别是封建制度，更易促进个人主义的发展。

文艺复兴时的个人主义，虽非新奇的创造，可是它的本质改变了，这个运动，就宗教言，它是反基督教的；就人性言，他是反理性的；就政治言，它是反割据的。这个个人主义含义非常复杂，批评、好恶、享受等一切须以自己为准则，这是最大的改变。

治欧洲史者，常忽视欧洲大陆的开拓，查理曼大帝统一欧洲后，便是欧洲国家建立的开始，奠立向北与向西发展的基础。神圣罗马日耳曼帝国的成立，步查理曼帝国的后尘，采取同样步骤，向东北两方发展，罗马成了交付帝王皇冠的场所，而军事、政治与文化的中心，停留在来茵与塞纳两河畔。欧洲的新动向，由地中海向内地移动，到14世纪，法国与罗马争夺宗教的领导权，在某种意义上，亚维农（Avignon）成了教皇驻跸地，便是那种动向的结果，使意大利感到一种孤独。

由于历史的关系以及意大利人喜欢活动的性格，他们不能忍受这种遗弃，他们有领导西方世界的野心，可是没有控制时代的实力，即是说由蛮人侵入造成的"黑暗时代"（Saeculum Obscurum），分裂局面，致使意大利不能荷负重任，配合当时的要求。他们不甘寂寞，转向过去的历史，梦想为古代嫡系的继承者，构成文艺复兴时代的特点。

当欧洲北部尚在封建状态中，意大利有类希腊，实行一种城邦制，精神动向高出，领导欧洲走向文艺复兴的坦途，他们蔑视北方人封建与骑士的精神，那种好勇斗狠的个人主义，意大利看作是落后的象征。然而在政治与军事上，北部却统治了南方。

十字军后，意大利意识觉醒，商业发达，城邦经济起了剧烈的变化。亚拉伯统治的地中海，为威尼斯与若诺亚等城市所控制，佛罗郎斯成为银行的中心，所以文艺复兴，由此经济繁荣的城市开展，并非是偶然的。

到 15 世纪后半期，佛罗郎斯望族麦地谢士，拥有大量的资本，摧毁了中古经济机构——中世纪经济理想，每个人都有极低生活的保障。他们提高物质生活，趋向艺术的追求，罗马教廷，因政治演变，必须与银行家勾结，有如查理第五与富若一样。结果教皇皇冠落在麦地谢士族的手中。

意大利承继古代文化，但是那些承继者是商人，他们的精神是算计的。因此，他们对艺术的爱好，必然走到"写实"与"理智"的路上。这种动向，配合上地方传统的背景，形成一种奴隶的复古运动，不只要模仿，而且要近归古代。这条路虽是走不通的，但他们却得到许多宝贵的经验，产生了批评的方法。便是说，从罗马式微后，一切起了质的变化，如对人与社会的观念。便是当时运用的拉丁文工具，也成为讥笑的对象，起始只是形式的对抗，继而成为教会与智识阶级矛盾的交点。

中世纪的智识阶级，完全是教会中人物，几乎没有一个例外。到 14 世纪，因为法律与医学的发达，大学的设立，特别是波罗尼与蒙白里，许多普通人，亦从事知识的探讨。这种运动产生一重要的结果：信仰与科学的分离，这破坏了中古倡导的统一性。

拉丁与希腊的语言学者，攻击教会传统的方法太旧，不肯努力，致使语言退化。这种批评，教会亦接受，但不肯放弃领导知识的地位，教会中的高级人物，同情新运动，教皇自 15 世纪中叶，便赞助这种事件。

这些语言学者，深受社会敬重，教会拥有文化实力，他们不能脱离教会的羁绊，结果便是反抗教会。所谓复古运动者，亦只对现时不满采取的策略，并不是爱好真理，与人生一种阐扬，推进人类趋向光明的道路。所不幸者，领导教会人物，追逐世俗的光荣，爱好刺激的美，忘掉了他们的本质，倘与那些新人物，以科学与艺术为己任，便判若天渊了。教会处在一种很困难的地位。

意大利的环境，特别有利于这种新动向的发展，在政治上，阿亨斯泰芬（Hohenstaufen）与阿亨策隆（Hohenzollern）的斗争，教廷移至亚维农，意大利成了战争的场所，贵族们演出许多阴谋，形成一种混乱的局面，没有皇帝，也没有教皇，意大利不能忍受这种寂寞与遗弃，返折到自身，希望古代伟大精神的降临。

二、复古运动与人文主义

但丁在《君王论》中，表现一种高贵的情感，使罗马脱离教皇的牵制，恢复独立，他梦想新文化的降生。在他的作品内，古罗马帝国的梦，燃烧着国家的情绪。

但丁的作品，给国人一种信念，便是说用自己的方言，可以表现复杂的情绪，《新生》便是利用这种有力的工具写成的。

但丁被放逐后，眷恋着佛罗郎斯故土，著《方言雄辩论》（De Vulgari eloquentia），指明方言可成为文学的语言，最适宜表现国民的特性。从这个文艺复兴先驱理论中，可看出国家的个人主义。

也是在这样的动机下，诗人著成他的《神曲》，这是中古思想的综合，也是新精神的发轫，虽然他把诗与科学，置放在地狱内，那仅只是外形的，作者不是基督教徒，实质上，他推重诗与科学，因为那是高贵的文化代表。

较但丁影响更大者为柏脱拉克（Francesco Petrarca）。但他的国家观念很深，自结交的名族高罗纳（Goronna）身上，他看到古罗马的幽魂。罗马是他的生命，从这个凋零的古城内，他想复兴过去的伟大，这种精神便是文艺复兴。取味吉尔（Virgidius），西塞豪（Cicero）为法，表现心灵感受到的情绪，集古代史料，收罗许多古钱与徽章，树立起研究古代文化的道路。柏脱拉克，研究希腊，并无特殊成就，却创立一种风气。

柏脱拉克追逐一种完美，但是这种完美是形式的，介乎自然与人之间，体念到"美"的情绪，他感觉到一种快乐。他这种努力，系对基督教禁欲思想的反抗，构成精神的个人主义。可是，柏脱拉克与教会关系很密切，对时髦科学，并不重视，他曾反对名法学家安得（Giovanni Andrea），责备他没有健全的常识。

柏脱拉克是一个热爱知识者，他狂烈的追逐，需要一种满足。但是他所要满足的，不是理智，而是感觉，为此柏脱拉克，一个印象者，无论外在与内心所唤起的印象，即刻化为一种现实，从这现实上又引起许多幻想与做梦，这是一种病态的现象。因此，他运用这种敏锐的感觉，施以一种"技巧"的修饰，他的诗含有一种诱惑。也是为此，一方面他启示出新的时代，另一方面又眷恋圣奥古斯丁（St. Augustin），他竭力推重《忏悔录》的这一段："人们都赞赏山顶，河流，汪洋，天星，可是他们忘掉自己，在自己的前面，却感不到什么惊奇。"他也写忏悔录，含有悲观的情绪，表现一种时代的精神。

复古运动的实例，利英池（Cola di Rienzo）是最耐人玩味的。这个想象丰富的冲动者，于1347年登罗马加彼多（Garbatella）神殿，宛如恺萨庆祝胜利，宣布罗马领袖，企图恢复古代罗马共和制度。他要摧毁意大利贵族的统治，对包尼法斯第八（Boniface VIII）一种报复。

这种复古运动，绝对不能持久的，他太理想了，不能见容于时代的需要。因此，利英池遭受贵族们猛烈抨击而失败。可是他这种戏剧化的动作，与人一种刺激，使人追想罗马曾失去的伟大。

从保加琪（Boccaccio）的小说集 *Decameron* 中，更可看出这种新动向，他是怀疑精神的象征，讥笑当时的传统道德，佛罗郎斯布尔乔拍手称快。一切要享受，许多教会中人，也接受这种新动向。保加琪约彼拉多（Leonzio Pilato）译荷马诗为意文，追逐语言的完美，扩大生活范围，加重社会生活。

佛罗郎斯的资产者，一方面求精神的解放，使罗马成为复古的中心，另一方面追逐物质的享受，发展重金的思想，1375年，沙洛达地（Coluccio Salutati）成为佛罗郎斯主事后，鼓舞一种精神动向，强调政治不受宗教支配，取古罗马例，那是最好的理想。

315

这种复古运动，配合地方情感，构成人文主义的先驱，许多热情的少年，疯狂地追逐，多米尼琪（Jean Dominici）认为思想的危机对宗教是非常不利的。多氏在1405年著《暗夜微光》（Lucula Noctis）说："基督教徒们去种地，较研究古书更为有用的！"纵使他苦口婆心，无法挽救那时精神的动向，许多少年，集队成群去君士但丁堡求学，探讨古希腊的光明。

1396年，克利若洛害斯（Manuel Chrysoloras）来至佛罗郎斯，这是第一个希腊学者来讲学，有许多弟子随从。

当君士但斯与巴塞尔两次举有宗教会议，虽是解决宗教纠纷，改革教会，无形间却促进了人文思想的发展。那些参加议会的人物，同情新文化运动，嗜爱古物，着重古代手稿的探讨，孛洛齐利尼（Poggio Bracciolini）便是最好的代表。他在圣加尔修院（Abdest Gall）发现管地利扬（Quentilien）全集，又在克吕尼修院，发现西塞豪演说，对于人文主义者，并不亚于哥伦布发现新大陆的事业。到1430年左右，拉丁遗留的古作品，大致都发现了。

对古代作品，人文主义者予以敬重，而语言学家予以批评，研究它的真伪，校刊手迹，造成一种求真的风气。教会并不忽视这种工作。尼可拉第五（Nicolas V）出席巴塞尔议会，发现代尔杜里（Tertullien）全集，深感到快乐，那是教皇在这次议会中最大的收获。

尽管中世纪曲解拉丁著作，西方人并没有忽视过拉丁作品，原始基督教的思想家，如拉克坦斯（Lactance）、代尔杜里、圣若落姆（St. Jerome）、圣奥古斯丁，都对拉丁作家有深刻的认识，中古学者们继承遗产，只是残缺罢了。

真正与西方知识影响者，系希腊作品的研究，希腊人对人与自然有特殊的认识，正解答当时求知的要求。奥利斯拨（Aurispa）环行希腊，收集古代希腊作品，1423年，带回二百三十八卷希腊稿本，交给威尼斯，这个水城引为无上的光荣。

因为经济与交通关系，意大利猎获希腊作品，成为一种癖性：杜西地德（Thucydide）、柴纳芬（Xenophon）、孛留达克（Plutarque）、索伏克尔（Sophocles）等作品，第一次正式介绍到西方。在 15 世纪，孛留尼（Lionardo Bruni）翻译柏拉图与亚里士多德著作，西方人始认识这两位大思想家的真面目。

佛罗郎斯举行宗教会议，希腊亦派有代表，试图恢复宗教统一，这种企图虽未成功，但对希腊思想的传播，却有重大的关系。若米斯多斯（Georgios Gemistos）倡导柏拉图的思想，希望恢复雅典黄金时代的生活。白沙里庸（Bessarion）努力收集希腊珍本，共有 746 种，威尼斯圣马可图书馆，成了人文主义者开辟不尽的田园。

对这些学者，告斯姆麦地谢士（Cosme de Medicis）为第一个保护者，自 1434 年后，他以新文化领袖自居，使佛罗郎斯成为艺术的城市，组织柏拉图学会，由费生（M. Ficin）主持，到罗郎麦地谢士（Lorenzo il Magnifico）时，倾向哲学的研究，佛罗郎斯成为文艺复兴的灵魂。

意大利其他城市对新文化亦有同样的动向，亚尔丰斯（Alphonse d'Aragon）治理的拿不里（Naples），成了新文化者的乐园。亚氏爱富丽与修饰，以复古为己任，非常开明，便是在拿不里、瓦拉（Lorenzo della valla）度其大部分时间。

瓦拉在巴亚（Pavia）大学授修辞学，运用语言学批评的方法，对传统思想施以猛烈的攻击。他倡导享乐思想，抨击基督教伦理，以其偏狭，违反自然的人性，致使古文化堕落。教会人士，不努力语文，所用的拉丁文，多牵粗陋，造成许多文盲。中世纪落后的观念，便是瓦拉等造成的一种意识。

瓦拉攻击教会，也攻击那些时髦的法学家，非特指摘所用的拉丁文，而且讥笑他们没有理想，这样，他在巴威亚树立许多敌人，所处环境艰难，须移往拿不里。

1440 年，亚尔丰斯与教皇欧坚第四（Eugene Ⅳ）决裂，瓦拉指出君士但丁大帝，并未给予教皇资产、稳固世权——De falso credita et ementita Constantini Donatione Declamation，教廷憎其狂妄，欲治其罪，得亚尔丰斯保护，始免于难。但是他大胆的言论，确高人一等，古埃（de Cues）枢机主教对他寄以深厚的同情。

瓦拉批评虽苛刻，但仍然是一个信仰者，设与碧加得里（Antonio Beccadelli）相较，判若天渊。碧氏有种变态心理，追逐刺激的享受，托人文主义的外形，赞美希腊罗马坠落的罪恶，他代表新时代肉感的动向，使感觉满足。

凡新的运动趋向极端，结果必然失败，因为任何运动，脱离不了历史潜在势力的支配。所以在人文主义发展时，费尔脱（Vittorino de Feltre）能够握住这个真理，从教育着手，一方面教学生学习古人对事物的理解，他方面又要学生保存基督教伦理思想，从教学与逻辑用功夫，对新文化运动，实开一新局面。

当时一般人文主义运动者，缺乏内心的修养，在初期，犯了许多浮浅的病。他们以新文化人自居，追逐一种虚荣，失掉对现实的认识，致使行动不健全。他们的动作，含有宣传的姿态，完全是人工的。外形装作模仿古人，实质上是一种自私的憎恶，采取一种欺诈的手段。马桂瓦利（Machiavel）说："诚实要吃亏的，装作多情，老实，严肃，虔诚有用的……群众只爱表面，结果可使事情成功。"

可是，我们并不能忽视他们的功绩，他们的成就，乃在造成一种风气，使后继者有追逐的路径。这些意大利人文主义者，含有高傲的国家观念，企图意大利居于领导欧洲的地位，他们的逻辑：凡事古代的，都是完美的，因为完美，所以对古代要有认识，利用新方法，便可达到高贵的境地。罗马是古代的代表，所以非罗马的便是野蛮与落后，应该铲除。意大利为罗马的嫡系继承者，故高于其他国家。这种思想，加强了欧洲国家观念，介乎国与国之间，造成一种对峙，树立起不可超越的篱笆。从这种偏狭的国家观念，反映出个人主义的发展，对中世纪传统的信仰，施以致命的打击。

人文主义发展的初期，英法两国受影响较少，只有德国，在西尔维雨斯（Aeneas Silvius）倡导下，有特殊的发展，但是，意大利国家高傲的思想刺激了德人，又加上与罗马教廷的冲突，阻碍其成为巨流，列于次等地位。

复古运动的结果，造成对古代遗物的重视，罗马古迹林立，成为人文主义者理想的乐园，讲求艺术的美，成了意大利资产阶级的任务，这是从前未有的现象。

新的艺人与鉴赏者，对艺术追求一种形式的美，如当时的诗，不只要丰富，而且要表现新的情绪；他们欣赏古雕刻的"美"，创造一条新路径，着重姿态，人体的结构，用最小的动作，如手指的方向与微笑，表现强烈的情感，深刻的思想。这样，艺人摔脱了传统的方法与结构，加强意识作用，中古的艺术，整个无条件地投降了。

新艺术的企图，首在造成夺人的印象，艺人观察现实，表现强烈的个性，从那里反映出时代的动向。倘使要用"个人主义"说明这艺术的特征，那我们不能取它恶劣的含意，因为国家思想发展中，脱离陈腐抽象的公式，那不只是一种进步，而且造成一种伟大。

我们要革除许多人的错误，以为文艺复兴时的艺术是反中世纪的，这实在是不理解当时艺术史的演变，误将别人的宣传，当作真理。事实上，当新艺术发动后，许多艺人仍然嗜爱中古的作风，不过他们体验到新情绪，只想在原有的作风上，加添自己的感觉，而且持着一种怯弱的态度，不愿骄矜自己的功绩。证诸当时宗教与政治的演进，是非常吻合的。

三、文艺复兴新艺术运动

意大利是个半岛，对它，海有种独特的作用，尤其是在十字军后。在意大利商业发达的城市，那些致富的商人，讲求精神的享受，深知他们的幸福来自远方的异域，他们对空间的发展，成为精神上急切的要求，这在建筑与绘画上，尤可看出。13世纪峨特式的建筑，钟塔林立，指着碧云高表，象征灵魂对天堂的渴望。到文艺复兴时代，变成对无垠空间的发展，表现一种丰富与辉煌，正像到处遇着快乐的节目。便是在绘画上，虽然谈到自然，但是人物的背景，一反中古传统的方式，以树木与天云，衬托出辽阔的空间。假使我们承认"感觉"是这个时代的特点，摒绝抽象，即我们了解这时代的艺术，在使群众有丰富的感觉。

意大利为国际斗争的舞台，西方国际贸易的场所，每个城市非常繁荣，有它的市政府、宫廷、教堂，殷实的富商，有美丽的建筑。佛罗郎斯首先倡导，各城市随即仿效，成了一种风气。查理第八到拿不里后，写给保若（P. de Beaujeu）说："你不能想象，在这个城内，我看着多少美的花园。因为，从未见过奇突的事物，我将向你叙述，倘如要有亚当与夏娃，那便真是地上的乐园了……"

每所建筑物，它的装饰非常自由，反映出时代丰富的背景，人体构成艺术中心的对象，雕刻成了艺人努力的交点，这是受希腊的影响，也是复古运动的结果。

* * *

文艺复兴并非突然发生的，焦陀（Giotto）虽然生活在峨特式的时代，他已能代表新时代的动向。他在新艺术运动上，等于但丁在人文主义发展上一样的。

表现情感，构图方式，焦陀开创了新的道路。他的方法非常单纯，用手的姿态，头的方向，一切微小与变化的动作，表现最深的情感。他绘画的人物，虽未达到写实地步，可是他的构图，已打破传统的单调，跳出画布规定的范围外，表现强烈的个性。便是说，艺人的意识觉醒，能够主动，所谓文艺复兴的特点，乃在艺人能自由地表现他的情感与个性。

比沙公墓（Campo Santo）最能代表文艺复兴初期的作品。在墙上绘着"死的胜利","审判"与"地狱"。就技巧论,有一部分表现新的情感,非常有力。题材虽然陈旧,假借死的恐惧,表现生的胜利。

1348年,意大利发生瘟疫,对那种快乐的生活,发出有力的冲击,作者感到死的恐怖。在画的右角,绘一乡下快乐的女子,与人谈话,正像保加琪小说中描写的人物。画的左边,绘着三个骑士,突然在三个棺前停住了,表现一种恐惧,仿佛第一次发现死的问题。一个隐修者向他们解释死的问题,似乎在读这段:"不久便是你在世上的终结:看着你做了些什么。今天活着的人,明天不见了,当你消逝后,很快为人忘掉,啊,蠢东西,铁石的心肠,只顾目前而从不肯想想未来!"贪生的骑士,执迷不知世间的虚荣,泼妇象征死神,手持镰刀,向这一群快乐的人割去,非常写实,使人不能放弃这个问题。

在15世纪初,马沙琪(Masaccio)代表新艺术,这个天不永年的艺人——仅二十六岁(1402—1428),介绍新写实主义,李郎就琪(Brancacci)教堂的壁画,分辨阴影,摹拟人体,都有特殊的成加,而亚当与夏娃失望的面孔,尤为稀有的杰作。

利比修士(Fra Filippo Lippi)受麦地谢士推重,亦注意阴影,施浓淡彩色,与人一种自然与清爽的快感。佛罗郎斯形成成透视学的中心,便是在建筑上,亚尔伯地(Alberti)已运用,佛罗郎斯大堂顶,便是利用透视学建成的。

写实主义的发展,造成许多不朽的作品,勇敢而有为者雕刻家邓纳代洛(Donatello),他对古代艺术有深刻的了解,又保持传统的宗教情绪,不忽视自然,从他的《大卫》作品去看(藏在巴若洛博物馆),表现战斗后,青年胜利的情绪,周身的筋肉尚在震动中。瓦沙利(Vasari)指出邓氏艺术的特点,乃在自然的动向。

与邓氏恐怖写实作品相反者,系安日利告(Fra Angelico),这位天才的画家,二十岁(1407年)入多明式会修院,虽在新思潮颠荡中,却能握它的动向,融合中古思想,在圣马可修院中,绘了许多作品,引人到天堂的路径。《救主朝山者》中,那种圣洁的神态,反映出他内心深刻的修养。他绘每个人物的面孔与动作，都能脱离旧日窠臼，眼睛的表情，类能追逐一种理想，如《圣母加冕》，将那狭小与阴暗的小房间（圣马可修院中），变成了光明与富丽的教堂。

当文艺复兴巨流形成后，有如一阵狂风，便是那古老保守的罗马教会，亦卷入其中。教皇们为这种景色所迷，他们有种强烈的信念，要使罗马成为新艺术的中心。

尼可拉第五（Nicolas V）即位后（1447年），取麦地谢士为法，赞助新运动的发展。他不顾教廷经济的实力，要将梵蒂冈变为艺术城，他创立梵蒂冈图书馆，收集许多珍本，请许多作家，翻译希腊作品，瓦拉译《杜西地德》，稿费增至五百金埃桂，这是空前未有的。

他希望罗马成为新运动的领导者，恢复古代光荣，但是并不尊重古迹，为了建筑教堂，毁斗兽场，取出两千五百块大理石，但是这个可怕的剧院，并不以此损害。

庇约第二继位，利用他渊博的学识，著有宇宙学（Cosmographia），为当时学者所推重，绥斯脱第四（Sixete IV）继之，过着一种奢华的生活，左右有许多学者与艺人：天文学者来若蒙达（Regiomontanus）修理历法；供地（Sigismondo）著现代史，共十七卷，能与史学一正确的解释；画家云集，如洛西里（Cosimo Rosselli），保地舍利（Sandro Botticelli）、基兰多若（Domenico Ghirlandaio）、北洛仁（Perugino），而伏尔利（Melozzo da Forli）的《升天图》，尤为不朽的作品。

到伊诺散第八（Innocent VIII）时，出卖教廷位置，秘书由六人增至二十四人，继又增至三十人，每个位置为五百金丢加，开教皇黑暗时代，到亚历山大第六（Alexandre VI），那真是每况愈下了。他完全失掉宗教的尊严，追逐世俗的虚荣，竭力铺张奢华，在一个建筑物的前题铭上，刻着："罗马因凯萨光荣，现因亚历山大登到光荣的峰顶。前者是人，后者是神。"

煞文那好尔（Savonarole）看到教会的危机，倾全力与之奋斗，但是，这个个人主义盛行的时代，人们沉沦在享受与堕落中。

1513年，马桂瓦利著《君主论》，其目的要引起麦地谢士注意，对政治产生一种作用。马氏以政治只论目的，不论手段，无所谓道德。政治外表要装潢，内部却是狡诈，暴力与虚伪，如果为了目的，这些都可运用的。他取李维（Titus Livius）史学家言："如果为了国家自由与独立，不论手段如何，同情与残酷，行为正与不正，都可采用。"因此，宗教只是一种工具，为了政治的目的，宗教也可变为一种伪，向这方面演进，愈显出宗教的用途，他对基督教持一种憎恶的态度。因为基督教，系弱者的宗教，失掉战斗的力量，不会产生如古代政治与军事上的人物。他赞美包锐亚（Caesar Borgia），因为他将教会世俗化，这在他看来是一条坦途，教皇制度的毁灭，便是古罗马光荣的再生，罗马人民将行为一种高傲。

这种理论对教会有不利的影响，个人主义（更正确点说自私思想）借此无止境的发展，毁弃是非标准，解脱宗教传统的束缚，这不是革命，而是"智慧的暴动"。

鉴于亚历山大第六的耻辱，教皇雨力第二（Jules Ⅱ）即位后，在那种不利的环境内，他要反抗，反抗包围教廷的势力。他有坚强的意志，同时善战，人们称他是一个"可怕者"。他仍想恢复中世纪教廷帝国，但是时代不同，他反为时代所控制，聚集许多杰出的艺人，使罗马成为艺术圣地，完成尼可拉第五，绥斯脱第四的工作。他墓前有米该朗琪罗雕刻的磨西，周身表现强力，孤独静观，正是这位好战教皇的象征。

到里庸第十（Leo X）时，文艺复兴达到峰顶。他成为学者与艺人的保护者，而宗教改革的火，也便在此时暴发了。狄柴纳（Sigismondo Tizio）说："普通意见，公认教会到腐败地步，领袖只贪图快乐，戏剧，打猎并顾及他的信徒。"

罗马成了新运动的中心，在过去伟大的历史上，学者与艺人施以新的粉饰。这是一块享乐地带，充满了肉的刺激，教皇亚得利安第六（Adrian Ⅵ）痛恨万分，以悲天悯人之心，欲加以改革，结果无人赞助，他求之于名震一时的埃拉斯姆，被其冷淡地拒绝了。

文西（Leonardo da Vinci）的最后圣餐，完成于1498年，代表文艺复兴的新精神，技巧完美，含有深刻的宗教情绪，每个宗徒的面孔，手的姿势，十三个人物的组合，刻给出那句凄惨的话："实在说，实在说，我告你们，你们中间的一个要背叛我！"这幕悲剧，以很沉静的布局，反映出无穷的苦痛。

保地舍利所绘《朝觐》一幅，表现当时两个伟大人物，向少年指婴儿者为煞文那好尔，少年即罗郎麦地谢士。但是，能够自成一家且为人赞赏，绘出时代的动向者为拉飞儿（Raphael）。

拉飞儿在梵蒂冈宫绘有两幅巨大壁画，至今为人赞赏。《雅典学院》，包含诗，法学，哲学与神学。"辩论"由柏拉图、亚里士多德领导，讨论深奥难解的问题。在圣多默（St.Thomas）、圣本纳文都（St. Bonaventure）旁，可看出但丁·安日利告与煞文那好尔。两张壁画主旨，表示科学与信仰的合一，自然与超自然互相映辉，中古思想与新精神的配合。拉飞儿能在文艺复兴巨潮中，不为沉溺，抓住历史的潜力，以绝伦的技巧，使人感到一种神韵，因为他不走极端，从调和着手，启示出人类智慧的伟大。

代表文艺复兴强烈情绪，行为独特，与拉飞儿等相反者为米该郎。

米该郎自诩为佛罗郎斯贵族，接受中古传统的精神，他有深刻的信仰，秉赋着不安、强烈、偏执的天性。从幼年时，受基尔郎多（Ghirlandaio）与贝尔多岛（Bertoldo）之教，爱好雕刻与绘画，随着人文主义潮流，追求"美"的真义。1506年，发现希腊著名雕刻"洛贡"（Laocoon），从其悲惨的神态，他明白古人的艺术，表现人类内心的矛盾与苦痛。他爱神曲，同情煞文那好尔，看到人间的罪恶，古代美的诱惑，末日审判的可怕，他有强倔的个性，介乎"愿意与不愿意之间"，刻绘时代的悲剧。

从1536年起，承教皇雨力第二之命，绘绥斯地纳（Sixtine）壁画，那是圣经与神曲的综合，以力的美，启示人类的命运。这像是奥林比亚大会的竞赛，每个人都有他的结局。那幅末日审判，基督愤怒的姿态，使慈和的圣母亦感到一种恐惧。

到里庸第十时代，米该郎登到文艺复兴的峰顶，他着重在雕刻，一反传统的作风，任其幻想指引，将内心的苦痛，表现在麦地谢士的坟墓上。

1527年，佛罗郎斯起革命，米该郎为家乡观念所迷恋，赞助共和，反对教皇党。两年后，革命失败（1529年9月），米该郎须服侍他的敌人——克来蒙第七（Clemont Ⅶ）。将内心的苦痛与所受的侮辱，凝集在《早，夕，日，夜》四尊雕刻上，那是他对自己的叙述，以石呐喊他内心的感受。对瓦沙利咏夜像的诗，他和着说：

睡眠是柔和的，
更柔和的是石的睡眠
那时候，罪恶与耻辱存在，
看不见，听不着，
对我是无上的幸福，
所以不要给我唤醒他，
要低声点谈！

米该郎一生在奋斗中，他与拉飞儿幸宠的生活相较，有天渊的差别。他说"千般快乐不若一点痛苦"，作品从未完成，从未满意，永远孤独，从人间得不到一点安慰。

在1538年后，他结识女诗人高洛纳（Vittoria Colonna）时已六十三岁了，他们有纯洁的友谊，"如夏夜的繁星"，使他感到人生的可贵，加强了他宗教的情绪。他说："以艺术为偶像的崇拜，现在我明白是如何的错误。雕刻与绘画都不能与我灵魂以休息，须转向圣爱……"罗马圣彼得大堂的圆顶，堂内的"彼也达"（Pieta）雕像，正是他生命的象征。

意大利的人文主义与艺术发展，不久便传播到全欧，它的基调为：个人主义，要摒绝一切障碍，使人类的天然秉赋，能够自由地发展。次之，人的整体理性与感觉，须遵守自然的法则，他们不能对峙，而要与以一种调和，证明人类潜在的伟力，无拘禁地向上进展。因之，他们敢大胆地创作，大胆地批评，每个人有他清醒的意识与自由的意志，欧洲精神教育为之一变。爱好古代，追逐理想，要说自己的话，这是埃拉斯姆整个神髓。1516年，他刊印希腊文的新约，那真是划时代显明的标帜。

原载《论坛》杂志创刊号，1947年。

论偶然

我们每天盼望收到报纸与信件，并不是期待实利的事件，常常在满足一种心理，看到那些意外与奇妙的事实，纵使与我们无直接关系，我们亦感到一种满足。人类生活，像沙漠中的商旅大队，净化了那些艰辛惨苦的事件，被动地趋向一条长而无尽的途路，将动人神魄之而不可测者，我们用"偶然"来诠注。我们说"这是偶然的"，因为偶然是"命运"的具体化，希腊深知这种复杂的现象，它不探讨问题如何发生，而只将既发生的现象，加以有力的叙述，外形清楚，实质含混，它留下不朽的悲剧作品，却不能说偶然事实的原因。

所谓偶然，并非没有原因的。事实上，没有原因的事实，无论是哪种生活中，绝对不能产生的。"月晕而风，础润而雨"，我们不愿或不能说出推移与相因，我们随惰性习惯，委诸命运，视为偶然，这只是在复杂现象中，我们认识不够，不能举出精确的原因，将理智问题化为一种信仰，所以人只相信耳闻的流言，却不相信眼睛的观察，这不特是一种悲哀，而且是一种危险。

倘如观察日常生活的细事，真是"无巧不成话"，许多事件是偶然的。倘如追问偶然的含意，即我们只能说，在确定的现象中，偶然是我们现在没有预料到的。所以偶然可以形容想不到的事件，却绝对不能说明这事件的产生。但是，那些大胆与杰出者，忠于自心，在人类生活奇幻连续的巨变中，视为超自然者，具有意志，主宰一切。对人类，偶然是超自然者意志的表现，若就其本身论，偶然并非是偶然的，为此，古史中充满许多神奇的史事，那只是古人知识幼稚，用神意诠注，给不确定的事实一种确定的价值，我们不当鄙弃它，而应当予以一种理解。

事实上，因为经验与认识的积累，学说与思想的进步，对于偶然事件，我们有种不能自止的倾向，便是说要用知识来分析它理解它。人类的历史，并非是命运支配的偶然的事件，倘如知识愈发达，则预测愈精密，推而至极，偶然变为一个主观的问题，有一天，也许它会不存在的。

碧脱朗[1]要建立"偶然的定律"以予以其客观性。他说："偶然是一种机械作用……蒸汽升结为泡，形成浓云，风吹，降暴风雨，正因为是盲目的。雨降河涨，泛滥田间，稼禾得以滋养。"这种现象显示偶然有必然进行的程序，类似一种定律。这样，在宇宙复杂的事物中，逐渐为知识所控制，可是偶然仍然存在，它虽非实体却含有客观的性质。

偶然是无秩序的。无秩序不是一种微妙的现象，而是纵横交错的结构，它是独立的。偶然是不能预计的。假使没有偏见习惯作梗，即理智在扫除怀疑，确定唯一而不能相反的解释。我们不妨这样说：偶然是反理智的。例如赌博，在忽然确定范围中，使理智失其作用，赌博的工具愈复杂，理智失掉作用愈深，偶然的结果，便说明了它的命运，而赌者竭其机智与偶然搏斗，享受那种斗争幻变的情绪，实质是一种无可奈何的浪费，是异常可悯的。

偶然有它自己的特质，它与秩序不并立，因为秩序是理智的产物。柏格森[2]解释偶然是"近乎紊乱"，紊乱是主观的，实质上有两类不同的典型：一类是机械的，一类是意志的。所谓偶然，乃是由机械

---

[1] 即法国数学家、经济学家约瑟夫·贝特朗（Joseph Bertrand，1822—1900）。——编者注

[2] 即法国哲学家亨利·柏格森（Henri Bergson，1859—1941）。——编者注

中得到了意志，或由意志中得到了机械。

在生活上，我们常遇到许多事实，外形上含有意志，却又不能预测的。我们由家中出去，路遇许多不相识者，视为一种常业，未有印象，这是一种偶然，却并不注意的。倘如我们路上遇同事与邻居，并无特殊意义，这亦是一种偶然，却已含有许微的意识。倘如在一罕去之地，遇梦中所思之人，继后又在不同的地方，多次相遇，这也是一种偶然，而却非常动人的。它动人，因为意想不到，结果却又像故意的。便是说不知其中含有预知，无意中演成有意了。

人类精神是反紊乱的，将忽然性的事实，分作两部分：一部分类似应有的，减轻偶然的因素；另一部分，意志变为玩具，充满矛盾，形成过度的偶然。偶然与秩序相违，不能见容于定律与理智。历史上的忽然现象，近乎定律者淘汰，近乎理智者保存。

我们注意偶然，因为它与我们的欲望不能分离。一种偶然的事件，常能搅乱深心的期待。当生活起了巨变时，如疏散与逃难中，偶然的传闻，不相干的动作，都可使人失眠。期待是个人的，对于忽然的事件，每个人仅有一种模糊的直觉，施以一种大略的计算。模糊直觉是不确定的表现，而不确定又是一种徘徊的情绪，空泛难描述，到它实现时，不是折扣，便是错误的。便是凯撒握有实力，于纪元前49年1月7日渡河南下时，他说："我们把骰子投下去了！"以此来卜将来的凶吉。

偶然之于事实，犹波浪之于大海，它是生活上必然的现象。自然与物理界的偶然较易体察，独到社会与精神生活中，即这种偶然含有不可估计的重要，又是非常难以说明。历史上重视偶然，要看偶然事件所激起的反应，给以一种解释。偶然有时是机会的，它赞助事实的发展；有时是实际的，它确定事实，便是说偶然的重要在结果而不在原因。

许多思想家，如巴斯加尔[①]，解释大事由于细因，古鲁巴[②]的鼻子

[①] 即法国科学家、思想家、散文作家布莱士·帕斯卡尔（Blaise Pascal，1623—1662）。——编者注
[②] 即古埃及托勒密王朝末代女王克里奥帕特拉七世（Cleopatra Ⅶ，前69—前30）。——编者注

再短一点，世界局面要改变；克仑威尔①毁灭基督教，倾覆王室，罗马危急，但膀胱石小病使之寿终正寝，和平复现，王室复位。这些小因大果的证例，不是偶然的事件，无论原因如何细小，那仍然是一种理智的说明，只不过不相称罢了。

  偶然所以能成立，由于定律与理智的关系。定律与理智是两种本质相同的秩序，偶然的重要，便在对此两种秩序所生的反应。研究事实发生正常的原因，始知偶然产生的结果，偶然无定律，问题不在探讨偶然的定律，而在树立偶然与秩序的关系。从赞同与反对上，都可确定偶然在结果上的价值；从社会与个人上，都能体验到偶然的威力。灾荒瘟疫之于地方，可能使社会起重大的变更；旅途与集会，可能解决一个人终身的大事。于是偶然事件发生，有的故步自封，有的孤注一掷，外貌虽然不同，实质同受偶然的愚弄。

原载《民主时代》第 1 卷第 2 期，1947 年。

---

① 即英国政治家奥利弗·克伦威尔（Oliver Cromwell，1599—1658）。——编者注

亚洲与欧洲

近百年来，欧洲文物向外发展，使亚洲发生剧烈变化，激起一种不安与苦闷。看到欧洲人优越的地位，物质的繁荣，有时使人失掉自信，疑问亚洲各古老民族，是否已到萎缩的地步？而欧洲那辉煌的成就，又是否"命定使然"？于是欧亚并举，互相对峙，对此问题，已有不可数的争辩。再来讨论，仍属徒然的。

普通欧洲人心目中，视亚洲是"神秘"的，他们对亚洲感到深的兴趣，不在它的历史与生活，而在它奇幻的艺术与偏执的习俗。正像亚洲是一个大的博物馆，任欧洲人来研究与收集资料的地方。这种现象，形成一种优越，究其原因，大半由于欧洲的科学。但是欧洲科学的形成，亚拉伯与中国文物的西传，学术与思想的发展，都有过决定的关系。我们绝对不能说欧洲的科学已概括于五经与可兰，我们只说欧洲不是孤独的，它今日的种种实有它历史背景的发展。

欧洲不是自然的，而是人为的。它受亚洲的推动，使它一步一步走向这条胜利的道路。希腊不是欧洲的，从埃及与中亚蜕变而出，百米伊在哲学史中说："希腊人视为研究自然的方法、命运、正义、灵魂、神各种观念其实都是来自东方。"它击退了波斯，它仍然受波斯的有力的支配。珊珊王朝控制罗马，罗马须退出幼发拉底河。便是盛极一时的拜占庭，对阿巴斯王朝，亦须采取守势。亚拉伯帝国带给西方思维方式：观察，将希腊实证思想扩大。阿味洛斯（Averros），亚维塞纳（Avicenna）皆加强对亚里士多德的研究；哈康第二的图书馆成为西方的光明。

欧洲受基督教影响，形成一种精神统一，但是亚洲新民族活力，向西推进，为欧洲戒惧，构成十字军。十字军是欧洲形成后的产物，1204年劫掠拜占庭，便知宗教意味淡泊。蒙古崛起，西亚塞尔柱优势失掉，影响到欧洲，形成两个集团，一为联合蒙古拒抗塞尔柱，教皇伊纳森第四，法王路易第九为代表；一为联合塞尔柱以抵抗蒙古，费特烈第二为领导，由是三种势力激荡，产生1453年悲剧，君斯但丁（Constantine Palaeologus）效死不去，与城偕亡，欧洲局面为之一变。

是时欧洲精神上，有种自觉：撤销智慧发展的障碍，由于军事与经济的改进，顺着地理自然的倾向，将世界扩大，而"海"非特不是障碍与边缘，有如古腓尼斯与希腊人，海是一种生命，自由的象征。日耳（曼）民族与基督教精神配合，构成一种坚强的意志，此意志受亚洲不断的磨炼，如锤如砧，制成锐利的武器，对自然与人生采取一种挑斗的态度，形成一种特殊的心理：人是万能的，决定万能的标准，便是看他"力"的强弱，准确，迅速，经济。效率构成了西方精神基础，为此科学与应用不能分，一切认为不能疑问者，亦提出讨论，批评与验证。顺时听天，守分安命，那是古老哲人们的教条，便是说要人限制他内心的要求，以配合不变的自然，希腊也不是例外。所以，"进步"一词，从这种精神自觉后，意义亦不同。中世仍视进步是伦理的，在忍受；近代视进步是逻辑的，在辩证，结果只有真始有善，并非有善始为真。于是，只有真始有用，效率提高，这对新空间是如何有力的侵略！这不是先天的产物，这是西方环境中，两千年来受亚洲演变推动的结果。

近代欧洲基础，不在它的技术，而在创造技术的精神，便是说，它是意志的产物，配合着清明的智慧。欧亚美确立的界限，有之者它不是自然的，而是心理的，俄罗斯是欧亚的国家，它在未来所处的重要，每个人都意识到的。美国是欧洲的延长，大西洋变为欧美的内湖，世界渐趋于统一。

亚洲已脱离它传统的状态，它正在巨变中，印度曾灭亡过，日本曾使人变色，只有中国与土耳其，被人讥为"病夫"，但是，这两个病人，只要不盲投医药，摧残自身，总有一天会恢复健康的。欧亚的区别是人为的，天下一家，将来总有一天看到它的同化，形成一种新的动向，我们所负的责任是不可估计的。欧亚的区分是心理的不同，如何改造我们的心理状态，不为传统所囿，亦不为外力所困，正如欧洲文艺复兴时代，撤销中古人为的障碍，并非与过去断绝。

原载《亚洲学生报》，1947 年 4 月 19 日。

略论中学外国史教学

一

几年来参加评阅入学试卷,关于外国史一科,成绩低落,真使人不敢相信,如大化改革认为是明治维新,希腊的独立系苏联革命的影响,美国独立系林肯领导,马志尼误认为马可尼,林肯与林森相混……

从别一方面看,又非常笼统地理解史事,所有的改革与革命,完全是政治不良、社会不平、民生凋敝、官吏贪污……革拉古兄弟改革如此,宗教改革也如此,法国革命的原因如是,苏联革命的原因也如是。文艺复兴与产业革命无别,汉尼拔与拿破仑相等……

我并不是刻薄那些开夜车的青年,我们是说他们住六年中学后,对历史一科简直无所得,非特无所得,简直装了一脑子的错误知识。问题如此,我们不能漠视,我想就自己所见到的提出,就正于读者。

二

我曾问及学生们学习外国史的情形,大致可以概括如次:

(一)学外国史好难,我们记不住奇怪的人名与地名。并且弄不清楚那些复杂的关系。

（二）我们在学校里只注意国、英、算，历史一科只要及格，便够了。

（三）课本那么厚，我们从未学完，并且我们的老师也不是学史地的。

（四）到考试时，我们开两晚夜车，看看考试问题解答，便可应付了。

（五）学外国史也不难，只要好好学英文，多看报纸与杂志，便够了。

这是我综合同学们的意见，第一项与第三项是外国史教学的问题，第二项是教育策略，第四项与第五项是学生对外国史学习的方法，我们逐项来解释。

三

为方便起见，首谈教育策略。

我不是研究教育的，我有种偏见，深感到我们近年来的教育，太偏重知识，尤其是应用知识的发展，忽略了人的培养，只重脑而不重心。所以流弊所至：投考法学院与工学院者，多过文学院与理学院。青年入中学，不是为了他具备做人应有的健全与普通的知识，而是为了投考大学，只要取录，便万事皆足。因此，国、英、算成为主要与唯一注重的课目，自然而然地，如果国、英、算达到要求的水准，学校是凤毛麟角，学生也真是难能可贵了。我们主张多设职业学校，多设技术训练班，我们不愿把中学正途抛弃，一方面除升学外无路可走，另一方面入大学后，又只为一点实利。我们常听见文化落后的慨叹，我们敢肯定说，如果不注重哲学与数学，中国文化的前途是暗淡的。

哲学与数学为文化基础，尚不为人重视，那么历史与地理为人鄙弃，自是意中的了！我们虽是历史久远的国家，有丰富的著述与资料，可是在我们社会上并不重视。太史公不是说吗？"文也。"但是，谁也不敢说历史不重要，而学校不注意历史，却又是事实。鸦片战争可以在唐朝发生，长白山可以移至贵州，本国史地如此，又况外国史地了！

四

我曾取几种外国史课来看，有几点可以商榷者：首先，编著的精神，很少以中国观点出发。英美德法等国，各有其世界史，如宗教改革，德法的解释便不同；法国革命，英苏的理解自歧异了。印欧民族起源，民族革命的问题，都有相距甚远的程度。中学外国史，自然不是考订与讨论那些大问题，而是将已定的史事，为做人必备者。它不能孤立，须要有比较，使学生有理解与判断的力量。我之言此，不是批评他人，乃是说：同是欧洲重要的国家，为何法德两国的统一，相距那么远呢？同是封建制度，何以在中西历史上，相差那么深呢？为何同是人类，中西对宗教的态度，强弱相差又那么深呢？

其次，中学外国史课本与其学科的关联太少，尤其是地理，如没有自然地理的知识，地形的大势，无法理解中亚古代的历史，知道沙漠与草原意义，便知西班牙是属于非洲的，俄国史与蒙古的关系。知道德国的地形，莱茵河的作用，便明白德法关系的所在，我们如此说，不是历史中讲授地理，乃是说地理支配历史主要的动向，绝对不能忽视的。

最后，外国史中名词不统一，已构成一种困难，而西文名中，自身亦非常复杂，如查理一名，就法国史言，有查理第一，即查理曼大帝，一直到查理第十。此外有安如的查理，孛洛的查理，瓦洛的查理，壤的查理，大胆的查理，西班牙、英国、瑞典、奥国、德国、西西里王国等，皆有查理名号。其他如威廉，约翰，尼可拉，乔治，费地南等，皆是不可数。

又如在宗教方面，新教、旧教、正教、天主教、誓反教、基督教、公教、加多立教、耶稣教、罗马教，与之有关者，景教、犹太教、聂思多教……这些名词，当然使学生混乱，假如向其区分，新旧教不同处，便茫然无所答了。其他如地名与国名，亦有许多混乱处，需正确规定，始能便于学者。

这个问题，不在于外国史的编纂者，乃在外国史的研究工具尚未完备，词典、表图、历史地图等，尚未普及。

论到师资，到处都感到缺乏。肯于到学校服务者已不易得，而况要精于选择，那么学校只好关门大吉了。

但是，除开这些实际问题外，我们要指出：历史不是国文与英文的附属物，史地一科，必须有专任的教员，不能分割他的钟点。

五

有了上述种种情形，外国史——本国史也如此——被学生忽视，自是当然的。肯于看报纸杂志者，已是难得的学生。可是报纸杂志的知识，常有将宣传当作真知，其影响于智慧的发展又是如何巨大！次之，用投考指南与问题解答，只能给临阵磨枪者一种心理的安慰，既不能予以知识，也不能帮助他升学，除书店发财外，没有任何效果，那是一种耗费。

现在中学的课程的重量，或不敢妄言，课外活动的当否，我亦不批评，我只说：碰到一个初中的学生，他谈到：罗斯福死了，继任者是他弟——莫斯科！这是一个可爱的青年，他严肃地向我如是说，我内心深感到一种苦痛！

这种情形，我们不能忽视，负教育行政者，经费困难，教员难聘，课本缺少，遑论其精确与适合，就学生言，只要及格，有文凭，倘能侥幸入大学，那便是喜出望外了。我们中学是不是便如此糊涂下去？我们必须设法改进，这有待我们的努力。

第一，忠于史地的同仁，当有进修的机会，按其所需，设法增强学习，如过去本省创办教育研究所文史地研究班，或国立桂林师范学院所办的暑期讲学会。

第二，因为教材与课本等困难，须教厅统筹，编印辅导的读物与图表，至少每个中学有一份。

第三，政府设立奖励的办法，如征文、史地学会、史地奖金等。

这自然不是基本，但在今日仍然是一种救急的办法，谨述如上，敬恳读者指正与磋商。

原载《广西教育》第 1 卷第 2 期，1947 年。

欧洲封建时代的献礼

欧洲中古初期，社会混乱，陷入孤独与封建途径，呈现一种分裂的状态。佛朗王国的建立，虽保存一部分罗马的国家观念，它的基础却建立在"忠实"上，如伯爵是一个公务员，他的取得在于"忠实"，按照近代的观念，对人的忠实是反国家的，因为主权随之破裂。

主权分裂系臣属权力的增高，亦即权力个人化，此由于当时内在的因素，并非来自罗马或日尔曼的。因为主臣关系基于"忠实"，每个臣属在其境内，有行施主权的自由，帝王所问者为"忠实"，只要举行"献礼"，其他是不过问的。

为此，在封建时代有"谁的人"术语，这个"人"字的含义，异常现实，即是说他没有独立的人格。由于"谁的人"构成了主臣的关系，不分阶段，一个个体依附在别个个体身上，须经过献礼的仪式始能成立。

甲乙两人队里，甲愿服侍，乙愿接受，甲并双手置于乙手中，有时跪下，以示服从，宣布愿做乙的"人"。乙将之提起，互亲脸，表示接受，从此主臣关系确立，甲为"乙的人"，有时更精确自称："乙的口与手人"。此种"献礼"仪式，源出日耳曼，并没有丝毫宗教意味。

自佛朗王国形成后，宗教与政治合作，基督教支配西方社会，于是于献礼之外，又加添宗教仪式，即甲乙举行献礼后，甲复将双手置于《圣经》或圣物之上，以示甲对乙之忠顺。

忠顺仪式与献礼有别，忠顺是附加的，没有保证，最后的制裁是未来，它是伦理的，即是说它既没有强制的力量，又可以多次举行。至于献礼便不同了，它是一种契约行为，仅能举行一次，只要双方活着永远有法律的效力。

到无可奈何中，弱者求人保护，强者喜欢保护人，以增加自己声威，这是一种自然的倾向，同时也是时代的要求，成为生存必备的条件。当弱者感到生命受威袭时，不只将他的人格献与主人，他的产业亦随之呈献。事实异常矛盾，采邑起源，最初系臣属孝敬主人的。强者要有"他的人"，加强实力。自纳曼人与匈牙利人侵入后，私人献礼突然增多，原因非常简单，每个领主要有"他的人"筑碉堡，要有"他的人"守护碉堡。在动乱时代，强力成为支配社会的唯一因素，依附成为生活必然的方式。于是一种依附的方式是世袭，系通常人举行，对所尽的义务没有选择的自由；别一种是臣属的较高贵者举行，受契约限制，至死为止。

互相依附的动机，不仅由于时代的动乱，亦由于经济的因素。自7世纪起，为了酬谢臣属者忠诚的服务，主人以赠予方式，予以少部分产业。所赠之物，不能转移，不能世袭，倘如服务中止，或中途死亡，随即撤回，此种方式由习惯造成，亦非源于罗马或日尔曼。

便是查理曼时代，公务人员与官吏，没有薪给制度，土地成为财富，控制社会，帝王将土地赐予将士与臣属。所有权渐趋破裂，不为重视。当时为人所重视者，为时间给予的占有权。主臣关系愈扩大，主人赠予臣属采邑愈增加，"授予"采邑仪式亦愈隆重。封建时代，一切要象征，用实物表现意义，使感觉到一种满足。献礼与忠顺仪式举行后，始举行"授予"仪式，主人首赐一棍，象征财产，继赐一撮土，象征土地，继赐一把枪，象征兵役，最后赐一面旗，象征作战。

武力既为时代的重心，如何增强军事设施，变成每个领主的基本问题，在消极方面，建设坚固的碉堡，防御盗匪，防御仇敌，便说是凭借他有限的实力与整个宇宙来搏斗。在积极方面，建设骑兵，因亚兰人与哥德人侵入欧洲后，马蹬与马掌传入，骑兵可跋涉山路，便于作战，威力大增，查理马忒尔是以骑兵败萨拉森人（732年），亨利第四亦以骑兵败萨克逊人（1075年），骑兵遂成为主力。

但是，建设骑兵是不容易的，首先要有长期的练习。"年少不为骑士，则永无成骑士的希望了。"次之，要有雄厚的资产，始能有一匹马及服装与武器。据9世纪时的价格，一匹马可换六头牛，一套甲的价值与一匹马相等，一顶盔等于半匹马，这样除生活与武器外，基本的装备须有二十头牛的价值，此非特殊富有者无能为力的。"献礼"变成资产活动的方式，主臣所构成的军队是终身的，理由非常简单，臣属的土地系主人赐予故。此种动向，可从当时术语中看出，11世纪文献中，"臣属"（Vassal）一词与"军士"（miles）通用；"军士"一词又可以"骑士"（chevalier）代之，这说明时代的需要，习用的字尚未确定它的面貌。

献礼保障"忠实"，建立主臣关系，其基础便是"一人不事二主"，伽罗林王朝虽无明文规定，却能保持这种精神。迨至封建制度极盛时，不健全的现象发生，一人事多主的现象，非常普遍。李奇南（Reichenan）著《军律》（1160年）说："倘如一个骑士为采地而事多主，上帝是不喜欢的。"尽管苦口婆心，也不能阻止时代动向，13世纪末，德国一子爵可有四十三个主人。于是纠纷百出，破坏了人与人的联系，而原始创立的"献礼"亦贬值，以迁就事实。

最普遍而最不易解决的问题，乃是二主发生战争，臣属所取的态度。为避免扩大纠纷，确立三个原则：

一、按照献礼时期的先后，臣属当从最初者。

二、按照给予采地的多寡，臣属当从赐予最多者。

三、按照亲属关系，臣属当从近亲受压迫者。

这三种原则，基于法律、经济与血统，仍然不能消除纠纷，问题不在原则的不善，而现在社会已变了。反抗主人已为道德与法律不许，为人指摘；为采地而反抗（封建时代最多的），"献礼"渐失其作用。于是为补救缺陷，创立"绝对献礼"（Hommage Lige），即一人可有多主，择其一为绝对主人，自己亦为绝对臣属，加强忠实的关系。

"献礼"是契约，"献礼"而加以绝对，正说明主臣关系不健全了。贝业主教，养骑士百人，如其绝对主人发生战争，他只出二十人；如帝王发生战争，他只出十人，他要保存自己实力，不轻于牺牲。这是一个伦理时代，"献礼"已难发生积极作用，却仍保持着神圣的姿态，不能毁弃，如毁弃则视为不忠实。英王亚尔伏德（Alfred）异常慎刑，对犯罪者从轻发落，却要"除过背叛主人者，对此种人，不能怜悯……杀害主人者，永不得救"。

主臣关系在心理上所生的力量，在封建时代留下许多矛盾的资料。臣属如朋友，第一种情感为忠诚。主人如家长，慈爱为先，有如父子的关系。战事诗咏纪合尔（Girart）：

假如主人被杀，我愿为人杀死；

绞死呢？我亦绞死；

烧死呢？我亦烧死；

溺死呢？我亦投水。

模范臣属，第一个任务是手执宝剑为主人死去。教会对此亦加鼓励，里莫若（Limoges）宗教会议（1031年）宣布："在危险下，骑士当为主人死去，其忠诚有如为上帝的殉道者。"

我们感到这里有许多悖理、矛盾及蛮野的地方，在当时却是很自然与很合理的。中世纪，一个人没有主人，亲属又不负责，按英国10世纪法律，此人是不为法律所保护的。费特烈大帝的组织中说："放火者逃在堡垒内，如果不是逃入者的主人、臣属、近亲，即堡主须将之交出。"从此可知主臣关系的重要，"献礼"成为生存的条件。

通常骑士子弟，养在主人的宫中，学习战斗，随主人行猎，体念主人的恩典，加尔尼（Garnier de Nanteuil）对查理曼，深能表现此种情绪：

> 帝王去森林，我持弓扶蹬随行；
> 帝王去河边，我带雕鹰与猎品；
> 帝王去睡眠，我唱歌、奏乐与解闷。

封建情绪支配了人的实际生活，社会组织随之变化，如婚姻问题，并没有个人自由。父权至上，婚姻由父亲决定，父亲去世即由主人决定。此种情形，导源颇古，西哥德律中："如果士兵留一女，主人抚养，与之配一同等的丈夫。如她自己选择，不从主人意志，即须将其父所受主人财物退还"（Codex Euricianus C.310）。主人为臣属决定婚姻系正常的，如是与实利始相符，流弊很多，到13世纪，"献礼"失其作用时，主人解决臣属子女婚姻，亦须征求家中同意了，这是很耐人玩味的。

封建制度不是创造的体制，而是社会演进的结果，一种自然现象，它不是突然的，而是逐渐形成的。"献礼"为封建制度中具体的表现，构成个体的依附，自社会演进言，形成一种立体的体制，政治与经济都失掉正常的关系。到社会起变化，此种制度不能维持原状时，便是神圣的"献礼"，亦可毁弃，却须举行仪式。

毁弃"献礼"的发动者，首先投掷树枝或外衣皮毛于对方园内，象征一种挑战，然后找两个证人，提出书面的拒绝，出自臣属者，退还采地；出自主人者，停止臣属所负的义务。就普通言，出自臣属者较多，如是"献礼"便毁弃了。封建时代作家保马纳（Beaumanior）说："如何臣属遵守信约，如何主人尽其义务。"此13世纪人物，提出对峙，人的关系，不再依附而趋向合作了。平等合作愈扩张，则"献礼"愈失其约束性，到最后变为讥笑的资料。

原载《文学杂志》第1卷第2期，1947年。

欧洲封建时代社会之动向

欧洲封建制度，并非突然形成。当萨拉森人封锁地中海后，莱因与多脑两河以北，渐次成为政治活动的中心，文化与经济亦随时代所趋，起一种质的变化，特别是 9 世纪至 11 世纪。因此，分析这个期间的社会动向，使人感到时间强力的可怕，并许多事实的面目。

封建时代的生活与希腊罗马相比较，首先是接近"自然"。新开拓的日尔曼地带，到处是森林与池沼。荒野的田间，野兽时常流窜，猎狩成为重要的生活，其原因不仅是自卫与娱乐，而且是经济的、生活上所必需的。封建时代的生活，有如原始时代一样，系自然经济的。采山果、猎野兽、割蜂蜜，便是日用的器具，又多半是木制的。生活简陋，却很质朴，含有原始的成分。环境粗野，影响到精神上一种横蛮与暴躁。

因为穷困，没有卫生设备，公共卫生更谈不到，所以健康没有保障，死亡率很高，特别是儿童死亡率。王公贵族们，虽有较好的物质生活，却不注重养生之道，不洗澡，吃得太饱，疾病随生，只看当时帝王们的年龄，便知这个传奇式的时代，如何很快地衰老。亨利第一活了五十二岁；路易第六与非里朴第一五十六岁，萨克逊系初期四个帝王，平均仅四十岁又六个月，我们看出如何浪费他们的生命，同时又可看出一种矛盾现象：原始与古老的封建社会中，其统治者是一群青年。

因为死亡率高，"死"的观念激起一种不安的情绪，失望与恐惧控制了人心，死不是生物自然的现象，而是一种生的变形，从一个不定的世界达到永恒的世界，它是神秘的，却是非常现实的。纳曼人用骷髅浮雕装饰门楣；比萨公墓的骷髅舞，都启示人"生"的不永。这个时代，信仰含有积极的意义，它是一种生活，不能予以逻辑的解释。迨至12世纪后，信仰始成为研究的对象，运用理智去说明，逐渐养成一种新感觉，播散文艺复兴的萌芽。

为此在中古时代，时间观念异常薄弱，不为人重视。只有过去与未来，没有现在，便是史学家亦不注意时间。桑拔尼伯爵夫人，将继承加贝王朝，却须首先确定她的生年：是否为1284年？由是引起许多争执。通常生活上，计算时间的工具亦不完善，普通运用者为水漏与沙漏，并不准确；公共场所与修道院，大半为日晷，因天气变化，常受限制。约至14世纪，始有摆钟发明，发明缘于需要，它说明时间观念的重要，逐渐侵入人心，而社会亦从封建中蜕变，转向新方向。亚尔佛来王欲有准确时间，将蜡烛切成许多等段，到处点着，也够愚笨与耐心了。

没有时间观念，系精神不正确的表现，习惯代替了观察，想象代替了理智，所以他们的生活，特别是宗教上，含有浓厚成分的迷信。现实的生活，只是长而无尽途程中的一段，或者竟可说是一层帐幕，背后藏有更深刻的事实，而为人不能理解。人失掉主动，幻变中寓有不变的意志，暴风雨降临，系魔兵魔将的过境，彗星出现，必有战争，鬼的活动，使人忧虑，尊重圣物，朝山进香，成为社会生活的基础。虔诚的罗贝尔·奥东第三，视这些迷信与作战同样的重要。所以奥东说："宗教的发展，便是保证帝国的安全。"

中古宗教情绪，与希腊罗马时代截然不同，我们现在是很难体会的。所谓知识阶级，用拉丁文表现感情与思想，但是这种语文，杂有方言，文法错误，并非西塞豪典范时代所用的。然以教会故，非常流行，变为西方国际语言，到处可通行。

拉丁文虽普遍，却不能表现新感觉。自9世纪起，方言渐取得社会基层力量，日尔曼语与拉丁语对峙，842年斯脱堡盟约文，便是语言紊乱的证明。语言文字的紊乱，实社会不安的反映，欲有系统与高深的知识，几乎是不可能的。纳任（Nogent）以十字军史著称，他写回忆时（1115年）说："在我幼年时，非常缺乏教员，乡间简直找不到，城中是可遇不可求，他们知识有限，与现在流浪的小神职者相等。"

自9世纪至11世纪末，求学实在是严重问题，须冒险至各处游走，始能有所进益。纪碧尔奥里亚克（Gerbert d'Aurillac）到西班牙学数学，来姆士学哲学，交通困难，每日步行三十公里左右，宿于教会举办的住处，将展中见闻，传播四方，辗转演为一种神话，所以中古是谣言最多的时代，亦是最易相信谣言的时代。原因很简单，知识不发达的缘故。

知识不发达，当时并不以为可耻。开国元勋奥东第一三十岁时始开始识字；龚合德第二，一生不知如何书写自己之名。中上等名人，只有经验，没有学识，称之为"Idiota"，意为不能读圣书者，倘与希腊拜里克来斯、罗马奥古斯脱两时代相较，其差真不知几万里也。我们所说，系指一般风尚，并非没有例外，如奥东第三其母为拜占庭公主，可以用拉丁文与希腊文表达思想。威廉第三、亚桂登公爵，图书馆藏书丰富，常读书至深夜。

知识不发达，系社会割裂的现象，生活困难的结果。一切陷于混乱与停顿的状态，社会起一种变化，走向孤独与不安的途中。这是日尔曼迁入后的结果，亦欧洲重心北移必然的现象，与其说封建阻碍了进步，毋宁说，欧洲大陆起始开拓，新民族吸收旧文化是必然的现象，似乎更近事实。

罗马注意路政，却在南欧洲以意大利半岛为中心，经蛮人侵入，佛朗王国未能安定西方社会，公共设备渐次倾毁，而为人赞誉的罗马道路，亦随之破坏，特别是桥梁。以故交通困难，城外无安全的保障。沿路居民甚少，盗匪横行。1061年，托斯地侯爵——英国最有实力者，在罗马城外被人劫走，须出高价始赎回。秃头查理，看到由南方送来的衣服，途中未被劫走，认为是意外的。此时政权分裂，执政者无论大小，须策马各处巡行，因此于中途牺牲者非常多。

路政既废，道路混乱，任其自然发展，没有计划与组织。墟场、修院、碉堡为确定道路的因素。道路变为附属者，愈小愈狭，桥梁愈草率，愈易破坏，行人失掉安全，每段有势力范围，必须有"关系"，始可通行，除威尼斯至君士坦丁堡外，传递信件已不可能。如果有重大与急切的事件，即差人专送，所以既不经济，消息又不灵通，即宫中的编年者，亦多道听途说，弄许多笑话。如匈牙利人西侵时，以拉丁作家未曾提及，故不知其由来。东碧脱（Lombert de Hersfeld）为博闻之人，对日尔曼帝国边界，亦有错误。

倘加这样推论，确定欧洲中古是锁闭的，那与事实便不相符。如西班牙与亚拉伯关系，至为密切，比利牛斯山北，有亚拉伯金币的流通。威尼斯取道海路，至拜占庭首都。或由巴尔干至基辅，转向黑海与里海，与中亚及远东有交易，西方输出者为奴隶，输入者为香料和奢侈品。经济并不发达，却能继罗马之后，未停止贸易，只是作用太微弱了。须要在十字军进行后，夺回地中海上的航权。蒙古西进，摧毁陆上的障碍，那种自然经济始开始转变。

11世纪后半期，教皇格来里高利第七改革，新生的欧洲统一告成，至少是意识上如此，以故向东进发，产生175年长的十字军，究其意味，并非是宗教的。当此长期冒险的战争发动时，正是封建制度达到顶点，这时候人口增加，骑士制度已形成一种生活的典型，而人与人的关系，亦较前密切。加贝王朝，从事军事与政治建设。自巴黎至奥良的道路，路易第六可以控制。桥梁设备，增加警兵，使重车可以通行。商旅可以安全，工商业逐渐有起色，至少土地支配生活的强力为之一弛。这不是农业生产降低，而是土地制度固定、耕种方法改良、生产增加的结果。当十字军进行时，威尼斯取海上霸权，其输出商品亦多，如毛织物与棉花，一般社会生活提高。由是，吸收现金与宝物，成为金融活动的趋向，而非封建初期专事收藏，所可比拟。我们可看出两种结果：第一，工资制度渐次取得地位；第二，商人逐渐有组织，构成新势力。社会又向前演进一步。

封建时代社会动向，就表面言，它接近自然，想象代替理智，使个人生活与新社会生活脱节。知识落后，形成分裂与孤独状态。但是，往深处着眼，即发现这个时代，拥有一种活力，追逐一种理想，每个人都有一种个性，不断地反省、分析内心，如《罗朗之歌》，克利坚（Chretien de Troyes）的小说，不重视行动，却能深刻的分析。这是一种新动向，其结果便是个人意识的觉醒。

从查理曼帝国分裂后（843年），新旧社会人为的统一，虽不能说中止——教会犹继续推动，但是时与事异，没有人敢于尝试，近代欧洲的国家便于此时肇生。当封建制度稳定后，即向外发展，十字军并非专为耶露撒冷的圣地，实步希腊罗马的往事，向东进发，政治与经济的动机远超过宗教与文化的。十字军没有结果而结束，随着封建主潮消逝，却从未忘掉东方。只是蒙古蹂躏于前，奥托曼崛起于后，由于地中海商业的复兴，西方从海上进发，抛弃传统的道路，这是很自然的，其结果为地理的发现。中古时代的社会动向亦开始变质。

原载《民主时代》第2卷第1期，1948年。

论欧洲封建时代的法律

一

　　紊乱中产生秩序，这是人性基本的要求，在封建初期的不安与苦痛，由教会与查理曼帝国的努力，逐渐意识觉醒，眷恋过去希腊罗马的文物，追求幻渺无穷的未来。此种变化中，法律的研究，予以一种确定的力量。因为法律是维持人与人及人与物关系最有效的工具，它是应用的，却不断演变，含有一种哲理与历史的背景。

　　封建初期，完全是习惯支配，这是一个习惯的时代。在 9 世纪前，一个欧洲的法官审判案件，是非常困难的。当时通行的法律很多：有罗马法、日耳曼法，帝王对蛮人颁布的旨谕，各地的习惯法，形成一种混乱的局面。如果有事发生，没有一本书可以解答，以应付现实的需要。加之人与人的关系，除习惯规定外，成文法并不适用。因之，在封建制度确定时，习惯法的力量最大，支配一切社会生活。

　　蛮人侵入后，西欧失掉政治统治力量，成文法不能通行；又因为失掉法律教育，拉丁文为知识阶级语言，群众不能了解；那些法学家对条文解释不忠实，常以曲解，使人对成文法失掉信任。领导社会的宗教团体，组织自己的法律，凡不关于教会者，即不为学校而教授。结果只有习惯法取而代之，按照人物、时间与地方的不同，习惯法愈为分歧。没有律师，审判官是万能的，成文法自然难以维持它的地位。

从 11 世纪起，意大利又开始重视法律，继续久远的遗传，魏波（Wipo）写着说："青年们到学校中，法律使他们出汗。"在英国亦然，亚佛来德王竭力倡导，吸收许多习惯法，自纳曼人侵入后，同样重视，可是形式虽然是拉丁文，内容却是盎格鲁萨克逊，而自成一系统。

二

封建欧洲虽对法律重视的成分不同，但本质上却是一样的，即是说每个地方抛弃了成文法，代替口传的法律，形成一种习惯。即有运用成文法者，因时代变迁，又须以习惯法补足，习惯法成为支配时代唯一的法律。

习惯法的发展，势必改变原有的司法制度，每个人要遵守他祖先所遗留的法律，在每一块小地方，可找出许多不同的人，如罗马人、佛郎人、日尔曼人、西歌德人、布尔贡人等，旧有的法律不足应付这种复杂的局面，蛮人的习惯法，逐渐演为成文法，其对抗与摩擦的力量更大。

自 9 世纪起，民族对峙问题减少，封建制度亦形成，无论在政治上或社会上需要新秩序，那些特殊的法律，渐次失掉地方性，变为团体的。因而每个团体都想发展自己的法律，亨利第二时，克洛维尔（Granville）著《英国法律论》说："民众是那么复杂，要想将现在王国中实行的法律写出，那是不可能的……"

习惯法有特殊性，含有许多细微的节目与微妙的含义，有类每家的家规，其目的相同，运用起来，却有无穷的变化，含有深长的意味。中古封建时代，始终没有脱离艺术性的成分。

三

也如当时的文化，封建初期的法律是因袭的。继后教会改革，领导当时文化，对传统力量加以抨击。在 1092 年，教皇乌尔班二世（Urbain Ⅱ）写给佛郎德伯爵说："你以为你的所作所为合乎世界上最古老的习惯吗？你该明白你的救主说：我的名字是真理；他没有说：我的名字是习惯。"虽然如此倡导，一般人拒绝"新的事件"，因为"新的是可憎的"。习惯与维新相冲突，凡有所争执，须提出更古的成例始为有效。

此种法律没有写出，完全凭借记忆，遇有事件发生，向长者叩问：是否曾有此事，前人如何解决？证人是最重要的，土地转移，双方当事人将自己的孩子带去，为着记忆延长，记契约的转移，证人为谁，经过情状，当事情完结后，将许微实物分散，使大家记得有这么一回事。

习惯法的特点在回忆，而人类的记忆当是幻变的；家族集体的回忆，往往因偏执与利益，常有错误，世代相传，错误上更有错误。法律学不只是一种知识，还要应付事实的需要，他们以为模仿过去，却托过去以解决现实，以故法学不发达，自是当然的。为此，在封建时代，真研究法律者是偶然的。

习惯法与时演进，同样事件举行三四次，即改变原初的面目，于是流弊丛生，即是说一种新事件，经几次举行而变为习惯了。如圣东尼（St Denis）修士，在 11 世纪，请危尔（Ver）送两百桶酒，以救急用，结果成为一种惯例，每年须纳酒，以后用皇室命令始取消。如主教向修士借款，贵族向所属告贷，两方社会地位相差不远，仍须写出"此事不能成为法律"，即不能成为习惯。如果双方地位相差太远，不敢提出，那很可能成为一种法律。

封建时代对土地所有权的争执，除意大利外，可为完全不存在的，人们不谈所有权，所谈者为"Saisine"（Gewere），便是说：非权

351

益的占有，而是时间给予的占有。如甲乙争一块地，不问此地属于何人，只问何人种此较久，如不能解决，或取决斗，或求神判决，或找人证明何人种此久远，因而所有权失掉意义，法律虽多，但不涉及所有权，因为所有权是属于罗马法系统的。在封建制度发展中，人与地相关联，层层相属，每个人都可说："这块土地是我的。"因此，有些学者语此为"法权分享"（Participation Juridique）。

四

意大利始终未忽视过对罗马法的研究，到11世纪末，研究罗马法成为一种风气，波罗尼（Bologne）在伊尔奈利（Irnerius）领导下，成了罗马法的光明。便在此时，法律教材亦改变，"会典"成为研究的中心。

这种法学运动，并非独立发展的。罗马教皇克来古来第七以其坚毅精神，推动改革，不只在宗教上有所成就，而政治与法律亦受其影响。波罗尼法学运动与教会法典编纂相距不远，他们代表两种动向：一种是复古运动，别一种是逻辑的分析。

贵族们亦逐渐感到法律的需要。自1096年后，李洛哇（Blois）子爵宫中的法学者，加有"法学博士"衔。当时研究法学者并不精确，非常浮浅，自足使法律学术复兴，可是他们形成一种宣传，使罗马法普遍化，鼓励那些真正的学者与作家，给波罗尼法学运动有力的推动。费特烈大帝征意大利，带去许多法学家。

这种运动使教会感到不安，那些帝王们，如法国的腓力奥古斯脱（Philippe Auguste）及其后继者，予以一种保护，因为罗马法保障人权，就政治言，它是中央集权的。这与教会处在对立的局面，证明法学运动的重要。

法国南部，保存着罗马的影响，自12世纪起，他们便知尔士地尼法典的存在，曾用方言作一种归纳。这些事实，提高了成文法的地位。

"永留在人的记忆"中的祖先遗规，自非几个法学者的意志而能动摇，但是那种蛮野的决斗习惯法，不能再存在，需借更古的法律，加以修正，补其缺点。

就政治言，自12世纪后，王权加强。社会有种新动向，纵使法学家不能推翻社会制度，却可使意识觉醒，知道有"我"的存在。

在封建时代后期，受罗马法的教育者，努力摧毁不精确与矛盾的现象，习惯法逐渐失其支配力，王权实力加强，使特殊法律消灭，相因相成，法律统一又加强政治的统一。到13世纪，欧洲经济发达，城市居民要求将法规确定，不使人滥用，这种倾向与当时智慧发展配合，构成独特欧洲的文化，加强了推理与分析，此时，封建制度已濒于崩溃的地步了。

原载《民主时代》第2卷第2期，1948年。

关于赫梯——军事奴隶所有者

两河流域远古灌溉时期的社会，系早期奴隶社会较为典型的例子，其发展是缓慢的。约公元前 2000 年时，在欧亚草原上出现了游牧民族，因而也就产生了特别迅速的人种结合，对东方早期奴隶社会是一种危机。危机的原因，一方面剥削加强，引起内部尖锐的矛盾；他方面，游牧民族侵入，与当地实际结合，引此种游牧者原始公社制的崩溃，进入奴隶社会。此种变化较速，范围扩大，引起了掠夺战争，一再征服与对抗早期奴隶国家，形成最早的军政统一，亦即军事奴隶所有者。赫梯便是最早的军事奴隶所有者。

一

赫梯部族原始的情况，我们所知甚少，便是一二点滴的知识，亦不很精确。依据斯脱鲁威渊博的研究，赫梯自身历史的发展，为远古草原游牧部族之一，其特点为军事的侵略与掠夺。赫梯所居地带亦难确定，就其移动所提出的情况，当居于古俄罗斯的南部。继续移动经里海北，越高加索，南下入前亚细亚，散居于阿利斯河流域。移动时间约在公元前 2000 年前后，其方式是和平的。至于侵入前亚细亚的途径，有谓经伊朗北部，揆诸实际，尚须斟酌，当时似不可能，而以取道高加索为宜。①

前亚细亚系海陆交通的要径，欧亚交通的桥梁。其地多为山区，不宜大规模的耕种，宜于畜牧与园艺，富有银矿，冶金术发展较早。亚加德王萨尔贡西征至此，即有"银山"之称。依据斯脱鲁威意见，"赫梯"（Hittites）一词与埃及"银"字有关，因埃及人称银为 Khat，赫梯居银山地区，名由此得亦属自然。

由于波加凯伊古迹的发现②，经捷克学者克罗西尼的研究，初步掌握了赫梯的语文，丰富了关于赫梯的知识。就赫梯文字说，有用亚西安语者，即当地原有的文字；有用印欧语者，即字形以部位变化，类似希腊文。至于资料中有巴比伦文字的资料，属于楔形文系统，因为巴比伦语系古代国际语言。

由此我们得出两个认识：一是赫梯部族的构成至为复杂，含有印欧、高加索、小亚细亚元素。二是赫梯移入前亚细亚后，已有许多不同部落，经久发展，赫梯取得主导地位，掌握了政治与经济实权。③

埃及发现的古物，在石刻上所表现的赫梯人：体格魁梧、肩宽、鼻直、多须，有类蒙古人。初期衣服为仅至膝的短袍，戴尖帽，穿长腰靴，佩短剑，持长枪或双刃斧，驾战车，勇于战斗。就其艺术言，含有质朴与粗野的性格，不若亚述富于写实、埃及富于生动。

二

赫梯国家建立的经过，我们知道有限，只知移入前亚细亚时，仍

---

① 理由是这样：一、亚述先已兴起，横于东，赫梯难于通过，亦无文献记述。二、赫梯初为亚述殖民地，不可能经亚述后，再行拓殖。三、赫梯文字部分与西徐亚相似，而西徐亚居黑海之北。四、赫梯侵入巴比伦，取道西北，如来自伊朗，自当由查格洛斯直入。五、赫梯冶金术，非获自亚述，而获自高加索……
② 波加凯伊距今土耳其首都安哥拉约 150 公里，于 1906 年内德国人汪克来（1863—1913）发现，有五个王宫，两万泥板。
③ 孔得纳论赫梯说，赫梯人种构成至为复杂，由亚美尼亚来，含有高加索及小亚细亚元素……（见莫来：《近东古代史》，译本 328 页）

处于氏族晚期阶段，有农业知识，种植谷物。当时亚述商人，由于武力支持，向赫梯进行殖民活动，遭受居民强烈的反抗。亚述为了自己的利益，曾求萨尔贡出兵，镇压叛乱。巨商经营货物转移，进行高利贷，利息高至百分之一百六十，不能偿还者便沦为债奴。继后，腓尼基沿海城市兴起，埃及与黑海商业由其掌握；巴比伦向北发展，驻军亚述，以故亚述殖民地逐渐衰落，给赫梯人兴起的机会。从这段历史说，亚述殖民地所起的作用，即通过农村公社形式，加速了赫梯氏族社会的解体。

赫梯初创立国家，在古沙拉区，由塔巴尔那领导，他团结部族，组织武力，向外扩张领土，占领里亚西亚。其子继位后，军事奴隶社会向前推进一步，移都至哈杜什①，向叙利亚发展，攻亚莱普负伤而亡。

遵照前王遗志，幼王慕锐尔立，奴隶暴动，但贵族们团结，政权赖以巩固。约于公元前1595年，赫梯侵入巴比伦，大肆劫掠，带回许多财物及俘虏，《以西结》谚语中有"汝父乃一阿摩利人，汝母乃一赫梯人"，可能是此次事实的遗留。

赫梯侵入巴比伦，使其社会遭到有力的破坏，因而衰落。赫梯自身受巴比伦早期奴隶制的影响，加速了公社残余的削弱，使赫梯奴隶制发展，建立起最早的军政统一。但是，赫梯的军事奴隶制，有其不可克服的困难，自由人为武士，一切劳动完全是依赖奴隶。一方面奴隶如畜牲，以"头"计算；他方面从掠夺战争中取得的俘虏，数以万计。以故赫梯贵族争夺王位，发生内乱，奴隶必然乘机起来暴动。最古文献有："王子的奴隶暴动起来了，开始毁坏王子的宫室，背叛自己的主人，并令他们流血。"在阶级斗争中，为了维护自己的利益，奴隶主们又团结一致，镇压敌人。事实也是如此，在奴隶暴动时，"太子、皇兄、内弟的亲属以及战士们都联合起来"。此种情况，几成赫梯史上的规律：奴隶暴动，贵族团结；危险过后，向外掠夺；战争完结，斗争又起；随而奴隶又叛乱。国家常处于战争中，慕锐尔后，赫梯内争

---

① 城周三英里半，石砌，设望楼，门有守室，门前有守城石狮。

所付的代价是叙利亚的丧失。

约于公元前1535年，铁列平主政，镇压内乱，使秩序恢复。随即施行有力的改革，创立贵族会议，使会议拥有特权，可处决王子。虽限制血亲复仇，但是此种会议仍为氏族制的残迹。为了加强国王权力，除监督王政的议会外，又规定长子继承权，如无子嗣由长女婿继承。由于铁列平的改革，赫梯国家形成的过程中基本上始告完成。关于赫梯知识，于铁列平后又不确切了。

三

赫梯为军事奴隶社会①，以战争为生产基础，掠夺奴隶与牲畜。约于公元前15世纪末，喀杜西尔一世组织武力，统率各部族，形成中亚强力。苏彼鲁力玛（前1400—前1360）在此基础上，更加发展，成为强大的军事霸国。领导核心由贵族、僧侣及高利贷商人组成。一切军事为第一，便是所尊之代舒布神，于其像上亦要加战斧与军盔，国王托其庇怙，称代舒布之子。②

苏彼鲁力玛挟其武力，南下侵入纳哈林，与米达尼冲突。米达尼王杜斯拉达受埃及支持，拒抗赫梯，取得一时的胜利。但赫梯用挑拨政策，激起米达尼内战，杜斯拉达阵亡。赫梯谋之已久，今已实现，赫梯王说："在整整一年中，我将此国洗劫，并将一切东西解到赫梯。"随着赫梯支持王子马地雨查，败其从兄苏达那，恢复王位，娶赫梯公主，从此米达尼王国脱离埃及而变为赫梯臣属，亚来普要津又入其掌握。次之，腓尼基内战起，地尔倾向埃及，西顿倾向赫梯，赫梯借此发起反埃及运动，其势力发展至希伯来。

赫梯以剑创造财富，以"占有敌人武器而自傲"，慕锐尔二世（前1345—前1320年）推进霸国侵略，扩张领土。东接亚述，北滨黑

---

① "赫梯为军事寄生的联合体。"参看斯脱鲁威：《古代东方社会》，焦敏之译，第6页。
② 见B.H.伙稚可夫及H.M.尼科尔斯基合编：《古代世界史》，日知译，第159页。

海，西至爱琴海，取希腊财富，南入巴列斯坦，控制战略地带，给埃及以严重的威胁。在编年史中说："趁他们在睡梦之中，攻入皮加纳尔什，突然把它和它的牛羊执为俘虏。我把这一切当作战利品运走，而皮加纳尔什国，则付之一炬。"① 此种焚烧劫掠造成一种恐怖，破毁商业与贸易，埃及利益受到打击。这些事实说明，在公元前14世纪末埃及与赫梯的冲突已至无法避免的境地。

四

埃及第十九王朝创武人专政，拉美西斯二世（前1279—前1212年在位）推行侵略政策，其目的在恢复叙利亚统治实力，给赫梯与其同盟以打击。为征伐赫梯，拉美西斯于主政第四年，组织近三万的队伍，分为四个军团。赫梯王穆瓦达里（前1320—前1307年）征集同盟军队，组织二千五百余辆战车，于卡叠什周密布置，使埃及陷入困境。埃及幸赖少年兵团挽救，免于覆没，绝非如铭刻中所言的"奇迹胜利"，因埃及在此战役后（前1312年），既未占领卡叠什据点，又不能巩固西亚局势，证据是叙利亚于次年便厉兵秣马进攻埃及，这说明埃及并未取得正面的结果。

经郑重的布置，小心的安排，埃及在五年复入叙利亚，取得一定的胜利。但是也应指出此时赫梯北部受伽兹齐亚人压迫，内部又有王位的争夺，不能与埃及竞争了。

战争使双方实力削弱，又无确实胜利的信念，亚述自东兴起，威胁赫梯。赫梯王哈杜西尔三世（前1307—前1272）持互相让步的精神，于公元前1296年，与埃及签订友好条约②。根据和约，双方放弃

---

① 见斯脱鲁威：《古代东方社会》，译本，第20—21页。
② 共十九条：一、总纲；二、名称；三、以前约条；四、现在约条；五、互不侵犯；六、军事同盟；七、对付叛民之共同行动；八、九、十三条规定互相援助；十一、重要犯之引渡；十二、平民之引渡；十三、十四、关于赫梯逃犯；十五、赫梯与埃及神之见证；十六背约的罚则；十七、被引渡者之大赦；十八、关于引渡赫梯人条款；十九、银板形式。

侵略行为，结军事防守同盟，不谕任何侵犯双方敌人，互相协作，以保安全。双方保证惩罚罪犯，互予帮助。双方国界未定，从赫梯文件判断，赫梯仍保有叙利亚北部。拉美西斯娶赫梯公主，借联婚方式来巩固同盟。

此约是国际法上最古的文献，由导言、正文、结论三部分组成，共十九条，立誓不作毁约的举动，雕于银板之上。此形式成为以后各种条约的模型，希腊罗马即以此体例制订。条约反映出两种精神：一是在互不侵犯的原则下，为镇内乱，巩固统治者的政权，可以互相干涉内政。二是条约制订系以帝王名义进行，帝王与国家混而为一，等量齐观，此又为古代东方国家的特点。

五

赫梯移入小亚细亚后，与亚述、巴比伦、腓尼基及埃及等地发生关系，逐渐放弃它历史悠久的畜牧生活，这是一方面；在另一方面，因阿利斯河不能大规模地进行灌溉，小亚细亚又是不肥沃的草原，以故虽对农业有一定的知识，却不能走古巴比伦的道路。这便是为何赫梯初进入奴隶社会，原始商业发展，继后变为"军事寄生联合体"，此在公元前15世纪，便定型了。

国王是军事奴隶主的代表，也是最高的僧侣，寺庙经济既是公有的，也是国王的，因为国王领导着一切寺庙的僧侣。在赫梯发展为霸国后，只有武士是自由的，他们的职业就是战争，战争为生产的基础，以夺取战利品为目的。所有的劳动，置放在奴隶肩上，而奴隶来源，绝大多部分是俘虏。为此，赫梯形容一个国家的康乐："人畜皆增，俘虏生活亦好，没有死亡。"

赫梯对待奴隶与巴比伦有所不同，巴比伦以人工灌溉为主，须注意到劳动单位的需要；而赫梯却是军事掠夺，奴隶价廉，为数又多，故对奴隶亦苛刻。奴隶逃亡受惩罚很重，法律规定侦缉在逃的奴隶，如在盟国必须交还；如在敌国，始算失掉。如果"奴隶暴动反对主人，则必处死奴隶"，死刑通常为斩首。但是巴比伦对暴动的奴隶，仅限于割掉耳朵。在赫梯社会，如果奴隶拐走自由人，处罚很重，须将全家交出。杀一自由人须以四个奴隶抵命，其重可知。关于婚姻，一般说奴隶不能与自由人结婚，斯脱鲁威引《赫梯法典》三七条："如若奴隶予自由的少女买妻的价格，同时欲使她成为自己的伴侣，那么谁都不应该命令她嫁给他。"这里可看出阶级的对立。

从许多文件中可以看出，奴隶是属于国家的，因为是战争的俘虏，王公与武士可分享一部分。国王为奴隶制集体经济的代表，他可以随心赠送予人。阿尔弩曼达二世赐给贵妇的清单中有两个厨夫，一个鞋匠，两个成衣匠，一个马夫，五个兵器制造者。奴隶有家属，妇孺在内，总共一百一十人。当隶奴主们需要时，可以自行处理奴隶，赫梯允许自由人以奴隶换取粮食。

赫梯社会是典型军事奴隶所有者，一切取决武力，造成恐怖，这是世界古代史上最早的类型，做了亚述的范例。奴隶起义是经常的，残酷的剥削便是它特殊的原因。

六

喀杜西尔三世死后，其继承者如杜达里亚及阿尔弩曼达均无作为，波加凯伊文献已不提及他们了。赫梯不可一世的霸国已至衰亡的境地，由于奴隶的暴动，同盟的冲突，使军事奴隶制掠夺的基础动摇；而东地中海阿卡亚人兴起，向小亚细亚及埃及袭击，赫梯在内外夹攻下瓦解了。所分裂成的小公国，同化于新起民族之中，其不同化而能坚持者，至公元前 8 世纪亦为亚述所灭。事实上从赫梯分裂后，亚述已成为赫梯的继承人。

原载《山西师范学院学报》1958 年第 1 期。

古代波斯及其与中国的关系

一、关于波斯的自然环境及其他

古代波斯的疆域，随着历史的发展，自然与今天的伊朗王国有所不同，但是伊朗高原总是它的核心。

伊朗高原是一块面积广阔并且气候干燥的地区，介乎底格里斯河与印度河隆起的高地，有260万平方公里的面积，四周环山，有许多峡谷。

伊朗中部系一片大荒原，在池沼地区涸汲后，炎日蒸晒，逐渐化为盐卤。细沙流碛经常自行移动，常有巨大的暴风，居民与商旅队行走此处时感到极度的困难。南界波斯海湾，温度较红海尤高，冬寒夏热，气温有104度到零下40度的差额。中国关于波斯记述"地多沙碛，引水灌溉"[1]，又说"气候暑热，土地宽平"[2]，都是很正确的。

由于雨量少，波斯自古便组织复杂的人工灌溉，借以发展农业。暗井系最著名的水利工程。暗井是地下水渠，每隔十米，有口露出地面，古波斯人称之为"Kariz"，新疆的坎儿井即Kariz的译音。这种需

---

[1] 《魏书》卷102。
[2] 《旧唐书》卷198。

费较大工程量的暗井对农业生产有重要作用。假使水道壅塞，居民须移居他处谋生。波利比乌斯（Polybius）说："当波斯人取得亚洲时，将土地分配给居民，为了修建水渠，使瘠地增加产量。补偿居民所付引水工程的代价，在五世内不纳租税，享受土地的生产。"①

波斯境内的风向非常有规则，从大西洋吹来的西风，经地中海到达波斯，而从印度吹来相反的东风，多在春夏两季。塞伊斯坦有四个月的风速很快，每小时为 72 英里，利用这种自然条件，奥玛尔（Omar）发明了风车，设在查格洛斯（zagros）山区。②

伊朗为高原地区，景色单调，春短树少，山丘多野花，到初夏，便很快地凋谢了。山谷内开满了野玫瑰、山楂花、茉莉与丁香，特别著名。灌溉事业发达，水渠遍布田野，沿堤种植杨柳枫榆等树。水果丰富，名产甚多，千年枣特别驰名。波斯马、单峰驼自古即以行走快速见称。

公元前 2000 年时，伊朗高原的西部山区，住着加喜特人（Kassites），他们曾多次侵入两河流域下游。约在前 1700 年，古巴比伦王国颠覆，在两河流域古史上引起了变化。希腊人称加喜特人为喀斯比（Caspi），里海便以此得名。山区南部为埃朗人，居住在喀尔加（Kerka）河畔，经 1891 年摩尔根的发掘，证明埃朗地区的文化是很古老的，那些沥青与琉璃都是从伊朗地区传入的。山区北部为路路贝人（Louloube），在哈马丹（Hamaden）所发现的浮雕，刻着女神将俘虏送给国王③，从浮雕风格上可看出曾受了苏美尔人的影响。米底人与波斯人属于这个范围，操印欧语言，他们的范围很广，在和阗与米兰所发现的绘画，有波斯类型"高鼻、黑须"④。在东部伊朗地区，依照古波斯的铭文，住着萨迦人（Saka），里海以东住着达赫人（Dahai），便是他

---

① 波利比乌斯：《通史》卷 10。
② 胡亚尔引金草地中所述《波斯古代史》，第 4—5 页。
③ 阿甫基耶夫：《古代东方史》，第 576 页。
④ 《西域考古记》，第 86 页。

们挫败了居鲁士。阿姆河以西住着花剌子模人；马沙吉特人住在锡尔河流域，靠近咸海为粟特人，再往南便是大夏人了，这是一个民族复杂的地带。

古波斯的语言属于印欧语言系流，有如吠陀经所用者。地方语言有受亚拉米语的影响，近巴比伦的地方，亦有采用楔形文的，有三十六个字母。古波斯语保存在阿维斯陀（Avesta）经中的葛都（Gatha）篇内，袄教传播，波斯语亦推广，故《旧唐书》中说："文字同于诸胡。"①

二、米底建国及其与亚述的关系

米底与波斯最初的历史，我们知道的并不多，只知他们不是土著，而是从伊朗高原东北部移入的。关于此，《阿维斯陀》中保存了久远的回忆，如对狗和牛的敬重。希罗多德著《居鲁士传》中，提及牧羊人抚育居鲁士的故事，当系远古时代传说的反映。

米底人自外移入，停居在伊朗高原后，希罗多德指出有六个部族，他们过着游牧生活。他们驾上马车，随着猎犬向外移动，生活很简朴。他们实行一夫多妻制，经常劫夺族外的女子。他们有粗浅的冶金知识，制造极简陋的工具。继后放弃了游牧，定居下来，开始了农业生活，实行一种联盟制度。苏联科学家在花剌子模地区的发掘，证明古代畜牧业与农业很发达，有山羊及牛的骨骼，石制的打谷器，铜制的生活日用品。②

由于冶金技术的提高，如路里斯坦的青铜加工；又由于布哈尔巨大的灌溉工程，农业生产提高。为此，米底部落联盟不能保持原有的形式，财产分化，氏族制度解体，变为农村公社，大约是在公元前1000年。《阿维斯陀经》中，畜牧豪富称为"畜群富有者"，圣火的司

---

① 《旧唐书》卷198。
② 阿甫基耶夫：《古代东方史》，第580—582页。

祭者由氏族显贵者充任，贵族由于财富累积，逐渐分化出来。从此农村公社成了社会主要的结构，农业劳动是最光荣的。火祆教教人：播种者就是善人，驱除害虫者就是正直人。灌溉事业很发达，到处有暗井、水渠，契尔门-稚布水渠长达二百多公里。

最早提到米底与波斯的文献，是亚述国王沙尔马那沙三世的石刻，他侵入伊朗高原，大肆劫掠，为了颂扬他的武功，于公元前837年树立石刻。石刻有"Parsua"，即波斯，统属27个首长；又有"Amadai"，即米底，居于伊朗高原。此后米底与波斯变成了亚述掠夺的对象。提格拉特帕拉沙尔三世（前746—前727年在位），乘米底内部分裂，向米底进攻，俘获了六万多奴隶及大量的牛马，米底变成了亚述的属地。公元前722年，亚述王萨尔贡二世攻陷以色列后，移其居民于米底；前715年，又俘获米底同盟者达犹古（Dayaukku），米底二十二个部族的首长，必须宣誓，服从亚述的统治。

拘禁的达犹古便是希腊人所称的台奥赛斯（Dejoces，前728—前675年），他熟悉亚述情况，竭力争取亚述君主的欢心，逐步进行米底的统一。他模仿亚述建立军队，强迫米底人建筑埃克巴登城（Ecbatana），在莫沙拉山的东边，可能便是今天的哈马丹。他组织米底人结成联盟，推行军事民主制度，其最高领袖便是在会议上选出的弗拉奥提斯（Phraortes，前655—前633年），他继其父志，保持对亚述的信任，忠实地交纳税赋，同时又积极巩固米底部落的联盟。他曾南下征服波斯，获得意外的成功，因而也就滋长了其轻敌的心理，遂企图推翻亚述的统治。但是，米底实力不足，时机未到，在埃朗进行战斗，结果伏拉尔特牺牲了。

米底贵族基亚克萨里斯（Cyaxares，前633—前584年）鉴于前王的失败，措施非常谨慎。他着重建立军队，取亚述为例，首先统一武器，建成长枪与箭手队，施以严格的纪律，又建一支骑兵，曾挫败骄横的亚述。但是西徐亚人南移，威胁米底的安全，挽救了亚述的危机。公元前615年，米底北部稳定后，与巴比伦结盟，夹攻亚述，前

612 年陷尼尼微。从此米底变为中亚的强国。

米底据有亚述西部土地，向西推进，攻吕底亚王国。战争进行了七年（前 592—前 585 年），由于吕底亚的坚决抵抗，也由于前 585 年 5 月 28 日的全日食，以为天怒双方，不取继续战争，双方缔结和平。基亚克萨里斯死，其子阿斯底若（Astyages，前 584—前 550 年）无能，溺于畋猎，竞尚豪华，居民生活于苦痛中。波斯北上，居鲁士（Cyrus，前 558—前 529 年）于 550 年，不费丝毫之力，便将米底灭亡了。

三、阿黑内尼德时代

伊朗高原西南部的波斯地区，住着自东方移入、操印欧语言的部族。他们的来源极为复杂。关于他们的数目，希罗多德以为有十种，柴纳芬（Xonophon）以为有十二种。他们移入的时间先后不同，逐渐由游牧转为定居，发展到西南部埃朗地区，苏撒（Susa）为波斯中心城市。

当米底强盛的时候，波斯部族已形成 27 个，阿黑内尼德（Hakhamanish）族渐次居领导地位，发展成部落联盟，传说中最初有三位国王：查失毕（Tchaichpich）、居鲁士、冈比西斯。我们仅知三个名字，没有更多的事实可以叙述。

公元前 558 年，居鲁士建立波斯。关于居鲁士，有冗长的神话，并不可靠。比较近乎事实的是巴比伦王那波尼德（Nabonide）的编年："论到阿斯底若，他的军队叛乱，将他俘虏了，交给居鲁士。居鲁士随即向埃克巴登进军，劫掠金银财物，带至安长（Anzen）地区。"[①]公元前 549 年居鲁士有"安长王"衔，三年后即有"波斯王"衔，统治地区包括了米底的地区。

波斯国王居鲁士在外交上与巴比伦友好，解除了西南边的忧虑。

---

① 胡亚尔：《波斯古代史》，第 44 页所引，按：安长即埃朗。

对西边的吕底亚，波斯继续采取米底的进攻政策。吕底亚国王克莱苏斯（Cresus），虽有埃及与斯巴达的援助，又拥有精锐的骑兵，但是，当米底陷落后，深感到新局势的不安。为了争取主动，便向东进发，占据哈利斯（Halys）河流域。公元前546年，居鲁士率军北上，进攻吕底亚，战于波加凯伊（Bograz-Keui），胜负未决。克莱苏斯因冬雪已降，按照古代惯例即停止战争，乘夜撤军，退至沙尔德城。居鲁士破除惯例，立即跟踪追击，深入黑尔姆斯（Hermus）平原，乘骆驼前行，吕底亚马队与之相遇，惊而败溃，克莱苏斯被俘，吕底亚因而灭亡。

自公元前535至公元前529年之间，居鲁士向东方远征，进军至大夏区域，陷巴尔克（Balkh）城，即《北史》所称的"薄罗"，并臣服康居。东进至药杀水，建乌拉杜普城（Oura-tube），即汉之贰师城。"居鲁（Cyra）系居鲁士所建，位于药杀水岸边，系波斯帝国的边界"①，希腊人称之为居鲁士城。继后南下入俾路支，在沙漠中曾散失一军。

波斯于东西两边胜利后，中亚所余者仅巴比伦王国而已。那波尼德沉于逸乐，其子巴尔达查（Balthazar）执行政事，重征赋税，人民苦困，激起怨怒。神职者与贵族商人相结，通过巴比伦总督古巴鲁（Koubarou），居鲁士没有用特殊力量，于公元前539年10月攻陷此名城，和平地开入巴比伦。次年三月，居鲁士拥有巴比伦王衔。他采取怀柔政策，崇敬马尔杜克（Mardouk）神，以结巴比伦人的欢心。释放四万两千犹太人，使他们重返故土。居鲁士晚年，传说不一，最可靠的是在公元前529年，征东北边游牧民族，波斯军队阵亡了大半，居鲁士也牺牲了。

居鲁士的长子冈比西斯（前529—前522年在位）继位，他的性格粗暴易怒又多疑。他统治了波斯，但波斯并不太平，各地暴动，用

---

① 《斯脱拉波集》，第2卷。

四年的时间才镇压下去。其弟巴尔地亚（Bardya，希腊人称斯麦底斯，"Smerdis"）深得人心，遂引起了他的戒惧，乘机将巴尔地亚暗杀，托言他远征印度去了。

埃及在阿玛西斯（Amasis）统治时，曾经一度繁荣，与塞浦路斯及沙莫斯（Samos）联合，拒抗波斯。冈比西斯得柏杜因（Bedouins）人之助，有了运输的骆驼，便发动侵略埃及的战争。穿过沙漠进据喀沙（Gaza），埃及王普沙麦底克三世（Psammeticus III）方即位，仓促应战，败于拜吕斯（Peluse），被迫放弃了三角洲。公元前525年，波斯攻陷孟斐斯，俘获普沙麦底克，移至苏撒，随即自杀了。康波斯任命阿里扬德斯（Aryandes）为埃及总督，埃及变为波斯的一个行省。

冈比西斯统治埃及的政策，古代资料记载极不一致。希罗多德谓冈比西斯性格鲁莽，破毁埃及神庙，埃及遭受前所未有的惨祸。依据石刻（瓦底—哈尔—来斯奈"Wadj-her-resent"石像，现存在梵蒂冈博物馆中）资料，他能执行怀柔政策，尊重地方风俗习惯。但是根据以后的史事，冈比西斯的作风，大致暴力多于宽宏，破坏多于建设。

波斯进攻北非，北非不战而降；因腓尼基为波斯的联盟，放弃了对迦太基的侵略。北部安定后，冈比西斯向南发展，分两路进军。一军经撒哈拉沙漠，因炎热缺水全军死于途中。一军征伐产黄金的纽比亚，拟毁那巴达（Napata）的统治者，但是，军至柯洛斯柯（Korosko），因缺少给养，不能前进，只好无果而还。便在撤还途中，获得波斯政变的消息，于前522年，急返波斯，行至叙利亚，冈比西斯坠马而死。

高墨达（Gaumata）政变，反映了被征服者不满于波斯的侵略政策。借冈比西斯外出的机会，米底术士高墨达伪装巴尔地亚，推翻冈比西斯的统治。米底贵族与宗教神职者结合，企图恢复米底的独立，巩固贵族的经济地位，也结合了群众不满的情绪。因而废除兵役制，免征三年赋税。各地响应，声势浩大。波斯贵族鉴于冈比西斯之死，互相团结，以大流士（Darius）为首，进行战斗。高墨达为仆役暗杀，在前521年，大流士扑灭了这次政变，重新巩固了亚奇麦尼德王朝的统治。关于这次政变最重要的记述，便是贝伊斯顿（Behistoun）石刻，在高约1500英尺直剖岩石上，刻着浮雕，国王手执弓箭，足踏俘虏，旁边有九个俘虏，伏在地上。用三种文字刻着大流士的生活情景。"大流士王即位时所为，先居鲁士长子冈比西斯治理此土，杀其弟巴尔地亚，国人不知，随后出征埃及，波斯与米底谣言四起，群起暴动……高墨达伪装巴尔地亚，从冈比西斯手夺取波斯与米底，自称为王，人民畏其暴，不敢揭其伪，大流士挺身而起，……杀此伪王，旋奉神意而即位……须与叛者决战，连战连捷，凡十九战，降九君。"

当大流士即位后，波斯的局面是非常混乱的。"当我在巴比伦的时候，下列的地方叛离了我：波斯、埃兰、米地、亚述、埃及、帕提亚、玛尔吉亚那、撒塔吉地亚、西提亚。"（贝伊斯顿石刻）经过七年的战斗，十九次的大战，镇压了五万五千多起义者，并俘虏了九个国王。波斯帝国始重新恢复起来，他卫护了波斯贵族们的利益，却也放弃了亚述残暴的办法：成万地移民。虽然这个帝国缺少内在的经济联系，却树立起中央集权制，结合自然区域与历史的特点，将帝国划分为行省（希罗多德以为是二十省；柏舍波里石刻为二十三省）。设置省长，掌握地方政权，以国王名义审判。设置总督，负治安责任，总管军事。设置秘书，称国王耳目，汇集情报。三者各自独立，互相制约，而秘书权力最大，以示国王权力的绝对性。

埃及统治者阿里扬德斯，或由于北非进军失败，或由铸币成色较高，招致大流士的疑忌，被处死。公元前517年，大流士亲临埃及，采取怀柔政策，尊重贵族与僧侣，除军队占领地外，余皆归埃及的奴隶主们统治。他完成奈高（Nechao）所修的运河，沟通红海与尼罗河，"船舶便循着这条运河从埃及开到波斯了"。（古波斯铭文保存在埃及苏伊士地区。）外表虽说繁荣，实质上居民苦痛不堪，贵族与僧侣被扶植。

公元前513年，大流士北上，侵入多瑙河流域，进攻西徐亚人。

丹吉尔斯英勇有为，坚壁清野，采用游击战术，挫败波斯人①，大流士溃退，顺路却征服了色雷斯及马其顿，这样，波斯从海陆两方面将希腊包围起来了。

希腊工商业的发达，在小亚细亚与波斯有尖锐的矛盾。米利都暴君阿里斯多哥拉斯（Aristogoras）参与攻纳克索斯（Naxos）岛失败后，一方面怕波斯惩罚，另一方面利用反波斯情绪，得雅典与攸卑亚之助，于公元前498年，沿哈尔姆斯河（Hermus），焚毁沙尔德城。大流士怒，积极准备，两年后战于拉代岛（Lade），波斯胜利，随即攻陷米利都，移其居民于两河流域下游。公元前494年，伊奥尼亚海的暴动虽平息，希腊却仍在拒抗波斯。

公元前492年，大流士决定征希腊，但海军为暴风毁于阿多斯（Athos）海峡，两年后，又组织第二次进攻，取道海上，在马拉松（Marathon）登陆，雅典以极少的军队，迅速进攻，击溃波斯的侵略。在公元前486年，埃及人民受了希腊的影响又发生暴动，就在这年的秋天，大流士在苦恼中去世了，他统治了波斯帝国三十六年。

薛西斯（Xerxes，前486—前465年在位）即位后，他的处境是非常困难的。埃及的暴动，希腊的敌视，情形十分严重。薛西斯性格暴躁，处理问题又多偏执。首先出兵征埃及，争取贵族与僧侣的协助，于前484年，败加彼沙（Khabbicha）。叛乱镇压后，委任其兄亚克麦奈（Akhemenes）统治。次年，巴比伦由夏马希尔巴（Chamachirba）领导，进行反波斯的活动，宣布独立。薛西斯返回埃及，迅速围攻，陷巴比伦城，为了惩罚巴比伦人的不忠实，大肆劫掠，俘其居民，巴比伦遭受难以复兴的破毁。

经过长久的准备，公元前481年秋，波斯在吕底亚驻有约二十万人。次年，波斯海陆两军，齐头并进，由北向南再一次侵入希腊。斯巴达少数的军队，坚守狄尔摩彼山谷，挫败波斯，不得逾越，最后斯

---

① 司徒卢威编：《古代的东方》，译本，第222—233页。

巴达军队全部英勇牺牲。波斯直驱南下，侵入亚地克，焚烧雅典城，雅典人逃到萨拉米（Salamis）岛上。由强大的舰队保护，前480年，发生了沙洛米斯战争，雅典取得了辉煌的胜利。这次战争解除了波斯对希腊的威胁，不得侵入地中海，雅典变为海上强国。前465年，薛西斯被暗杀于宫中。薛西斯死后的继承者们，在百余年间，一方面争夺王位，皇族内部自相斗争；另一方面，随着希腊历史的演变，对希腊采取各种方式的进击。

在波斯希腊战争中，雅典起着特别作用，初收复色雷斯，继后又取得塞浦路斯岛的胜利。前449年，波斯被迫与雅典缔结和约，波斯承认希腊各城邦的独立，结束了五十年的斗争。

当伯罗奔尼撒战争剧烈进行时，大流士二世（Darius Ⅱ，前424—前404年）继位，他密切注视希腊战争的发展，予斯巴达以经济与军事的援助，使其成为自己的同盟者。雅典经济衰落，处在极困难的地位。公元前404年，亚尔沙克（Arsakes）与其弟小居鲁士（Cyrus）争夺王位，小居鲁士虽然得希腊人的援助，但于前401年，于库纳克萨（Cunaxa）阵亡。

波斯稳定后，对希腊仍执行分而统治的传统政策。在伯罗奔尼撒内战中，斯巴达虽取得胜利，却异常衰弱，在波斯压迫下，于前387年，缔结安达西德（Antalcidas）和约。从此小亚细亚与希腊的殖民地，又落在波斯帝国之手，波斯希腊的斗争，又转变一新的形势。

公元前358年，奥高斯（Okhos）继位，凡亲属中可与之争夺者，悉置之死地，以根绝后患。小亚细亚得雅典之助，曾掀起暴动，随即被扑灭。对埃及与西顿的反抗，自前353至前345年，先后采取镇压政策，孟多（Mentor de Rhodes）的军队予以有力的协助。但是，马其顿兴起，希腊局面有所改变，使波斯感到不安。公元前337年，奥高斯在戒惧马其顿的准备中，佞臣巴革亚（Bagoas）将之毒死，立其幼子奥尔塞（Oares），随而巴革亚又以其不能受命，将之毒死。于前335年，立大流士三世（Darius Ⅲ Codoman，前335—前330年在位)。大流士三世深悉内幕，憎巴革亚专横，以其道而还其身，将他毒死。但是前334年春，亚历山大率军渡鞑靼海峡，向亚洲进攻，节节胜利；埃及遣使求盟，亚历山大直入埃及，尊重埃及的传统，敬阿彼斯（Apis）神，取"法老"衔，成为埃及的国王。于三角洲西部拉柯底（Rakoti）地区，建亚历山大城（Alexandria），成为地中海经济文化的中心，这是在公元前332年。

此种背景下，大流士知力不可抗，欲与讲和，亚历山大拒绝。前331年春，离孟斐斯，向东进军，与波斯战于高加美拉（Gaugameles），大败波斯。随即跟踪追击，陷苏撒、柏舍波里（Persepolis），大流士北遁，入米底而为当地省长所杀，阿黑内尼德王朝亦由此告终。

亚历山大进据米底后，即向东侵略，进攻大夏与康居，曾遭受到当地居民的坚决抵抗。经艰苦的战争，亚历山大军队至药杀水，占据居鲁士城。继后又率军南下，至印度河流域，保路斯（Porus）虽英勇抵抗，却遭遇失败。自前330至前326年间，亚历山大所到的地方有限，所付出的人力很多，而所收成效却又很小，士兵厌战，居民反抗，不得已分三路撤退军队，于公元前325年秋，退到巴比伦。

马其顿侵入波斯，对波斯社会经济起着重大作用，新建了许多城市，旧有的经济制度遭到破坏，而城市奴隶制得到进一步的发展，苏撒与塞琉古的石刻证明了这一点。亚历山大正准备进攻阿拉伯，却得了恶性疟疾，发高热，于前323年6月13日，死在那布甲尼撒宫中，今日称"埃尔喀沙"（El-Qacar），遗体葬于亚历山大城。

阿黑内尼德王朝统治波斯二百多年，吸取了亚述与巴比伦的经验，形成了庞大的帝国，但是这个"帝国不曾有自己的经济基础，而是暂时的不巩固的军事行政的联合"[①]，缺乏内在的联系与统一的经济基础。这个帝国最初划分为二十三个省，完全为贵族所统治。这是早期奴隶社会、氏族制度的残余，无论从哪一方面都能体现出来：政治

---

① 斯大林：《马克思主义与语言学问题》，第10页。

是家长式的专制君主；土地为贵族所掌握，如波斯的亚奇麦尼德、米底的卡里尼德、塞迦的苏林、德黑兰平原的米赫兰。这些大氏族拥有广大的土地，修筑堤坝，进行复杂的水利工程。当波斯向外扩张，战争频起，掠获战俘，波斯即用战俘代替本氏族的奴隶。波斯奴隶称"般达加"（Pandak），非波斯奴隶称"安沙赫利加"（Anshahrik）。这时候的波斯奴隶社会有两种结构形式：一为农村公社，一为未充分发展的奴隶制。马其顿侵入后，奴隶制受到推动，在发达的城市内，也有了希腊式的城邦类型，议会制度建立，也曾有民众议会。

波斯氏族社会解体后，形成奴隶制的国家，税赋很重，税赋按地区与产物征收，数量亦不一致。有现金，亦有实物，赋税包出去，"尼布尔包税者的搜刮如抢劫人一样"。

米底每年进贡羊十万只，驴四千头，马三千匹。

伊奥尼亚等城市年纳银四百达郎。

吕底亚等城市年纳银五百达郎。

伏利锐亚年纳银三百六十达郎。

腓尼基及塞浦路斯年纳银三百五十达郎。

埃及与北非年纳银七百达郎。又折合军粮银六百一十达郎。法雍为产鱼区，年纳专供给皇后用的银二百四十达郎。

亚比西尼亚每三年须进贡金子、象、乌木及儿童百人。

阿拉伯须年纳香料一千斤。

亚美尼亚年纳小马三万匹。

巴比伦除纳实物外，还须选送五百人供宫廷使用。

依据残缺的资料，波斯帝国在繁荣的时候，除实物外，每年入国库的赋税，约有14560达郎，合3400万金卢布。这样巨额的财富，大流士取法吕底亚铸金币，称"大流克"，重8.4克。只一面有箭手射击的图案。

波斯帝国内外侵略后，大流士使希腊航海家斯基拉克（Skylax）率舟，自普克拉（Peukela）入海，沿俾路支海岸，航行两年半，直至埃及，著有《海程记行》，亚里士多德曾读过这部名著。为了军事与商业，大流士修建"皇家大路"，自苏撒至沙尔德城，长二千四百公里，沿途设有一百一十个驿站，"信差在路上跑得比仙鹤还要快"，配置舒适的旅店，有军队保护，步行需时三个月。

波斯古代的宗教是原始的与多神的，赞美山神与水神，崇拜牛和马，反映了畜牧业与农业长期的发展。继后受其他民族的影响，以日月为对象，敬重"光明"。阿呼拉马兹达（Ahura Mazda）为光明的象征，天地的创造者，无形象，无庙堂，以火为代表，受国王敬重，并秉其意志统治国家。有神职者专司仪式，阳光下照着的圣火已是改进后的形象。贝伊斯顿石刻标志着大流士建立了皇家宗教。这种宗教也就是火祆教。

祆教神职者出自米底部族。深悉仪式，掌握宗教知识，保存了远古传说，可以追述至部族移动的时代。米脱拉（Mithra）为伊朗人所敬重的神，始见于亚达薛西斯石刻。至公元前5世纪时成为帝王崇拜的对象（因为米脱拉系光明与黑暗的居间者），亦为宣誓的证神。

传说曹赫斯脱（Zoroastre）为祆教的创立者，但很难确定他的历史性。据葛都（Gathu）经文的记载，曹赫斯脱可能是公元前7世纪人。他虽生在亚特巴登（Atrop atene），事业的发展却在大夏。他幼年经过苦难，二十岁时隐居潜思，经十年努力，建立了祆教的理论。约四十岁时，向大夏总督维达斯巴（Vichtaspa）宣教，发展很快，伊朗居民虔诚地接受他的理论。曹赫斯脱创立宗教的二元论。即光明与黑暗经常斗争，宇宙分裂为二：善神为霍尔米兹德（Ormuzda），恶神为阿里曼（Ahrieman）。现实的世界将经历一万二千年，每三千年为一阶段。第一阶段，阿里曼由黑暗中出现，受光的照耀，拒绝了奥尔母池和平的提议，展开了光明与黑暗的战斗。第二阶段，霍尔米兹德创造了天、水、地、植物、动物与人；阿里曼创造了鬼魅、疾病与罪恶。第三阶段系人类善恶的斗争，势均力敌。第四阶段，曹赫斯脱主持末日审判，善神得到最后的胜利。

373

信袄者以为灵魂不灭。人死后三日，灵魂随风飘荡，苦乐如生前一样。继后至"奈何桥"（Tchinval）畔，有三人组织成的法庭，衡量生前行为，善者过桥，桥愈宽；恶者过桥，桥愈窄，直至沉入无底深渊。以故死后初采取山腰埋葬，继后建"静塔"，露天，环形，陈尸于上，任鸟啄兽吃。① 到末日时，溶液洗静大地，亦即善神与恶神决斗光明胜利之时。

四、安息王朝

亚历山大死后，帝国由他的部将分割，拜地加（Pirdicas）统治亚洲部分，梦想恢复马其顿帝国。但是在亚洲争夺的结果，塞琉古（Seleucus，前312—前280年在位）获取胜利，于公元前312年，建立起塞琉古王国。

自前301年伊普苏斯（Ipssus）战争后，塞琉古及其继承者均采取向西发展策略：初居巴比伦，继而移至塞琉古城，终而移至安都（Antioche），以便控制西方，进一步与埃及争夺。至于东方以塞琉古为核心，维持与印度及中国的贸易，争取旃陀罗笈多的友谊。当安提奥古二世（Antiochus Ⅱ，前261—前240年）时，大夏脱离塞琉古，恢复独立，所铸的货币图案已是大夏国王狄奥多多（Diodotoss）了。版图约自木鹿至撒马尔干，因受希腊影响，兴起了优美的犍陀罗艺术。

安息克（Arsakes）为游牧者领袖，系帕提亚人（依据贝伊斯顿石刻，帕提亚人所居地变为省名，在里海与咸海之南。帕提亚人来自西徐亚人居地，约今苏联南部，与伊朗居民混居，仍保持游牧的习尚）。初受塞琉古统治，于公元前250年脱离其独立，向外扩张，安息克可能是在与大夏战斗中牺牲了。其弟底里达脱（Iiridat，前248—前214年在位）立，乘塞琉古抵抗高卢人的侵略、埃及人的压迫，不能东顾

---

① 希腊古地理学家斯脱拉波（Strabo）说：尸体任野兽吃，系帕米尔山民的习惯，在1世纪时传入大夏，胡亚尔引《波斯古代史》101页注3。

之时，进据伊尔加尼（Hyrcanie），于公元前247年4月14日，创立安息王朝。将其兄安息克神化，铸像于币，并渲染先世出自阿黑内尼德（自以其父伏利亚彼脱系亚达、薛西斯二世之子）。使波斯人不以异族歧视，加强统治，建达拉（Dara）宫，安息因而巩固。其子阿尔达班（Artaban，前211—前191年在位），攻陷埃克已登，复为塞琉古驱逐，退守伊尔加尼。后之继者（弗里阿帕提乌斯[Phriapite，前191—前176年在位]，弗拉斯特[Phraates，前176—前171年在位]），因塞琉古有事于西，大夏有事于东，国内能保持和平，臣属陀拔斯坦（Tapouristan），守里海门户，控制由呼罗珊至米底的要津。

米特拉达梯（Mithradastes，前171—前138年在位）立，使安息强大，夺取大夏的木鹿，任命巴加西（Bacasis）统治米底，向南部发展，伸入巴比伦及苏撒地区。此时安息以骑兵见著，塞琉古转弱，渐与罗马接触，争夺中亚。

前138年，弗拉特斯二世（Phraates）继其父志，拒抗塞琉古，先后击败狄米脱利（Demetrius），并俘获安底古。是时西徐亚人南下，安息用粟特人作战，随而暴动，弗拉特斯在战斗中牺牲了。安息政事由弗拉特斯二世的叔父阿尔班二世领导，但大月氏向西移动，侵入大夏，于前124年，阿尔达班抵抗月氏，受伤而死。此即汉书所言："大月氏西君大夏，而塞王南君罽宾。"①

米特拉达梯二世（前124—前87年在位）立，扑灭与之争夺王位者，依据所留的货币考证，便在公元前124年将敌人镇压。巩固了东方边界，不使月氏移入；积极向西发展，进至幼发拉底河畔及亚美尼亚。

公元前76年，亚美尼亚王底格朗纳（Iigrane）与罗马斗争，安息王萨纳特鲁斯（Sanatroike）年老而弱，无所作为，不能阻止亚美尼亚向两河流城的发展。迨至弗拉斯特三世立（公元前70年），利用庞培

---

① 《汉书》卷96上。

与底格朗纳的矛盾，协助亚美尼亚，收复两河流域的失地。公元前60年，内争起，弗拉特斯两子——米特拉达梯三世与奥洛德（Orodes）联合，毒死其父，随而兄弟斗争，奥洛德又杀其兄（公元前56年），进军并占据巴比伦。

公元前53年，罗马三头政治的克拉苏（Crassus），被任为叙利亚总督，他步庞培后尘，梦想东方财富，率军征安息。公元前53年6月9日，战于加来（Carrhae），即今之哈兰（Harran），罗马大败，两万人战死，一万人被俘，移至木鹿，克拉苏于战斗中牺牲。其头被割，作为道具（奥洛德正在看攸利彼德的《巴西德斯》，剧进行中，突然将克拉苏头当作道具，掷在台上，产生一种惊奇的感觉）。

安息变为强国，奥洛德以泰西封（Ctesiphon）为都城，据底格里斯河畔。此时罗马沉于内战，安息向西进发，攻叙利亚安都城，于公元前51年，损其大将奥沙克斯（Osakes）。九年后安息将领巴哥洛（Pacorus）始破安都。公元前44年凯萨被刺，卡西雨斯（Cassius）虽得安息之助，却被屋大维与安敦尼击败了。安敦尼进据亚洲，其部将巴苏斯（Bassus）善战，在北叙利亚山区，于公元前38年，击败安息军，巴哥洛亦在此战役中牺牲。

公元前37年，奥洛德倦于政事，使其子弗拉斯特四世继位。弗拉特斯四世性格果断残酷，弑其父，杀其兄弟。整军以待于罗马，大败安敦尼于幼发拉底河畔。罗马内战结束，奥古斯都改变对安息的策略，选送美女莫沙（Musa），借此增加罗马的影响。安息王派其子到罗马留学，过着豪华的生活。莫沙乘机毒死弗拉特斯四世，使其子弗拉特斯五世即位，以摄政的姿态掌握政权。两年后，内乱又起，王位不定，最后由亚尔达班三世统治安息，为时约三十年。但是，亚尔达班三世死后，其子瓦尔达奈（Vardanes）与高达尔柴（Gotarzes）相互争夺，相互残杀。

沃洛吉斯（Vologese，51—75年在位）立，与罗马展开斗争，控制亚美尼亚，但安息坚持抵抗，取得阿沙摩沙达（Arsamosta）的胜利，声威复震，变为强国。当时所铸货币上的图案，除祆教神外，尚有希腊与印度神像。

此后安息内部不和，常有内战，给予罗马进攻的机会。图拉真在底格里斯河上，接连获取胜利。迨至图拉真死后（112年），亚得利安（Adrienus）继位，安息王奥斯洛（Osroes）知大局困难，在123年与罗马缔结和约。奥斯洛死后七年，沃洛吉斯二世立，统治十八年（130—148年），随之继位者为沃洛吉斯三世，统治四十三年（148—191年）。安息在困难中维持，罗马攻陷泰西封（199年），大肆劫掠，不得已，安息以重金求和，此时的安息已濒于灭亡的境地。在224年，安息为萨珊所灭。

安息的衰弱与灭亡与其生产关系的落后是分不开的。当马其顿帝国解体后，留下深刻的希腊影响，但这仍是表面的。居民仍有氏族残余，奴隶仍属国王及贵族，土地保持了国有的形式，地方分裂，缺乏强大的中央政府。这种情况很显明地反映在波斯的宗教上，国王便是神王，反希腊的世界精神而趋于地方化，萨珊王朝将承其遗惠，使祆教加以改进，这是一方面；而另一方面，不能与西方脱离，米脱拉（Mithra）宗教向罗马传播，形成了安息时代的特点。

当塞琉古衰弱后，波斯南部几近独立，由祆教神职者统治，政教混而为一。所铸货币图案为国王持弓，旁竖旌旗，立于圣火祭台之前。阿黑内尼德古远的传统，赖此等边缘地区得以保留。安息帝王，多系武人，即借此种宗教力量，拒抗克拉苏与安敦尼。安息王朝晚期帝王们曾收集祆教的残经逸卷，却未能完成。在萨珊王朝时代，阿尔达希尔一世（Adechir）始成此巨业，集成《阿维斯陀》经典。

安息时代，米脱拉的宗教向两河流域传播，又发展至小亚细亚，本都国王米脱拉达德（Mithradate）便以此得名。米脱拉的神职者，没有经典，只有口授仪式。经长期发展，波斯与闪族因素相结合，含有占卜的特点。在临水地区，修建祠庙。米脱拉英勇果断，克服困难，成为武人崇拜的对象。2世纪末，罗马帝王孔莫杜斯（Commodus）秘密参加，成为米脱拉的信奉者。戴克里先曾重修加农顿（Carnuntum）米脱拉神庙。波斯因祆教的发展，其势发展较弱。遗迹有尼姆洛达（Nimrouddagh）浮雕，秋风节称"米脱拉加纳"（Mithrakana）。

五、萨珊时代及其奴隶社会的解体

萨珊（Sasan）系柏舍波里城阿那伊达（Anahita）庙的神职者，与安息的地方官吏有密切关系。其子巴巴克（Papak）为基尔城的郡主。其孙阿尔达希尔（226—242 年在位）为达拉纪德（Darabggerd）的城防司令。萨珊王朝即以此发展成功。

阿尔达希尔依靠僧侣与贵族军事集团，于 224 年对安息发动战争。次年，击败亚尔达班五世，标志着安息王朝的终结。226 年，攻陷泰西封，除亚美尼亚与乔治亚外，波斯版图悉入其掌握。阿尔达希尔实行中央集权制，因安息地方统治者，系世袭贵族，与国王仅臣属关系而已（阿尔达希尔先后臣服的主要地区有苏撒、伊斯发汗、麦塞纳、奥曼）。

他继承安息政策，坚决拒抗罗马的侵略。237 年，阿尔达希尔夺取尼西班（Nisibin）与哈兰（Haran）两城，罗马气焰为之一挫。在内部，阿尔达希尔借祆教之力，团结居民，使之有坚定的信心。曾命僧人唐瓦沙尔（Ianvasar）编纂《阿维斯陀》（Avesta），对萨珊王朝起了非常重要的作用。所编《阿维斯陀》分两部分：一为雅胥资篇，意为"颂歌"，一为葛都篇，意为"训辞"。又收集天文、医药等文，附于经后，共二十一卷，书于一万二千张牛皮之上，以金线装订。迨至 643 年，阿拉伯侵入波斯，祆教受到摧残，《阿维斯陀》亦遭焚毁。曹赫斯脱的著作也未能传世，其学说由门徒们记录，散见于《阿维斯陀》中。通常于"阿维斯陀"前，冠以"增德"（Zend），意为增德语所写，实际是不正确的，因增德语系萨珊王朝书体的发展，较"碧尔维"（Pethevi）语更复杂。丹麦学者拉斯克（Rask），于 1819—1822 年间，在波斯与印度旅行，得《阿维斯陀》最完整的手稿，现存于哥本哈克大学。此后研究者继起，逐渐深入，达尔麦斯德（Darmester）收集各种译文，加以校刊，做出较为完善的注释。

241 年，沙普尔（Chahpuhr，241—272 年在位）即位，波斯与罗马的战争，在叙利亚继续进行。于埃德斯战役中，俘获罗马皇帝瓦勒良（Valerien），利用罗马的俘虏，让他们修建巨大蓄水池，施行灌溉，此种工程称为"沙拉汪"（Chadh-iRavan），意为"乐流"，随即变为喷泉的别名（柏舍波里附近纳吉伊洛斯代姆 [Nageh-iRoustem] 的浮雕，即记此大事）。沙普尔死于 272 年，其继承者，初为霍尔米兹德（Ormuzd），继为巴赫拉姆（Bahram），仅在位三年，随又为巴赫拉姆二世夺取。波斯与罗马的争夺，异常剧烈，283 年罗马皇帝卡鲁斯（Carus，282—283 年在位）被叛军所杀。

在沙普尔统治之时，摩尼（Manes）宣道，倡议宗教改革。

摩尼于 215 年，出生于马尔底努（Mardinou）村，属于巴比伦的那尔古达（Nahr Khoutha）乡。其父名巴巴克，戒荤酒，摩尼受其影响，自十三岁至二十五岁间，有两次感到要进行宗教改革的使命。

沙普尔感其理论，虔心敬服，追随十年。继后为现实需要，尊尚传统，转向祆教，摩尼即离开波斯，至喀什米尔与中亚细亚，广为宣传，拥有不少的信众。272 年，沙普尔死，次年巴赫拉姆即位，其门徒以为情况改变，敦促摩尼返故土，但是祆教神职者憎其理论，密切监视其行动，275 年 3 月，将摩尼逮捕，判为异端，处以死刑，将之解体剥皮。

摩尼死后，门徒四散，一部分进入叙利亚、埃及、迦太基传教，汪达尔人也受其影响。4 世纪末传入西班牙。另一部分由里海至中亚细亚，传入中国。

摩尼的理论是二元论。即宇宙间善恶、明暗，永远对立。也如宇宙一样，每个人受两种相反的精神支配，属于善的如慈爱、智慧与忍耐；属于恶的如仇恨、发怒与愚蠢。善恶各有神鬼，经常战斗。为了

379

去恶就善，须戒杀生、禁荤食、断色欲。一般群众，不做过高的要求，只要不说谎、戒贪吝、禁杀人便够了。宇宙最后遭受大劫，福善惩淫，结束这一阶段是非，而善恶又恢复原状，互相斗争，永无止境。这是一种奴隶解体时没落的意识，虽反抗现实，但无坚决的斗争意志，人们只安心承受现状，反映出深厚的悲观情绪。

沙普尔二世统治了 69 年（310—379 年），在此期间，波斯经济有特殊的繁荣。一方面受罗马东方诸省的影响，地中海隶农制的发展，波斯亦在转变。他方面与东方联系，开辟有名的丝路，运输中国丝绸，波斯居间掠取利润。这时波斯依靠贵族，团结僧侣与军人，扩大了其统治基础。

波斯与罗马的关系，有种新的转变。当君士坦丁皈依基督教后，借口保护宗教，向波斯进攻。而罗马禁止的聂思多派，又受萨珊王朝的保护。此种复杂的关系，表现在长期争夺亚美尼亚的战争上。波斯为了占有亚美尼亚，坚持不懈地反抗罗马成为它的传统政策。340 年，沙普尔二世进攻尼西班，扶植阿夏克（Archak）为王，便是为了扩大波斯在亚美尼亚的影响。

罗马也同样，朱利安（Julien）立，遂向东进军，侵入波斯，沿幼发拉底河南下，至泰西封，继后知难而退，转攻米底地区，于 363 年死在标枪之下。若维安（Jovien）被士兵举为皇帝，即刻与波斯缔结和约，将军队撤退。此时在萨珊与罗马的剧烈争夺中，贵霜王朝在东方的演变已成次要的问题了。

沙普尔二世死后，其继承者多数庸弱。初由其内兄阿尔达希尔二世（Ardechir Ⅱ，379—383 年），继而为贵族废弃，立沙普尔三世，统治五年，死于军中。其后由巴赫拉姆四世（Behram）继位，统治了十一年，此时罗马正在东西分裂之时，蛮人南下，对波斯采取守势。伊斯特格德一世（Yezdeguerd Ⅰ，399—420 年）是正直者，反对宗教，招致保守派不满，改善与罗马的关系，波斯有暂时的安定。（依据东罗马史学家普罗戈扑［Procope］，伊斯特格德受波斯人拥护，东罗马帝王亚尔加底［Arcadius］将其子弟委托波斯国王监护。）

到巴赫拉姆（Behram）五世即位后，东北边境动摇，不断为嚈哒袭击。嚈哒陷大夏，大月氏濒于灭亡。巴赫拉姆奋勇抵抗，战于木鹿，取得暂时的安定。在西方边界，因宗教问题，与罗马关系日趋恶化，战争又起，波斯失利，虽守住尼西班，但被迫与罗马缔结和约（421年），承认其宗教自由。

438年，波斯因受嚈哒的威胁，伊斯特格德放弃与罗马的斗争。这时波斯的中心问题是如何加强对亚美尼亚的统治。波斯利用祆教使亚美尼亚永属波斯，但是亚美尼亚人运用新创造的文字（亚美尼亚文字，于392年，由麦斯罗普［Mesrop］创立；麦氏系哈特塞克人［Hatsek］，死于447年），无论是思想上与行动上对波斯进行强烈地抵抗。伊斯特格德率军征亚美尼亚，进行残酷的镇压，在451年，取得亚瓦拉尔（Avarair）的胜利。

伊斯特格德逝世（457年）后，因为继承问题，兄弟又起斗争。卑路斯（Peroz）以两城与嚈哒（在大夏的达拉干［Talqan］及底尔米德［Tirmidh］），借其兵力夺取王位，推翻其兄霍尔米兹德三世（457—459年）。卑路斯统治的二十五年内长期有旱灾，须向外购粮；外有嚈哒的压迫，发动了两次不幸的战争：第一次因掌握情况不确，全军在沙漠中覆灭；第二次在战争中卑路斯牺牲（484年）。有两年波斯帝国受嚈哒的统治。

波斯在困难中，名将查米尔（Zarmihr）果断有为，返自亚美尼亚，立前王之弟巴拉克（Balach），波斯人心逐渐安定。结聚步队，增强实力，与嚈哒进行谈判，迫嚈哒释放波斯俘虏及所质王子加瓦德（Kavadh）。查米尔外交的胜利，振奋波斯人心，因此威信很高。488年废巴拉克而立加瓦德，加瓦德即位后，赞扬摩尼理论的继承者马兹达克（Mazdek），爱护穷人，反贵族的特权，因而激起保守者的仇视。497年，贵族将他囚禁在吉尔吉德（Guilguird）狱中，政变又起。

加瓦德得查米尔之助，从狱中逃往嚈哒，娶拜洛兹多克公主

381

（Perozdokht），借嚈哒的实力恢复王位。503年，加瓦德进攻两河流域上游，占领亚米达（Amida）及狄奥多西（Theodosipolis）两城。504年，匈奴自东侵入，形势转紧，被迫放弃与东罗马的斗争。527年，波斯与拜占庭战争又起，贝利沙（Belisaire）最初失利，531年攻陷加林尼克（Callinicum）。波斯建筑城市准备长期战斗，便在这年，加瓦德去世了。

萨珊王朝不断地向西推进，与东罗马进行战争，目的虽然是为了对亚美尼亚及叙利亚进行统治，但是掠获俘虏却也是战争的主要原因。一方面，波斯经济繁荣，建立了许多新城市，原有的奴隶不能满足需要，为了修建繁重的水利工程，需要罗马及各省的俘虏，从事大规模的劳动。另一方面，5世纪的波斯受罗马奴隶社会解体的影响，特别是波斯贵族趋于没落，阶级斗争异常尖锐。谭沙尔的信中说，"奴隶们不再服从自己的老爷了"，"抛弃了自己的工作"，离开老爷而跑进了"城市"。[①]战俘只能缓和当时的阶级斗争，而不能解决波斯的社会危机，因而也就产生了马兹达克改革。

马兹达克生于呼罗珊尼沙不尔（Nichappour）地，继续摩尼的理论，倡导二元论，但较摩尼更为乐观。他主张宇宙由水火土三种元素构成，明暗两种力量统治。善者纯洁，恶者混浊，每个人秉着精神上的四种力量：辨别、智慧、记忆与快乐。弃恶就善，可以成为完人。马兹达克以为怨恨与战争是最可憎恶的，罪恶是可以克服的。

马兹达克运用宗教形式，进一步推动社会改革。为了达到经济平等，须建立自由公社，恢复原始的财产共有制；为了打破贵族阶级的婚姻，要求恢复群婚制残余的共妻制，冲破当时婚姻的闭塞性。但是他改革的特点，却被史料歪曲。马兹达克的改革是一种复古运动，这种运动具有鲜明的社会性，适应被压迫者的要求。改革要求平均分配富者的财产与土地，拒抗租税，利用宗教形式，表现出激烈的社会斗争。由于客观形势的发展，加瓦德加以保护，剥夺了贵族们的经济。

---

① 见《封建社会历史译文集》，第50页。

马兹达克的影响日渐扩大。

科斯洛埃斯一世（Khosrau Ⅰ，513—579年）即位，鉴于马兹达克势力的扩大，威胁了他的政权，他放弃了他父亲政策，施以镇压。迨至马兹达克运动失败后，波斯奴隶制也便开始崩溃了。马兹达克及其弟子数千人悉被残杀，一部分信徒，逃往中亚各国。

科斯洛埃斯一世实行土地与税制改革，建立强大军队，将军权交给四大骑兵将领。那些没落的贵族，隶属宫廷，这些措施，更促进奴隶社会解体，由奴隶制过渡到隶农制，波斯封建制度逐渐形成。

科斯洛埃斯即位后，深受统治阶级的拥护，因为他恢复了旧秩序，以故称他为"正义者"（Dadgar）。当拜占庭征服汪达尔与东哥特后，贝利沙转向叙利亚迸发，欲毁531年前的局势。科斯洛埃斯知其意图，于540年，进军叙利亚，占据安都，移其居民于新城，位于泰西封之旁（此新建之城，名Beh-Az-Andio-Khosrau，意为"科斯洛埃斯较安都好的城"，阿拉伯称之为罗马城[Roumiyya]）。贝利沙虽坚决抵抗，拜占庭不能解除波斯的威胁，不得已以重金换取暂时的和平。

约在500年，波斯东境又起变化，嚈哒强大，据大夏，"其王都拔底延城，盖王舍城也"（《北史》卷九七）。拜占庭欲解脱波斯的压制，远结嚈哒，东西夹击波斯。科斯洛埃斯一世突破这种包围，娶室点密可汗之女、达头可汗之妹，借西突厥实力，于563—567年之间，灭嚈哒，与突厥共分其地。波斯取大夏，以妫水与铁门为界，但是突厥不久即南下，据嚈哒旧壤，这说明波斯已至衰落境地。

中国丝绢输出，无论是经陆路或海路，悉由波斯垄断，拜占庭不甘心放弃巨额商业利润，曾遣使至也门，避开波斯，以取得中国丝绢（尤斯地尼大帝于531年曾遣使也门），这是一方面。另一方面，康居人善于贸易，欲利用室点密之力，使波斯放弃丝业的垄断。波斯不允，毒死突厥使臣（科斯洛埃斯的宠臣加杜尔夫[Kataulphe]系嚈哒人，熟习丝的贸易。波斯王信其言，拒绝康居使臣马尼亚克[Maniach]的要求）。以故波斯与突厥关系恶化，突厥怂恿拜占庭攻波斯，因而产生了二十年的战争（571—590年）。

529年，埃其奥彼亚占据也门，阿拉伯谋求解放，请波斯援助，于570年，科斯洛埃斯遣大将瓦利兹助阿拉伯进攻，占据也门，并充兵于此。科斯洛埃斯统治时期，完成了对波斯土地的测量，制成土地册，依照土质、灌溉、作物、树木和劳力逐一登记，按产量确定税额，这是萨珊时代的一件大事。科斯洛埃斯晚年，军事经常失利。

霍尔米兹德四世继位（579年），系室点密之甥，继其父志与拜占庭作战。但突厥与拜占庭夹击波斯，大将楚班败突厥于斯瓦奈西（Svanethie）。霍尔米兹德疑楚班，解其职。590年，楚班暴动，进据泰西封，霍尔米兹德逃走，波斯军拥护科斯洛埃斯二世（Khosrou Ⅱ，590—628年在位）。科斯洛埃斯二世依靠拜占庭帝王摩里斯（Maurice）之助，围困楚班。楚班见大势已去，逃往突厥，为了根绝后患，波斯以重金贿赂可敦，暗杀了楚班。

7世纪初，拜占庭起剧烈变化。602年，摩里斯被伏加斯（Phocas）所杀并篡夺帝位。但伏加斯荒淫无度，无力转变帝国危局，610年又为埃哈克利（Heraclius，610—641年在位）所杀。科斯洛埃斯二世借口为摩里斯复仇，任命战将巴拉向西进攻，节节胜利，取埃德沙、安都、多马色、耶路撒冷及埃及。别一军由萨宾（Chabin）率领，进入小亚细亚，直攻加塞东（Chalcedoine），与君士坦丁堡隔海遥对。萨宾失宠而死，巴拉代替，攻陷此城，拜占庭处在危急之中。埃哈克利镇静，坚决反抗波斯，624年收复小细亚及亚美尼亚，627年与突厥联络，战局形势又为一变。628年，科斯洛埃斯二世病，其子争夺帝位，内讧又起，贵族拥护施罗（Siroes），而科斯洛埃斯二世被人暗杀。是年波斯灾情至重，施罗仅统治六个月，死于瘟疫。此后四年之间，易主十二位，局势至为混乱，最后的波斯帝王为伊斯特洛德三世（632—651年在位），内乱暂告终止。但在638年，因阿拉伯兴起，不得不弃都而走。

奥玛（Omar，634—643年在位）为阿拉伯领袖，既反拜占庭，亦反波斯。637年，万葛斯（Wakkas）率阿拉伯军队向波斯进攻，战于喀地西亚（Kadisiyat），血战三日，阿拉伯得到增援，侧击波斯，波斯主帅罗斯塔姆（Rustam）阵亡，伊朗高原随即沦陷。

波斯国王伊斯特洛德东走，638年泰西封亦为阿拉伯占领，波斯情况恶化，任命拜洛桑（Prozan）组织大军，作最后努力。642年。两军战于尼哈温（Nehawend），复为阿拉伯所败。伊斯特洛德三世退至木鹿，以期康居予以援助，但是木鹿省长马哈（Mahoi）与突厥相连，首先解除国王卫士，继而于651年将他暗杀，波斯古史也便这样结束了。

萨珊王朝的建立是依靠僧侣与军事贵族集团，在一定的范围内，扩大了剥削阶级的统治基础。僧侣与军人的物质基础主要的是土地占有制。农村公社的存在，使得奴隶占有制得不到发展，因而必须有战争，俘虏别国人民，以推动生产。不仅只此，波斯内部斗争也异常剧烈。摩尼反抗当时的政治，马兹达克更为尖锐，这是奴隶社会解体的表现。科斯洛埃斯的改革便说明了封建关系的形成，土地馈赠在那时已成为合法的行为。

君主集权制是萨珊王朝的特点。祆教的神长与军队的统帅结成一种强力，左右国家一切的大事。祆教是国家的宗教，拥有大量的土地，形成国家内的国家。科斯洛埃斯与楚班斗争，得僧侣支持，科斯洛埃斯始取得胜利，因而以大量金钱献给祆教神庙。

国家主要的收入赋税，按各地区的产量与土质，征收不同的田赋。科斯洛埃斯一世曾进行一次改革，除习惯计算外，复参照土地面积与所种的植物，虽然计算复杂，却较以往是进步的。人口税每三月交纳一次，继后加以改革，按财产与等级，征收自十八岁至五十岁者。僧侣、贵族及士兵免纳人口税。

税吏权力很大，他们作恶多端，如农作物熟后，不得税吏允许不能收割。虽有司法官监督，却造成很大的困难，因而增加人民的苦痛。赋税重，如遇庆典或灾荒，有局部或全部免除者。关于税收数字，只知科斯洛埃斯二世时，607年的税收的总数为四亿二公里脱加尔（依据孛洛夏计算，折合六亿"狄拉克姆"。每个狄拉克姆，约合五元人民币，即其总数为三十亿元人民币）。

萨珊时代的工业以纺织著名，畅销全世界，多花卉与奇兽的图案。阿拉伯占领后，纺织工业仍很发达，杜瓦、夏达、木鹿等地的纺织业工厂，在中世纪有很高的信誉。

中国丝绸由海陆两路输入波斯，复由波斯分散到西方各地，而西方的水晶与玻璃又由波斯输入东方，波斯获利至厚。取道陆路者，必经撒马尔干，系当时贸易中心。便是为此，康居人曾与波斯争执，挑起波斯与拜占庭的战争。取道海路以也门为要津，拜占庭曾遣使联络，以避波斯的垄断。

沙普尔二世利用罗马俘虏在苏撒等城建立纺织厂，产量多，质量高，波斯毡成了中世纪珍贵的礼品。

六、波斯与中国的关系

古汉语译"Parsa"为波斯。这个名词最初见于《魏书·西域传》[1]，玄奘在《大唐西域记》内，译为波剌斯[2]，《古今图书集成》有百儿西亚国[3]，按照所述方位在印度河西，都城有园囿，造于空际，下以石柱擎之，当是波斯及古巴比伦。依照伯希和的意见，波斯名称的翻译，不是节译，而是译自窣利语，大约在5世纪的时候。[4]

洛费尔（B. Laufer）著《中国与波斯》，辑中国资料，如《岭外代答》中"西南海上波斯国"，李时珍说"波斯西南夷国名也"，提出马来亚波斯与中亚波斯有别。[5] 费琅（G. Ferrand）继续这种说法，在南海中找到两个地区，可能是波斯的对音：一个在缅甸，一个在苏门答腊。[6]

---

[1] 《魏书》卷102。
[2] 《大唐西域记》卷11。
[3] 《边裔典》卷88。
[4] 伯希和：《吐火罗语考》，第73页。
[5] 转引自洛费尔著：《中国与波斯》，第472页。
[6] 《西域南海史地考证译丛续编》，第91—109页。

不论波斯译名有几，不论波斯有几个，这样提法是值得考虑的。宋云在记述西行时，曾经波斯，他说："境土甚狭，七日行程。"①宋云所说的波斯，显然不是萨珊王朝的波斯，而是《北史》中的波知："波知国在钵和西南，土狭人贫，依托山谷，其王不能总摄。"②波斯在历史上是实际存在的，不能因偶然二三种记述，便将之分裂与混淆。同名异地，或一名概括其他，历史上例子很多：前者如"底彼斯"，埃及有，希腊也有；后者如明末"佛郎机"一词，包括了欧洲许多国家。隋唐之时，波斯掌握东西贸易的实权，地位特殊，陆上有丝路，海上直到广州。慧超《往五天竺国传》中说："泛舶汉地，直到广州。"当时地理知识不很精确，举其重要者概括其他，也是可能的。

汉武帝元朔三年，张骞返自西域，向汉廷叙述他的经历，中国始知安息。他说："安息在大月氏西可数千里，其俗土著，耕田，田稻麦，蒲陶酒，城邑如大宛，其属大小数百城，地方数千里，最为大国。"③安息由米特里达德统治，国势扩张，张骞虽没有亲历其地，但是他的叙述却是正确的。张骞再次出使西域，遣副使至安息，正式发生接触："初汉使至安息，安息王令将二万骑迎于东界。"按此时的安息国王为米特里达德二世，正在东抗大月氏，西拒罗马，争夺亚美尼亚。武帝时，上林苑开始种胡桃，胡桃原系波斯的特产，皮薄肉多，味道可口。

到后汉时，中国与安息往来较少，章帝章和元年，安息"遣使献狮子、符拔，符拔形似麟而无角"④。到和帝永元九年，班超遣甘英使大秦而至其地。十三年，安息王满屈复献狮子及条支大鸟，时谓之安息雀。⑤依据年代推断，满屈应为安息王 Paeorus，如果是这样，满屈当为蒲屈之误，藤田丰八在条支考中亦已提及。

元魏时，东西关系比较密切，《魏书》中有《波斯国传》。"波斯国

---

① 《洛阳伽蓝记》卷5。
② 《北史》卷97；见《西域南海史地考证译丛》六编，第30页。
③ 《史记》卷123。
④ 《后汉书》卷118。
⑤ 同上。

都宿利城，在忸密西，古条支国也。"①宿利城即塞琉古，波斯即安息，亦即西史所称之帕提亚。《魏书》与《北史》将安息与波斯分而并举，自然是不妥当的。但是《隋书》卷八三将安息与安国混淆亦不应该。"安国，汉时安息国也，王姓昭武氏。"《隋书》所说安国，系今之布哈拉（Boxara），武帝以后，便并入大夏，从未列入安息，以故不能以安国而等安息。但是从这些事实中可看出，元魏时对波斯的认识还不够明确。

波斯与中国的接触，始于后魏，《魏书》说："神龟中，其国遣使上书贡物云：天之所生，愿日出处常为汉中天子，波斯国王居和多，千万敬拜。朝廷嘉纳之，自此每使朝献。"②神龟为肃宗孝明帝的年号，接见波斯使臣应在神龟元年七月。③也便在这年，宋云慧生西去求经。此时波斯执政者为科斯洛埃斯二世，与居和多音亦相近。

5世纪末，波斯东方的边疆受到嚈哒的威胁，484年，卑路斯亲征嚈哒而死，波斯有两年受其统治。关于嚈哒的强盛，宋云于神龟二年（519年）十月，经过嚈哒说："南至牒罗，北尽敕勒，东被于阗，西及波斯，四十余国，皆来朝贺。"④

但是嚈哒盛况，由于突厥的兴起，不久便改变了。

当波斯与拜占庭斗争的时候，拜占庭联合嚈哒，夹击波斯。波斯王科斯洛埃斯为了突破包围，雪其祖父之仇，娶室点密可汗的女儿。⑤波斯借突厥的实力，于563—567年间，进攻嚈哒，将它灭亡。波斯与突厥共分嚈哒的土地，以妫水为界。可是突厥不断南下，进据嚈哒旧地，形成了隋末唐初，亚洲大部民族的主人。⑥

因丝业的经营，突厥与波斯关系恶化。中国丝绢的输出，悉由波斯垄断，居间操纵价格，谋取厚利。大秦国"常欲通使于中国，而安

---

① 《魏书》卷102。
② 同上。
③ 《册府元龟》卷969。
④ 《洛阳伽蓝记》卷5。
⑤ 参看沙畹：《西突厥史料》，译本，第160—161页。
⑥ 参看陈寅恪：《唐代政治史述论稿》，第95页。

息图其利不能得过"①。《册府元龟》亦提及:"大秦王当欲通使于汉,而安息欲以汉缯彩与之交市,故遮阏不得自达。"②因此发生拜占庭与波斯及突厥二十年的战争(571—590年)。科斯洛埃斯二世时,波斯与拜占庭关系亦不正常,时而和合,时而敌对,波斯几至灭亡。关于此,《旧唐书》中提供了不少的资料:"隋大业末,西突厥叶护可汗频击破其国,波斯王库萨和为西突厥所杀,其子施利立,叶护因分其部帅,监统其国,波斯竟臣于叶护。及叶护可汗死,其所令监统者,因自擅于波斯,不复役属于西突厥。"③库萨和科斯洛埃斯二世(590—628年在位),不是由突厥,而是由波斯的贵族所杀。施利即 Schiros,即位于628年2月25日。

统叶护可汗于武德元年(618年)立,西突厥盛极一时,移汗庭于千泉。贞观三年(629年)玄奘西行至其地,有动人的叙述:"水土沃润,林树扶疏,暮春之月,杂花若绮,泉池千所,故以为名。"④沙畹以玄奘628年在素叶城,显然有时间上的错误。630年,统叶护为其伯父所杀,西突厥已趋于衰颓。

唐高宗任命贺鲁为瑶池都督后,贺鲁随即自立为汗,战事又起。657年,唐军败贺鲁于伊犁河北;又西进,于659年,斩真珠叶护于双河,从此西突厥版图隶属唐室。龙朔元年(661),王名远进《西域图记》,并请于阗以西、波斯以东十六国,分置都督府十六。此十六国的今地,八国在阿富汗,两国在乌兹别克斯坦,五国在塔吉克斯坦,余为波斯,即今之伊朗。⑤

当唐室向西方开拓,巩固关陇的时候,拜占庭在西方却进入困难的时代,蛮族由巴尔干南下,阿拉伯由小亚细亚北上,腹背受敌,处境十分艰难。

---

① 《魏书》卷30。
② 《册府元龟》卷998。
③ 《旧唐书》卷198。
④ 《大唐西域记》卷10。
⑤ 参看岑仲勉:《隋唐史》,第95—96页。

波斯同样受阿拉伯攻击，无力拒抗。为了挽救局面，波斯不得不请求中国的援助，因为大势所趋，在西突厥衰亡后，只有唐室能左右当时的局势。伊斯特洛德（即《唐书》所言伊嗣候）死，其子卑路斯入吐火罗，于龙朔元年，遣使向唐室告难，高宗十分谨慎，"以远不可师，谢遣"。继后，以疾陵城为波斯都督府，任命卑路斯为都督①。咸亨中，卑路斯亲来入贡，高宗备加恩赐，拜右武卫将军。仪凤二年（677年），建祆祠于长安。卑路斯死，其子泥涅师继位，调露元年（679年），"诏裴行俭将兵护还，将复王其国。以道远，至安西碎叶，行俭还。泥涅师因客吐火罗二十年。"②当时阿拉伯实力强大，锋不可挡，波斯借唐室复国的梦想，已成泡影。景龙初，泥涅师复来朝，授左威卫将军，随即病死。

阿拉伯灭波斯后，继续向东进攻，节节胜利。自神龙元年（705年）起，安国、俱密国、康国等，怀念往昔唐室的宽大，不断向唐室求援，以抵抗阿拉伯的横征暴敛。但是唐室因吐蕃强大，只能维持现状，而高仙芝的居功狂傲，演成怛逻斯的惨败（751年），从此唐朝丧失西方，四年之后，又发生了安史之乱，当时国际大势，唐室所困恼者，自为吐蕃问题。贞元三年（787年），德宗问李泌当循之策，李泌说："愿陛下北和回纥，南通云南，西结大食天竺，如此则吐蕃自困。"③大食称霸西方，地几半天下，而萨珊王朝已变成历史名词，但是，波斯民族却永远存在。

论祆教传入中国者以为始于北魏。《魏书·波斯传》说："俗事火神天神……神龟中其国遣使上书贡物云。"④中国史籍中初次提及祆教，始于《魏书》是正确的；若谓祆教此时才传入中土，似还有斟酌的地方。

认为祆教传入中国始于北魏的说法，是根据毕沅校的《长安志》。关于南布政坊西南隅胡祆祠，毕沅注说："胡祆神始末，是北魏书灵

---

① 《新唐书》卷221下。
② 《新唐书》卷221下。
③ 《资治通鉴》卷233。
④ 《魏书》卷102。

太后时立此寺。"①查《魏书·皇后列传》，毕沅所言似指："后幸嵩高山……升于顶中，废诸淫祀，而胡天神不在其列。"②

胡天神为外来的神是肯定的。但是否为波斯国所传来的祆神，则很难断言。自太安元年（455年）至神龟二年（519年）波斯遣使来华者有十一次之多③，其关系仅只是朝贡，并未提及建祠与传教。而神龟前后的萨珊王朝处境困难，因于嚈哒，因于拜占庭，居和多上书贡物，也仅只此。但是，波斯与中国的接触实始于此。以故神龟之前所言波斯实非萨珊之波斯，证诸宋云行记，波斯"境土甚狭，七日行程"（依照藤田丰八的意见，宋云所说的波斯系《魏书·西域传》中之"波知"）。这也便是为什么《魏书》始有波斯国传，前此无直接关系的，更没有建祆祠的记述。

论到祆祠为宣武灵太后所立，亦须重新考虑，我们知道太后曾幸华林园，宴群臣于都亭曲水。太后作诗说："化光造物含气贞。"④有以"太后诗仅一句，然吉光片羽，已与火祆教光明清洁之旨有合云。"⑤若就诗意解释，可此，亦可彼，并没有具体到火祆教。相反的，我们从下列两件事中说明太后与佛教关系。太后的父亲胡国珍，"年虽笃老而雅敬佛法，时事斋洁"。在神龟元年（518年），"步从所建佛像发第至阊阖门四五里"⑥，这些均可看出胡氏崇尚佛教而无祆教的迹象。神龟元年，宋云与惠生为太后所遣，西去求佛经，得大乘妙典一百七十部。惠生为崇立寺比丘（见《洛阳伽蓝记》卷五），足证太后为佛教的崇奉者。

火祆教在西域传播很广，慧超说："大食国已东，并是胡国，即是安国、曹国、史国、石骡国、米国、康国，中虽各有王，并属大食所管，此六国总事火祆，不识佛法。"而这些国家的人，多至中国行商，

---

① 《长安志》卷10。
② 《魏书》卷13。
③ 《册府元龟》卷969。
④ 《魏志》卷13。
⑤ 张星烺：《中西交通史料汇编》第四册，第103页。
⑥ 《魏书》卷83下。

他们"善商贾，好利，丈夫年二十去傍国，利所在无不至"①。若就《魏书》所言胡天神，退一步说，纵然指祆神，亦仅限于西域伊朗系之胡贾。我们知道突厥亦有事之者，以其与之接触较深，唯所祀的方式不同耳。段成式保留了一段有趣的记述："突厥事祆神，无祠庙，刻毡为形，盛于皮袋，行动之处，以脂酥涂之，或系之竿上，四时祀之。"②

祆教传入中国明确可考的时间，始于唐武德四年（621年）。其时萨珊王朝衰弱，唐室强盛，使节来华者渐多。唐职官中设萨宝府祆正。《通典》记述此事："萨宝，视从七品，萨宝府祆正。武德四年，置祆祠及官，常有群胡奉事，取火咒诅。"③波斯人东来者频繁，"近世有波斯人至扶风逆旅"④。长安有祆祠三处：南布政坊西南隅，善宁坊西北隅，靖恭坊街南之四。⑤此外，醴泉坊街南之东，有波斯胡寺，"仪凤二年（677年），波斯王卑路斯奏请于此置波斯寺。景龙中幸臣宗楚客筑此寺地入其宅，遂移寺于布政坊之西南隅祆祠之西"⑥。东都亦有祆祠四处，设在会节坊、南市、西坊及立德坊。

会昌五年（845年），武宗受赵归真影响，敕令"废浮屠法，籍僧尼为民二十六万五千人。大秦、穆护、祆二千余人。"⑦祆教在中国传播，限于伊朗系之胡贾，期待中国予以援助。唐室为便于管理，设萨宝职官专管，亦犹今之领事。后唐室禁止，距萨珊之亡将近二百年矣。

摩尼被处极刑后，其教不能容于波斯，遂向中亚传播，影响很大。玄奘过中亚，说到波斯时："天祠甚多，提那跋外道之徒为所宗也。"⑧提那跋为太阳神名，沙畹解为摩尼教之"Denavari"⑨。

---

① 《新唐书》卷221下《西域传》。
② 《酉阳杂俎》卷4。
③ 《通典》卷40。
④ 岑仲勉：《伊朗之胡与匈奴之胡》，《真理杂志》一卷三期。
⑤ 宋敏求：《长安志》卷9及卷10。
⑥ 《长安志》卷10。
⑦ 《新唐书》卷52。
⑧ 《大唐西域记》卷11。
⑨ 沙畹：《摩尼教流行中国考》，译本，第5页。

依据宋僧人志磐所记："延载元年，波斯国人拂多诞持二宗经伪教来朝。"① 延载为则天武后年号（694 年），拂多诞非人名，而是碧尔维语的"Fur-sta-dan"译音，意为"知教意者"。②

开元七年（719），吐火维支汗那（Djaghanyan）王帝赊（Tesch）上表，"献解天文人大慕阇，其人志专幽深，问无不知……"③ 慕阇为古波斯语"Mage"的译音，作"师"解。但是摩尼教的传入没有任何基础，托佛教传播，因而到开元二十年（732 年），玄宗倾向道教，遂下令禁止。"末摩尼法，本是邪见，妄称佛法，诳惑黎元，宜严加禁断。"④

安史事变起，唐室借回鹘的援助，稳定大局。回鹘居功自傲，苛刻勒索，"乾元后回纥恃功，岁入马取缯，马皆病弱不可用"⑤。康居粟特的胡贾，旅居回鹘，结其欢心，传播摩尼教，对于回鹘的政治与经济起重大的作用。"始回纥至中国，常参以九姓胡，往往留京师，至千人，居赀殖产甚厚。"⑥

广德元年（763 年），摩尼教传入回鹘，有回鹘可汗纪功碑与摩尼教的突厥文残经⑦为证："帅将睿思等四僧人入国，阐扬二祀，洞彻三际，况法师妙达明门，精研七部，才高海岳，辩若悬河，故能开正教于回纥。"（纪功碑第八行）"受明教……慕阇徒众，东西循环，往来教化。"（纪功碑第十行）"大王天赋庄严以功绩御国神武庄严幸福光荣贤智回纥可汗摩尼化身。"（突厥文残经）

回鹘既皈依摩尼教，摩尼僧便参与国政。使节至唐者，常有摩尼僧随行。唐因外交关系，借建立寺庙以结其欢心。撤销前此之禁令，远至荆扬洪越等地。大历三年（768 年），敕回纥奉摩尼者建大云光时

---

① 志磐：《佛祖统纪》卷 39。
② 沙畹：《摩尼教流行中国考》，第 6 页。
③ 《册府元龟》卷 997。卷 971 内亦记述事，大致相同。
④ 《通典》卷 40。
⑤ 《新唐书》卷 50。
⑥ 《新唐书》卷 217 上。
⑦ 《摩尼教流行中国考》，第 27、29 页。

寺，贞元十五年（799年），令摩尼僧祈雨。元和二年（807年），"回纥请于河南府太原府置摩尼寺许之"①。

贞元三年（787年），德宗用李泌和亲之策，合骨咄禄可汗娶咸安大长公主。②

公主至回纥，历四可汗，卒于元和三年（808年）。继后保义可汗，复遣使求婚。元和八年（813年），回纥遣摩尼僧等八人至京，宪宗使有司计算，礼费约五百万贯，未随其请。③长庆元年（821年）五月，"回纥宰相、都督、公主、摩尼等五百七十三人入朝迎公主，于鸿胪寺安置"④。

摩尼教借回纥的实力，始流行中国，其基础是不稳固的。继后回纥失势，摩尼教亦加断禁。会昌三年（843年），武宗让刘洁合沙陀等兵讨回鹘，"大败回纥于杀胡山，乌介可汗被创而走，迎得太和公主至云州……"⑤随即下诏："摩尼寺庄宅钱物等，并委功德使以御史台及京兆府名差官点检收抽，不得容诸色人影占，如犯者并处极法，钱物纳官，摩尼寺僧委中书门下条疏奏闻。"⑥东都回纥悉加冠带，配发诸道。

在高昌等处的摩尼教，仍继续奉行。王延德使高昌时说："复有摩尼寺波斯僧，各持其法，佛经所谓外道者也。"⑦建隆二年（961年），于阗王遣使至宋，有摩尼师随行，"贡琉璃瓶二，胡锦一段"⑧。大约到元朝，摩尼教在中国始完全绝迹。

---

① 《旧唐书》卷14《宪宗上》，《册府元龟》卷999。
② 《旧唐书》卷14。巴克：《鞑靼千年史》作"咸安天长公主"，译本，第198页。
③ 参看《旧唐书》卷195，而《册府元龟》以此事为元和十二年，误。
④ 《旧唐书》卷195。《册府元龟》卷979。沙畹引用此文，误为元和八年。《摩尼教流行中国考》，第40页。
⑤ 《旧唐书》卷18上。
⑥ 同上。
⑦ 王国维：《古行记校录》。
⑧ 《宋史》卷490。

七、《册府元龟》中有关波斯来华使节的摘录

太安元年（455年）十月波斯疏勒国并遣使朝贡。

和平二年（461年）八月波斯国遣使朝献。

天安元年（466年）三月波斯遣使朝贡。

皇兴二年（468年）四月波斯遣使朝贡。

承明元年（476年）二月波斯遣使朝献。

正始四年（507年）三月波斯遣使朝贡。

熙平二年（517年）四月波斯遣使朝献。

神龟元年（518年）七月波斯遣使朝贡。

正光元年（520年）闰五月波斯遣使朝贡。

正光三年（522年）七月波斯遣使朝贡。

以上见《册府元龟》卷九六九。

大业中（605—618年）波斯遣使朝贡。

贞观十三年（639年）波斯遣使贡方物。

贞观二十一年（647年）正月波斯贡方物。

贞观二十二年（648年）正月波斯遣使朝贡。

乾封二年（667年）十月波斯国献方物。

咸亨二年（671年）五月波斯遣使来朝贡其方物。

永淳元年（682年）五月波斯遣使献方物。

以上见《册府元龟》卷九七〇。

开元七年（719年）正月波斯遣使朝贡。同年二月又献方物。

开元十年（722年）十月波斯遣使献狮子。

开元十八年（730年）正月波斯王子继忽婆来朝并波斯国王遣使贺正。

开元二十五年（737年）正月波斯王子继忽娑来朝（记十八年来朝者为继忽娑）。

天宝四年（745年）二月波斯遣使献方物。

天宝五年（746年）七月波斯遣呼慈国大城主李波达仆献犀牛及象各一。

天宝六年（747年）四月波斯遣使献玛瑙床，五月波斯国王遣使献豹四。

天宝九年（750年）四月波斯献大毛绣舞延长毛绣舞延舞孔真珠。（按：此段有误字。）

天宝十年（751年）九月波斯遣使朝贡。

乾元二年（759年）八月波斯进物使李摩日夜来朝。

以上见《册府元龟》卷九七一。

宝应元年（762年）六月波斯遣使朝贡。

大历六年（771年）九月波斯国遣使献珍珠琥珀等。

以上见《册府元龟》卷九七二。

按《册府元龟》卷九七四褒异中，七年"波斯国遣使献方物"，当为开元七年（719年）。《册府元龟》卷九七五中，开元十三年来者为穆沙诺，开元十五年（727年）二月来朝者为阿拔，赐帛百匹。开元二十年（732年）波斯使臣为潘那蜜与大德僧及烈。

八、《本草纲目》所记关于波斯物品

《本草纲目》有关波斯知识，异常丰富。但所记有空泛难定者，兹就书中涉波斯产物与其输入之品物，加以摘录，足证亚洲古代诸国的关系至为密切。

金：李珣引《广州记》："大食国出金最多。"李时珍即以金有五种，"波斯出紫磨金"。

银：李珣按《南越志》："波斯国有天生药银，用为试药指环。"李时珍即以外国有银四种，"波斯银并精好"。

锡悋脂：李时珍说："此乃波斯国银矿也，亦作悉蔺脂。"

密陀僧：苏恭说出波斯国。

铁：李时珍说："镔铁出波斯，坚利可切金玉。"（以上见卷八）

绿盐：李时珍以方家言，"波斯绿盐色青，阴雨中干而不湿者为真"。

矾石：李时珍以"状如粉扑者为波斯白矾"。

黄矾：李时珍说："波斯出者，打破中有金丝文，谓之金线矾。"（以上见卷十一）

胡黄连：苏恭说："胡黄连出波斯国。"（见卷十三）

缩砂蔤：李珣说："缩砂蔤生西海及西戎波斯诸国。"

华拨：苏恭说："荜拨生波斯国。"

蒟酱：李珣引广州以其出波斯国。

补骨脂：马志以生岭南诸州及波斯国。

茉莉：李时珍说："末利原出波斯。"（以上见卷十四）

天名精：李时珍以《宋本草》言出波斯。（见卷十五）

青黛：马志说："从波斯来。"李时珍以"波斯青黛，亦是外国蓝靛花"。（见卷十六）

莳萝：李珣按《广州记》出自波时国。（见卷二十六）

菠薐：一名波斯草。（见卷二十七）

无花果：段成式在《酉阳杂俎》中："阿驵出波斯拂林，人呼为底珍，即无花果。"

无漏子：陈藏器说："即波斯枣，生波斯国。"

阿勃勒：李时珍曰："此即波斯皂荚也。"段成式以波斯皂荚被人

呼为忽野檐，拂秣呼为阿梨。（以上见卷三十一）

蒲萄：段成式引《唐书》，波斯者大如鸡卵。

刺蜜：一称酺乔。段成式以出波斯国。（以上见卷三十三）

蜜香：段成式以"没树出波斯国拂秣国"。

没药：马志以没药生波斯国。

安息香：段成式以安息香树出波斯国。李珣以生南海波斯国。

芦荟：李珣以出自波斯国。（以上见卷三十四）

婆罗得：李珣以生"西海波斯国，树似中华柳树"。

乌木：崔豹古今注："乌木出波斯。"（以上见卷三十五）

龙脑香：亦名元兹勒，陈藏器以其出波斯国。（见卷三十四）

炉甘石：李时珍以为即真输石，生波斯，如黄金，烧之赤而不黑。（参看卷九）

无名木：状若榛子，波斯家呼为阿月浑子，萧炳论诃黎勒，波斯舶上来者，六路黑色肉厚者良，六路即六棱也。（参看卷三十五）

以上仅就《本草纲目》所涉波斯有关物品，其辑前人所记自异域输入者甚多，有的是波斯所产，有的系假借波斯输入，其名称因时代、地方、语言与译者的不同，更为分歧。若就译名说，体例亦不一致。

九、结　语

我们概括地叙述了波斯古代的历史，它循着社会发展的规律，也如埃及与巴比伦一样，由氏族社会进入奴隶社会。及至萨珊王朝，加强军事奴隶主的统治，随着奴隶社会逐步解体，阿拉伯的侵入，波斯古代历史也便结束了。

在千余年悠长的奴隶时代，经阿黑内尼德、安息与萨珊王朝，波斯曾建立了庞大的帝国。纵使经济基础脆弱，发展不平衡，但是它曾树立起强大的专制政权及地方行政组织，这反映了波斯古代的强大。波斯曾与大月氏、嚈哒、突厥争夺中亚的东部；又与希腊、罗马、拜占庭争夺西亚，掠夺奴隶，寻找资源与贡赋，它胜利过，也曾失败过。

波斯古史中，也有过尖锐的阶级斗争，地方的暴动。如马兹达克的改革，欲消除财富的不平均，虽然失败，但推动了奴隶制度的崩溃。古波斯人留的著述很少，便是那些帝王们也只是修建宏伟的宫殿，山崖的石刻。波斯人重视历史杰出的人物，却不很关心这些遗迹。他们喜欢从《阿维斯塔》中，将历史人物，如居鲁士，特殊化，给后人一种心理的鼓舞。在蒙古侵略后，加法维德（Safavides）王朝（1499—1732年）以及近代加地亚（Kadjars）王朝（1799—1832年），都受着这种潜力的支配，企图恢复阿黑内尼德的盛况。

当波斯帝国形成后，曾集聚全力进攻希腊，希腊人英勇抵抗，随后波斯又为马其顿所征服。在另一方面，波斯灭嚈哒，实利为突厥所得，但是突厥与拜占庭相联，夹击波斯，波斯英勇奋战，最终三败俱伤，为阿拉伯制造了兴起的机会。波斯垂亡之时，希望寄托于唐室的援助，结果是渺茫的。

纵使如此，古代世界却是不可分割的，波斯承袭了两河流域的遗产，连接东西两方的国家，通过那些使节、宗教与物品，使各国的人民互相了解，进一步发展，扩大人类文化，它和中国的关系，依然是很密切的。

我们所知波斯古史是十分有限的。除苏撒与柏舍波里外，其他地区的考古工作，尚未有系统地进行。我们只能利用前人所述，结合祖国典籍中的片断记载，作此简略的概述，我们学习了阿甫基耶夫《古代东方史》，也采用了胡亚尔《波斯古史》的资料，这是应该说明的。这是结合教学试作的一种初稿，以及作为世界古代史的一种参考资料，请大家多多指正。

原载《山西师范学院学报》1958年第2期。

大月氏西移与贵霜王国的建立

一、中亚细亚的重要

中亚细亚的范围，约略西至里海，北至锡尔河，东南界葱岭及兴都库什山，亦称大雪山。地形复杂，系亚洲大陆的中心，古代交通的要道，在世界古代史上，占有极重要的位置。远古之时，岁月悠久，变化无常，所知甚少。在公元前6世纪前，中亚细亚为雅利安部族所占据，有繁荣的畜牧业及农业。自公元前2世纪起，大月氏向西移动，毁希腊人所建的大夏，其所起的作用是不容忽视的。因为"数千年间是决定当时世界事件的舞台，这些事件常常在长时期内震撼当时已经知道的整个世界"[①]。

通常言较确切的中亚细亚历史，是始于波斯帝王居鲁士（Cyrus，前558—前529年），他即位于公元前558年，并米底，征吕底亚，于公元前545年（周灵王二十七年），向东进军，直入锡尔河，臣属塞种人，为了军事需要，建居鲁士城，汉称"贰师城"，即今之乌拉杜贝（Ura-Tyube），在塔吉克斯坦境内。继后南下，侵入俾路支，在剧烈的

---

① N. H. 梁士琴科：《南高加索与中亚细亚各部族的氏族的解体与各奴隶制国家的形成》，《奴隶社会历史译文集》，第199页。

战斗中，波斯散失一军。用了将近六十年的时间，始安定东方，形成波斯的两省。依据希罗多德记述，波斯共有二十省，大夏列为十七，康居列为十八。①

波斯采取怀柔政策，施行较开明的统治。虽使塞种人称臣，但并未破毁他们的经济，只要求塞种人依附并缴纳一定的贡赋。

二、马其顿侵略中亚细亚

当马其顿灭亡波斯后（公元前330），中亚细亚形势为之一变。亚历山大确定东进政策，以图巩固所获的实利。侵入大夏与康居后，建立了十二座城市，严重地破坏了原有的经济，同时马其顿也遭受到当地居民强烈的反抗。

对中亚细亚，希腊人以为兴都库什山是高加索的延长，即此一例已足说明了他们的认识是不很正确的。希腊人向东侵略，遭遇到许多困难，气候变化无常，寒热不均，尤其是大夏与康居的人民，忠于自己的部族，采用游击战术，使马其顿受到严重的打击。亚历山大必须改变战略与战术，利用本地的良马，配备标枪与弓箭，组成轻装的骑兵。马其顿人与波斯人混合编制，驻扎在战略地区，怀柔与镇压兼相并用，费三年时间，始占领这两个省份。其所需时间与侵略整个西亚、埃及与波斯相等，所遇的困难，自不待言了。

公元前330年9月，亚历山大向大夏进攻，伯索斯（Bessos）得西徐亚人之助，宣布独立，波斯亦随之响应。亚历山大采取分化政策，由兴都库什山东北冒险进军，入大夏地区。伯索斯怕被围困，放弃薄罗城（Bactria-Zariaspa），向北撤退，守阿姆河，将船舶焚毁防止希腊军队利用。亚历山大追击，取当地所用的皮筏渡河，军队五日渡完，入康居，展开激烈战斗，伯索斯不幸被俘，于公元前328年，死于薄

---

① C. 胡亚尔脱：《古波斯史》，第89页，注二。

罗城①。

康居在斯皮达姆（Spitaménès）领导下，坚决抵抗马其顿的侵略。康居人退入山区，在大宛谷，全民守居鲁士城，相持颇久，希腊人受到打击。亚历山大改变策略，采取围困方式，断绝水源，结果攻陷居鲁士城。斯皮达姆退出后，联合西徐亚人，进攻撒马尔罕，展开战斗，希腊死两千战士，亚历山大第一次受到严重挫折，不得已退居薄罗城②。公元前328年，马其顿分五军向康居进攻，改变战略，逐步清洗巩固据点，西徐亚人失败后，杀斯皮达姆以结马其顿欢心。

马其顿终未取得决定性的胜利。公元前327年初，康居人又起而反抗，奥亚尔德（Oxyartès）守希沙尔（Hissar）山区，长期抵抗。在战斗中，亚历山大俘获其女洛桑纳（Rhôxane），纳而为后，因而情势随之改变，康居放弃抵抗，而为希腊所统治。

亚历山大死后，帝国分裂，中亚细亚统治者为塞琉卡斯（Seleucus），但是并不稳固，不久南北两方形成两个新国家：安息王国于公元前256年，属于呼罗珊的一部分，其全盛时期自里海直达印度，于公元226年为波斯征服，建立萨珊王朝。大夏经百年后，受东方移入的塞族侵略，遂给大月氏创造了条件，从而有了建立贵霜王国的可能。

三、关于月氏古史的片断

依据中国的资料，公元前2世纪时，中亚细亚住着许多不同的游牧人，希腊人称他们是西徐亚人。在西部住着雅利安出身的塞种人，偏东的地方，住着突厥出身的月氏人，或称吐火罗人，其周近又住着起源不明的乌孙人，有些史学家以为这些人是吉尔吉斯与哈萨克人的祖先。

---

① 格劳茨（G. Glotz）：《希腊史》，第四卷，第123—128页。
② 《剑桥古代史·希腊史》。

关于月氏的古史，我们的知识是贫乏的。但是从仅有的片断史料中，仍可以看出它的历史是久远的。《穆天子传》中说"己亥至于焉居禺知之平"①，郭璞注释，焉居、禺知疑皆国名。《管子·揆度》中也说"北用禺氏之玉"②，由此可见"禺"、"月"同声，"知"、"氏"相近，禺知，禺氏与月氏为同一名称，只是书法不同而已。

战国为一大转变的时代，废戎狄名词，改为胡与匈奴。涉及月氏问题，亦可看转变的情形。依据王国维的意见，《逸周书》为战国时的作品，在《王会解》内，禺氏与月氏兼相并用，一方面有"禺氏騊駼"之语，另一方面，汤问伊尹，伊尹举北狄来献者有十三，而月氏在其列。③

战国以前，月氏所居何地不得而知，到战国之时，月氏在"雁门之西北，黄河之东"④，至秦汉之间，月氏向西移，故《史记》有"始月氏居敦煌祁连间"⑤之语。度《史记》用"始"字的意义，不能解为"原始"。

月氏为乘马游牧的部族，在匈奴未兴起之前，月氏已雄据北方，《史记·匈奴列传》说："当是之时，东胡疆而月氏盛"⑥，东胡位于燕赵之北，系后来的乌丸，《三国志》注引《魏书》指出："乌丸者，东胡也，汉初，匈奴冒顿灭其国。"⑦月氏为行国，《史记》称"随畜移徙。与匈奴同俗"⑧。《匈奴列传》以騊駼为奇畜，徐广注此为"似马而青"⑨。蒙古人称 Chigitai，系野生骡马。

月氏亦称吐火罗人，系突厥种的最重要者，属印欧语系。突厥起源地难确定，可能在叶尼塞河附近，其有关史料始见于西魏大统八年

---

① 《穆天子传》卷1。
② 《管子》，第七十八。
③ 《逸周书》卷7。
④ 王国维：《观堂集林》，《观堂别集补遗》。
⑤ 《史记》卷123。
⑥ 《史记》卷110。
⑦ 《三国志·魏志》卷30，裴松之注引《魏书》。
⑧ 《史记》卷123。
⑨ 《史记》卷110。

（542年）。① 关于月氏人的相貌，与突厥合而考虑，即《魏书》论康居较为真实：王姓温，月氏人，为匈奴所逐，其人"皆深目高鼻，多髯，善商贾"②，这与同书论于阗"自高昌以西，诸国人等深目高鼻，唯此一国，貌不甚胡，颇类华夏"是十分符合的。

四、月氏的居地

匈奴未兴起以前，月氏所居地带颇广，东自黄河，西至瓜州，"瓜州古西戎地，战国时为月氏所居，秦末汉初属匈奴"③。依据《史记》所述，亦觉与此符合。"右方王将居西方直上郡以西，接月氏氏羌。"④ 按照张守节正义，上郡故城在泾州上县东南五十里。《旧唐书》言及姑臧也说，"秦月氏戎所处"⑤，姑臧汉属武威郡。从这些记述中可以看出，秦初之时，月氏居地几遍及今之甘肃。

秦汉之际，月氏移动，因单于冒顿兴起，为了与汉争夺，首先要解除匈奴东西两方面的牵制，以故东破东胡，西击月氏。冒顿致文帝书中，"今以小吏之败约，使之西求月氏击之"⑥，所谓小吏系指匈奴右贤王，于前元三年"入居河南地，侵盗上郡葆塞蛮夷，杀略人民"⑦，右贤王西击月氏，取得胜利，仍在致文帝书中，有"夷灭月氏，尽斩杀降下之"⑧ 的话，并非夸大，危言动人。汉议对匈奴之策时，公卿皆曰："单于新破月氏，乘胜，不可击。"⑨ 这是文帝四年的事。

冒顿晚年，月氏因受匈奴的攻击，已去敦煌祁连之间，"其余小众

---

① 岑仲勉：《隋唐史》，第10页。
② 《魏书》卷102。
③ 《通典》卷174。
④ 《史记》卷110。
⑤ 《旧唐书》卷40。
⑥ 《史记》卷110。
⑦ 《史记》卷110。
⑧ 《史记》卷110。
⑨ 《史记》卷110。

不能去者，保南山羌号小月氏"①。《旧唐书》论及酒泉："此月支地，为匈奴所灭，匈奴令休屠昆邪王守之。"② 从上言，休屠昆邪据酒泉，当在文帝三年（公元前 177 年），到武帝元封六年（前 105 年）。"右方直酒泉、敦煌"③，匈奴益趋西，而月氏去敦煌已久矣。《史记》作于公元前 91 年前，故论及月氏说："始月氏居敦煌祁连间。"④

五、月氏与允姓之戎

月氏未西迁之前，居于敦煌祁连之间，祁连山在张掖、酒泉的南境，东西长二百余里。"敦煌，古瓜州也……瓜州之戎并于月氏者也。"⑤ 那么这里有一个问题，即哪一种戎为月氏所并？

张澍所辑的《西河旧事》中，依据《左传》"允姓之奸居于瓜州"⑥，对敦煌做这样解释："敦煌郡即古瓜州也，允姓戎所居也。"⑦ 关于允姓，杜预以为系阴戎之别祖，与三苗俱放于三危⑧，《水经注》解释三危山"在敦煌县南"⑨，并引《山海经》关于三危山的解释，"即所谓窜三苗于三危也，《春秋传》曰允姓之奸居于瓜州"。王国维在《鬼方昆夷玁狁考》中曾指出，戎中强大者为犬戎，亦即玁狁，其他汾晋诸戎，河南阴戎，伊川陆浑戎，皆徙自瓜州。⑩

我们在《左传》中，读到"昔秦人迫逐"，杜预注此时说："四岳之后，皆姓姜，又别允姓⑪，即月氏所并瓜州之戎。"便是说允姓是非

---

① 《史记》卷 123。
② 《旧唐书》卷 40。
③ 《史记》卷 110。
④ 《史记》卷 123。
⑤ 《水经注》卷 40。
⑥ 《左传·昭公九年》。
⑦ 张澍：《西河旧事·序》。
⑧ 《广弘明集》卷 7。
⑨ 《水经注》卷 40。
⑩ 王国维：《观堂集林》卷 13。
⑪ 《左传·襄公十四年》。

常明白的。因为春秋之后，留于瓜州的戎便只有允姓了。

《汉书·张骞传》中说："乌孙王号昆莫，昆莫父难兜靡，本与大月氏俱在祁连敦煌间，小国也。……大月氏攻杀难兜靡，夺其地，人民亡走匈奴。"[①] 就这些记述指出：月氏于未移动前，所征服兼并者只有乌孙，而前所举的资料，月氏所并者亦仅瓜州的允姓，就地点说乌孙与允姓都在敦煌周近；就时间说即在冒顿与汉文帝之时，因而藤田丰八主张：允姓不解为姓允的戎，而为一戎名，如义渠陆浑，根据月氏兼并的对象，便得出乌孙为允姓别称。[②]

乌孙即允姓的说法，虽说新奇，却难令人折服，"淑人君子，怀允不忘"，怀允就是怀"允姜"，允姜就是"允姓奸"[③]。关于这个问题，仍须深入，但是乌孙受月氏侵略后，随即起变化，依附匈奴，居于"流沙西北，前汉乌孙旧壤……后汉时即为车师后王庭之地"[④]。按祁韵士解释，今之乌鲁木齐即"汉车师后王庭地"[⑤]。至于月氏虽然强盛，但因受冒顿攻击，于文帝三年前离开敦煌，向西移动了。

六、月氏西移

概括地说，月氏西移的原因系匈奴兴起的结果。以故研究月氏西移的年代，自当以《史记》与《汉书》为依据。当冒顿自立为单于（公元前209年）后，东破东胡，西击月氏，月氏在敦煌祁连间的地位便开始动摇了。

月氏攻乌孙，夺其地，杀难兜靡，其子新生昆莫，依单于，"单于爱而养之，及壮，以其父民众与昆莫，使将兵，数有功"[⑥]，这说明月氏

---

① 《汉书》卷61。
② 藤田丰八：《西北古地研究》，第73页。
③ 刘节：《中国古代宗族移殖史论》，第173、191页。
④ 《太平寰宇记》卷156。
⑤ 祁韵士：《西域释地》，第5页。
⑥ 《汉书》卷61。

406

破乌孙，乌孙完全依附匈奴。但是《史记》所述与《汉书》有不一致的地方，"昆莫之父，匈奴西边小国也，匈奴攻杀其父"①，即难兜靡为谁所杀，无正面的资料可以肯定。《史》《汉》都是根据张骞的记述，两者必有一误，揆诸以后史事的发展，难兜靡系月氏所杀，因《张骞传》中明确指出："昆莫既健，自请单于报父怨，遂西攻破大月氏。"②

关于月氏离敦煌后，王国维以为居于且末与于阗间，这与于阗产玉、玉起于禺氏的说法相吻合。其西移的路径，系走西域南道，因不臣大宛而臣大夏，便是未经伊犁的证明。③且末即折摩驮那，于阗即瞿萨旦那，依据《大唐西域记》，两者同为吐火罗（都货罗）故地，而月氏与吐火罗相同，这种设想自属合理的。又况《魏志》中说："敦煌西域之南山中，从婼羌西至葱岭数千里，有月氏余种。"④

但是，王国维所言系一般情况，并非冒顿攻击月氏后，月氏西移的路径。月氏主力是向伊犁区域移动，攻击塞种，这些在《史记》与《汉书》中都有较明确的记载。《汉书》说："时月氏已为匈奴所破，西击塞王，塞王南走远徙，月氏居其地。"⑤这说明月氏自敦煌西移后，便停居在塞种人所居的地带。

现在，我们说明塞种人所居地区，自明白月氏第一次西移后的居位地。《汉书》论及乌孙边界："东与匈奴，西北与康居，西与大宛，南与城郭诸国相接，本塞地也。"⑥大月氏西移破走塞王而居其地，"后乌孙昆莫击破大月氏，大月氏徙西臣大夏，而乌孙昆莫居之，故乌孙民有塞种、大月氏种云"⑦。《史记》论及乌孙说："乌孙在大宛东北，可二千里，行国。"⑧按这些资料，可得出乌孙在今之伊犁地区。

---

① 《史记》卷123。
② 《汉书》卷61。
③ 王国维：《观堂别集别补》。
④ 《三国志·魏志》卷30，裴松之注引《魏略·西戎传》。
⑤ 《汉书》卷61。
⑥ 《汉书》卷96下。
⑦ 同上。
⑧ 《史记》卷123。

月氏受匈奴攻击，前后有两次西移，第一次自敦煌西移，第二次自塞王故地伊犁西移。第一次西移，当在冒顿晚年至老上单于初年，即公元前174年。匈奴于冒顿之时，经常侵袭月氏，《史记》说：

> 臣居匈奴中，闻乌孙王号昆莫……昆莫生弃于野，乌嗛肉蜚其上，狼往乳之。单于怪以为神……及壮使将兵，数有功，单于复以其父之民予昆莫……单于死，昆莫乃率其众远徙。……今单于新困于汉……①

《汉书》说：

> 臣居匈奴中，闻乌孙王号昆莫，昆莫父难兜靡……昆莫新生……单于爱养之，及壮，以其父民众与昆莫……昆莫既健，自请单于报父怨……会单于死，不肯复朝事匈奴……今单于新困于汉……②

按张骞囚于匈奴的时间，当在建元二年至元光六年（前139—前129年）其归国的时间为元朔三年（前126年）；匈奴单于统治：冒顿自秦二世元年至汉文帝前元六年（前209—前174年）；稽粥老上自文帝前元六年至后元三年（前174—前1161年）；军臣自文帝后元三年至武帝元朔三年（前161—前126年）。《史记》、《汉书》所述昆莫之事，因系张骞实际所获，大致相同。

武帝元封中，江都王建女细君嫁昆莫，为右夫人，"昆莫年老"③，语言不通，公主悲愁，作《黄鹄歌》。此事发生在军臣死后至少十五年。即在乌维单于统治之时（前114—前105年）。至"会单于死"系张骞使大月氏后，亦即大月氏由伊犁移至妫水，此当在军臣死之前，

---

① 《史记》卷123。
② 《汉书》卷61。
③ 《汉书》卷96下。

即元朔三年以前，那么必然是老上单于无疑。因而昆莫既健，自请单于报父怨，此单于亦为老上单于无疑。那么乌孙进击大月氏，第二次自伊犁出当在老上单于统治之时，亦即公元前 161 年前也。乌孙占据伊犁，亦即月氏西移妫水。假定细君嫁昆莫，昆莫年老，约为八十，即其请老上单于报父怨时，正当二十多岁的壮健的青年，那么抚养昆莫的单于，不是老上，而是冒顿，因老上即位于公元前 174 年，绝不能以十岁左右的儿童，使将兵，数有功，那么爱而养之的单于，不是老上，必为冒顿。因此，乌孙逐大月氏，据伊犁，与前所提"居流沙西北"正相符合。乘老上之死（后元三年），"不肯复朝事匈奴"[①]。从此乌孙与匈奴的关系也便恶化了。

月氏为乌孙所迫，离伊犁第二次向西移动，经大宛、热海、石国及撒马尔干，都于妫水之北，张骞使月氏，会见月氏王当在元光六年至元朔元年（前 129—前 128 年），其会见地点依白鸟库吉为 Termid，《大唐西域记》作咀密。塞种已早经葱岭南下，至县度，即身毒。[②] 希腊地理学者斯脱拉波（Strab）说，约于公元前 150 年时，有蛮族侵入希腊所建立国，综此而言，塞种与月氏向中亚发展，如波推浪，与《汉书》所说"大月氏西君大夏，而塞王南君罽宾"[③]，是非常符合的。

张骞出使大月氏，并非是突发的。他去的地方也非是陌生的，有匈奴降者提供的信息，有堂邑父的陪伴，深知月氏与匈奴关系的恶化，及出使后，又被匈奴拘留，了解了实际情况，即其献"断匈奴右臂"的策略，是有根据的。

张骞出使西域，既不是推销丝绸，也不是实力的扩张。其目的有二：一方面与中亚游牧民族联盟，拒抗匈奴；一方面造成一种情势，使中亚游牧国家与中国友好，不为匈奴所利用。为了完成这项任务，选定大月氏为出使的对象。当他克服困难，到达月氏王庭，月氏却志

---

① 《汉书》卷 61。
② 参考《广弘明集》卷 7。
③ 《汉书》卷 96 上。

安乐，殊无报胡之心，竟不得要领而还。①

在张骞东归不久之后，约公元前124年，大月氏侵入大夏，阿尔达班二世（Artaban Ⅱ）战死，希腊所建的大夏王国，亦因此而灭亡。②

七、贵霜王国的建立与灭亡

张骞抵大月氏后，大夏尚未被征服，故《史记》叙述大月氏时，"居妫水之北，其南即大夏"③，并身临其地。但是《汉书·西域传》中，大月氏已有颇著的变化，"南与罽宾接"④，即大夏已为月氏所臣属。

大夏亦称吐火罗，系希腊文化的中心，位于大雪山之北。段成式释吐火罗缚底野城时说，系"古波斯王乌瑟多习之所筑也"⑤。按缚底野系大夏都城 Bactria 的译音，乌瑟多习为 Vichtâspa，曾做大夏的省长，系波斯国王大流士（Darius）之父。自亚历山大帝国分裂后，情形混乱，故《汉书》说："大夏本无大君长城邑，往往置小长，民弱畏战，故月氏徙来皆臣畜之。"⑥

大月氏臣属大夏的时候，是从前边提及阿尔达班二世战死开始的，约在公元前124年。这与《大唐西域记》所述，亦相符合："伽腻色伽王，以如来涅槃之后第四百年，君临膺运，统赡部洲。"⑦释迦牟尼圆寂于公元前483年，以故大月氏建立国家当在公元前1世纪初。

当大月氏臣属大夏之后，并非一个统一的国家，依据《汉书》有五翕侯的设置：休密、双靡、贵霜、肸顿与高附。⑧范晔对此有不同的叙述，高附在大月氏南，"所属无常，天竺、罽宾、安息三国，强即得

---

① 《汉书》卷61。
② 胡亚尔：《古波斯史》，第103页。
③ 《史记》卷123。
④ 《汉书》卷96上。
⑤ 《酉阳杂俎》卷14。
⑥ 《汉书》卷96上。
⑦ 《大唐西域记》卷2。
⑧ 参看《汉书》卷96上。

之，弱则失之，而未尝属月氏。《汉书》以为五翕侯数非其实也。后属安息，及月氏破安息，始得高附。"① 那么月氏什么时间取得高附？依据波斯方面的史事发展，约在公元后四五十年间，哥达兹（Gotarzes）与瓦达奈一世（Wardanes Ⅰ）斗争，互求月氏援助，月氏乘机夺取高附扩展势力②。也便是在此时贵霜翕侯丘就郤③攻灭四翕侯，自立为王，国号贵霜王，"汉本其故号，言大月氏云"④。

月氏既强盛，丘就郤又向外扩展，取罽宾。《水经注》说"月氏之破塞王，南居罽宾"⑤，就所有情况推论，当在丘就郤晚年，即80年以前。"东汉之世，罽宾高附并于月氏。"⑥

公元1世纪末，丘就郤建立的大月氏王国，已树立了繁荣富强的基础。许多资料提及大月氏"人民赤白色，便习弓马，土地所出及奇玮珍物，被服鲜好，天竺不及也"⑦。大月氏"土地和平，无所不有，金银珍宝，异畜奇物，逾于中夏，大国也"⑧。纵使这些叙述有夸张，但是也有一定的事实依据。

"贵霜"一词，始见于《汉书·西域传》⑨，为五翕侯之一。颜师古解释："翕侯，乌孙大臣官号，其数非一，亦犹汉之将军耳。"⑩翕侯系突厥语"yabgu"之译音。至于西方关于贵霜，桑原骘藏则列举：印度为 kušâna，希腊为 košano，波斯为 kusân，亚美尼亚为 kušang，叙利亚为 kušânoyê，罗马为 Cusani⑪。其种为大月氏，亦即吐火罗，并非

---

① 《后汉书》卷98。
② 参看胡亚尔：《古波斯史》，第134页。
③ 伯希和以丘就郤应译为丘就却；阎膏珍应为阎膏弥，《西域南海史地考证译丛》，五编，第110—113页。
④ 《后汉书》卷118。
⑤ 《水经注》卷2。
⑥ 《汉西域图考》卷6。
⑦ 万震：《南州异物志》。
⑧ 《水经注》卷2。
⑨ 《汉书》卷96上。
⑩ 《汉书》卷61。
⑪ 桑原骘藏：《张骞西征考》，第39页。

像桑原所说是大夏种。为何称贵霜？希腊古地志 Gandarae，旧译为犍陀罗，《高僧·昙无竭传》作月氏国，《汉书》的贵霜，《魏书》的钳敦，"疑亦为其对音"①。其都城为弗楼沙（Purushapura），即今之白沙瓦（Peshawar）。

法显于元兴元年（402年）经弗楼沙国说："昔月氏王大兴兵众来伐此国，欲取佛钵，既伏此国已，月氏王笃信佛法，欲持钵去。"②后宋云道过此城，亦说："川原沃壤，城郭端直，居民殷多，林泉茂盛。"③

丘就郤死，其子阎膏珍继位，征印度五河流域，置将管辖，故鱼豢说："罽宾国、大夏国、高附国、天竺国皆并属大月氏。"④就此时期言，正是月氏与康居联婚相亲，班超使西域派遣使臣以锦帛与月氏王，为超谕康居毋救疏勒。继后月氏王求汉公主，班超拒，由是月氏怨汉，和帝永元二年（90年），月氏遣其副王谢将兵攻超，超伏兵杀其骑，月氏请罪⑤，按此事实，系贵霜王阎膏珍统治之时，亦即月氏版图最广大之时，因所发现的货币地区，亦较广阔，遍及高附与天竺。

伽腻色伽二世立，国运昌隆，南及印度阎牟那河，东至于阗，崇尚佛教，每日延僧入宫说法。吸取希腊艺术风格，衣纹与形态有许多类似处。举行第四次佛典集聚大会，佛教及其艺术越葱岭而东传。桓帝建和元年（147年），月氏僧支娄迦谶至洛阳译经，后之来者络绎不绝，其名僧甚多，如支谦，时人语之："支郎眼中黄，形躯虽细是智囊。"⑥彼得堡博物馆所存的金币，正面刻有王的站像，佩刀持枪，周围刻以希腊文："王中之王，贵霜伽腻色伽。"背面刻女神像，头有角，角有花，缘边有"丰富"之字。⑦

---

① 冯承钧：《西域地名》，第29—30页。
② 《津逮秘书》本法显《佛国记》。
③ 《洛阳伽蓝记》卷5。
④ 《三国志·魏志》卷30，裴松之注引《魏略·西戎传》。
⑤ 《后汉书》卷47。
⑥ 《高僧传》初集卷1。
⑦ 关卫：《西方美术东渐史》，第15页。

伽腻色伽二世之后的史实，我们所知甚少。《三国志》记：太和三年（229年）十二月癸卯，"大月氏王波调遣使奉献，以调为亲魏大月王"①，按波调为 Vasudeva II 的对音，约生于3世纪中叶。迨至法显于元兴元年（402年）入印度北部，其时为笈多王朝所统治，而贵霜实力已退至兴都库什山以北。约在430年后，月氏王寄多罗（Kitara）又征北印度，其子为小月氏王，都富楼沙城②，实质上是一个国家。因为富楼沙便是犍陀罗的都城。

自4世纪中叶，贵霜经常受嚈哒的压迫，至480年，遂全为嚈哒所灭。按《魏书》所述："嚈哒国，大月氏之种族也。亦曰高车之别种：其原出于塞北……在于阗之西，都乌浒水南二百余里……其人凶悍，能斗战，西域康居、于阗、沙勒、安息及诸小国三十许，皆役属之，号为大国。"③神龟二年（519年），宋云入嚈哒回，他说："居无城郭，游军而治，以毡为屋，随逐水草，夏则随凉，冬则就温乡土，不识文字，礼教俱阙……四夷之中，最为强大，不信佛法，多事外神。"④由是知贵霜王国为来自东方的嚈哒所灭。

公元557年，西突厥兴起，木杆可汗灭嚈哒。"自数百年，王族绝嗣，酋豪为竞，各擅君长，依川据险，分为二十七国，虽画野区分，总役属突厥。"⑤迨至唐高宗时，阿拉伯大将柯泰巴（kotaiba）向东进军，入土耳其斯坦，阿姆河一带，尽归阿拉伯所有矣。而一代繁荣昌盛的贵霜王国，已成为历史的陈迹。

八、结　语

中亚细亚历史在世界古代史上起着重要的作用，我们对此有关的

---

① 《三国志·魏志》卷3。
② 《魏书》卷102。
③ 同上。
④ 《洛阳伽蓝记》卷5。
⑤ 《大唐西域记》卷1。

知识异常贫乏，所知甚少，须深入研究，以补世界古代史上的缺陷。我们觉着世无孤立的国家，亦无隔绝的民族，便在远古时期，虽然交通困难，工具简陋，但是仍然有许多移殖，扩大古人的物质与文化生活。

读前人关于月氏的著作，试写成月氏西移与贵霜王国的建立，从而理解到月氏的历史甚古，自战国向西移动。月氏人深目高鼻，属突厥种，亦称吐火罗种。月氏居敦煌祁连之间，受匈奴压迫，不得已而去敦煌，其先所并之允姓，不能解作乌孙；其后西移所经之地，必为塞种人曾居之伊犁，而非取西域南道。由伊犁移入妫水，系昆莫攻击的结果，自在老上单于死之前，张骞出使月氏，月氏已侵大夏，然尚未将之灭亡。迨至丘就郤时，月氏扩大，建立贵霜王国，其子阎膏珍即位，南侵印度，伽腻色伽二世出，贵霜文教昌隆，佛教向东传播，吸取希腊艺术，蔚成大观。嚈哒兴起。西移毁月氏的成就，贵霜灭亡，但是嚈哒又为西突厥所灭。中亚细亚历史，常受外力袭击，变化无常，因而所起的影响亦巨大。兹将前人所述，略加整理，所用资料，多采自祖国典籍之中，只是所见有限，功力自然不足，这是可以预见的。

本文为作者生前未刊稿。后发表于《学术集林》第13卷，上海远东出版社，1998年。

贵霜王朝的形成

一

公元前后几个世纪，从东方到西方有四个主要国家，占据着辽阔的土地，那就是汉朝的中国，贵霜王国，安息王国及罗马帝国。这四个帝国各有其独特发展的历史，在人类文化史上起着重要的作用。因为世无隔绝的国家，亦无孤立的民族，1世纪时，罗马每年自中国与印度输入的总值有一亿塞斯德尔斯。老普利尼在《自然史》中慨叹地说："奢侈和妇女们使我们付出这样的代价！"所以要提及这件事情，是想说明东西方人民的接触是久远的，即使有统治者的限制，也不能阻止人民的往来与经济文化的交流。

在这四个帝国中，贵霜王国是容易被人忽视的。当公元前2世纪初，大夏居民反抗塞流西亚统治后，随即宣布独立，为时仅半世纪之久，便为中亚细亚游牧部落所占领，推翻其统治。游牧部落的主要领导者为贵霜部落，即中国史书中所说的大月氏，其活动的中心为今之乌兹别克，贵霜人也便成了乌兹别克人的远祖了。这样，我们可看出中亚细亚复杂的自然环境中，在马其顿侵略后所遗留的问题是复杂的，纵使我们的知识十分有限，对贵霜王朝形成的探讨，也是十分必要的。

为此，我们结合世界古代史的教学工作，就有关贵霜王国的形成的数据，试加以一种叙述，对于这一时期的国际关系上有着重要的意义。

中亚细亚为亚洲大陆的中心，其范围约西至里海、北抵锡尔河，东南界葱岭及兴都库什山。在极为复杂的地形中，公元前2世纪，由东向西住着乌孙人，月氏人，即吐火罗人，塞种人，亦称西徐亚人，往南即为大夏人，受希腊与波斯的影响。由此可见中亚细亚是古代游牧民族集聚与转移的地带，它对世界史有着重要的作用。马其顿东侵的时候，四年内占领了波斯广阔的地区，而以同样的时间，付出惨重的代价，始勉强征服了康居与大夏，英雄的斯皮泰蒙曾予亚力山大严重的打击。贵霜王国的历史发展，直接对印度与安息起着重要的作用，间接对罗马与中国亦有深刻的关系，在经济与文化上对世界有着重要的影响。

二

月氏的历史是悠久的，但关于月氏古代的史料并不很多，有些史料还是在假定的条件下提出的。最早提到月氏的古籍为《穆天子传》，在卷一中有"己亥至于焉居禺知之平"。郭璞对此作了解释，焉居、禺知都是国名，却没有进一步的说明。《管子·轻重乙篇》，也有"玉出于禺氏之旁山"。禺月双声为一声之转，知氏同韵，由此可见禺知、禺氏、月氏应为同一名称。王国维以《逸周书》为战国时的作品，《王会解》内，禺氏与月氏是兼相并用的。一方面有"禺氏騊駼"，他方面，伊尹举北狄来献者有十三，而月氏在其列（《逸周书》卷第七）。这说明月氏一词，是在战国时开始使用的。战国是变化剧烈的时代，《逸周书》同篇内禺月互用，说明月氏名词转变的情形。

战国前，月氏居住在什么地方，是很难明确指出的。到战国时候，王国维确定月氏居地在"雁门之西北，黄河之东"（《观堂集林》别集补遗），大约在今山西的北部。到战国晚期，月氏西移，占据地带颇广，东自黄河，西至瓜州，继后瓜州成为其中心居地，便是说在今河西走廊一带。到秦汉之时,《史记》有明确的说明:"始月氏居敦煌祁连间"(《史记》卷一二三)。史记所用的"始",当然不含有"原始"的意义,因为月氏为游牧民族,经常移动,居处并非是固定的。《旧唐书》言及姑臧时说:"秦月氏戎所处,匈奴本名盖藏城,语讹为姑臧城"(《旧唐书》卷四十)。姑臧为汉县,属武威郡。

公元前3世纪时,月氏雄据北方。《史记·匈奴列传》说,"当是之时,东胡疆而月氏盛"(《史记》卷一一〇),东胡位于燕赵之北,即后来的乌丸。月氏为行国,"随畜移徙,与匈奴同俗"(《史记》卷一二三)。以䮘騄为奇畜,徐广解释"䮘騄"为"似马而青"(《史记》卷一一〇),蒙古人称为"Ckigitai",系野生的骡马。及至公元前3世纪末,匈奴由部落联盟,向奴隶制过渡,形成一种强大的力量。这种剧烈变化的过程,体现在冒顿单于创业的经过,《史记》对此曾做了生动的叙述:如何不清于月氏,如何逃走,如何射死他父亲头曼而取得到单于地位。

当冒顿巩固统治政权后,首先解除东西两方面的压力。因此,匈奴向东进军,击败东胡。然后转向西方,进攻月氏。冒顿致汉文帝信中说,"今以小吏之败约,使之西求月氏击之"(《史记》卷一一〇)。这里所说的"小吏",系指匈奴右贤王,于汉文帝三年,"入居河南地,侵盗上郡,葆塞蛮夷,杀略人民"(同上)。右贤王进击月氏是十分成功的。仍在致汉文帝信中,有"夷灭月氏,尽斩杀降下之"语。对新兴的匈奴,汉文采取谨慎的态度,"单于新破月氏,乘胜,不可击"(同上)。月氏受到匈奴的袭击后,被迫离开敦煌祁连之间,向西方移动。《旧唐书》叙述酒泉时说,"此月支地,为匈奴所灭,匈奴令休屠昆邪王守之"(《旧唐书》卷四十)。这事发生在汉文帝前元三年(公元前177年),到武帝元封六年(公元前105年)时,月氏早已离开敦煌了。

由上所述月氏的历史是古老的,为中国北部强大的游牧部落。及至匈奴兴起后,向西扩张,挫败月氏,月氏不得已向西退却,"其余小众不能去者,保南山羌号小月氏"(《史记》卷一二三)。

三

当月氏居住在敦煌的时候，也曾侵略过别的民族。《水经注》中说："敦煌古瓜州也。……瓜州之戎并于月氏者也"（《水经注》卷四十），那么这里有一问题，便是说，哪一种瓜州的戎为月氏所并，张澍根据左传昭公九年，"允姓之奸居于瓜州"，他对敦煌作了这样解释，"敦煌郡即古瓜州地，允姓戎所居也"（张澍《西河旧事》序）。关于允姓，杜预以为是阴戎的别祖，与三苗俱放于三峗（《广弘明集》卷第七）。《水经注》解释三峗山是"在敦煌县南"（《水经注》卷四十）。《左传》襄公十四年，有"昔秦人迫逐乃祖吾离于瓜州"，杜预注此说，"四岳之后，皆姓姜，又别允姓"（《左传》襄公十四年），从这些资料中说，春秋之后，留于瓜州的戎，即只有允姓了，那么月氏到瓜州所并的戎，也就是允姓，这是很明白的。

其次，《前汉书·张骞传》中说："乌孙王号昆莫，昆莫父难兜靡，本与月氏俱在祁连敦煌间小国也。……大月氏攻杀难兜靡，夺其地，人民亡走匈奴。"（《前汉书》卷六十一），由此可见月氏至瓜州时所征服的部落为乌孙，而前边所提出的却只是允姓。这便使人联想到乌孙与允姓的关系，从地点说都在敦煌的周近；从时间说又都在战国与秦汉之间。因此白鸟库吉在《乌孙考》中，允姓与乌孙为同一民族，即允姓为戎的名称，不是后世注疏家谓姓允之戎。这种想法是很自然的，我们并无意论证允姓与乌孙的关系，我们只说月氏在未移动前，有许多问题还没有得到彻底的解决。乌孙受月氏压迫后，随即发生剧烈变化，居于流沙西北，系后汉时车师后王庭之故地。祁韵士在《西城释地》中说，今之乌鲁木齐即为"汉车师后王庭地"（《西域释地》五页）。

月氏攻击乌孙，侵占其地并杀死乌孙王难兜靡，其子昆莫依靠匈奴。关于此事，《前汉书》说"单于爱而养之，及壮以其父民众与昆莫，使将兵，数有功"（《前汉书》卷六十一）。但是，《史记》的叙述与此不同,"昆莫之父,匈奴西边小国也,匈奴攻杀其父"(《史记》卷一百二十三)。这里难兜靡为谁所杀,并无正面资料的记述。《史记》、《汉书》都是根据张骞的叙述,按照以后史事的发展,难兜靡为月氏所杀的可能性较大,因张骞传明确指出"昆莫既健,自请单于报父怨,遂西攻破大月氏"(《前汉书》卷六十一)。这里所说昆莫报父怨仇,破大月氏的事实,那便是月氏第二次移动,即自伊犁向妫水的移动。

四

关于月氏两次大规模的西移,当以《史记》与《前汉书》为依据,因为两书的记述都是根据张骞的所见所闻,是非常可靠的。《前汉书》说:

> 臣居匈奴中,闻乌孙王号昆莫,昆莫父难兜靡……昆莫新生,……单于爱而养之,及壮以其父民众与昆莫,……昆莫既健。自请单于报父怨,……会单于死,不肯复朝事匈奴,……今单于新困于汉……。(《前汉书》卷六十一)

藤田丰八对月氏西移,已做过较为深入的研究,现在我们将几件重要的事实确定后,即可明确西移的年代。

甲、有关单于统治的时间:

冒顿为公元前209—前174年。

稽粥老上为公元前174—前161年。

军臣为公元年前161—前126年。

乌维为公元前114—前105年。

乙、张骞囚困于匈奴的时间约公元年前139—前129年,其旧国为公元前126年。

丙、武帝元封中(公元前110—前105),江都王建女细君嫁昆莫,

为右夫人，昆莫年老，语言不通，公主悲愁，作《黄鹄歌》。（见《前汉书》卷九十六）

根据前边所提出的事件，细君嫁昆莫，昆莫年老，可以似定昆莫年龄已在七十五岁以上了。这样他大约生在公元前180年以前。那么张骞在匈奴囚困时所闻的事实，便可得到比较具体的说明。抚养昆莫的单于为冒顿，因为冒顿死于公元前174年。昆莫既健，自请单于报父怨，此单于为稽粥老上，因昆莫为二十岁的青年了。继后，会单于死，不肯复朝事匈奴，这仍然是指老上单于死后（公元前101年），与匈奴关系恶化。今单于新困于汉，因张骞在拘禁中所闻，自然是指军臣单于。《史记》所述，除难兜靡被杀记述外，余皆与《前汉书》所述相同。这样，我们可看出：月氏从敦煌第一次向西移动，当在公元前174年左右，到达塞种人所居的伊犁。此后，乌孙得匈奴之助，昆莫已二十岁了，进击月氏，产生了月氏第二次的向西移动。约在公元前161年前，月氏到达妫水，乌孙进据伊犁。这与前边提到乌孙"居流沙西北"是相符合的。当张骞出使西域时，乌孙与匈奴的关系已恶化了。

王国维以月氏离开敦煌后向西移动，不是停居在伊犁，而是停居在且末与于阗之间，即是说走的西域南道。理由是这与玉起于禺氏的说法相吻合；月氏第二次西移，不臣大宛而臣大夏，便是未经伊犁的证明（看王国维：《观堂别集别补》）。沮末即折摩驮那，于阗即翟萨旦那，根据《大唐西域记》，两者同为都货罗（吐火罗）故地，而月氏为吐火罗种。这种设想似乎是合理的，但是不能解决塞种人居地的问题。《汉书》论及乌孙边境时说："东与匈奴、西北与康居、西与大宛、南与城郭诸国相接，本塞种地也。"（《前汉书》卷九十六下）当月氏为匈奴击破后，月氏同西移动，"西击塞王，塞王南走远徙，月氏居其地"（《前汉书》卷六十一），月氏所居的地区，便是今之伊犁。当乌孙昆莫攻击大月氏，"大月氏徙西臣大夏，而乌孙昆莫居之，故乌孙民有塞种、大月氏种云"（《前汉书》卷九十六下）。塞种人居地为月氏所夺，月氏居地又为乌孙所占，乌孙"在大宛东北，可二千里，行国"（《史记》卷一二三）。这证明不是走西域南道，而是走西域北道。

当月氏第二次向西移动，经大宛、热海及撒马尔干，都于妫水之北。张骞出使月氏，他会见月氏国王的时间，约为公元前128年，他所会见的地点，可能在咀密（Termid），在苏尔干（Surkhan）河口。这时候，塞种早已经葱岭，南下至县度，即《前汉书》所说"大月氏西君大夏，而塞王南君罽宾"（《前汉书》卷九十六上）。

张骞出使大月氏，执行"断匈奴右臂"的策略，并非是突发的。他熟悉当时西域的情况，有堂邑父与之同行，既不是推销丝绸，也不是实力的扩张。他要联络中亚游牧民族，共同拒抗匈奴，纵使不能完全达到这种目的，至少造成一种情势，即不使中亚游牧民族为匈奴所利用。所以选定大月氏为出使的对象，一则由于月氏与匈奴关系的恶化，二则因月氏为中亚的大国。但是，当张骞到达月氏时，其王志安乐，殊无报胡之心，竟不得要领而还（《前汉书》卷六十一）。张骞在大月氏时，月氏尚未征服大夏，故史记叙述，大月氏"居妫水之北，其南即大夏"（《史记》卷一二三），并身临其地。可是，在《前汉书》中，大月氏的边境，"南与罽宾接"（《前汉书》卷九十六上），大夏已被侵略了。安息王亚尔达班第二执政后，在公元前124年，大月氏侵入大夏，安息曾出兵抵抗，亚尔达班受伤而死，从此希腊所建的大夏王国，走上衰亡的道路（参看胡亚尔《古波斯史》，第130页）。贵霜王朝的建立与玄奘所记是符合的。"迦腻色迦王，以如来涅槃之后第四百年，君临膺运，统赡部洲"（《大唐西域记》卷二）。释迦牟尼圆寂于公元年前543年，迦腻色迦为贵霜翕侯的创立者，即543年减去400年，所余的前143年为大月氏侵入大夏的时候，这与波斯及中国所述是十分相近的。

五

大夏亦称巴克特里亚，位于大雪山之北。段成式解释"缚底野"

城时说，系"古波斯王乌瑟多习之所筑也"(《酉阳杂俎》卷十四)。缚底野系大夏都城 Bactria 的译音，乌瑟多习为 Vishtaspa，曾任大夏的省长，系波斯帝王大流士之父。自亚历山大东侵后，经艰苦的作战，始安定下来，但是马其顿的统治并不能持久，当地居民不断进行反抗。公元前 255 年，总督提奥多特宣布独立，脱离塞流西亚王国，政治经济有一度的繁荣。当攸提腾夺取政权后，依靠上人的支持，对塞流西亚进行抵抗，但是这个区域，经常在游牧民族的威胁之下，他的政权是极不稳固的。所以《前汉书》说："大夏本无大君长城邑，往往置小长，民弱畏战，故月氏徙来皆臣畜之。"(《前汉书》卷九十六上)

当月氏侵入大夏后，其发展是缓慢的。公元前 2 世纪末，月氏移于阿姆河南，设有五个翕侯 (Yabghu)：休密、双靡、贵霜、肸顿与高附 (见《前汉书》卷九十六上)。这个过程反应出月氏由游牧转为定居，设立翕侯职官，依照颜师古注释，翕侯系官号，亦犹汉之将军。在史籍中关于五翕侯的设置，范晔对高附有不同的意见。高附在月氏南，经常隶属于天竺、罽宾、安息三国，哪个国家强哪个国家便统治它，哪个国家弱哪个国家便失掉它，最后为安息所统治。"及月氏破安息，始得高附"(《后汉书》卷九十八)。这证明月氏在大夏的发展经过相当长久的过程。根据波斯方面的记述，当哥达尔兹 (Gotarzes) 与瓦尔达奈 (Wardanes) 斗争时，互求月氏援助，月氏乘机夺取高附，此事大约发生在公元后四十五年间，这说明月氏实力的强大。也便在这个时候，贵霜翕侯丘就邵攻灭其他四翕侯自立为王，建立贵霜王国，"汉本其故号，言大月氏云"(《后汉书》卷一一八)。

丘就邵建立的贵霜王国是繁荣富强的。大月氏"土地和平，无所不有，金银珍宝，异畜奇物，逾于中夏，大国也"(《水经注》卷二)，大月氏……奇玮珍物，被服鲜好，天竺不及也"(万震《南州异物志》)。这种对贵霜王国的估计，不是逾于中夏，便是天竺不及，纵便有些夸张，但是仍然有一定事实的根据。从另一方面，丘就邵晚年兼并罽宾，东汉之世，罽宾高附并于月氏"(《汉西域图考》卷六)。贵霜的都城初在坦叉始罗附近，后为弗楼沙，即今日的白沙哇。法显于元兴元年（402年）经过弗楼沙国曾说："昔月氏王大兴兵众，来伐此国，欲取佛钵，既伏此国，月氏王笃信佛法……"（《佛国记》津逮本）。后来宋云经过此地时，也说"川原沃壤，城郭端直，居民殷多，林泉茂盛"（《洛阳伽蓝记》卷五）。由此可知贵霜王国的富强了。

伯希和主张，贵霜即是大夏，别言之为吐火罗，然中国人仍误称之曰"大月氏"历时甚久（伯希和《吐火罗语考》，82页），他以为"中国载籍之'大月氏'，自丘就劫（应当是郄）以来，皆属原籍大夏之贵霜，而非来自甘肃之'大月氏'"（同上）。这可看出论点的新奇，依据他的论证，他主张要将《后汉书》之记述大加修改，如果这样，也就否定张骞出使西域的史实。因为《史记》与《汉书》所述西域史事是错误百出的。这样奇特的说法，无非要说明贵霜王国是大夏人建立的，而大夏的高度文化，又是希腊人赐予的。这样东方最古的文化又是自西方人传入的，不是有许多人以为汉代石刻是受希腊的影响吗？这正是帝国主义学者们利用"学术"，不论是有意或无意，最后达到侵略的目的。伯希和的论据是对音，丘就郄应改为丘就劫，阎膏珍应改为阎膏弥。中国古籍中涉及译名者很多，何以便在这一事实中，两人最后的一音同为误译，而其错却又是同一规律。如果是这样，那么将何以解释印度史上孔雀王朝结束后，塞种人如何由北部侵入，在印度西北部如何建立贵霜大国，又如何解释"月氏破塞王，南君罽宾"（《水经注》卷二）呢？事实上，就中国史籍中关于月氏西移，尽管有细节上的不同，大致总的事是一致的。至于伯希和提到"大月氏"与"月氏"的分别，由是而发生对音的提法，这只能说明某些西方的汉学家，实有难以克服的困难。《史记》卷一二三中，大月氏是对小月氏而言，中间两次提到月氏，并没有冠以"大"字，文义十分清楚。便是在张守节《史记正义》中也都是用"月氏"名称。

丘就郄死后，其子阎膏珍继位，向南部发展，进据旁遮普，一直到贝拿勒斯，形成贵霜王国，故《魏略》说："罽宾国、大夏国、高附国、天竺国皆并属月氏"(《魏书》卷三十)。这是月氏版图最广阔的时期，考古学者所发现这时期的货币，遍及高附与天竺，形成大贵霜王国。

迦腻色迦第二立，他的统治时间约在公元后 78 至 102 年之间。便是在此时，贵霜与康居联盟。班超出使西域，因疏勒问题，曾遣使至贵霜，转谕康居毋救疏勒。继后贵霜国王，贪得无厌，欲求汉公主，班超拒绝，月氏遣副王谢攻击班超，超伏兵大破贵霜军。贵霜败后向班超请罪，这是汉和帝永元年间的事。所以迦腻色迦第二晚年时说，他统治了三方面皆向之臣属，唯独北方未能将之屈服，这与班超的西征是有关系的。班超西征在公元 73 年到 94 年，到里海之滨与罗马相接触。迦腻色迦统治时期，约在 75 年之后，倘如迦腻色迦为 Sakakala，即其统治时间为 78 至 102 年间。贵霜时期的特征是奴隶关系的进一步发展，奴隶数量的增加，公社成员依附于土著贵族和军事首领。贵霜王国成为国际的中心，公元 99 年，曾遣使至罗马。这是一个繁荣隆昌的时代，中国、印度、波斯及希腊文化在此汇集。也就是这个时候，中国送给印度桃树与梨树，至今印度人民仍念念不忘。贵霜王朝崇尚佛教，举行第四次佛典结集大会。远在公元前 2 年，《魏略·西戎传》中说："博士弟子景卢受大月氏王使伊存口授浮屠经"(《三国志·魏书》卷三〇)。汉桓帝建和元年（147 年），月氏僧支娄迦谶至洛阳，翻译佛经，后之来者，真是络绎不绝，名僧甚多，支谦即其著者。太和三年（229 年），十二月癸卯，"大月氏王波调遣使奉献，以调为亲魏大月氏王"(《三国志·魏书》卷三)按波调为 Vasudeva 的对音，希腊文为 Bazaho，回文为 Basdeo。公元 3 世纪时，萨珊王朝兴起后，阿尔达西尔（226—242）向外侵略，贵霜派遣使臣至中国，可能有联络中国共同拒抗波斯的企图。虽然柏古里石刻证实贵霜的独立，事实上贵霜已趋衰落，仅维持喀布尔地区。元兴元年（402 年），法显进入印度北部，其时已为笈多王朝所统治，贵霜已退至兴都库什山以北了。

自 4 世纪中叶，贵霜经常受嚈哒的压迫，而萨珊王朝又向东发展，占领喀布尔。波斯356年柏舍波里石刻说:"塞琉古,喀布尔最高裁判者",证实了贵霜的部分地区为波斯所并。《魏书》叙述嚈哒为大月氏种,其原出于塞北,"其人凶悍,能战斗,西域康居、于阗、沙勒、安息及诸小国三十许,皆役属之,号为大国"(《魏书》卷一〇二)。神龟二年(519年),宋云入嚈哒国,他说:"四夷之中,最为强大,不信佛法,多事外神。"(《洛阳伽蓝记》卷五)从这方面看,贵霜早已不存在,沦为历史的名词了。

中亚细亚的历史经常受外力的冲击,贵霜王国即其一例。这是东西文化经济接触地带,变化无常,影响亦大,而所涉及的问题也非常复杂。兹结合世界古代史的教学,将前人所述,加以整理,所提出的意见,未必正确,因所见有限,功力不足,那是不言而喻的。

1959年12月25日重改

原载《山西师范学院学报》1960年第1期。

匈奴西迁与西罗马帝国的灭亡

公元4世纪末，西罗马帝国的政治危机十分严重。由于几世纪以来，帝国社会经济的衰落，造成了普遍的贫穷，人口的减少，城市的凋零，帝国的经济情况已陷于绝望的境地，被压迫的各族人民，长期生活在饥饿与离乱中；帝国中央政权衰落，形成各省的武人专政的局面，边防力量削弱，为蛮族入侵打开了道路。帝国周近的蛮族，受匈奴西迁的影响向西大迁移，不断地侵入帝国境内，予帝国的生存以严重的威胁。

奴隶的起义，是和破产的小农的斗争与蛮族进袭罗马相互交织在一起的。罗马帝国受到了一种不可抗拒的袭击。诚如斯大林所说的："所有一切'野蛮人'，都统一起来反对共同的敌人，并轰轰烈烈地把罗马帝国推翻了。"[①]

西罗马的灭亡，结束了古典奴隶制度，是世界古代史上的大事。但是，关于西罗马帝国的灭亡，无论吉本，或者蒙森，都忽视了这种强大的力量。他们只惋惜帝国当时统治者的无能，却忽视奴隶起义的力量，低估了蛮族入侵的重要作用，从而也便忽视了匈奴西迁的重要

---

① 《列宁主义问题》，第574页。

事实。列夫臣柯说："匈奴入侵，预先决定了西罗马帝国的命运。"[①] 匈奴西迁是蛮族大迁移的主要推动力量，而匈奴向西几次的移动，却又与汉朝对匈奴的战争分不开。历史上没有孤立的事件。汉朝防御匈奴的措施，影响至深，不容忽视。下面仅就祖国典籍中所见的资料，对匈奴西迁与罗马帝国灭亡的关系予以探索。

一

罗马帝国与蛮族的斗争，是经历了相当长的一个历史时期的。三四世纪时，罗马的奴隶社会产生了深刻的危机，两个主要的阶级在剧烈斗争，罗马帝国已至没落的境地。这是帝国不能抗击蛮族入侵的内在原因。自奥古斯都时代，罗马帝国对蛮族的入侵，已处于被动地位。到安敦尼王朝的晚期，蛮族对罗马的压力不断加强，到4世纪，蛮族源源入侵。到410年，罗马曾一度被阿拉利克占领。

在这种内忧外患交迫的情况下，罗马帝国统治者马尔古斯·奥列里尤斯，曾想有所振作。他拍卖自己的产业，筹集军事费用，亲自到前线指挥作战，组织了大批的蛮人，以图实现"以夷制夷"；此后，在处境困难时，又采取羁縻政策。所有这些措施只能对紧张局势暂时缓和一下，并没有也不可能挽救西罗马帝国的灭亡。推翻帝国的统治机构，摧毁奴隶制度，已成为被压迫人民的迫切要求。这是历史发展的规律，是不可抗拒的法则，因为这是革命的进步的行动。

4世纪末，俄国南部的蛮族，受匈奴西进的推动，越过多瑙河与莱茵河，闯入罗马境内。帝国境内的被压迫阶层，视入侵的蛮族为救星，配合蛮族推翻了罗马帝国，西罗马成了蛮族的猎获物。

西罗马帝国的灭亡（476年）结束了那腐朽的奴隶社会，使封建社会得到发展。不言而喻，在这种急剧的革命变革中，罗马社会的经

---

① 《拜占庭简史》，第47页。

济和文化必然遭到破坏。传统的史学家将这个伟大的变革时代，语之为"黑暗时代"，那是不正确的。5世纪短暂的时间内，由于蛮族侵入罗马帝国辽阔的地区，出现了新形势，形成近代欧洲的雏形。所以，探索匈奴的西迁，便可以了解蛮族入侵罗马的过程，也便说明匈奴西迁与西罗马灭亡的关系。

二

约在公元前2世纪，匈奴开始由部落联盟向奴隶制国家过渡，其成为一个奴隶制国家是从头曼开始的。这个强大的国家，并不是完全逐水草而居，而是随着自然环境的具体情况，有的处于定居，有的继续游牧，两者有很好的配合，促进国家的发展。因此，匈奴发展很快，为要解决劳动力的需要，经常发动掠夺性的战争。

当蒙古草原出现匈奴国家后，亚洲形势随之发生剧烈的变化。匈奴是一种新的力量，迅速向外扩张。东败乌桓，西破月氏，统治了所征服的游牧部落。这种形势的变化予秦汉以严重的威胁。两汉有四百多年的时间，对匈奴采取了一系列的防御战争。在长期斗争中，曾执行"断右臂"的政策，发动攻势，促使匈奴的分裂。因而每次匈奴内部的分裂，其中不依附汉室者，必然随着草原的分布，动荡无已地向西迁移。

中国与欧洲的距离是遥远的，却不是隔绝的。西迁的匈奴具有高度的游牧技术与严密的组织，很容易从蒙古草原，经西伯利亚南部，到哈萨克草原。由此向西移动，越过伏尔加河与顿河，便进入乌克兰草原。再由乌克兰向西移动，入东欧匈牙利草原。匈牙利草原面积虽不宽大，却起着十分重要的作用。因为向西移动的蛮族，常以匈牙利为临时基地，仿佛是一块整休地带。过一定时候，向西方发展，罗马帝国便成为他们侵略的重要对象。

三

匈奴西迁是长期的与复杂的。自汉武帝奋击匈奴之后，匈奴起了剧烈的变化，势力大大削弱。为避开汉朝的压力，向西移动，进据车师，其处境是十分困难的。《汉书》说："丁零乘弱攻其北，乌桓入其东，乌孙击其西。……匈奴大虚弱，诸国羁属者皆瓦解。"[1]

汉宣帝初年，匈奴五单于争位，国内大乱。汉朝接受呼韩邪的投降，呼韩邪于甘露三年（前51年）入朝汉廷。郅支单于虽遣子侍，但得不到汉室的支持，采取了相反的行动，"遂西破呼偈、坚昆、丁零，兼三国而都之。怨汉拥护呼韩邪而不助己"[2]。借此"右地"，培养实力，作与汉斗争的准备。

郅支单于不得志于汉室，遂要求送还他的质子，汉派谷吉为专使，送其子返匈奴。郅支单于怨汉，杀专使谷吉。继而"自知负汉，又闻呼韩邪益强，恐见袭击，欲远去"[3]。便在此时，康居与乌孙战争失利，欲联合郅支单于，共击乌孙。因为康居这样设想："今郅支单于困阨在外，可迎置东边，使合兵收乌孙以立之，长无匈奴忧矣。"[4]康居的想法，正符郅支单于的要求，遂由坚昆移至康居，发兵，攻陷乌孙都城赤谷（在今伊斯色克湖南岸）。乌孙损失很大，西部地区竟至空而无人。这是匈奴的第一次向西移动。

郅支单于西移后，日渐骄横，独霸康居，杀康居国王，并遣使责阇苏、大宛诸国纳贡。

郅支单于实力的扩张，影响了汉在西域的地位，代理都护甘延寿与副校尉陈汤考虑所处的环境，须即时行动，始能保卫西域的安全。陈汤态度尤为坚决，遂发兵四万人，进入康居境内，受到康居的欢迎。

---

[1] 《汉书》卷94上。
[2] 《汉书》卷70《陈汤传》。
[3] 《汉书》卷94下。
[4] 同上。

汉元帝建昭元年（前38年），陈汤与康居贵族联合，奋勇攻击郅支单于，郅支死于战争之中，匈奴的第一次西移也便结束了。

四

建武二十二年（46年），蒙古旱灾与蝗灾严重，蒲奴单于与日逐王比，互争王位，匈奴遂分为南北两部。继后，北匈奴因受丁零、鲜卑与南匈奴的攻击，不能停居漠北，远行而去，欲于准噶尔盆地建立新基地，这便是匈奴第二次的西移。

《后汉书·南匈奴传》中提供了许多资料。元和二年（85年），"时北虏衰耗，党众离畔……不复自立，乃远引而去"。① 永元元年（89年）耿秉与窦宪率三万多人，"出朔方，击北虏，大破之，单于奔走"②。永元三年（91年），"北单于复为右校尉耿夔所破，逃亡不知所在"③。金微山（今阿尔泰山）之役，北单于与数骑逃亡，仅以身免。

《后汉书·窦宪传》④曾提及金微山的战役："宪以北虏微弱，遂灭之。明年，复遣右校尉耿夔，司马任尚、赵博等，将兵击北虏于金微山，大破之。克获甚众，北单于逃走，不知所在。"西汉对西域的认识，偏重在新疆一带。因而对匈奴的移动，如郅支单于死后的情况，北单于的西移，不是默而无言，便是说不知所在或远引而去。为此，对匈奴这两次的移动，必须结合西方史实的演变加以说明。

五

当郅支单于至康居后，《汉书·陈汤传》中说："又遣使责阖苏大

---
① 《后汉书》卷89。
② 《后汉书》卷89。
③ 同上。
④ 《后汉书》卷23。

宛诸国岁遗。"① 颜师古根据胡广所注，解释阖苏："康居北可一千里，有国名奄蔡，一名阖苏，然则阖苏即奄蔡也。"②

关于奄蔡的记述到后汉便不同了。"奄蔡国改名为阿兰聊国。"③ 对"阿兰聊"一名，历来没有明确的解释。在 1907 年的《通报》中，法国学者沙畹认为"阿兰聊"是两个国家，"一名阿兰国，一名聊国。"沙畹的解释是不够正确的。"阿兰聊"不是两个国家，而是"聊"为"那"之误。首先，聊国的说法是缺少根据的，奄蔡并未有分裂为聊国的事实。其次，许多国名的语尾为"a"，阿兰那应为 Alana 的译音。最后，杜佑在《通典》中说："奄蔡汉时通焉。至后汉改名阿兰那国。"④

三国时，"奄蔡一名阿兰"⑤，《魏略》作于 3 世纪，那时候阿兰已成了习用的名词。到北魏时，奄蔡的名称又有所改变。《魏书》说："粟特国在葱岭之西，古之奄蔡，一名温那沙，居于大泽，在康居西北，去代一万六千里。"⑥ 隋时却仍称奄蔡为阿兰，如《铁勒传》中说："拂菻东则有恩屈，阿兰……"⑦ 这样，我们可看出奄蔡随时代的不同，有不同的名称。希腊古地志有"Aorsi-Alani"民族，奄蔡与阖苏系 Aorsi 的译音，阿兰那或阿兰为 Alani 译音。希腊古地志又有"Alani-Scythae"民族，译为阿兰-粟特。从奄蔡名称的变更，可得出这样认识：匈奴西迁后，奄蔡受到压迫与推动，向西移动，阿兰-粟特，便是阿兰与粟特人相结合的名称。

公元前 1 世纪末，阿兰人受匈奴压迫，向西移动的事实，从罗马史中也得到证实。当庞培于公元前 65 年出征小亚细亚时，兵至亚美尼亚，与阿兰人有所接触。继后，在尼禄时代，罗马计划建省于里海岸

---

① 《汉书》卷 70。
② 同上。
③ 《后汉书》卷 88。
④ 《图书集成》，第 213 册。
⑤ 《三国志·魏志》卷 30。
⑥ 《魏书》卷 102。
⑦ 《隋书》卷 84。

边，为了抵抗西移的阿兰人，组织远征高加索的军队。① 这些简略的事实，说明匈奴至中亚后，对蛮族迁移起到了推动作用，蛮族的侵入成为罗马帝国不安的因素之一。

夏德以为"粟特"名称是因克里米亚"Sudak"城而得名的。多马司撒以为此城建立于212年，这也说明奄蔡人西移后，停居在俄罗斯南部，在克里米亚建立城市也是可能的。我们不能把奄蔡理解为原始的民族，他们的经济与文化有高度的发展。《史记正义》中张守节说："奄蔡，酒国也。"② 克里米亚以产酒著名，至少可以反映出奄蔡经济的繁荣。

六

匈奴两次西移，使中亚局势起了剧烈的变化，奄蔡的变化更为深刻，也是匈奴西移的关键。《三国志·魏志》曾指出："又有奄蔡国一名阿兰，皆与康居同俗，西与大秦，东南与康居接，其国多名貂畜牧，逐水草，临大泽，故时羁属康居，今不属也。"③ 奄蔡名称已变为阿兰，政治上脱离康居的役属，其地位与两汉间已不同了。到北魏时，奄蔡变化更大，李光廷于《汉西域图考》中说，奄蔡于"北魏时为匈奴所灭，改名粟特"。④

关于匈奴西移后的情况，《汉书》多次说："匈奴远走，不知所在。"世界史对此亦作缄默态度。《魏书》却提供了匈奴西移后的精确的资料，使人有进一步的了解。魏收（506—572年）生于北魏晚期，其时与西域关系颇深，对中亚有较深刻的知识。《魏书》作于北齐天保初年，依据董琬与高明的见闻，正确记述了匈奴移动及所引起的

---

① 参看沙波特：《罗马世界》。
② 《史记》卷123。
③ 《三国志·魏志》卷30。
④ 《汉西域图考》卷6。

变化。

《魏书》关于粟特国的记述，肯定粟特为古之奄蔡，并说："先是，匈奴杀其王而有其国，至忽倪已三世矣。其国商人多诣凉士贩货，及魏克姑藏，悉见房。高宗初，粟特王遣使请赎之，诏听焉。自后无使朝献。"① 这说明匈奴西迁后征服粟特，即奄蔡西移后的变化。忽倪系阿提拉之次子 Hernac，5 世纪中叶伏尔加河畔匈奴的领导者。魏收所说是信而可证的。日人白鸟库吉以《魏书》不可信，坚持粟特与奄蔡为两个国家，他说："自汉代迄于南北朝诸史中，皆为二地作明晰之分述，而《魏书》竟蹈此显著之错误，岂不怪哉。"② 白鸟的意见是错误的，奄蔡名称的不同，正标志着奄蔡历史的演变，即向西移动的结果。为此，在《魏略》与《魏志》等史籍中，不论提到阿兰或粟特哪个名称，总要用"奄蔡"为诠注，这正说明我国人治史的严谨，在 3 世纪前，粟特与奄蔡的分述，并不奇怪。

关于匈奴西移后，《魏书》另一种重要资料，是关于悦般国的叙述。"悦般国在乌孙西北，去代一万九百三十里，其先匈奴北单于之部落也。为汉窦宪所逐，度金微山，西走康居，其赢弱不能去者，在龟兹北。地方数千里，众可二十余万，凉州人犹谓之单于王。"③ 按悦般国为唐时的石汉那居 Kafirnagan 水之上流，今之 Denou。

北单于向西迁移，所经的路径，系由巴尔喀什湖，入哈萨克草原，可能与郅支单于所遗留的匈奴人相会合。向西南走者，与康居及贵霜相接触；向西北走者，即与阿兰人相会合。论到粟特人移动时，科瓦略夫指出领导他们的是匈奴人的部落，这一部落显然是于蒙古起源的。2 世纪时，匈奴人沿着咸海与里海北部，渡顿河向西推进，"征服了北高加索与伏尔加河沿岸的部落，并把他们团结在自己的周围，匈奴人、

---

① 《魏书》卷 102。
② 白鸟库吉：《康居粟特考》，译本，第 31 页。
③ 《魏书》卷 102。

阿拉尼人（即阿兰人）、哥特人等的一个联盟便这样形成了"①。这个联盟便是民族大迁移的推动力量，亦即西罗马帝国灭亡的主要原因。

七

4世纪中叶，在里海与黑海的北部，匈奴与阿兰强大联盟的活动，不断地向西推进，搅乱了原有居民的秩序。东哥特人英勇抵抗匈奴人的西进，发生了激烈的战斗，结果失败了。国王爱麦利克及其继承者魏德米尔相继战死，被迫向匈奴—阿兰联盟屈服。

东哥特屈服后，西哥特感到唇亡齿寒，被迫向西移动，便闯入罗马帝国境内。多瑙河流域的形势随即紧张起来，这是民族大迁移的开始。罗马帝国的统治者，深感到局势的严重，采取妥协政策，使四万多西哥特人定居在现今保加利亚境内，以求暂时的安定。但是，罗马官吏专横，横加压迫，并无厌地勒索，激起了西哥特人的暴动。西哥特人实力强大，矿工与奴隶也加入起义队伍，378年与罗马军队战于安德里亚堡附近，击溃罗马军队，瓦伦斯皇帝阵亡，震撼了罗马帝国。

罗马局势危急，青年将领狄奥多斯采取谈判、妥协与截击的策略，稳定了动荡的局势。罗马割让伊利里亚，西哥特成为罗马帝国的同盟者。

自395年罗马帝国分裂后，西罗马处境更为困难。5世纪初，阿拉利克率领西哥特人，经马其顿、希腊，直入意大利；410年攻陷罗马城，大肆洗劫。那时候，圣若落姆住在巴勒斯坦，写信说："传来西方可怕的消息，罗马城被围困了。居民尽其所有的金银，不能挽救自己的生命。舌粘于颚，不能成言。曾经侵略世界的城市，而今为人所劫掠，居民变为奴隶，困于饥饿，以至于人吃人，母亲吃她的孩子。"② 阿拉利克进入意大利，到处有奴隶加入战斗，这不单纯是蛮人

---

① 科瓦略夫：《古代罗马史》，第976页。
② 圣若洛姆：《信集》，XXVII。

的侵入，而是被压迫阶级的反抗，这是西罗马灭亡的预兆。

八

5世纪初，匈奴和阿兰人形成一个庞大的联盟。这个联盟以匈牙利为中心，以洛亚（Roua）为首长，声势浩大，威胁着西罗马的安全。最初，这个联盟的态度是慎重的，对西罗马采取合作态度。事实也确实如此。383年，罗马将领狄奥多斯借匈奴的力量，战胜了他的敌人马克西姆。在435年，埃西尤斯屯军高卢，借匈奴的力量，镇压了布尔贡人的暴动。但是，不论匈奴人如何帮助罗马，最终匈奴还是西罗马最危险的敌人。

到阿提拉时代（Attila，435—453年），匈奴更加强大了。一边向外扩张，占据了罗马的边疆重镇，如辛吉东（即今贝尔格莱德）和尼萨；一边压迫东罗马缴纳沉重的贡税，年付二千一百金镑。

当446年阿提拉掌握最高军政后，即向保加利亚、色雷斯、马其顿与希腊进攻，毁城市堡垒七十余处。东罗马不能抵抗，随即屈服，使西罗马帝国感到十分恐惧。传言阿提拉马蹄所踏之处，寸草不生。这不是迷信，这说明匈奴破坏力量的强大。马塞兰留心时事，论到匈奴人说他们"像钉在马上，身体健壮却很丑陋。他们在马上生活，马颈上睡觉。他们不种地，不执犁，没有固定的住处，没有房屋，到处流浪。他们不分善恶，没有信仰，像是失掉理性的动物。"[①]马塞兰对匈奴人的叙述，在憎恨中夹杂着恐惧。

448年，东罗马派遣使团，去匈牙利觐见阿提拉，史学家普利斯珂随行。他观察了匈奴在提斯河畔的宫廷，记述了对阿提拉的印象，这是十分可贵的资料。他说："我们到了阿提拉所住的地方，宛如一座城市，实际上却是一座军营。这所军营是用木料建筑的，光滑得看不

---

① 马塞兰：《历史》，第31章。

出隙缝。内外有许多帐幕，井然有秩序，到处可看到门庭。王帐设在中间，高大富丽，侵略者喜爱住在这里，不愿住在美丽的城市。"他这样叙述阿提拉："阿提拉仪表是庄严的，表现出可怕的神色。他小的眼内，充满了经常在动的火焰，放出使人惊心的有力的光芒。他爱好战斗，非到不得已时却不用武力。他非常谨慎，判断明确，深入了解细微的事实。对屈服与请求者，他采取宽宏的态度，信守诺言，他成为信任者的好朋友。阿提拉的身体较一般人高大，胸宽、头圆，有散乱而秀丽的胡须。鼻低而平，面色黝黑。"[1] 这两段记述和反映了当时觐见的情况，西方作家们至今仍歪曲阿提拉的形象，那是不够客观的。

九

448 年后，阿提拉转向西罗马进军。

经两个世纪的蛮族侵入及人民的暴动，西罗马帝国已至垂死阶段。汪达尔人由高卢侵入北非，形成独立的局面，断绝了意大利粮食的来源。高卢地区，由于巴高达暴动，长期陷入混乱状态，大部分地区为蛮族所占领。西罗马经济困难，仅有维持三万军队的能力，帝王瓦伦提尼安又软弱无能，面临困难，他束手无策。

451 年，阿提拉率领着精锐的骑兵，闯入高卢，直趋奥尔良城。在那里，遇到罗马将领埃西尤斯的抵抗。阿提拉率军回转，进至特洛瓦城附近，发生了会战。西方传统的史学家夸张罗马的胜利，但是事实上，胜负并未决定。次年，阿提拉安全撤退，转向意大利进攻，占领了米兰、巴维亚。在意大利获得重大战果后，由于瘟疫发生，放弃了进攻罗马的计划。453 年，可能因瘟疫关系，阿提拉去世了。

阿提拉的死对匈奴是不利的，国家随之分裂。在 454 年，长子埃拉克在与东哥特人的战斗中牺牲了。次子忽倪（Hernac）放弃西方领

---

[1] 自马来《中古史》，第 21、22 页译出。

地，退至伏尔加河故地。忽倪便是《魏书》粟特国中所说的"忽倪"，夏德在其《伏尔加河上的匈奴人与匈奴》中已有说明。

当476年西罗马帝国灭亡时，距阿提拉的死仅只二十二年，西方开始了封建的历史。匈奴人与阿兰人紧密结合，停居在顿河与多瑙河之间，不断地发展，形成了匈牙利与保加利亚，这对西方历史所起的作用是十分重大的。

当西罗马帝国快灭亡的时候，阶级斗争变得更为剧烈。奴隶们视蛮族为解放者。高卢作家沙尔维扬说："被压迫者到不得已时，逃到哥特人中受他们领导，这完全是对的。因为在蛮人中虽是奴隶却尚有自由，比在这里虽是自由，而实质上却是奴隶好得多！过去以高的代价取得罗马公民的资格，而今这个公民变成可怕的名称。"这正说明蛮族侵入的重要意义，奴隶制度必须结束。

匈奴不断地向西移动，促进了蛮族的大迁移，致使西罗马帝国灭亡，其意义十分重要。但是，意义更为重大的是西方奴隶制度的崩溃，奴隶与隶农联合反抗帝国的统治者，他们投到蛮族队伍中，变为农民，取得自由与独立，奴隶主们要想再维持富饶的大庄园是不可能了。蛮族的贵族成为封建领主初期的人物，他们利用广大农民，夺取了奴隶主们的土地与财产，推翻腐朽的西罗马帝国，出现了一个新的局面，这是令人十分鼓舞的，西方历史又向前迈进了一步。

十

欧洲5世纪的变化，使我们得到这样的认识：没有蛮族的入侵，只由于西罗马生产关系的矛盾，这个帝国也要灭亡的，只是不会这样迅速，不会采取这样的方式。没有匈奴人两次的西移，蛮族亦要移动的，但不会有那样的强力与那样的庞大。匈奴人所组织的国家，并不是野蛮的，也不是落后的，他们对畜牧事业的发展，在草原作战的经验，以及进步的马具，给西方人巨大的影响。当匈奴人与阿兰人结合后，坚守着顿河至多瑙河间的地区，使东方有暂时的安定，西方却因为民族大迁移，改变了欧洲的面貌。

这样，我们得到另一种认识：两汉对匈奴的防御战争发生了重大的作用。匈奴人的西迁不是偶然的。汉室与匈奴的长期斗争，使汉室执行"断匈奴右臂"的策略，匈奴中不愿放弃游牧生活者，便向西迁移引起中亚的变化。更由中亚向西发展，使西罗马帝国灭亡，加速奴隶制度的崩溃，这是应该特别重视的。

原载《学术通讯》1962年第2期。

拜占庭与中国的关系

一

自西汉通西域后，中国与拜占庭的往来，亦渐频繁，这是十分自然的。汉武帝初置酒泉郡以通西域，遣使至安息、奄蔡、黎轩等国。《后汉书·西域传》中说："商胡贩客，日款于塞下。"甘英曾"历安息，临西海以望大秦"[1]。甘英出使大秦，虽无结果，却说明班超的雄心壮志了。

在中国史籍中，拜占庭有不同的名称，称为黎轩、大秦与拂菻，这些名称的语意、范围及写法，东西学者众说纷纭，历来有许多不同的议论。最可靠而近乎史实的，还是岑仲勉先生所做的研究。他说："黎轩、大秦、拂菻任一类名称都无非'西方'、'西域'的意义，不过所指的地域，却因时、因人而广狭不同，又因杂采见闻，同一传记中亦有差异，不能执一相律。大抵最初常用于罗马，往后或专指东罗马，甚而东之叙利亚。如果胶柱鼓瑟，必至矫说难通。"[2]

从中国史籍中说，黎轩之名，始见于《史记·大宛列传》，"北有

---

[1] 《后汉书》卷88，列传78。
[2] 岑仲勉：《西突厥史料补阙及考证》，中华书局1958年版，第222—233页。

奄蔡，黎轩"之语。继后，大秦出现，《后汉书》说："大秦国一名犁鞬，以在海西，亦云海西国。"① 按照岑著："今梵文谓右（申言之为西）为 Daksina……黎轩者，西之音译也；海西者，西之义译也；大秦者，音译而兼取者也。"② 至于拂菻，即为于阗文 Hvaram 之对音，办为西与右之意，这样的译名，不只不为勉强，亦较为妥当，可谓善于释名者也。

汉时中国与大秦的交通有海陆两路，一自海上，"桓帝延熹九年，大秦王安敦尼遣使自日南徼外，献象牙、犀角、玳瑁"③。一自陆上，即西出玉门，至安息，复由安息，"绕海北行，出海西，至大秦"④，这说明海陆两路的交通，其真实性是不容置疑的。

东晋孝武帝太元二十年（395年），罗马帝国分裂，拜占庭渐次居领导地位。到北魏时，西罗马亦已灭亡。因之，魏以前称罗马帝国为大秦，魏以后称为拂菻，《旧唐书》记述时，开始便说："拂菻国一名大秦，在西海之上，东南与波斯接，地方万余里。"⑤《唐书》所记拂菻，较为详实，这说明拜占庭与中国的关系的密切。

二

自公元前8世纪，美加拉建立拜占庭后，这个城市由于位置关系，很快地成为亚欧两洲海陆交通的重镇，到中世纪时，君士坦丁堡已成为西方世界的中心。拜占庭与中国的关系是密切的，有许多资料散见在中国典籍之中。大秦初来者，多取道海上。后汉时，大秦王安敦尼的使臣，便是一例，来自日南徼外；三国时黄武五年（226年），大秦

---

① 《后汉书》卷88，列传78。
② 岑仲勉：《西突厥史料补阙及考证》，中华书局1958年版，第222、233页。
③ 《后汉书》卷88，列传78。
④ 《后汉书》卷88，列传78。
⑤ 《旧唐书》卷198，列传148。

商人秦论，取道交趾，觐见孙权①；晋武帝太康五年（284年），大秦国遣使来献，与林邑并举，自亦取道海上②。《洛阳伽蓝记》中说："西域远者，乃至大秦国，尽天地之西陲。"又说："与西域、大秦、安息、身毒诸国交通往来，或三方四方，浮海乘风，百日便至。"③

北魏时，中西交通频繁，对拜占庭的知识，亦较为深刻。北魏亡于550年，即优士丁尼的晚期；那时候，因为匈奴西侵的结果，推动西方蛮族的移动，以致西罗马灭亡（476年），而拜占庭亦向匈奴纳贡称臣，自412年至450年曾委曲求全，始保其独立。优士丁尼胸怀壮志，力图恢复古罗马帝国，他的方向虽然是错误的，但当时却出现了一度的繁荣。

当拜占庭经济繁荣的时候，自中国与印度输入的奢侈品，如丝绸、香料、宝石等，常受波斯的控制，给拜占庭带来许多困难。优士丁尼是个有作为的人，常思摆脱这种处境。他想另觅出海口，从红海东北岸上爱里出发，入红海，沿非洲东岸阿杜里斯，入印度洋，直趋东方。但是，那时海上交通实力，仍受波斯控制，非洲各国无法与之竞争，拜占庭海上发展的意图无法实现。其次由黑海向北发展。占领刻赤，与匈奴人相联系。由此至里海，复向东行，避开波斯，至康居地带，经葱岭，入中国，这条道路便是有名的丝路。

《魏书》论到大秦时说："其土宜五谷桑麻，人务蚕田。"④种桑育蚕的大事，是在优士丁尼时代开始的。前此，罗马既不知丝的制法，也不知丝为蚕所吐出，拜占庭史学家左纳拉斯说明了这种无知的状态⑤。关于蚕丝传入拜占庭方式，有谓传自印度僧人，如普罗柯朴所记；有谓得自波斯人，如狄奥芳纳所述。不论所述如何不同，按当时实际情况，拜占庭力图建立养蚕事业，摆脱波斯人的垄断，是长久以

---

① 《南史》卷78，中天竺国。
② 《晋书》卷3并卷97，四夷内大秦国。
③ 《洛阳伽蓝记》卷4。
④ 《魏书》卷102，列传90。
⑤ 左纳拉斯（Zonaras）系拜占庭12世纪编年家，著有《世界史》，止于1118年。

来的努力。就现存的史料中，530年，拜占庭与阿克苏谈判，要求从海上购买中国生丝，发展丝织品，借此与波斯竞争。君士坦丁堡、地尔等城有丝织厂，为了保护新兴工业，拜占庭规定生丝价格，实行统购统销，因而丝织物的原料，部分得到解决。到568年，突厥使臣曼尼阿黑至拜占庭，优士丁尼向他夸耀养蚕事业的发展。尽管如此，大部分生丝来源，仍须经波斯人之手，为了商业利益，拜占庭与突厥联盟，订立友好条约，共同向波斯进攻，已成不可避免的事实。自571年起，拜占庭波斯遂发生了二十年长的战争①。

三

隋唐盛世，中国为世界上强大的国家，经济文化都有独特的发展，对中西交通起了积极的作用。《洛阳伽蓝记》说："西夷表附者，处崦嵫馆，赐宅慕义里，自葱岭已西至于大秦，百国千城莫不款附，商胡贩客，日奔塞下，所谓尽天地之区已，乐中国土风而宅者，不可胜数，是以附之民万有余家，门巷修整，阊阖填列，青槐荫柏，绿柳垂庭，天下难得之货，咸悉在焉。"② 在这样盛况下，中国与拜占庭的关系，当然较前更为密切。

根据《唐书》及《册府元龟》所记，自贞观十七年（642年）至天宝元年（742年）百年之间，拜占庭派遣使臣来华有七次，"来献上京"③。那时候，拜占庭不是东罗马帝国，实质上是一个希腊的国家，版图虽小，小农经济、纺织业与航海业却相当发展，社会相当的稳定。华西里二世时，"拜占庭是欧洲最强大的海上国家……"④ 金线织成的五色丝绒、猩红呢（海西布），驰誉世界，帖撒罗呢加、底彼斯与科林

---

① 沙畹：《西突厥史料》，冯承钧译，第166—175页。
② 《洛阳伽蓝记》卷3。
③ 语见大秦景教碑文。七次遣使为：贞观十七年（643年），乾封二年（667年），大足元年（701年），景云二年（711年），开元七年（719年）两次，天宝元年（742年）。
④ 《马克思编年札记》中语，为列夫臣柯所引用，见列氏所著《拜占庭简史》译本第197页。

斯等处是纺织业的中心。《通典》记大秦时说："又常利得中国缣素，解以为胡绫绀纹，数与安息诸胡交市于海中。"①佩特里的丝织物，受政府监督，抽税百分之十，海上高利贷为百分之十六。拜占庭经济虽然繁荣，剥削也够苛刻。兹举一例，9世纪时，伯罗奔尼撒丝厂女主人达尼丽达死后，释放了三千奴隶工人。②

《旧唐书》与《新唐书》所述拂菻情况，大致相同，亦较为准确。杜环《经行记》最为概括："拂菻国在苫国西，隔山数千里，亦曰大秦，其人颜色红白，男子悉着素衣，妇女皆服珠锦，好饮酒，尚干饼，多淫巧，善织络，或有俘在诸国，死守不改乡风。琉璃妙者，天下莫此，王城方八十里，四面境土各数千里，胜兵约有百万，常与大食相御。西枕西海南枕南海，北接可萨突厥。"《经行记》对拂菻记述，文虽短简，却正确地说明拜占庭8世纪的情况。③

这里，有几件事须加以说明。

1. "贞观十七年，拂菻王波多力遣使献赤玻璃、绿金、水精等物，太宗降玺书答慰，赐以绫绮焉。"④关于波多力，众说纷纭，当以叙利亚总主教"Patrich"衔号为是，与景教来华的传播相吻合。⑤

2. "自大食强盛，渐凌诸国，乃遣大将军摩栧伐其都城，因约为和好，请每岁输之金帛，遂臣属大食焉。"⑥按，摩栧即"Muawiya"（661—680年）的译音。摩栧初为叙利亚总督，谋征服拜占庭，建立海军，于649年，取塞浦路斯岛。673年，以庞大舰队向君士坦丁堡进攻。拜占庭掌握更高军事技术，利用爆炸性的希腊火，击退摩栧，阿拉伯损失惨重，被迫签30年和约，并向拜占庭承纳贡的义务。《旧唐书》所记却正相反，不合史实，这是应该修正的。

---

① 《通典》卷193。
② 列夫臣柯：《拜占庭简史》，译本，第171页。
③ 《通典》卷193。
④ 《旧唐书》卷198。
⑤ 岑仲勉：《西突厥史料补阙及考证》，第232页。
⑥ 《旧唐书》卷198。

3. 天宝六年（747年）高仙芝平定小勃律后，"于是拂菻大食诸胡七十二国皆震恐，咸归附"①。拂菻降唐的说法是不正确的，高仙芝征小勃律时，拜占庭为君士坦丁五世（741—775年）所统治，他厉行改革，执行毁象政策，反僧侣与贵族的统治，加强中央集权。大食亦未依附。天宝十年，高仙芝为大食败于怛逻斯的事实，已否定了依附的说法。《经行记》中所言苫国，并非如张星烺所言为卓支亚之首音②，应为大食人所称之叙利亚，即"Scham"之译音。③

四

两汉时候，大秦人东来，首先传入中土的为幻术。当张骞第三次返国时，犛（黎）轩眩人同来献技，其人能"吞刀、吐火、植瓜、种树、屠人、截马"④，自此魔术岁增，杂技益兴。东汉安帝时，掸国王雍由调遣使，"献乐及幻人，能变化吐火，自支解，易牛马头，又善跳丸，数乃至千。自言我海西人也，海西即大秦也。"⑤《魏略》也说大秦"俗多奇幻，口中出火，自缚自解，跳十二丸，巧妙……"⑥这些资料都说明大秦幻术的惊人。唐时中西交通频繁，使节往来络绎不绝。大秦幻术仍保持很高的水准，《通典》大秦条中说："有幻人能额上为炎烬，手中作江湖，举足而珠玉自堕，开口即幡眊乱出。"⑦大秦幻术的表演，留于石刻画像尚多，如山东嘉祥刘村洪福院的画像石刻，上层有吐火施鞭图⑧，虽为汉时作品，却可看出当时吐火的情况。

另一件重大的事实是拜占庭的景教传入中国。景教为聂思脱里创

---

① 《新唐书》卷221下。
② 张星烺：《中西交通史料汇编》，第三册，第49页。
③ 《诸蕃志》，第141页。
④ 《汉书卷》卷61，《张骞传》。
⑤ 《后汉书》卷76，《西南夷传》。
⑥ 《三国志·魏志》卷30。
⑦ 《通典》卷193。
⑧ 陈竺同：《两汉和西域等地的经济文化交流》，第39、40页。

立，反对基督教的"三位一体"及"人神合一"的理论。他提倡亚里士多德的学说，又反对柏拉图的唯心论推崇理性，在叙利亚起了积极的作用。431年，在埃弗斯的宗教会议上，聂思脱里的理论被判为异端，受到谴责，并将聂氏逐放于埃及的荒原。但是，聂氏的理论受中间阶层欢迎，在叙利亚广泛地传播着。当柴农即位后（474年），走上复古的道路，卫护大地主的利益，仇视聂派宗教。于489年予以残酷地镇压。聂派信徒不能在叙利亚停留，逃至波斯。又由波斯向东方发展，于贞观九年（635年），叙利亚人阿罗本，"远将经象，来献上京"①。贞观十二年，敕令将长安义宁坊的波斯寺改为大秦寺。②度僧二十一人，阿罗本受封为镇国大法主。

聂派宗教传入中土后，改称景教。其原因，钱念劬在《归潜记》中说："入中国后，不能不定一名称，而西文原音弗谐于口，乃取《新约》光照之义，命名曰景，景又训大，与喀朵利克原义亦合，可谓善于定名。"

明天启三年（1623年），长安西部土地中掘得"大秦景教流行中国碑"，碑立于建中二年（781年），文词富丽，字体端庄，碑下面及左右两边，刻叙利亚人名，为大秦寺僧景净述，台州司士参军吕秀岩书。景教受唐高宗与肃宗的重视，建立景寺，有相当的发展。如碑文所言："法流十道，国富元休，寺满百城，家般景福。"房玄龄曾迎接阿罗本于西郊，郭子仪与景教僧伊斯友善。③李白的《上云乐》，亦为描述景教的作品，如"能胡歌，献汉酒，跪双膝，立两肘，散花指天举素手"，这是形容景教的祷祝。

景教碑出现后，清儒十分珍视。钱大昕《潜研堂金石文跋尾》，杭世骏的《道古堂集》，王昶的《金石萃编》，毕沅的《关中金石记》等都有专论，西人之介绍者亦复不少，最早有阳玛诺的《唐景教碑颂

---

① 《大秦景教流行中国碑颂并序》。
② 宋敏求：《长安志》卷10。
③ 伊斯为Dsaac。

正诠》，较为完备的，有夏鸣雷的《西安府景教碑考》。景教碑初出土后，歧阳张赓虞摄一幅，寄李之藻，天启五年四月，李之藻作《景教碑书后》。

德礼贤论及景教来华，指出当时僧人所带经典有五百三十部，译为汉文者有三十五部。① 最早译品为《移鼠迷诗诃经》，约贞观九年至十二年译成，讲耶稣一生事迹。次为《一神论》，系一部神学著作。约贞观十六年译成，尚有《三威蒙度赞》，现藏巴黎。又有《志玄安乐经》，《宣元至本经》约在8世纪末叶，为大秦僧景净所译。② 景净为碑文的撰述者，系主教，但文字必出于华人之手。

当景教碑出土消息传至欧洲后，腓特烈二世及罗南等，多持怀疑的态度，现由敦煌发现的经典，与碑文所记完全符合，这便证实了景教碑的真实性。1905年，丹麦人何尔谟（Holm）拟以三千两银购此碑，运往伦敦，清廷闻之，急电陕抚阻止，经多方交涉，始得阻止，陕抚乃将此碑移入碑林。③ 这可看出帝国主义劫掠文物是多么的可憎，西方伪装的文化人又多么可鄙！

会昌五年（845年），武宗受赵归真影响，禁止外来宗教的传播，"敕大秦，穆护、祆二千余人还俗，不杂中华之风"。④ 继后宣宗虽有弛禁的意图，可是僖宗乾符五年（878年），黄巢起义，予外来剥削者以有力的打击，此后景教便绝灭了。

五

拜占庭与中国的关系，随着商人、僧侣与使节的往来，其奇珍物品流入中土者，亦复不少。历代史籍与笔记多有记述，张星烺《中西

---

① 德礼贤：《中国天主教传教史》。
② 岑仲勉：《隋唐史》，第309页。
③ 齐思和：《中国和拜占庭帝国的关系》，以何尔谟为美国人，移美国，不知所据。我根据岑著《隋唐史》（第269页）所引足立喜六的《长安史迹考》，第191页。
④ 《旧唐书》卷18上。

交通史料汇篇》中辑《本草纲目》、《酉阳杂俎》、《南方草木状》等书，有三十余种，[1] 这些物品有产自大秦者，有的商人加工或贩运者，都说明了物质的交流，往来关系的密切。兹择其要者列如次。

玻璃：《玄中记》云："大秦国有五色玻璃，以红色为贵。"

琉璃：《魏略》云："大秦出金银琉璃。"《晋书·四夷传》中，大秦国"琉璃为墙壁"。

采玉：《太平御览》云"大秦出采玉。"

金钢：《玄中记》云："大秦国出金钢，一名削玉刀。"

珊瑚：《太平御览》："珊瑚出大秦四海中，生水中石上。"

水银：陈霆《墨谈》："拂菻当日没之处，地有水银海，周围四五十里，国人取之……"

车渠：《魏略》说："大秦出车渠，车渠次玉也。"

郁金香：陈藏器曰："生大秦国，二月三月有花，状如红兰。四月五月采花即香也。"

迷迭香：《魏略》云："出大秦国。"

兜纳香：《魏略》云："出大秦国，草类也。"

无风独摇草：李珣曰："生大秦国。"

蜜香：《晋书》云："太康五年，大秦国献蜜香树。"

熏陆香：按《南方异物志》"熏陆出大秦国"。

木香：宏景曰："今皆从外国舶上来，乃云出大秦国。"

阿勃勒：陈藏器曰："生拂菻国，状似皂荚而园长，味甘吃。"

蜜只：出拂菻国，苗长三四尺，根大如鸭卵，叶似蒜叶。李时珍以此为水仙。

野悉蜜：出拂菻国，亦出波斯国。苗长七八尺，叶似梅叶。四时敷荣，其花五出，白色，不结子，花若开时，遍野皆香。

笪簜竹：《南方草木状》说，笪簜竹皮薄而空，多大者，径不过

---

[1] 张星烺：《中西交通史料汇编》，第一册，第130—141页。

二寸，皮粗涩。

琥珀：《太平御览》卷八百八，"大秦国多琥珀。琥珀多产于皮罗得海边岸，拜占庭贩运至东方"。

海西布：《新唐书·拂菻传》说，"织水羊毛为布曰海西布"。

夜光珠：《魏略》曰，"大秦国出夜光珠"。

拜占庭输入中国的东西，多系奢侈品。其生产价值并不大，只供欣赏，市利百倍。但是却说明封建时代的交通困难下，我国典籍中有此丰富的记述，也说明交通的频繁了。

六

11世纪的后半期，拜占庭处于封建争夺，长期混乱的时代。在24年间（1057—1081年），有五个帝王的统治。《宋史·神宗纪》元丰四年（1081年），有"拂菻国来贡"之语。① 而在拂菻国传中．却说拂菻国"历代未尝朝贡，元丰四年十月。其王灭力伊灵恺撒，始遣大首领你厮都令厮孟判，来献鞍马、刀、剑、真珠，言其国地甚寒，土屋无瓦"。② 关于《宋史》所记拂菻的事实，张星烺以"历代未朝贡"③语，肯定《宋史》是错误的；《明史》怀疑《宋史》中拂菻非古代的大秦，齐思和以"此说颇有可能"④。我们觉着这两种说法，仍须进一步研究。

宋朝与拜占庭的关系，就一般来说处于停滞的阶段。但《宋史》所记，却是真实的。赛尔柱克人兴起后，自中亚北部向西方发展，于1071年在曼吉克特（在梵湖北）击败拜占庭军队，并俘获拜占庭帝王罗曼四世。随着向小亚细亚发展，占领许多主要城市，如尼塞亚。土

---

① 《宋史》卷16。
② 《宋史》卷49。
③ 张星烺：《中西交通史料汇编》，第一册，第224页。
④ 齐思和：《中国和拜占庭帝国的关系》，第17页。

耳其人深入小亚细亚腹地，支持尼基福夺取拜占庭的政权，曾统治了三年（1078—1081年），也便是这个时候，土耳其占领尼塞亚城，[①]派遣使臣来中国。

由是，我们认为《宋史》所言的拂菻是拜占庭，并非其他国家。灭力伊灵恺撒，当如夏德的解释，为塞尔柱克突厥副王之号（Melek-i-Rum）[②]。自284年后，戴克礼先执行四人制，帝王称奥古斯都，副王称恺撒。"恺撒"为副王的解释是合乎当时的习惯。"你厮都令厮孟判"并不是一个人的专名字，可能是"尼塞亚城司令厮孟判"。厮孟判名前冠以职衔，你厮为"Nicaea"的译音。厮孟判拟为塞尔柱克人，所言"国地甚寒，土屋无瓦"。当指塞尔柱克人原居地，在咸海东北境。宋朝对拜占庭的认识是贫乏的，如周去非的《岭外代答》卷三中的大秦条，赵汝适的《诸蕃志》卷上的大秦国，都反映出这种情况。事实上，拜占庭已至十字军时代，国力衰弱，处于维持的状态中。《宋史》卷十七《哲宗纪》中，元祐六年（1091年）庚子，拂菻国来贡，大约与十年前相同，并无特殊意义了。元亡的时候，拂菻商人捏古伦旅居中国。洪武四年（1371年）明太祖召见，赐予敕书，其国入贡，后不复至[③]。其时，约翰五世（1341—1376年）与其共治者坎塔丘济那斗争，拜占庭正处于混乱的时代。塞尔柱克人又积极进攻，占领色雷斯。拜占庭最后70年的历史，已至残喘的境地，仅具地方的意义了。终于到景泰三年（1452年），拜占庭为土耳其灭亡了，由此也结束拜占庭与中国的关系。

本文系作者生前未刊稿。后收入《阎宗临史学文集》，
山西古籍出版社，1998年。

[①] 列夫臣柯：《拜占庭简史》，译本，第264页。
[②] 夏德所言，为张星烺《中西交通史料汇篇》第一册第224页注三中引述。
[③] 《明史》卷326。

关于巴克特里亚古代的历史

一

中亚细亚为亚洲大陆的中心，系古代游牧民族集聚与转移的地带，对世界古代史起着重要的作用。中亚细亚古代的历史是十分复杂的，涉及许多民族、经济、语言、宗教等问题，至今并未得到系统的解决。近百年来，经考古学者的发掘、语言学者及史学家的努力，证明了中亚古代的历史与中国新疆及伊朗有密切的联系。

在古代，由中国新疆至伊朗有两种不同的经济类型。在草原地区内，畜牧经济得到发展，牧民经常过着流动的生活。在绿洲地区内，农业经济得到发展，居民过着定居的生活。但是，中亚居民的生活，常受东西两方实力的影响，如果游牧民族移动，遇到绿洲地区实力强大，即游牧者变为定居。反之，如果游牧者夺取绿洲政权，即定居者可能转为游牧。因此中亚的历史，常使人感到变化无常，给人一种混乱的印象。

根据前面的理解，我们试取巴克特里亚为例，予以一种说明。巴克特里亚居中亚细亚的南部，为中国、波斯及印度等文化汇集交流的地区，对世界古代史有着重要的意义。

二

巴克特里亚古代的历史，可以上溯到公元前 13 世纪。当亚述兴起后，向东扩张，侵袭米底居民。巴克特里亚协助米底反抗亚述，结果失败了，被亚述所征服。从亚述史中所得到的这点叙述，只能说明巴克特里亚的历史是古老的。

巴克特里亚人居于阿姆河上游，即今之阿富汗北部与帕米尔山地。其最初的居民是斯基泰人。罗马史学家庞培·特洛克说："巴克特里亚人是以斯基泰人为基础的。"斯基泰人为中国史中所称的塞人，亦则波斯石刻中所称的 Sakas，系中亚东北部不同游牧部族的总称。

较早提到巴克特里亚的典籍是火祆教的《阿维斯陀》，称巴克特里亚为"巴克底姆"。据传说，当马兹达（Ahura Mazda）创立了四大名城，伊朗、粟特、木鹿及巴克底姆，而形容第四个城说："巴克底姆是美丽的，旌旗高升。"[①] 法国学者哈尔来池注释此语时，以为旌旗高升，是指"首长所居的城市"。但是，巴克底姆建于何时，却没有准确的说明。在《阿维斯陀》的第二章中，论到波斯的十六个城市时，没有提到埃克巴登（Ecbatana），而埃克巴登证实建于公元前708年[②]，这样推断，巴克底姆的建立，必早于公元前 8 世纪了。

为何其词根为"巴尔克"（Balkh）？关于此，米尔孔（Mirkhond）叙述了它的字源：巴尔克城主凯玛尔（Kaiomafs）的长兄住在西方，兄弟相别甚久。其兄远道来访，至德玛温，不见其弟，得知其在东方建立新城，便向之而去。凯玛尔见有人自西来，疑是敌人来攻，率其部队，其子相随前往，及至相近时，始知来者为长兄，凯玛尔向其子说：Bal-Akh! 意为"切实是我兄"，因此城命名为 Balkh。这个传说，不在乎说明巴尔克，即巴克底姆的字源，而在说明这个城市的性质，居于东西经济与文化交流的中心，时刻处于警惕的地位。

---

① *Zend-Avesta*, Vendidad 1.7.
② Herodotus：《历史》，Ⅰ，98。

三

约在公元前 1000 年后，巴克特里亚居民的生活已至定居的阶段，开始了农村公社，个体家庭成为经济的单位，但是财产的发展是不平衡的。由于财产的集中，战争已变成获得财产的手段。根据希罗多德描述斯基泰部落，"头戴结实与直挺的尖顶毡帽，穿着裤子，持有本地的弓、短剑与特种斧头"[1]。

巴克特里亚历史创立时，常受波斯的影响。在亚奇麦尼德时代，公元前 545 至公元前 539 年间，居鲁士向东方进军，侵占巴克特里亚，列为波斯的一省。段成式在《酉阳杂俎》中论到"缚底野"城时说系"古波斯王乌瑟多习之所筑也"[2]。缚底野为 Bactria 的译音，乌瑟多习（Vishtaspa）为波斯帝王大流士之父，曾任巴克特里亚的省长。波斯省区表中，有巴克特里亚之名，属于第十七省。当波斯与希腊战争时，在薛西斯军中，有巴克特里亚人参加作战。这说明巴克特里亚在公元前 5 至前 4 世纪时，成为波斯帝国重要的一部分。1936 至 1941 年间，考古学者在喀布尔城北六十公里处，发掘贝克拉姆（Begram）古城，得到很丰富的成果。城为南北长方形，有城墙，每隔十七米有瞭望楼，城墙前有两道水沟，城内街道为十字形，将城分为四部分，反映出繁荣富强的景象。这所古城建筑约在 4 世纪时，贵霜王朝衰落后，不知何故被废弃了。

巴克特里亚地区广阔，灌溉较为发达，种植葡萄及各种植物。手工艺有很高的水平，根据苏联学者的研究，属于公元前 4 至前 2 世纪的"阿姆河宝库"，有金制的马车，银制的雕像，其衣服与武器也是十分细致的[3]。巴克特里亚与中国新疆及俄南部诸民族往来很密切，不只繁荣了自身的经济与文化，更重要的是互相协助，抗拒外来的侵略。

---

[1] Herodotus：《历史》，Ⅶ，64。
[2] 段成式：《酉阳杂俎》卷 14。
[3] 《古代中亚史略》，见《世界古代史通讯》，东北师范大学 1957 年版，第 26 页。

当波斯楔形文字改革后，形成四十个字母，在亚奇麦尼德时代，发展成中亚的各种文字，如粟特文及维吾尔文等。这说明波斯与巴克特里亚等民族的文化关系是很深的。

四

当公元前4世纪的后半叶，巴克特里亚局势发生很大的变化。马其顿兴起后，亚历山大向东方侵略，征服波斯，巴克特里亚受到严重的威胁。为了抵抗希腊，公元前330年，巴克特里亚总督贝索斯宣布独立，称亚尔达·薛西斯四世。这种正义而勇敢的行动，得到东北部斯基泰人的支持。不屈服于希腊人统治的波斯人，亦乘机反抗亚历山大，以鼓舞贝索斯的斗志。亚历山大了解到情势的严峻，被迫撤军，推迟了向巴克特里亚的进军。这年秋天，亚历山大镇压波斯起义的人民，安定了后方，然后越过兴都库什山，从南部包围巴克特里亚，借以孤立贝索斯，使之得不到从南方来的援助。

贝索斯既知所处的困境，也知马其顿强大的实力，他采取坚壁清野的策略，争取北部游牧民族粟特人的支持。希腊包围巴克特里亚，逐步缩小范围，断绝外部的援助。为了长期斗争，贝索斯被迫放弃巴尔克，退于阿姆河北岸，采取机动战术与希腊人决斗。撤退的时候，破坏了道路，焚毁了车辆、船舶与粮食。

亚历山大占领巴克特里亚，率军队北上，渡阿姆河。贝索斯被叛徒出卖，成为希腊的俘虏。古希腊史学家阿利安说："亚历山大鞭答贝索斯，送他到巴克特里亚，并在那里把他处死了。"[①] 贝索斯之死，激起中亚居民的抗议，亚历山大苦战两年多，始平定。但是，这种安定是不稳固的。随着亚历山大的逝世（前323年），他的部将们发生剧烈的混战，到公元前312年，塞琉古（Seleucus）成为东方的主人，巴

---

① Arien：《亚历山大远征记》，Ⅲ，30。

克特里亚受其统治。从此，巴克特里亚受到希腊的影响。

五

公元前3世纪中叶，巴克特里亚人反塞琉古的统治达到高潮。安提奥克二世（前261—前246年）治理时期，巴克特里亚总督狄奥多杜斯（Theodotus）利用希腊人的身份，联合军队与当地的贵族，于公元前250年发动政变，宣布独立，脱离塞琉古的统治。这个希腊化的国家有广阔的领土，却是很不稳定的。这便是我国史籍中所称的大夏。

为了巩固西部的边界，狄奥多杜斯与塞琉古二世联合，反对安息的扩张。安息王亚尔萨克（Arsakez）战死后，底里达特（前248—前214年）继位，鉴于所处的困境，采取闭关自守政策，稳定山区，争取和平。公元前230年时，狄奥多杜斯去世，其子狄奥多杜斯二世继位，改变传统政策，与安息交好，放弃塞琉古的联盟。这种变更是十分明智的，因为安息亡后，巴克特里亚必然遭受塞琉古的袭击。不仅只此，更重要的是这种变化，说明巴克特里亚脱离希腊，转入伊朗系统。

公元前3世纪末年，巴克特里亚内部又发生斗争，欧提德姆利用粟特人的实力，推翻狄奥多杜斯二世，夺取巴克特里亚的政权。便在此时，安提奥古三世（前223—前187年）即位，图谋恢复塞琉古旧日的光荣，向东方进攻，收复失地。公元前209年，占领米底的埃克巴登城，安息被迫讲和。次年即向巴克特里亚进军，击溃巴克特里亚的骑兵。公元前207年，围攻首都巴尔克，欧提德姆组织保卫工作进行英勇战斗。公元前206年，安提奥古三世被迫签订和约。双方所以能实现和平的原因，根据波里彼优斯的记述："国境上有威胁双方的牧人与军队，倘若越境，国家必被征服。"[①]欧提德姆虽赔款并给纳粮食，

---

① Polyhius：《通史》，XI，34。

但是巴克特里亚却保持了独立。欧提德姆掌握现实，娶塞琉古的公主，向南方发展，取高附地区，巴克特里亚又到了富强的时候。

欧提德姆去世后，其子德麦特里（Demetrius，前189—前167年）继位，向印度发动进攻，深入南部。约于公元前175年，其留守部将欧克拉提德斯（Eueratides）宣布独立。以其实力强大，巴克特里亚遂分为两个国家。这种分裂标志了巴克特里亚的衰弱，也激起安息东侵的野心。安息国王米特拉达梯一世（前171—前138年），东侵取木鹿及哈烈（Herat），巴克特里亚受到安息的威胁。公元前155年，欧克拉提德斯又为其子希里克来（Heliokles）推翻，巴克特里亚陷入混乱局面，分裂为许多小国。所以《史记》说到大夏，即巴克特里亚，"无大王长，往往城邑置小长"①，这是十分正确的。约在公元前150年，巴克特里亚北部居民，粟特人及自东方移入的大月氏人联合起来，推翻了马其顿的统治，北部巴克特里亚得到解放，这是应该特别重视的。

六

巴克特里亚受希腊影响的时期，由于史料的缺乏，很难有准确的叙述。虽然奴隶制得到发展，但是农村公社仍有强烈的影响。这是游牧与定居衔接的地区，产良马，多水果②，手工业非常发达，商业亦很繁荣。

希腊的统治者与当地贵族勾结，欺压劳动人民。城市里，他们建有豪华的馆邸，装饰着艺术作品。市民的住宅却非常简朴，多数为石头修建，涂以泥皮。西方学者过分强调希腊的影响，忽视了地方的彩色。公元前2世纪时，巴克特里亚的艺术，无疑受到希腊的影响，但是却没有受到希腊的束缚，其实质是中亚细亚的。这可以说明：一是现在保存的许多金银器皿，其图案多为当地猎狩形象和地方风格；二

---

① 《史记》卷122。
② 《史记》卷122。

是货币上虽印有阿波罗等神像，希腊宗教并未得到传播，相反的，马其顿却受到火袄教的影响。

七

巴克特里亚的古史是错综复杂的。《史记》记述了巴克特里亚，即大夏，文虽简略，却是张骞亲身的观察，是世界史上最可宝贵的资料。约于公元前128年，张骞至中亚细亚，会见大月氏王于呾密（Termid）。他说大月氏"居妫水之北，其南即大夏"[1]，这说明巴克特里亚尚为一个独立的国家。

张骞称巴克特里亚为大夏，我觉得不是偶然的。西方学者关于巴克特里亚的研究，给张骞称大夏的原因，作了种种假设。圣马丁以大夏为"Dahae"的对音，可是"Dahae"人居于里海之滨，于张骞西去之前，并未有向巴克特里亚移民的遗迹[2]。何伦（Holoun）以大夏为"大的夏"，由中国夏朝而得名，这显然是不合实际的。[3] 但是，《史记·大宛传》说到月氏时，"乃远去过宛，西击大夏而臣之"。《汉书·张骞传》也说："大月氏复西走，徙大夏。"这些资料说明巴克特里亚称为大夏的原因，须另作解释。

由于我国西北部诸民族的古史，尚未进行深入研究，并做出较有系统的解释，以致对中亚古代的历史，有种种不同的看法。远古中亚民族的特征，并没有确切的记述，但是考古学者证实：自新石器时代起，中亚各部落与中国新疆、西伯利亚、乌拉尔、伊朗及印度有着文化与历史的联系。约自公元前1000年后，由于生产的发展，在草原地带，形成了畜牧经济；在绿洲地区，形成了农业经济。因此，经济发展与交换，人口的增长，促成了民族的移动。移动不是偶然的，有客

---

[1] 《史记》卷122。
[2] St Martin, *Memoires Sur Les Huns Blancs*, Ⅲ, 39.
[3] Holoun, *Tahia in den chinesischeln von 126 B. C.*.

观的因素，是在公社解体的过程中，有了历史条件的准备，只要便于获得生活资料，就进行移动。所以民族移动的原因，要从经济条件与历史发展中寻找。

当公元前 3 世纪时，中国西北部出现了强大的匈奴帝国，标志着西北部游牧部落深刻的变化，此种变化是与经济发展分不开的。春秋战国时期，我国西北部民族的活动，不只对中国古代史发生了剧烈的影响，对中亚历史的演变也是十分重要的。即是说中国与中亚古代的历史，同受西北民族活动的影响。为此，我们认为张骞所称巴克特里亚为"大夏"的原因，系吐火罗部族西移的结果。大夏为吐火罗的译音。《新唐书·吐火罗传》中说："大月氏为乌孙所夺，西过大宛，击大夏臣之，治蓝氏城。大夏即吐火罗也。"[1]

八

秦汉之前，自甘肃至伊朗一带，地区辽阔，地形复杂，居住着许多不同的部族，随着经济与政治的发展，其交往是频繁的。根据荣祥先生渊博的考证，中国西北部古代的民族，概括为赤狄与白狄两种。"赤狄包括中国西北方的许多民族或部族，白狄包括中国正北方的许多民族或部族。"[2] 大夏系我国西北重要部族之一，在我国古籍中曾多次出现。至于吐火罗名称，最初见于《魏书》，这个名称的出现比大夏晚得多了。

远在周成王的时候，"大会诸侯于成周，大夏入贡"[3]，这说明大夏与周室是有关系的。《逸周书·王会解》提及"禺氏騊駼，大夏兹白牛，犬戎文马"。孔晁注《逸周书》，以大夏为西北之戎。西北戎一词，概念虽不很精确，却说明大夏是古老的。大夏同禺氏及犬戎并举，犬

---

[1] 《新唐书》卷 221 下。
[2] 荣祥：《蒙古民族起源问题浅探提纲》，第 20 页。
[3] 《图书集成·边裔典》，四七。

戎曾侵袭周室，禺氏居于敦煌祁连之间，说明大夏居于西北地区。《史记·封禅书》说，桓公"西伐大夏，涉流沙"，由此可见远古的时候，大夏在甘肃一带，过着游牧的生活。《汉书·地理志》指出陇西有"大夏县"，即兰州府河州地。既以为县名，这不但说明大夏所居过的地带，而且说明大夏在西北的重要性。

关于大夏西移的资料，我国古籍中虽不多见，却也有些线索。《穆天子传》称："自阳纡西至西夏氏二千又五百里。"郭璞注此："昔者西夏性仁非兵，城郭不修，武士无位，唐氏伐之，西夏以亡。"不论古地名阳纡有多少解释，总在今之陕西境内。按照郭璞的注释，大夏有城郭，这说明大夏有过一段定居的生活。可能受外族的压力，大夏被迫向西移动。《吕氏春秋·古乐篇》中，提及伶伦作律，"自大夏之西，乃之昆仑之阴，取竹于嶰溪之谷"。王国维解此："大夏当在流沙之内，昆仑之东，较周初王会时已稍西徙。"[①]

根据前两段的记述，虽未明确指出大夏西移的地点，但从玄奘记述吐火罗的资料，可看出大夏由甘肃移至于阗一带。玄奘叙述瞿萨旦那（kusatana，古称于阗，今称和阗）说："从此东行，入大流沙。……行四百余里，至睹货逻故国，国久空旷，城皆荒芜。"[②]玄奘所称之睹货逻即古之大夏。法郎克论到大夏说："远在公元前 12 世纪时，古代的 Tocnari 人，居于甘肃西北部及戈壁沙漠之南部。"[③]这种认识是符合中国古籍的记述的。

九

大夏人进据巴克特里亚是在大月氏移入以前发生的。当大月氏自

---

① 王国维：《观堂集林》卷 13。
② 《大唐西域记》卷 12。
③ 麦高文：《中亚古国史》，第 271 页引用。

敦煌祁连间移至乌孙，复由乌孙"过大宛，西击大夏而臣之"①，这说明大夏的移入是早于大月氏的。

巴克特里亚东北部的游牧民族，是经常流动的。《山海经》证实了大夏的西移，"国在流沙外者大夏、坚沙、居繇、月支之国"②。郭璞解释："大夏国城方二三百里，分为数十国，地和温，宜五谷。"因在流沙之外，就自然情况言，是指巴克特里亚。王国维以其与秦汉间故事不符合，系出自汉通西域后之附益，这样的理解似乎是不妥当的。因为大夏不是固定的国家专名，而是西北游牧部族之一，也如匈奴与乌孙等，随着环境的变化，经常由定居转为游牧，复由游牧转为定居的。

灭亡希腊人所建立的巴克特里亚王国，据斯特拉波（Strabo）在《地理志》中的记载为斯基泰人。其间包括四部分，即 Asu、Pasiani、Tokhari 及 Sakaruli。关于 Asu 及 Pasiani，近人有很多的推测及比附，并未有明确的解释。但是，关于 Sakanli 拟为 Saka，即我国古史中所称之塞种；关于 Tokhari 即汉籍中所称的吐火罗。由此可知中国古籍中所称之塞种，包括的成分很多，而吐火罗为其中之较强者。

公元前 1 世纪中叶，新疆北部民族是动荡的。大月氏向伊犁移动，原居的塞种人被迫向西南迁移。所以《汉书》说："西击塞王，塞王南走远徙，月氏居其地"③。继后乌孙王昆莫得匈奴之助，进击大月氏，故"大月氏西徙臣大夏，而乌孙昆莫居之，故乌孙氏有塞种，大月氏种云"④。公元前 174 年左右，大月氏移入伊犁，则大夏侵入巴克特里亚，当在公元前 170 年前后。乌孙进击月氏在公元前 160 年之后，即月氏移入妫水，当在公元前 150 年左右了。以故大夏与大月氏不能混而为一，它们在中亚并存了相当的时间。当张骞于公元前 128 年至中亚，经实地视察，返国后叙述当时的情况：

---

① 《汉书》卷 96 上。
② 《山海经》，第十三。
③ 《汉书》卷 61。
④ 《汉书》卷 96 下。

>　　大月氏在大宛西可二三千里，居妫水北。其南则大夏，西则安息，北则康居，行国也。随畜移徙，与匈奴同俗。控弦者可一二十万。……西击大夏而臣之，遂都妫水北，为王庭。①
>
>　　大夏在大宛西南二千余里，妫水南，其俗土著，有城屋，与大宛同俗。无大王长，往往城邑置小长。其兵弱，畏战，善贾市。及大月氏西徙攻败之，皆臣畜大夏。大夏民多，可百余万，其都曰蓝市城……

　　从这两段文字，我们看出大夏与大月氏的不同，两国相邻，一在妫水之北，一在妫水之南。大夏虽然臣属于大月氏，并非灭亡。否则，张骞第二次使西域，至乌孙后，《史记》又何必说"分遣副使使大宛、康居、大月氏、大夏、安息、身毒、于寘、扜罙及诸旁国"，将大夏与大月氏并举呢？

十

　　大夏移入中亚后，于安息王弗拉特斯统治期间（前138—前128年），曾助安息击败塞琉古的侵略。随后弗拉特斯攻大夏，死于战争之中。其继者阿尔达班二世执政，继又反抗大月氏，于公元前124年亦死于战争。这说明大夏与大月氏移入中亚后所造成混乱的局面。

　　大月氏在巴克特里亚的发展是缓慢的，却具有重大的意义。大月氏南渡妫水，大夏即塞种被迫向南逃遁，侵入罽宾。《汉书》说："大月氏西君大夏，而塞王南君罽宾。"② 由此可知大月氏不是灭亡大夏，只不过是大夏臣属而已。

　　大夏拥有广大的土地。玄奘经羯霜那国（Kesh，今之 Shahr-i-Sabz）说："出铁门至睹货逻国（旧曰吐火罗，讹也），其地南北千余里，东西

---

① 《史记》卷123。
② 《汉书》卷96上。

三千余里。东厄葱岭，西接波剌斯，南大雪山，北据铁门，缚绉大河中境西流。自数百年王族绝嗣，酋豪力竞，各擅君长，依用据险，分为二十七国。"[1] 由此可见大夏（吐火罗）疆域的广阔及其不稳定的状态。

在张骞第二次出使西域后，"大夏无大君长，往往置小君长，有五翕侯"[2]。所谓五翕侯即休密、双靡、贵霜、肸顿、高附。关于五翕侯的设立，有以为是大月氏设立的。《汉书》说"凡五翕侯位皆属大月氏"[3]，按此语的提法，是指大夏为大月氏所臣属。《后汉书》便不同了，它说："初月氏为匈奴所灭，遂迁于大夏，分其国为休密、双靡、贵霜、肸顿、都密凡五翕侯。"[4]《后汉书》所述五翕侯的设立是模糊的。东汉与西域的交通，始于建武二十一年（45 年）冬，西域十八国的遣子入侍，对于五翕侯的设立已难说明白了。其次，《汉书》所言之高附，继后为安息统治，"及月氏破安息，始得高附"[5]，这便是《后汉书》中五翕侯中提都密的原因。月氏夺取高附，根据波斯的记述发生于公元 45 年间，亦即丘就郤攻灭其他四翕侯，建立贵霜王国的时候。

贵霜王国的建立，是巴克特里亚古代史上另一件大事。贵霜受大月氏统治，当贵霜建立政权后，"汉本其故号，言大月氏云"[6]，这便是说贵霜不是大月氏，而是大夏分裂后的一部分。

十一

丘就郤建立的贵霜王国是繁荣富强的。《水经注》论到大月氏，即贵霜王国，"土地和平，无所不有，金银珍宝，异畜奇物，逾于中

---

[1] 《大唐西域记》卷 1。
[2] 荀悦：《汉纪》上。
[3] 《汉书》卷 96 上。
[4] 《后汉书》卷 118。
[5] 《后汉书》卷 96。
[6] 《后汉书》卷 118。

七、巴克特里亚为古文化交流汇集的地区，波斯的祆教、印度的佛教、希腊的艺术、中国的丝绢，相继经过巴克特里亚输送至各地。

我们试将巴克特里亚一千五百多年历史概括在这样的片段与简略叙述中，其间有错误是难免的。历来研究世界古代史者，忽视巴克特里亚这个重要的地区，纵有叙述者，亦仅不适当地夸张亚历山大的东征，我们不否认他的重要性，但是，巴克特里亚本身有很高的文化，其受波斯、印度及中国的影响，并不次于希腊，这对研究世界古代史是应该记取的，也是这篇文字试图解决的。

原载《学术通讯》1963 年第 1 期。

十七、十八世纪中国与欧洲的关系

绪　论

当欧洲历史到了中世纪末期，社会发生了深刻的变化，封建制度逐步解体，处于没落的境地。意大利与尼德兰几个先进的国家，由于城市的兴起和工商业的发展，有了资本主义的萌芽，加深了封建社会的阶级矛盾。

在资本主义发展初期，由于资本的积累、技术的需要，欧洲人迫切要求海外扩张。而自从土耳其人控制地中海后，阻隔了欧洲与东方各国的联系。为了打破这种停滞的局面，欧洲人试图冲破地中海的范围，向海外扩张，发展海上的贸易。这种动向含有深刻的意义，一方面加速西欧封建社会的解体，尼德兰首先发生革命，脱离了西班牙的统治，建立了资本主义性质的国家；另一方面西欧几个国家扩张到亚洲与美洲，世界的概念扩大了几倍。商人、殖民者、传教士等沿着新的航路，在海外劫夺土地，屠杀居民，建立殖民地，给欧洲业已产生的资本主义以极其广阔的活动场所。

欧洲的封建社会与天主教是分不开的。当市民阶级掌握生产资料时，城市有产者就有了新的生命，表现出顽强的力量。为此，在封建时代的晚期，欧洲不断地发生农民战争与宗教改革。这两种伟大的运动，有时分别进行，有时合二为一，其目的在反对专制的教会和封建的统治，体现出初期资产阶级革命的力量。

在 16 世纪剧烈转变中，宗教改革是十分复杂的。有的宗教改革转变为封建的内战，有的被反宗教改革所扼杀。在宗教改革的狂潮中，耶稣会的成立是一件大事。这个军事式的组织，狂热地维护反动的封建政权，成为反宗教改革有力的支柱。同时，他们在海外殖民地的经营上，又与商人、殖民者结成联盟，互相支援，对殖民地进行疯狂的掠夺。

葡萄牙与西班牙是手工业与商业发达的国家，城市有产者需要黄金与白银，以保证商业需要的货币。当土耳其截断通往东方各国的商路后，遂产生开阔新商路的迫切需要。葡萄牙人依靠非洲与亚洲的据点，在印度洋建立起新航线，垄断东方各国的贸易，得到巨大的利润。16 世纪初，葡人控制红海与波斯海湾的出口，1511 年侵占马六甲，1512 年占领香料岛，使之成为巨大财富的源泉。1517 年，葡人安德拉德率领八艘商船至广州。次年，葡人采取进贡方物形式，遣使向明朝请封，[①] 从此欧洲与中国发生新的关系，中国开始遭受到初期殖民主义者的侵扰。

自从 16 世纪起，欧洲的殖民者、商人与传教士相继东来，络绎不绝，成为东方海上的常客。殖民者与商人到处劫掠，目无法纪，在中国海上，"番人潜匿倭贼，敌杀军官"[②]。传教士到了内地，却是另一种情况，他们向人宣说："除我们的宗教外，其他一切宗教都是坏的。"[③] 因此，初期来华的殖民者和冒险家受到中国人民的反抗是理所当然的。马克思说："自远古以来，中国人就是用这样态度看待一切从海上来到他们国家的外国人的。中国沿海曾经为海盗冒险家所骚扰，他们把一切从

---

① 《明史》卷 325，在《佛郎机传》内："佛郎机近满剌加，正德中据满剌加地，逐其王。十三年遣使臣加必丹末等贡方物请封，始知其名。"
② 《明史》卷 325。
③ 《孟德斯鸠遗著》第 2 卷，第 511 页。

海上来的外国人和海盗式的冒险家等量齐观，不是全无理由的。"[1]

16世纪的中国是一个封建中央集权的大国，在明清更迭之际，虽然有规模宏大的农民起义，但由于新兴的地主阶级拥护清室，维持封建大厦，总的来说封建经济是得到发展的。中国人民历来是爱好和平，坚决反对外来的侵略的，因而对于新来的欧洲人，并没有采取闭关自守和歧视远人的态度，但并非不加区别。如果在独立自主的国家内，不遵守法度，反而为所欲为，那当然是应该受到限制的。随着欧洲初期殖民主义的不断发展，殖民者不断侵入东方各国，贪婪地掠夺财富，奴役人民，给这些国家和人民造成了无穷的灾难。然而中国虽有朝代鼎革的变化，但国势依然强大，足以遏制欧人的侵略。鉴于欧洲新形势的发展，耶稣会教士尾随殖民者与商人而来，1514年沙勿略向东方出发了，从此欧洲殖民者得到耶稣会教士提供的资料，十分顺利地推进着他们的工作。

在16世纪以前，虽然欧洲已接触到中国的丝、火药与磁针，但对中国的认识却是模糊的，不知道中国在什么地方。欧洲人以为"契丹"（cathay）与"中国"（chine）是两个不同的国家。当1595年利玛窦到南京后，写信回欧洲说："我的做法证实了。索罗说到南京后要过一道江，这道江就是中国人所称的扬子江。索罗又说江南有八个国，江北就有七个国，这不是别的，这就是中国的十五省。从我亲自观察，契丹就是中国，大可汗就是中国皇帝。"[2] 这封信反映出欧洲对中国的认识是模糊的。

欧人对中国的研究是从近代开始的。殖民者与商人们来到中国，逐步了解到中国物产丰富，有利于原始资本的积累，于是葡国殖民者与"倭寇"相勾结，向浙闽粤沿海地带侵扰，遭受到中国政府的反击。与之相配合的传教士们，深入内地，学习中国语言文字，研究中国的思想意识，着儒服，以迎合中国的传统。假借科学技术，接近士大夫

---

[1] 《马克思恩格斯论中国》，1957年，第58页。
[2] 裴化行：《在上中亚穆士林的高士》，1934年，第38页。

阶层，以满足其追求知识的要求，开辟立足的门路。他们用心良苦，真是远处着眼，近处着手，以使中国受西方国家的奴役。因此，多数研究中国者，其目的并不是那样纯洁的。戴遂良初为医士，于1887年来华，著有《道藏书目》，他说："对我们，过去的中国没有可学习的地方。"① 这说明了多数欧人研究中国的态度。

为了适应实际的需要，欧人对中国的研究，大致可划分为两个阶段。在法国革命以前，欧人来华者对中国抱着一定的尊重态度，不能为所欲为。那时候中国国势强大，不允许外来者干预内政。欧人所译述之典籍，多为经史中重要作品。介绍中国民俗习惯，亦多抱实事求是的态度。19世纪以后便不同了。自从英国征服印度后，利用印度向中国发动侵略，输入鸦片，随后美国的魔掌也插进来，发展掠夺性的贸易。飞剪号配有枪炮，武装运输鸦片，殖民主义侵略战争已到眉睫了。到19世纪末，欧美帝国主义者加剧了侵略，研究中国学术者，多为外交人员、政府官吏、传教士、洋行经理，他们利用治外法权，在中国肆无忌惮地劫夺文物，所谓"汉学"，既不是儒家的学术，也不是乾嘉的考证，而是一种文化侵略。即使有少数纯正的学者，亦无法脱离这些"汉学家"的影响。

17、18世纪欧人对中国的研究，有它的历史背景。译述中国重要典籍者，多为旅华耶稣会士。他们善于分析现实，适应现实，他们欲借在中国的成就，加强其在欧洲的地位；欲借中国的学术思想，维护欧洲封建的传统。但是，他们的努力是徒然的，其结果恰好是相反的。

当1658年，卫匡国刊印《中国通史》后，引起欧洲知识界的重视。中国是一个富强的国家，有悠久的历史，高深的文化。中国既没有受基督教的熏染，也没有受希腊罗马的影响。但是，中国文化是那样合理，那样自然，这给欧洲知识界一种新的感觉，提出许多问题。巴斯加尔写道："中国是我们所不了解的，但是可以弄清楚，要去研究它。"②

---

① 戴遂良：《各时代的中国》，1920年，第278页。
② 巴斯加尔：《思想集》，第593条。

耶稣会为欧洲实际的统治者，树敌甚多，在"礼俗问题"的争论中，耶稣会较为详赅地介绍中国，以图改善所处的环境。但是，事与愿违，1773年耶稣会被迫解散，被认为这个修会不能起有益的作用。在反封建与反宗教的18世纪，法国的学者读了耶稣会士有关中国的书籍，却起了另一种作用，增强了斗争的信念。孟德斯鸠对专制政治的憎恨，服尔德对宗教的攻击，奎斯奈要求不要"妨碍行动"，促进农业的发展。不论这些思想家如何理解中国，中国是否如他们之所理解，他们从耶稣会士所介绍的中国知识中，获取了锐利的武器，用以攻击专制政治及专横的教会。他们对中国的赞扬，实质上是对法国的批评，揭露统治者的愚昧，使政治危机加深，从而促进了法国革命的发展。这是当时传教士们所意想不到的，也是违背本意做了些进步事情。由此可见，欧人研究中国所得的成果，对法国资产阶级思想的发展，产生了有益的影响。

一、16世纪前欧人与中国的接触

（一）欧人最初对中国的了解

欧人最初对中国的认识是间接得到的，有些是不够准确的。当希腊罗马的势力深入埃及与中亚后，他们所得到的中国的丝绢，并不是直接取自中国的。欧洲与中国距离遥远，交通困难，货物交换须经过许多手续和居间的商人。希腊地理学者普托勒美说："马其顿商人从大夏贩运丝国的绢缯。"

随着中国货物输入欧洲的途径不同，欧人对中国的名称亦有分别。中国货物由陆路输入者，多称中国为"Soies"，其含意有二，一为蚕吐之丝，一为叠丝之地。中国货物自海上输入者，称中国为"Thin"，由秦得声，见于1世纪末之《埃利特里周航纪》。从希腊罗马作家对中国名称的用法来看，说明在海陆两方面很早就与中国有了接触，尽管是间接的。

罗马帝国时期，中亚商人循着有名的"丝路"，由叙利亚至安息向东行，经康居，至大宛，由此逾葱岭，经疏勒，至鄯善，与中国内地相连接。这条"丝路"是古代欧亚交通干线，纵使有偶然的间断，因为货物交换的需要，商旅们仍是可以经常行走的。

欧洲与中国海上的交通也是很早的。大秦"有水道，通益州永昌，故永昌出异物"①，大秦为"Dasina"的意写，意为"西方"，系指罗马的本部。随着季候风的来去，西方商船航行于印度洋内，锡兰附近为东方贸易地点。事实虽晚一点，却也可说明海上交通情况。义熙六年（410年），法显至锡兰，于无畏山"玉象边，见商人以晋地一白绢扇供养"②，由此可知海上贸易是频繁的。

希腊罗马虽取得中国的物产，但对中国却没有明确的概念。西方有关中国最早的记述，如写于公元23年的斯脱拉波的《地理》，对中国的叙述是十分空泛的。他说："只有中国人是长命的，常有二百多岁者。"③罗马诗人吕加纳斯以为中国在非洲的东部，与印度南部相连。而且对中国的叙述亦多是渺茫的。这说明在公元前后，欧洲与中国没有直接的接触，当然就难说清楚中国在什么地方了。

在中国古代典籍中所反映的情况也是如此。永元九年（97年），班超遣甘英出使大秦，抵条支，临大海欲渡，而安息船人说："海水广大，往来者逢善风，三月乃得渡，若遇迟风，亦有二岁者。"④甘英听后便终止他的行动。这说明他虽身在中亚，对去大秦应取的途径却是茫然无知的。

但是，公元2世纪时，大秦东来者多取道海上，中国史籍中亦有简略的记述。永宁元年（120年），"掸国王雍由调复遣使者，诣阙朝贺，献乐及幻人。……自言我海西人，海西即大秦也，掸国西南通大秦。"⑤

---

① 《魏书》卷30《魏略·西戎传》。
② 法显：《佛国记》。
③ 斯脱拉波：《地理》卷15。
④ 《后汉记》卷88。
⑤ 《后汉书·南蛮西南夷传》。

继后,"桓帝延熹九年(166年),大秦王安敦遣使自日南徼外,献象牙、犀角、玳瑁,始乃一通焉。"[①]其时罗马帝国为安东王朝时代,国王马古略遣部将加西尤斯远征,165年攻破安息都城,来华使臣可能是他派遣的。黄武五年(226年),"有大秦贾人字秦论来到交趾,交趾太守吴邈遣送诣权"[②]。就这些较早的记述而言,不只是语焉不详,而且所叙述的事实亦多近渺茫,这只能说明有某种偶然的接触而已。

当西罗马帝国已近崩溃的时候,欧洲在蛮族入侵下,进入封建社会的初期,经济与政治陷入一种割裂的局面,文化的发展也表现出缓慢的状态。7世纪初,西蒙加达任拜占庭政府的秘书,交游颇广,留下简略而可靠的记述。他说:"有条大河划分中国为两部,互相争夺,终归于统一。"这是指南北朝的分裂,随后为隋朝统一。他这些知识无疑是从突厥方面得到的。

在墨罗温与伽罗林王室时期,就连关于中国的传闻知识,欧洲人也接触不到了。自632年后,阿拉伯兴起,建成庞大的帝国,掌控波斯一带的交通,扩张海上的贸易,自波斯海湾至广州与泉州,船舶往来不绝。中世纪中叶,阿拉伯人操纵对中国的贸易,写下许多有关中国的著作,如9世纪初年伊本·库达德拨的《郡国里程志》,10世纪阿布·赛德的《印度与中国的状况》,其间记述了黄巢起义。11世纪伊本·杜哈著《中国行纪》,叙述陆路的交通情况及长安的情形。此后阿拉伯学者对中国的介绍,着重利用已刊行的资料进行编纂,没有新的知识,但是较欧洲对中国的认识,却进步的多了。

(二)元时欧人与中国的接触

13世纪初,蒙古氏族社会解体,向阶级社会过渡,贵族阶层逐渐分化出来,形成统一的蒙古,这是进步的。成吉思汗是新生蒙古的代表,他拥有强大的武力,既有善战的骑士,又有汉人攻城的技术。在

---

① 《后汉书·西域传》。
② 《梁书·诸夷列传》。

蒙古的扩张中，亚欧两洲受到剧烈的震动，蒙古的铁蹄踏破了他们割裂的局面。欧洲几次派遣使节出使蒙古，到和林，但未至长城以南。只有马可孛罗深入中国，对中国有了正确的了解，遗留下著名的行纪，但是，那时候欧人并不相信他的著述。尽管如此，马可孛罗仍体现了欧亚两洲的直接的接触，其意义是十分深远的。

当1241年终，窝阔台去世，蒙古大军自欧洲东还，欧洲始得到暂时的安定。1245年，教皇因诺森第四在里昂召开会议，讨论了防御蒙古的政策，决定派遣使臣，出使蒙古。其目的是侦察蒙古情况，了解有无再侵欧洲的迹象；其次试探可否在蒙古传播基督教，进一步与蒙古联合，夹击塞尔柱人，挽救十字军的失败。里昂会议决定派遣柏兰嘉宾出使蒙古，那时他已经六十三岁了。

1245年4月16日，柏兰嘉宾自里昂启程，作长途远行。他取道波希米亚，渡顿河，于1246年4月到沙来。拔都要他到蒙古本部，与贵由汗商谈。柏兰嘉宾不善乘马，"须将腿扎住，始能支持每日可怕的行程"。渡伊犁河，"漠北群山静立，夜间可闻鬼哭"。经三个月的"不知生死"的行程，于1246年7月，到失剌斡儿朵，[①]离和林只有半日的路程了。

柏兰嘉宾以使节身份，参加贵由即位大典，镇海领他觐见贵由，递呈罗马教皇的文书。贵由问明来意，赐以波斯文的回书，此信原文已于1920年发现。[②] 蒙古既没有皈依基督教的心意，也没有结盟的要求。柏兰嘉宾没有得到结果，却看到仍有西征的可能。1246年11月，离开蒙古，次年5月回到拔都军营，取道基辅与波兰，回至里昂。他将出使的经过，途中的见闻，写成《报告书》，[③] 这是欧洲人最初对东方直接的记述，史学家沙朗伯纳方从意大利回来，即刻将柏兰嘉宾的

[①] 失剌斡儿朵即 Sira Ordo，意为黄帐。
[②] 是信原文藏于罗马 Ardivio di castello，信首用突厥文，余皆波斯文，钤章为蒙古文。1920年发现后，经伯希和翻译为法文，在1922—1923年《基督教东方杂志》合刊中发表。
[③] 柏兰嘉宾的报告书名：*Libellus Historiques*，文生收在他编的 *Speculum Historiale* 中。

见闻转录在他的札记内。

《报告书》中主要叙述出使的经历，偶然提到中国，称中国为契丹。他说："契丹国家统治滨海地区，现在还不是塔塔儿可能征服的地方。契丹人虽是异教，却有自己的书籍，似乎他们也有圣书。有记录先人事迹的史册，有僧侣，也有类似教堂的建筑物。……契丹人是极有礼貌的，是爱和平的民族。他们没有须，颜貌有类蒙古人，只是颜面稍狭一点。他们有自己的语言。凡人类所从事的职业，在手工艺方面，全世界比不过他们。这个国家有很多谷物、酒、金银、丝绸及人类生活所必要的一切产物。"柏兰嘉宾未至中国，这些知识是从和林方面得到的。他由于长途跋涉，疲劳过度，于1252年便去世了。

柏兰嘉宾带回的有关蒙古的消息，引起法王路易第九的注意。那时候，路易第九正进行第七次不义的十字军战争，驻军塞普鲁斯岛上。1248年12月，法王接见蒙古戍将宴只吉带驻波斯的使臣，随即产生了遣使蒙古的意思，试图与贵由可汗结盟，夹攻埃及，挽救欧洲人所处的困境。法王选择了郎友漠为使臣。

郎友漠为法国人，懂叙利亚、阿拉伯及波斯语言。1249年1月，接受出使蒙古的任务，自塞普鲁斯岛启程，经安都与波斯，沿里海南岸，入河中府，向东方进发。他记述了有关中亚的地理情况，欧人由此始有了中亚的知识。

郎友漠到蒙古后，贵由可汗已逝世，遂觐见可敦斡兀立海迷失。那时，可敦态度冷淡，对使臣不感兴趣，郎友漠无果而还。1251年3月返抵巴列斯坦，向法王复命。史学家冉末尔说，路易第九听了汇报后，深悔不当派遣这次使臣。

尽管如此，由于实际需要，路易第九决心再试探一次，派遣吕柏鲁克前往蒙古。这次出使不带政治色彩，装作传教，以期得到蒙古真正的消息。

吕柏鲁克（1215—1270年）系伏郎德人，深悉东方事务。1253年5月，吕伯鲁克由君士坦丁堡入里海，至克里米亚，初次遇到蒙古人,"好像到了一个新世界"。向东行,"两月来睡在车上,露天而卧,沿途不见村庄,只见荒冢累累"。是年8月间,到拔都行营。吕柏鲁克复向东行,经咸海,渡妫水,入高山地区,从伊犁峡谷而进入蒙古地区,12月终,抵和林近郊蒙哥的行营。

1254年1月,吕柏鲁克觐见蒙哥,受到应有的礼遇。对于法王所提议的传教与联盟,蒙哥表现出冷淡的态度。吕柏鲁克继后至和林城,遇着几个欧洲人。其中有法国女子拔克特,她丈夫是匈牙利人。还有巴黎金银匠布希野。5月31日最后一次觐见蒙哥,得到复法王的长信。蒙哥欲遣使回报,吕柏鲁克疑惧,托言"路途不靖,难保安全",拒绝了。但是他又问蒙哥:"向法王汇报后,可否重来蒙古?"蒙哥不答。

1254年7月,吕柏鲁克启程西还。经巴尔喀什湖,横断吉尔吉斯草原,渡伏尔加河下游,沿里海西岸南下,于1255年5月到地中海边。路易第九已离开塞普鲁斯岛。他寄去长而生动的报告。吕柏鲁克著有《东方行纪》[①],系中世纪著名的行纪。

吕柏鲁克虽未到中国,却有简略可靠的记述。他说:"大契丹国即古代所谓'Soies'人的国家。最好的丝织物都是从那里来的。这个国家分许多省,有许多地方尚未被蒙古人所征服。这个国家同印度隔着海洋。……契丹各种工艺有技术最精的匠人。医师对植物性能有深刻的知识,由脉搏来诊病是十分老练的。……契丹通用绵纸制的货币,大如手掌,印有蒙哥汗玺。契丹人写字像画家描绘,一字是由几个字合成的……"

吕柏鲁克的《东方行纪》纠正了欧洲许多错误的传述。如蒙古并不是基督教的国家,而是多种宗教可以并存的;蒙古没有侵略欧洲的意图,却有征波斯的准备。以后旭烈兀西征的事实同伊儿汗国的建立,证明吕柏鲁克的观察是正确的。培根为中世纪晚期的学者,曾充分利用吕柏鲁克《东方行纪》的知识,其重要不言而喻了。但是,若将这部《东

---

① 原名:*gtirserawicm yzatis wilhelmi de Rubiak de ordine yetium minoram amno qiatiae mcclj, ad nartes ordenjales*。

方行纪》与《马可孛罗行纪》相比较,却又显得黯淡无光了。

中世纪的晚期,威尼斯是海上商业的重要城市,孛罗一族在对外贸易上占有特殊重要的地位。1260年,尼可拉·孛罗与马飞·孛罗到钦察汗国,与别儿哥进行珠宝贸易。由于战争关系,归途阻塞,孛罗兄弟随旭烈兀使臣前往大都(即北京),朝贺忽必烈的即位。因为他们"能像别人一样说蒙古话",受到忽必烈的优遇。

1266年,孛罗兄弟带着忽必烈致罗马教皇的信离开大都,1269年到叙利亚,遇教皇代表维斯贡底,但尚不能处理蒙古信件,因为新教皇尚未选出。于此期间,返威尼斯,尼可拉之妻已去世,他儿子马可已十五岁了。

维斯贡底被举为教皇后,接见孛罗兄弟,付以复信。尼可拉携其子马可,于1271年底向蒙古出发了。这次孛罗取道陆路,至中亚,向东北行,避开河中,逾葱岭,循天山南路,于1275年5月抵上都(即开平),觐见忽必烈。马可年幼,却善揣人意,受到元世祖的信任。在中国住十七年,足迹遍南北,曾随蒙古军队,经成都、大理至缅国。也曾随蒙古使臣至占城。

元至元二十九年(1292年),为了伴送科克清公主远嫁伊儿汗国阿鲁浑,马可孛罗自泉州启程,乘十四艘巨舰,经马六甲遇暴风,飘流两年,始至忽里模子。由此登陆,至波斯,阿鲁浑已死,公主改嫁合赞汗,系忽儿珊总督。由此至大不里士,谒新汗合都,居留三月后,取道里海西还,于1295年到威尼斯,马可离开家乡已23年了。

回威尼斯后,1296年9月,马可孛罗参加吉纳亚的战争被俘。在囚禁期间,向同伴叙述东方的见闻,吕斯底西安以法文记录下来,成为著名的行纪。《马可孛罗行纪》很快流传开。牛津公学的创办者维克罕姆取之为冬夜的读物;圣伯丹将它收集在《奇闻集》内。这部行纪直接影响哥伦布的航行,同时也介绍了中国的实际情况,如繁荣的都市,高度的技术、文化与经济,这一切,对欧洲人来说几乎是不可思议的。

继马可孛罗之后，欧人东来者有意大利人孟高维诺，于1294年至北京。继后有拜庐斯与和德里。和德里取道海上，由广州登陆，1325年至北京，曾谒泰定帝。1328年西还，取道陕西、四川、西藏、波斯，于1330年到意大利。和德里著《东方诸国见闻记》，赞美中国的繁荣，广东饭食的考究。

1338年，罗马教皇接见蒙古使臣，特派马利诺里回聘。到中国后，献骏马。权衡《庚申外史》说："会佛郎国进天马，黑色五明，其项高而下钩，置之马群中，若橐驼之在羊队也。"[①] 据宋君荣记述，他在清宫曾见过顺帝乘马图。马利诺里于1353年取道海上回欧洲。

蒙古向西方的发展，使欧洲与中国发生了直接关系，对中国的认识亦较过去更为准确了。《马可孛罗行纪》是最好的例证。马可孛罗称中国北部为契丹，南部为蛮子。他注意到长江的航运，"每年溯江而上的船，约有二十多万只"。忽必烈疏浚运河，沟通南北的运输。福建与广州同海外进行贸易，"商人多而且富，货物丰而且直"。中国有许多新事物，如交钞流通，与纯金无异。燃烧石炭，有如薪柴。[②] 这些记述使欧洲人感到十分新奇。

有元一代，中国船定期航行在锡兰等地。当旭烈兀君临两河流域时，海陆两路畅通。伊儿汗国的大不里士，系威尼斯商人集聚之地，与中国人有密切的往来。欧洲人与中国接触实始于蒙古人的西进，只是当时欧洲大陆仍处于封建割据的时代，未能发生积极的影响。世人有以蒙古摧毁中亚经济与文化之说，未免言之过重，立论过苛了。

二、西欧国家向东方的扩张

中世纪末期，欧洲已有了资本主义的萌芽。市民阶级需要大量的黄金与白银以供给商业发展的需要。当1453年，土耳其攻陷君士坦

---

① 《丛书集成初编》本《庚申外史》，第12页。
② 《汉书·地理志》："豫章郡出石，可燃为薪。"豫章在今南昌附近。

丁堡后，震撼了欧洲。拜占庭是罗马帝国的继承者，经过多少次风波，巍然独存，于今退出了历史舞台。土耳其先后征服叙利亚、埃及、阿拉伯、北非等地，形成了庞大的帝国。其船队统治着地中海，截断了欧洲与东方各国的联系，使欧洲经济遭受到严重的损失。西欧各国为了改变这种不利的局势，开始寻找通往东方国家的新航路。在新商路的开辟上，葡萄牙与西班牙起了重要的作用。

（一）新航路的开辟

新航路的开辟，从欧洲来说，是葡萄牙人开始的。自从1415年后，亨利亲王开始收集许多书籍、地图、仪器，组织有经验者指导航行。每年派人沿非洲西岸南下，并规定具体的要求，每次必须超过前一次的航程。这样，自1416年至1488年，经过七十二年的努力，最后地亚士发现"风波角"（即我国书籍中的大浪山），随后更名为"好望角"。

新航路的开辟，在欧人的思想上引起了深刻的反响。葡萄牙诗人说：

> 在无把握的大海上，
> 驾轻舟，
> 寻找从来未走过的航路，
> 静看别国人未见过的星星。[①]

1497年，伽马率领三艘船，沿非洲西岸南下，渡过好望角，于1498年5月18日至印度的卡里库特。1499年返回里斯本，虽然经历许多恐惧，牺牲三分之二的人，损失一艘船，却获得了六十倍的纯利，这真是生财有道了。1502年，伽马二次去印度，以240万佛郎的货，换回1200万佛郎的厚利，显示出无穷的"美景"。前此，阿拉伯人独

---

① 吴蔼：《近代史发端》，1938年，第53页。

占印度洋的贸易,现在受到葡人严重的威胁,双方的矛盾日益尖锐起来。1534年,阿葡两国战于地雨岛附近,葡人取得胜利,从此控制了印度洋的航路。

自1504年起,每年葡国有十二艘船向东方航行,形成五千海里的航线。为了巩固市场,掠夺殖民地,积累资金,葡人阿布盍克封锁了红海与波斯海湾,独霸东方的航路。葡人向东方的侵略,真是一帆风顺。1510年,葡人强占印度的卧亚,即果阿,使之成为开拓殖民地的中心。1511年,葡人进攻满剌加,即马六甲,控制了南洋军事与经济的重要地区。自1403年尹庄出使南洋后,满剌加为明室的藩属,曾遣使告难。当时明室衰弱,世宗嗣位,无暇顾及,"满剌加竟为所灭"[①]。葡人由此东进,侵占美洛居,独霸香料的产地。美洛居"地有香山,雨后香堕,沿流满地,居民拾取不竭"[②]。1517年,葡人至广州,从此欧人与中国直接发生关系,开始了长期艰巨的斗争。

1492年,西班牙统一形成后,力求海上的发展,但向东方却受到葡人的阻碍。西班牙采纳麦哲伦的主张,不经葡人的航线,亦可至香料地带。1519年,麦哲伦自西班牙启程,至南美洲,出海峡,渡风平浪静的大洋,因而名之为"太平洋"。1520年至关岛,又至菲律宾。菲律宾人民抵抗西班牙人的侵略,英勇战斗,麦哲伦战死。加纳率领残队西还。这次航行的239人中,生还者仅17人。

从此,欧洲人的世界观念改变了:欧洲只是世界的一部分,地中海角不是世界的中心。经过与各洲的接触认识到,基督教只是一种宗教,并不是唯一的文明象征。欧洲新兴的资产阶级,沿着新的航线,向东方进行殖民地的掠夺。资本家、商人、传教士随之向外扩张,进行政治、经济与文化的长期侵略。

---

① 《明史》卷325《满剌加列传》。
② 《明史》卷325《美洛居列传》。

（二）西欧国家向东方的扩张

新航路的开拓标志着中世纪晚期梦想的实现。拉来哈说："寻找契丹是数百年来航海事业的灵魂。"葡人东来，屠杀当地居民，也如科尔岱到美洲后，对居民说："我来到这里，不是像一个农民来种地，而是来寻找黄金。"[1] 西欧国家向东方的扩张，目的是建立殖民地，追求资本的积累。

当葡萄牙人征服满剌加后，向东进发，于1517年至上川岛，与中国进行贸易。1518年，葡人伪装进贡，欲求明室赐封。御史邱道隆说："满剌加乃敕封之国，而佛郎机敢并之。且晒我以利，邀求封贡，决不可许。"[2] 邱道隆的主张是正确的，但是葡人勾结败类，恃强进行掠夺。御史何鳌说："佛郎机最凶狡，兵械较诸蕃独精。前岁驾大舶入广东会城，炮声殷地。"[3] 中国并非闭关自守，如果听其往来，东南沿海各省将遭受无穷的灾害。

1535年时，葡人商业日益发达，年获厚利三百多万金。他们以非法手段，侵入香山县南阿妈澳，继后又入壕境。壕境即澳门，在香山县南虎跳门外。葡人宾陀说："直至1557年，葡人以贿赂方式，藉词借地曝晒水渍货物，始迁入澳门。"[4] 葡人侵占澳门后，积极经营，高栋飞甍，比栉相望，澳门成为葡人侵略中国的据点。

西班牙实力强大，久欲染指东方，1571年至菲律宾，开始经营东方贸易。1574年，林凤占据林加烟湾，王圣高奉命追击，在彭加锡南得西班牙人之助，捕获林凤。借此机会，西班牙遣使至福建，受到福建官吏的礼遇。1581年，西葡两国合并，增加东方实力，行动更加横蛮。菲律宾总督向国王报告："中国兵力空虚，只要有一万多军队，虽不能征服中国，至少亦可得沿海诸省。"这说明殖民地主义者的居心和

---

[1] 吴惹：《近代史发端》，1938年，第316页。
[2] 《明史》卷325《佛郎机列传》。
[3] 《明史》卷325《佛郎机列传》。
[4] 见梁嘉彬：《〈明史〉佛郎机考证》中引用。

欧人东来的企图。

但是，西班牙虽是一个强大的国家，由于查理第五的多年战争和贵族的腐化，西班牙是外强中干的。到菲利普第二时，真是境况愈下，尼德兰的独立运动，西班牙又失利，财政发生危机。特别是1588年，西班牙与英国发生战争，"无敌舰队"全部覆没，西班牙已至没落的境地，无力维持海外的领地了。

荷兰是西欧较为发达的国家。经过与西班牙斗争后，资本主义得到发展，表现出新生的力量。当荷兰局势稳定后，于1602年组织东印度公司，股金为六千六百万盾。荷人向东方扩张，首先侵略吕宋，失败后，转据澎湖岛。继后扩大实力，1624年侵占台湾。当郑成功退至台湾时，荷人抗拒，郑成功击溃荷人的抵抗，并将其驱逐出境。荷人不放松东方的利益，向南洋扩张，与葡人争夺。《明史》说："是时，佛郎机横行海上，红毛与争雄。"[①] 这说明殖民主义的争夺从开始便是剧烈的。

英国在远东的扩张是缓慢的。查理第一时，派遣卫德尔来华，1637年至澳门。葡人知英国强大，深为恐惧，联合澳门地方的力量，迫使英人离开澳门。

英人退出澳门，转向虎门进发，强行登岸。中国海防队伍抗拒，英人攻武山，形如海盗，到处焚烧房屋，"劫走猪三十头"，随后便退走了。

1670年时，英人采取分裂手法，供给郑成功军火与教官，攫取台湾的物资。1683年，郑克塽降清，英人既不愿放弃台湾的实利，又难推行故伎，感到困难。经过多年的努力，直到1699年，始获清廷允许，在广州设立堆栈。

英国侵占印度后，加强了对东方的侵略，稳步推进殖民主义政策，贩卖鸦片，毒害东方人民。

---

① 《明史》卷325《荷兰列传》。

初期欧人在东方扩张时，法国是居次要地位的。到了路易十四时代，法国亦欲染指远东，派遣传教士，深入宫廷。他们利用科学技术，试图取得康熙的信任。他们曾做了许多工作向欧人介绍中国的情况，如翻译古代典籍，对欧人研究中国起了重要的作用。

（三）欧洲经济生活的变化

葡西等国家掠夺殖民地人民的财富，加速了资本的积累，使经济生活起了剧烈的变化。货币缺乏的问题，这时已不止得到了解决，而且有点过剩了。从1541年至1544年间，输入欧洲的现金，约有十七亿金佛郎。这样输入大量的现金，必然引起货币的贬值，产生了"价格革命"，亦即商品价格的上涨。1545年，杜莫林说："自从1524年起，各种物价都提高了，而且这种提高不是偶然的，而是经常的。"[①]1568年，波丹也说："自从六十年来，物价上涨在十倍以上。"[②] 物价上涨的结果是雇佣工人无法生活，而新兴的资产阶级却得到特殊的厚利。

东方航路畅通后，葡萄牙变成香料贸易的中心。胡椒的贸易由葡王垄断，经常获利至百分之八百以上。里斯本仅有十万居民，虽系葡国最大的城市，难以担负国际贸易的重任。单就运输力量言，葡国不能自给，必须借助荷兰的船舶，始能转运殖民地的物资。因此，荷兰的安特卫普成为国际贸易的场所。从1499年起，葡王派代表驻此城，专管葡国的商务。纪西尔地尼说："安特卫普的繁荣始于1503与1504年。那时候，葡国得到卡里库特国王许可，从印度运回的香料与药品，复由葡国转运于此。"安特卫普系西欧商业重要的城市，德国的富商，如符若、魏尔斯、赖林若、哥生普罗特、伊莫荷夫、荷斯泰德等，常派遣专人驻此。他们结成联盟，与葡西两国对抗，形成激烈的斗争。

当查理第五合并尼德兰后，魏尔斯与符若为西班牙的实际支配者。查理从符若那里得到198121杜加的贷款，以皇家田庄作抵押，不

---

① 吴惹：《近代史发端》，1938年，第306页。
② 马来：《十四、十五与十六世纪》，第323页。

止的。范礼安向耶稣会建议：凡派遣来华者，必须掌握中国语言文字。1582年，利玛窦应范礼安之召来到澳门，将以善变的方式，树立传教的基础。

利玛窦（1552—1610年）到澳门后，学习中国语文。1583年秋，利玛窦至肇庆，言行十分谨慎。他有科学知识，结交地方绅士。有人问他来华的原因，他巧妙地回答："夙闻贵国政治昌明，私心仰慕，所以不辞跋涉，远道而来，欲求皇上隆恩，赐居贵国终身。"这样回答是十分典雅而又很狡黠的，好像他不是来传教，而是来学道的。

1589年，利玛窦移居韶州，结识了姑苏瞿太素，相谈甚欢。利玛窦改着儒服，名大噪。1595年夏，利玛窦到南京，感于环境的困难，转居南昌。1598年，上北京，不得觐见皇帝，受瞿太素之约，复返南京，寄居洪武岗。利玛窦"紫髯碧眼，面色如桃花，见人膜拜如礼"[1]。他与人谈论时，婉转地使人知道：他有许多新知识，而这些知识是中国从未有过的。

明朝积弱已久，"内有朋党之祸，外有边隅之忧"[2]。许多知识分子，如瞿太素、王应麟、徐光启、李之藻等，苦于明心见性的空谈，喜经世致用的新知，因而他们愿与利玛窦接触，这正是利玛窦所要求的。

经过多年的摸索，利玛窦已得到一套工作方法。1596年，他给自己规定：学好中国语文，深入研究经史，接近士大夫，不使人感到自己是外来的。他的这种工作方式得到意外的成功。当时馈赠利玛窦的诗中，不是说他"飘然自儒风"，便是说他"深契吾儒理"。[3]

不仅如此，利玛窦还以科学为手段，让士大夫感到：中国文化虽发达，科学技术却是落后的。事实证明正是如此，汪宏送至北京的佛

---

[1] 李日华：《紫桃轩杂缀》。
[2] 李逊之：《三朝野纪序》。
[3] 王廷纳赠利玛窦诗，有"非佛亦非老，飘然自儒风"；叶向高赠西国诸子诗，有"言慕中华风，深契吾儒理"之句。

郎机炮，可达五六里的射程。科学技术的发展上，传教士介绍的"西学"起了一定有益的作用，扩大了当时知识分子的视野。

1601年，利玛窦得到通知，到北京觐见神宗，呈献自鸣钟、万国全图等物，请求留居北京。帝允其所请，赐居宣武门内。1610年，利玛窦死于北京，葬于阜城门外，王应麟为之撰墓志。利玛窦的传教方法成为传教的规矩。1707年，康熙向西洋人说："自今以后，若不遵利玛窦规矩，断不准在中国住，必逐回去。"①

自利玛窦之后，传教士遵循他的方式，工作得到迅速的开展。万历三十八年日食，钦天监推算错误，周子愚举荐庞迪我与熊三拔翻译西洋历书。熊三拔著《简平仪说》与《表度说》。崇祯时，任用邓玉函、汤若望等修订历法。罗马图书馆藏的文献说："自前朝（指明朝）奉旨修历，只因该监推交食不合，皆由旧法七政差讹，乃始决议改修。所谓改修者，皆推算非铺注也。二十年来著成新法历书百十余卷，皆天行理数之学，创法者之所指授，受法者之所讲求，皆推算非铺注也。"②推算重于铺注表明了历法科学性的提高。

清初，钦天监正监一职，多为西士充任。西士类多重观察，汤若望著《新法表异》、《历法西传》；南怀仁著《灵台仪象志》等。康熙十三年（1674年），翁英奏请铸造黄道仪等六件仪器。继后编制钦定《御定四余七政万年书》、《历象考成》等著作。乾隆时，戴进贤加以修订，介绍哥白尼、梯戈、加利略、开普来等人的学术。这些是值得纪念的。

明清交替的时候，耶稣会士开了干涉内政的先例。其中毕方济是最突出的一个典型。毕方济字今梁，是意大利人，于1610年到澳门，学习中国语文。继后进入内地，至北京活动，受到政府的驱逐。潜居常熟，结交明宗室后裔，文人学士，扩大耶稣会的影响。1645年，福王在南京即位，毕今梁至南京，建议在澳门购置大炮，请葡人出兵相

---

① 《康熙与罗马使节关系文书影印本》第四件。
② 罗马图书馆：Fondo jesuitico, 1805。

拉达将他在中国的见闻，向西班牙政府汇报，希望得到向中国发展的机会。

曼多沙带着菲里普第三致中国皇帝的信，于1581年启程来华。到墨西哥后，听说中国入境困难，不敢冒险，1682年返回西班牙。他利用拉达的报告，结合在墨西哥的传闻，以西班牙语写成《大中华帝国史》，1585年在罗马出版。书中叙述中国的风俗习惯，于13章内，摹绘3个汉字，形音虽不正确，却是十分引人注意的。这部书很快被译为6种文字，在15年内，出了33种版本，这充分说明欧人渴望了解到中国的知识。

这部书的成功，不是由于书的科学价值，而是由于满足了现实的需要。法国蒙达尼是好学深思之士，在1580年写道："中国的政治与工艺，在许多方面是超过我们的。纵然我们与中国没有往来，中国也不了解我们，可是中国的历史却要我们明白：世界是何等广泛与复杂，这是古人和我们从来没有梦想过的。"①

自从利玛窦来华后，开始了对中国的研究，耶稣会逐步明确：要用科学技术取得中国统治者的信任，这样，传教事业便有了保障；只有学好中国语文，研究经史，取得士大夫的尊重，传教事业方能得到开展。因而利玛窦广交知识阶层，译《四书》为拉丁文，②给后来传教者开拓了途径。初期欧人研究中国者，主要的有下列这些人物。

金尼阁（1577—1628年），字四表，比利斯人。于1610年来华后，研究中国语文，翻译《五经》为拉丁文，并加注释，于1626年刻印。他对中国历史亦有研究。自谓参考百二十余种中国著作，写成《中国编年史》，共四卷。第一卷自远古至东汉，刻印后，于1628年寄至欧洲，余三卷不知下落。他向欧洲写了许多报告，反映中国的现状。1623年，金尼阁自杭州，经开封至西安府，1625年，初次将《大秦景教流行中国碑》翻译为拉丁文。

---

① 蒙达尼：《随笔》，第3卷，第396页。
② 费赖之：《入华耶稣会士列传》，第1卷，第41页。

鲁德照（1585—1658年），葡萄牙人，于1613年来华，居住在杭州。得杨廷筠之助，深入研究中国经史。1637年回欧洲，自澳门登舟，于海程中完成《中国通史》两卷，1642年在马德里出版。上卷介绍中国的风俗习惯，如茶的制法；下卷述及基督教传入的情况，附有李之藻的传记。这是一部通俗读物，曾被译为多种文字。1644年，鲁德照又来到中国，居广州，继续毕方济的工作，死于1658年。

郭纳爵（1599—1666年），字德旌，葡萄牙人。1634年来华，在福州学习中文。掌握汉语后，与殷铎泽合作，译《大学》为拉丁文，1662年，在江西建昌出版。译本为中式装帧，封面印两人中文姓名。译本附有中文原文，不称《大学》，而称《中国之智慧》，拉谬沙以此书为《四书》最初的译本，是十分可宝贵的。

卜弥格于1656年寄寓维也纳，出版《中国植物志》。这是一部介绍中国科学最早的著作，谈到二十多种珍贵的植物与动物，附有二十三幅图及汉文名称。这部书体例杂乱，附有《大秦景教流行中国碑》的译文。篆额的印制是特别引人注意的。

卫匡国（1614—1661年）在初期研究中国问题方面，起了重要的作用。他于1643年来华后，寄居杭州，研究中国经史。"礼俗问题"发生后，卫匡国坚持耶稣会的论点，笃守利玛窦的遗规。1651年回欧洲，至荷兰，于1655年刊印《中国新舆图》十七幅，[①]并附说明书。他根据陆应阳的《广舆记》，作了分省及远东总的说明。以后卜落的《新地图》，便是以此书为蓝本。也是在这本图内，卫匡国初次提到"Chine"为"Thin"的音转。

卫匡国又著《中国通史》十卷，1658年印于慕尼黑。他根据中国资料，从伏羲时代叙述起，介绍了中国悠久的历史。这部书引起强烈的反响，动摇了《圣经》的真实性。巴斯加尔读此书后说："摩西与中国究竟是哪个可信呢？"这部著作很受没有成见的学者欢迎，在

---

① 计有总图一幅，分省图十五幅，日本图一幅。

冯秉正翻译《通鉴纲目》之前，关于中国历史的著作，以这部书较为完善。

卫匡国旅华期间，亲见明清交替的情况，以其见闻写成《鞑靼战争史》，1654年出版，有意、英、法、德各种文字的译本。在他回到欧洲期间，结识了高利优斯（1596—1667年），教其中国语文。高氏著有《论中华帝国》，印有木刻汉字，引为著作的特点。

1657年，卫匡国返中国，殷铎泽等随行，到广州后，借汤若望在北京的疏通，他们居留下来。1661年，卫匡国去世，葬于杭州。

殷铎泽（1625—1696年），字觉斯，西西里岛人。1657年来华后，居江西建昌，学习中文，译《中庸》为拉丁文，题为《中国之政治道德学》。1667年刻印一部分于广州，1669年回欧洲，又刻印所余部分于卧亚，附原文及《孔子传》。1672年《中庸》译本再版。殷铎泽曾译《论语》，没有完成。又著《汉语语法》，原稿存于里尔图书馆。

柏应理（1623—1692年），字信末，法国马里纳人。受卜弥格的影响，于1659年来华，初居建昌，继居常熟与苏州。旅华期间，结识名画家吴历。"礼俗问题"渐趋严重，为适应耶稣会的需要，1681年，柏应理回欧洲，带有大批中国书籍，江宁沈福宗随行。在欧洲期间，柏应理结识研究中国的学者，如曼采尔、谬勒、德维奈、海德等。1687年，在巴黎出版《中国哲人孔子》，亦称《西文四书直解》，虽称"四书"，却缺少孟子。书末附《孔子传》，着重说明理性的重要，以便循理性而生活，即道德可以提高，风尚可以改进。在17世纪反封建的思想发展中，孔子思想起了有益的作用。1687年，柏应理出版《中国记年》，自公元前2952年伏羲时代起至1683年，即康熙二十二年（1681）止，中国历史无间断地发展下来，引起欧洲学者的重视，因为历史久远是文化高尚的体现。柏应理介绍以六十为周期的干支计算法。1692年，柏应理在返华的途中，舟行至印度卧亚附近，遇飓风，发生意外事件，船上货物倾倒，击伤脑部而亡。

17世纪，由于学术的发展，世界范围的扩大，有些国家的学者开始研究中国。德人记尔希（1601—1686年）为考古学者，利用卜弥格的《中国植物志》，编纂《中国图说》，于1667年在阿姆斯丹姆出版。

谬勒（1620—1694年）为德人，旅居英国时受到英人启发，返回德国后，专心研究中国语文，为德国创立研究中国的基础。1671年，出版《马可波罗行纪校本》；又出《中国地理历史论考》；1672年，发表《景教碑考》；1674年，著《中国事物七讲》；1680年，出版《中国地名录》；1684年《汉语辞典》；1685年《汉文选注》；1689年，译注《阿勃达拉拜达岛的中国史》。①

曼采尔（1622—1701年）为普鲁士宫廷的侍医，受柏应理的影响，喜爱中国语文，著有《汉语初步》、《中国年表》、《中国辞典》等书。

海德（1636—1703年）为牛津大学教授，遇沈福宗后，得到帮助，于1688年著《中国度量衡考》，系英国最早研究中国的作品。

戴柏洛（1625—1695年）任法兰西学院东方语言教授，编《东方文库》，收集有关中国的著作。戴柏洛死后，1696年，由迦兰整理出版，曾流行一时，成为19世纪珍贵的历史资料。

五、法国派遣耶稣会士及"礼俗问题"的争执

（一）法国耶稣会士的来华

17世纪，法国的资本主义发展是缓慢的。其君主政治建立在封建贵族与市民阶级妥协的基础上，最初是有利于工商业的发展的，事实也确实如此。自从路易十三以后，法国开始重视海外的扩张。惠石里、马萨朗、科尔贝尔等以公款资助工厂，组织海外贸易公司，加强海上的安全保卫，给工商业者某些特权。他们利用这些措施，建立殖民地，掠夺财富，与其他国家竞争。

---

① 译自《波斯史集》，原名为 Tarikh Hitai。

为了发展工商业，科尔贝尔组织起东印度公司。在1691年5月28日公司的账簿上，以三万两千佛郎买回的中国丝绢，出售了九万七千佛郎，获得两倍多的利润。查本纪写道："没有比东印度公司更有利的。……从那些地方，我们可以得到黄金、宝石、丝绢、生姜、豆蔻、棉布、棉花、瓷器、胡椒、象牙、染料、檀木——有千万种名贵的东西，我们是绝对不能随便放过去的。"[①] 查本纪是法国国家学会委员，很了解当时的实际情况，他的话是有代表性的。

路易十四统治的后半期，向海外扩张，法国是处于有利地位的。葡西两国虽占有许多殖民地，国内工商业却没有得到发展，所掠夺的财富均为贵族挥霍，逐渐走上没落的道路。英荷两国兴起后，国内政治与经济尚未稳定，海外扩张的实力也是不够充实的。科尔贝尔深悉这种情况，他计划向海外扩张，增进资本的累积，扩大法国在远东的影响。

法国派遣耶稣会士来华，表面上是来中国考察，借以改进法国的工业，实质上是通过耶稣会士的活动，在中国树立特殊的地位。路易十四与耶稣会长决定时，他们一致认为："国家的利益和宗教与科学的利益是分不开的。"[②] 路易十四的意图在这句话中表现得很明白，反映出法国耶稣会士的来华是有政治目的，是为路易十四的扩张主义服务的。

法国派遣耶稣会士的计划是由加西尼提出的。这项计划提到："如果派遣耶稣会士的尝试成功，以后可以继续派遣数学家来华。在伟大的中华帝国内，树立法国的声誉，开展贸易。但是，这样计划的实施，可能发生两种困难。一种困难是来自葡萄牙，葡国嫉妒法国在中国的活动，反对派遣耶稣会士。……另一种困难是来自罗马教廷，它派遣的主教多系西班牙的僧侣，与法国耶稣会士关系恶劣，前去中国者，须先向他们宣誓服从，关于这一点，法国国王是坚决反对

---

① 拉维斯：《法国史》，第7卷。
② 高田：《18世纪中国史研究汇编》，1845年。

的……"① 由此可见，一方面法国派遣耶稣会士的来华是路易十四扩张政策的一部分，亦即科尔贝尔执行的初期殖民主义政策。另一方面法国与葡西两国关系不紧张，在中国问题上，葡法两国的矛盾更为尖锐，葡人借澳门的实力与法国对抗。

葡人赁居澳门后，控制欧人入中国内地的口岸，对法国做出各种限制，从巴黎国家图书馆的档案中，可看出葡人所提的条件：

第一，法国来中国的传教士，须在澳门登陆。会长有权限制他们的行动，或使他们留在澳门，或派遣他们到别的地方。

第二，法国来中国的传教士，必须脱离法国原来的领导。

第三，法国来中国的传教士，只能承认葡萄牙国王为他们的政治领袖。

第四，法国来中国的传教士，只能接受葡萄牙国王的津贴与养老金。

第五，澳门为进入中国唯一的口岸。②

澳门为中国的国土，葡人竟然以主权者自居，发布条款，充分暴露了殖民主义的侵略，这是中国人坚决反对的。葡法关系不正常，葡人对法国的规定，法国自然是不能接受的。罗马教皇偏向葡萄牙，反对路易十四的教会独立政策，因而阻止法国派遣耶稣会士。为了不受约束，可以自由行动，法国政府决定用自己的船，载送耶稣会士来华。法国政府取得耶稣会的同意，选派了洪若翰、李明、刘应、白晋、张诚及达夏等六人。1685 年 3 月 3 日，他们随法国驻暹罗大使薛蒙航行，自布勒斯特登舟，一直到暹罗，准备进入中国。他们经过多方研究，除达夏留居暹罗外，其余五人乘广东王华士船，于 1687 年 6 月 19 日启程，绕过澳门，7 月 23 日到了宁波。

---

① 巴黎国家图书馆：Fonds Francais 17240。
② 巴黎国家图书馆：Fonds Francais 25060。

当法国耶稣会士到宁波后，浙江巡抚金铉以其无入中国的证件，需奏请政府指示处理办法，经南怀仁在京疏通，认为他们通晓历数，可以入京，听候任用。1688年2月，他们到北京，由徐日昇率领，觐见康熙帝于乾清宫，他们以专家的身份留在了中国。

世人有以清初中国执行"闭关自守"政策，危害科学文化的发达之说，这种说法是不正确的。欧人初来的时候，有如"海盗"，《明史·佛郎机传》中说："番人又潜匿倭贼，敌杀官军。"[①]葡人与倭寇勾结，劫掠浙闽滨海地区，朱纨坚决反击是理所当然。按清廷对外政策，只要遵守中国法度，中国是以礼相遇的，康熙二十四年（1685年），福建总督王国安请示，进贡货物是否可以缴税？康熙批曰："外国私自贸易或可税其货物。若进贡者一概税之，殊乖大体。"康熙三十二年（1693年），清政府讨论开海贸易时，康熙说："向今开海贸易，谓于闽粤边海生民有益。且此二省民用充阜，财货流通，则各省亦俱有益。"从这些资料来看，如果外商公平贸易，不违犯中国法纪，清政府是支持贸易的，并没有采取闭关自守，与世隔绝的态度。

法国耶稣会士在清宫供职，用心良苦，着实下了一番揣摩的功夫。每日给皇室子弟讲解几何与物理等学，有时做历法的实验，有时实地演习火炮。他们利用科学知识，争取康熙的信任。白晋说："一世纪的经验，利用科学在中国传教，现在更觉着是迫切需要的。"[②]但是，康熙对待传教士是有原则的。1692年，在佟国纲协助下，康熙于解除禁教法令之后，派人向西洋人说："须写信给各省传教士，善于利用此种特权，毋使地方官员控诉。否则，朕立即撤销这次特许法令。"[③]康熙严守独立自主的政策，不允许外人干涉内政。

---

① 《明史》卷325《佛郎机列传》。
② 白晋：《康熙传》，第250—251页。
③ 《书简集》第17卷，第125—126页。

（二）"礼俗问题"的争执

"礼俗问题"，从表面上说是中国的礼俗能否与天主教的理论相调和，实质上却是传教策略的争论、是对中国内政进行干涉，其用意是十分险恶的。

当利玛窦来华后，逐步了解中国的实际情况，态度谨慎，认为中国的祀天祭祀，尊孔敬祖没有迷信的因素，是符合天主教理论的。他这种策略蒙蔽了许多知识分子，从而使传教事业得到迅速的发展。明朝末年，天主教扩张到十三省，有十五多万信徒。继后，耶稣会士来华者，循着利玛窦的策略，学习中国语言，研究中国经籍，拥护儒家学说，尊重中国的传统文化。比诺说："这样做，中国人视天主教非舶来品，不特不与中国习俗及历史相矛盾。而且反映了中国的习俗与历史。"①

自1631年后，传教士内部变得复杂了，除耶稣会之外，又有方济格会、多明我会、外方传教会等。他们隶属不同的国家，各有自己的主张，他们反对利玛窦所持的态度，敌视中国的传统文化，视耶稣会士的做法是离经叛道，与耶稣会处在对立的位置。

1639年，"礼俗问题"的争执便开始了。多明我会莫拉来向耶稣会提出十二条质问，耶稣会未能解决，便向罗马教廷申诉，而罗马教廷更无明确的主张，经历一百多年始做出最后的决定，同意反动的侵略政策。从1616年起，教皇保罗第五支持耶稣会的主张；1635年，乌尔班第八采取反对的态度；1656年，亚力山大第七又倾向耶稣会的主张；1704年，格勒门德第十一又反对耶稣会的做法，派遣多罗来华，企图与康熙直接交涉。

1705年，教皇使节多罗来华，受到清廷的礼遇。康熙了解国际情况，主张同各国友好，《尼布楚条约》的签订反映了这种精神。多罗来华后，执行教皇意图，设置总主教，管理教徒，视中国礼俗有迷信成

---

① 比诺：《中国与法国哲学精神的形成》，1932年，第2页。

分，反对耶稣会的做法。康熙以其干预内政，拒绝多罗的意见。1707年，多罗至南京，未得中国政府同意，自行发表声明。康熙以其不守中国法令，立即拘捕多罗，解往澳门。对协助多罗的颜当，亦加驱逐。葡人据澳门，自视为东方的独占者，事先罗马教廷未与葡人商酌，便派遣使节来华，葡人深感不满，遂借清廷驱逐多罗之机，对他进行更加严格的管理监视。1710年，多罗死于澳门。

多罗失败后，"礼俗问题"在欧洲仍剧烈争执，耶稣会得到康熙的支持，似占上风。罗马教廷欲挽救局势，于1720年，又派遣嘉乐来华，随身带有教皇信件，感谢"柔远洪恩"，中国仍予以礼遇。事实上，嘉乐别有企图，未得中国同意，自行公布禁约，干预中国内政。康熙在此禁约上批道："览此告示，只可说得西洋人等小人，如何言得中国之大理。况西洋人等无一通汉书者，说言议论，令人可笑者多。令见来臣告示，竟是和尚道士，异端小教相同，彼此乱言者莫过如此。以后不必西洋人在中国行教，禁止可也，免得多事。"①康熙独立自主的政策，为反对西方殖民主义的侵略，起了积极的作用。刘大年同志说："早期殖民势力在中国受到打击，延缓了它对若干邻近国家发动进攻的岁月。"②

"礼俗问题"的争执表现了传教士所属修会间利益的冲突与所属国家间的矛盾。不论"礼俗问题"争执到何种程度，这些传教士是为初期殖民主义服务的。清廷对传教士的要求是，必须遵守中国法度，不得干预中国内政。"礼俗问题"是干预内政的一种体现。关于此，雍正继承康熙的政策，坚持独立自主，所以他说："中国有中国之教，西洋有西洋之教，彼西洋教之不必行于中国，亦如中国之教岂能行于西洋？"这不是闭关自守，这是针对传教士的活动不守中国法度而采取的息事宁人的态度，这不仅是合理的，而且是宽大的。

1742年7月，教皇本笃十四宣布停止"礼俗问题"的争执，反对

---

① 《康熙与罗马使节关系文书影印本》第十四件。
② 刘大年：《论康熙》，《历史研究》1961年第3期。

耶稣会者取得胜利。事实上问题并未解决，妄论中国礼俗的是非，颇为有识者所讥笑。服尔德在《路易十四传》内，就讥笑了这种狂妄的态度。更严重的是，"礼俗问题"是初期殖民主义侵略的组成部分，它企图否定中国传统的文化，奴役中国的精神，这是中国绝对不能容忍的。

六、欧人对中国之研究

当"礼俗问题"论争之时，法国耶稣会士出于在华传教的经验、对中国的了解和在宫廷的有利地位，坚持执行利玛窦的遗规。在辩论的过程中，为了维护自己的主张，他们深入研究中国的语言，翻译中国的典籍，介绍中国的礼俗，出版了许多书籍与整理了大量的资料，这给欧洲学者们研究中国奠定了稳固的基础，同时也产生了深远的影响。

（一）中国经籍的译述

卫方济（1651—1729年），比利斯人，于1684年来华，初居淮安，继居南丰。在旅华期间，经常考察天文星体的情况，建立中西星名的对照，著有《在中国与印度对数学与物理的观察》。1711年，刊印《中国六经》于布拉格。所谓"六经"并不是我们传统所习用的，而是在《大学》、《中庸》、《论语》、《孟子》而外，又加《孝经》与《小学》。卫方济采用集注珍本，译文较为信实。又著《中国哲学》一书，包括本体论及伦理学。根据宋君荣所说，卫方济曾译《道德经》，译本寄往法国，却没有着落。1720年，卫氏死于法国里尔。

李明（1655—1720年）字复初，法国波尔多人。1687年在来华的途中，做了许多有关天文的考察。葡萄牙嫉妒法人的东来，制造许多困难，扣留法国寄来的给予传教士的生活费用。1692年，为了解决这些困难，李明返欧洲，到罗马计划去改善对立的情况。其时"礼俗问题"争执剧烈，于1696年，李明著《中国现状新志》，分上、下两卷，通过书简形式，叙述中国的现状。这部书中，反映了耶稣会士对"礼俗问题"的观点，随后有英、荷、意、德等译本。1700年，又著《申辩》，申述耶稣会士的论据。为了解决"礼俗问题"的纠纷，李明再没有机会重返中国了。

白晋（1656—1730年）字明远，法国曼斯人。1687年来华后，在京供职，于清宫内建立化学实验室，给清室子弟讲授科学。白晋通晓中国语言文字。①1697年返法时，携有大批中国书籍，使之成为法国皇家图书馆的珍藏。便是这年，白晋发表著名的《康熙传》，不久又印行《中国现状》，内容与李明所著大致相同。两种著述的目的，都是申论耶稣会士有关"礼俗问题"的论点。1699年，白晋返中国，参加测绘地图工作。他对经学亦有了解，著有《易学通论》。②白晋与法国哲人莱布尼兹通讯，讨论易卦蕴含的理论。莱布尼兹认为他所发现的"数学二元论"与易卦的阴阳是符合的。"零"与"一"的含意为无与有，而无与有并非绝对的。他写给维尤斯说："此种发现给中国皇帝与士人们一种深刻的印象，使他们知道伏羲所造的八卦并非是浅薄的东西。这可唤起他们的好奇心，要他们注意古代的哲学与起源。"③白晋于1730年死于北京。

张诚（1654—1707年）字实斋，法国凡尔登人。1687年来华，通满汉语言，在内廷供职。康熙二十七年（1688），张诚与徐日昇随索额图前往尼布楚订约，充任翻译官。继后，张诚多次随康熙到塞外旅行，著有游记八种，叙述长城北部的自然特色及居民情况，刊于杜赫德所著《中华帝国志》第四卷内。张诚于1707年死于北京。

刘应（1656—1737年）字声闻，法国不列颠人。1687年来华后，初至绛州，继至南京，致力于中国经史的研究。当读马端临的《文献通考》时，惊其资料之丰富，辑录了有关匈奴、突厥、契丹、蒙古等

---

① 《康熙与罗马使节关系文书影印本》第十三件，内有"惟白晋一人稍知中国书义"。
② 法国国立图书馆：Fonds Francais 17239。
③ 见莱布尼兹于1705年8月18日写给Verjus信。

事迹，著成《鞑靼史》，刊于 1780 年编的《东方文库》中。译文正确，欧洲研究中国的学者均予以重视，因为"刘应是最早介绍塞外民族资料的"①。从此，欧人研究亚洲东北部民族的历史有了可靠的资料。刘应又著《易经笺注》刊于波基伊所编的《东方圣书》内。关于"礼俗问题"，刘应拥护罗马教廷态度，自然受到清政府的禁止。清政府于 1709 年令其离开中国。

巴多明（1665—1741 年）字克安，法国贝桑松人，长于文学与物理。于 1698 年来华，学习满汉语言，有进益，供职内廷，襄助办理对外交涉事务。巴多明研究中国古代的传述，没有特殊的见解。注释"六经"，于《易》、《诗》、《书》、《礼记》、《春秋》外，又增添《周礼》。根据司马光《资治通鉴》，翻译从伏羲至尧的部分，题为《中国史》，麦郎刊印了法文译稿。按照他给夏里伊的信，巴多明向康熙提出测绘中国的地图。自康熙四十七年（1708）起至五十五年（1716）止，始完成这项工作，命名为《皇朝舆地总图》。

雷孝思（1663—1738 年）字永维，法国南部伊斯特来人，长于天文与数学。1698 年来华，学习汉语，翻译《易经》。雷孝思在内廷供职，参与测绘地图工作，图成之后，康熙向内阁学士蒋廷锡说："此朕费三十余年之心力，始克告成。"②康熙四十七年（1708），地图测绘工作开始进行的时候，采用三角测量法，需观察天体、测定经度与纬度。雷孝思等"带着大指南针，时表，各种测绘仪器。用分好尺寸的绳子，从北京出发，沿途测量，观察子午线，罗盘针的移动与角度"③。动员各省人员参与这项工作，康熙五十五年，始结束田野测绘。关于测绘地图的时间、地区及技术人员，列表如次④：

---

① 拉谬沙：《亚洲杂俎新编》，第 2 卷，第 246 页。
② 萧一山：《清代通史》，第 1 卷，第 583 页。
③ 宇留克：《第四届国际地理学会报告》，第 1 卷，1889 年，巴黎，第 378—396 页。
④ 参看杜赫德《中华帝国志》第 1 卷序文。

时间	地区	测绘员
1709	蒙古、满洲	雷孝思、杜德美、费隐、白晋
1709	直隶	雷孝思、杜德美、费隐
1710	黑龙江	雷孝思、杜德美、费隐
1711	山东	雷孝思、麦大成
1711	甘肃、哈密	杜德美、费隐、潘如
1711	山西、陕西	麦大成、汤尚贤
1712	河南、江南 浙江、福建	雷孝思、冯秉正、德玛诺
1713	江西、广东 广西	汤尚贤、麦大成
1713	四川	费隐、潘如
1714	云南、贵州	雷孝思、费隐、潘如
1715	湖南、湖北	
1715	总图	白晋

　　这部地图集是一部进步的作品，有很大的科学价值。以经线以北的子午线为标准，纬线采用投影法，以平行线表出。康熙五十七年（1718年），耶稣会士向康熙帝呈献，受到奖励。同年即着手刻印，题为《皇朝舆地总图》。包括总图一幅，分图三十四幅，未记数的图四幅。1832年，以同样经纬度和比例，重新刻印，改名为《皇朝一统舆地全图》。1718年中国所印的地图，于1730—1734年间，经过地图学者安维尔指导，在法国印行。1785年，克罗西将中国地图装订成册，由巴黎莫达尔书局出版。布留克曾研究耶稣会士测绘地图工作，他引证宋君荣的话："陪伴西士的汉满官吏与人员，严格地限制他们，因为有命令不允许耶稣会士任意行动。"[①] 康熙的这种限制是应当的，任何一个独立的国家都是如此处置的。

　　马若瑟（1666—1735年），法国瑟尔堡人。于1698年来华，苦学

---

① 李留克：《第四届国际地理学会报告》，第1卷，第389页。

中国语言文字，造诣较深。为了说明中国初期的历史，特别是伏羲前后的情况，马若瑟研究经学与诸子作品，著有《前书经时代及中国神话之研究》。当刊印宋君荣翻译的《书经》时，吉尼将马若瑟的这篇著作，置于卷首，作为译本的导论。1770 年，《书经》出版后，引起欧洲学者的重视。马若瑟深入研究中国文学，能欣赏词曲，翻译纪君祥著的《赵氏孤儿大报仇》。刊在杜赫德 1735 年出版的《中华帝国志》第三卷内。《赵氏孤儿》是欧洲最早被翻译的我国的剧本。服尔德受了这篇译品的影响，写了《中国孤儿》，借以讽刺普鲁士的国王。此后，长久的时间内，无人再翻译元人的作品。到嘉庆二十二年（1817），英人戴维斯翻译《老生儿》，继后又译《汉宫秋》，中国的名剧始逐渐介绍到欧洲。关于"礼俗问题"，马若瑟持反对罗马教廷的态度。马若瑟曾著《汉语札记》，分析中国语文的特点与结构。这是一部最早的中国文法书。伏尔蒙取原稿内容，写成《中国文典》。1822 年，拉谬沙著《汉文启蒙》，抨击伏尔蒙抄袭的行为，以彰马若瑟的功绩。1831 年，马六甲英华书院印行《汉语札记》。1847 年，译成英文，在广东印行。[①]

冯秉正（1669—1748 年）字端友，法国贝来人。1703 年来华，曾参加测绘地图工作。爱好历史，翻译朱熹所著的《通鉴纲目》。又翻译商辂的《续通鉴纲目》，补宋、元、明三朝史事。译稿完成后，1730 年寄回法国。1735 年，伏雷来读了部分译稿，曾计划出版。但是伏氏随即去世，《通鉴纲目》译稿也便搁置起来。经过四十多年的时间，在里昂公学发现译稿后，由克罗西经手刊印，自 1777 年起至 1783 年止，共出十二卷，题名为《中国通史》。克罗西又著《中国现状》一卷，附于《通史》之后，从此不懂汉文者，亦能研究中国历史。[②]

傅圣泽（1663—1740 年）字方济，法国布告尼人。1699 年来华，初居福建，继至江西抚州。研究中国古代典籍，富于玄想。康熙四十九年（1710 年），由白晋推荐，至北京，供职内廷，着手研究

---

① 法国国立图书馆：Fonds Francais, 27203。
② 法国国立图书馆：Fonds Francais, 12, 第 210—214 页。

《易经》。曾译《诗经》与《道德经》为法文，并加笺注。1729年，刊印《中国历史年表》于罗马。这份年表以《资治通鉴》为根据，按干支排列，加年号，拉谬沙说："给欧人读中国史者以极大的方便。"傅圣泽有许多主张与耶稣会不同。1720年返欧洲，带回大批的中国书籍，这些书籍随后分散收藏在法、英、意几个大图书馆中。

宋君荣（1689—1759年）字奇英，法国格亚克人。1722年来华，研究汉语与满文，成为当时有名的中国学者。他供职内廷，担任翻译工作兼给清室子弟讲授拉丁语。著作丰富，曾任法国国家学会通讯院士，圣彼得堡学会委员。1739年，宋君荣寄苏希伊《书经》译稿，1770年始由吉尼印行，成为有名的译本。1728年寄《成吉思汗与蒙古朝代史》稿，此书取材于邵远平的《元史类编》，1739年出版，给研究鞑靼、蒙古、突厥、匈奴等民族史者提供了可靠的资料。欧人研究东方史者，虽不懂汉文，从此亦能利用中国史料，与波斯等古代史料相对照，以推进东方史的研究。1749年，宋君荣著《论中国纪年》，他根据经籍中的记述及天文观察，认为中国史料是可靠的。彼奥说："这是宋君荣最重要的著作。"[①]1753年，宋君荣完成《大唐史略》，书中论证了西北部游牧民族的移动，以及给西方历史带来的影响。他研究《书经》中"仲康日食"，由此推定夏代的开始为公元前2155年。[②]1732年，宋君荣又著《中国天文史略》，附有多种实际的观察。他也曾翻译过《易经》与《礼记》，写了不少的杂记与书简，但是多半未印行。宋君荣是西人研究中国最有成就者之一，其影响是很大的。

孙璋（1695—1767年）字玉峰，法国里昂人。于1728年来华，任内廷翻译工作，在京居住二十九年。孙璋翻译《诗经》为拉丁文，有注释，1830年出版，德人又根据他的译本，转译为德文。又译《史记》及薛应旗之《甲子会记》，皆未刊印。

钱德明（1718—1793年）字若瑟，法国杜伦人。1749年来华，居

---

① 彼奥：《天文学》，1862年，第253页。
② 费赖之：《入华耶稣会士列传》，第2卷，第672页。

北京城，苦学满文及汉语。翻译乾隆《御制盛京赋》为法文，1770年印行，服尔德极为赞扬，并借此批评法国国王没有见识，不重视诗文。钱德明著《满文文法》及《满文字典》。其长于史学，著《中国编年史简编》。1784年，著《孔子传》，兼附历代关系。又介绍孔子著名的弟子如颜回、曾参、子路等。1772年，《中国兵法》出版，附图二十一幅，是根据满文，译《孙子》、《吴子》等著作而写成的。钱德明根据《古乐经传》，著《中国古今音乐》，论及八音、律与声，说明中国的音乐是一种独立的体系。他的著作，多收入《中国杂记》内，共十六卷，自1776年开始印行，至1814年始完成，给研究中国学术者奠定坚实的基础。

韩国英（1727—1780年）字伯督，法国里摩若人。1759年来华，亦供职内廷，指导建筑喷泉工作，装饰圆明园。他翻译《大学》与《中庸》；介绍宋慈的《洗冤录》；著有《中国孝道》，是节译《礼记》与《孝经》及有关孝道的法令、古今有关孝的故事、诗文与格言而写成的。1780年，韩国英卒于北京。

1773年，耶稣会解散，在中国活动两百年的耶稣会，亦随之暂时告终了。他们做了许多工作，对于欧人研究中国各种问题，无论是语言文字，还是典籍资料，他们的著作均产生了积极的作用。但是，应该明白，耶稣会士来华后，不论如何尊重中国的传统，不论如何脱离政治，只是一种外在形式的表现，实质上他们在初期殖民主义的发展中，是为殖民主义服务的，他们并不相信中国文化的价值，而视自己的文化为超人一等。

（二）欧人对中国研究的发展

当欧人翻译中国的古代典籍，编写语法书与字典，介绍学术与思想时，已奠立起来了研究中国的基础。沙畹论及法国研究中国学术情况时，回顾了17、18世纪发表的著作，他说："对于年代久远、物类繁杂、内容丰富的伟大中国文化，这几位开创者（指耶稣会士）已经踏出了一条大道，可使后继者在广阔的疆域上，一眼就能看得到探索的方向。"一方面，耶稣会士是封建统治的卫护者，他们的著作，给资产阶级的扩张提供了十分有用的资料。在另一方面，通过他们对中国的介绍，欧洲的进步人士也得到一种新的知识，他们视中国为理性的象征，中国既不是基督教的国家，又没有受希腊罗马的影响，但中国却有光辉灿烂的文化，这对反封建与反宗教是最有力的支持。不懂中文的欧洲学者，从中亦能研究中国的事物。吞伯尔说："中国是一个伟大的蓄水池或湖泊，中国是人类知识的总汇。"不了解中国的事物，是知识成长上的一种缺陷。

杜赫德（1674—1743年）生于巴黎。1692年入耶稣会，执教于巴黎公学。他与旅华耶稣会士经常通讯，很了解中国发生的事情及欧人在华的活动。由于杜赫德有丰富的关于中国的知识，他受修会的委派，整理寄回来的著作、译稿与信件。当"礼俗问题"争论剧烈的时候，耶稣会采取巧妙的手法，自1702年起，发表寄回来的书简，由高伯阳（1653—1708年）编印。从1711年起，这项工作改由杜赫德主持，一直到1743年他去世止。这部通讯集的命名是奇异的，题为《虔诚与奇异的书简》①，共出了三十四卷②，一直到1776年，几乎贯穿了整个18世纪，在当时产生了巨大的影响。杜密里论到《书简集》时，认为"这是一座军火库，在当时政治与宗教的冲突中，从那里能取得到最精良的武器。这又是一座矿山，对那时候的哲人与作家而言，在那里有开发不尽的矿藏"③。

《书简集》是耶稣会的一种宣传品，叙述旅华人士的生活、宗室的斗争和奇风异俗，给人一种"质朴"的印象，而实质上却是在为他们的论点作辩护。为了迎合读者的趣味和符合耶稣会的利益，杜赫德润饰这些书简，必要时加以修改这些书简，要人注意这不是普通的信

---

① 原文为 Lettres Ediffiantes et curieuses。
② 高伯阳编一至八卷，杜赫德编九至二十六卷；巴杜伊编二十七至三十四卷。
③ 杜密里：《耶稣会传教士对18世纪思想的影响》，第2卷，1874年，第5页。

件。《书简集》序文说："读者所读的叙述不是来自野蛮的国家，或过着奴隶的生活；而是来自古老的社会，享受贤明的政治，良好的治安。"① 将近二百年，耶稣会士寄回很多的信件，但在此处所发表的既不是全部，也不是原信，而是经过删节与修改的有所选择的。巴洛论《书简集》，以为耶稣会"努力做到忠实的地步；有时省略，有时又婉转，生怕翻译成中文，影响了他们在华的工作"②。18 世纪的耶稣会树敌甚多，在斗争中，他们装作是被迫害者。通过这些书简，争取得到读者的同情。马地纳认为打开《书简集》立刻感到一种奇妙的忠诚，天真的质朴，有时候还带些愚笨"③。这是一种宣传技巧，是有意识的"愚笨"，当读者寄予同情之时，耶稣会的论点已发生积极的作用了。事例很多，如《书简集》发表了汤尚贤的信，其中有："我能说什么？我所写的东西，不是供人娱乐的小说，而是远适异乡的生活，我想使关心我者稍微知道我的一点生活。"④ 这封写给他父亲的信，似乎并不需要如此客气。

杜赫德联系着旅华耶稣会士，经常得到可靠的资料，积累既久，于 1735 年，出版了他写的《中华帝国志》，共四卷。对于研究中国，在当时起了有益的作用。加尔加松说："这是一部科学著作，一直到今天，许多'汉学'专家仍予以最高的评价。"⑤ 这部书出版后，随后就有了英、德、俄等文译本，说明这部著作的成功。这部书的第一卷介绍中国的概况，各省的自然情形及历代的发展；第二卷叙述中国政府的组织，风俗习惯，科举制度及学校教育；第三卷介绍宗教、道德、文学、戏剧等情况；第四卷介绍边疆及测绘地图的说明，并附图四十二幅。

《中华帝国志》是第一部系统地研究中国的著作。杜赫德用二十四

---

① 《书简集》，XXV 卷，第 5 页。
② 布鲁引用《17 世纪传教士的争论》，《传教史杂志》，第 XI 卷，1934 年，第 557 页。
③ 马地纳：《东方对 17、18 世纪法国文学的影响》，1906 年，第 114 页。
④ 《书简集》XXVI 卷，第 180 页。
⑤ 加尔加松：《〈法意〉中的中国》，《法国文学史杂志》，1924 年，第 194 页。

吉尼写了不少的论文，如《论巴克特里亚的古史》等。吉尼的论文常引起激烈的争论。他主张中国文化移自埃及，这是殖民主义者的一种想法，引起欧洲某些人的重视，1759年后，争论范围扩大，涉及象形文字。英人尼特姆（1713—1781年），认为杜灵的伊西斯像上埃及的铭文与中国文字是相似的。英国皇家学会请钱德明鉴定。1764年，钱德明著《论汉字书》，说明中国文字与埃及文字是毫无关系的。1789年，法国革命爆发，吉尼的生活遇到严重的困难，生活没有着落，晚年景况是悲惨的，1800年死在巴黎。

路易吉尼（1759—1845年）为吉尼之子，学习汉语，继其父业，没有特殊的成绩。1784年来华游历。1794年又随荷兰使臣至北京，著有《北京行纪》三卷，附着许多图片，1809年出版。1801年，路易吉尼回国后，受拿破仑的委任，编纂《中法拉字典》，体裁庞杂，1813年出版，没有什么特别之处。

与路易吉尼同时，朗克来（1763—1824年）爱好东方学术，造诣不深。但是，为了发展商业，他向国民议会提议，建立东方现代语言学校，1795年3月30日得到批准。次年6月2日举行开学典礼。这是欧洲最早设立的研究中国语言的学校，至今已有一百六十多年了。

拉谬沙（1788—1832年）生于巴黎，幼年时，坠楼受伤，伤一目。十七岁丧父，欲继其父业，学医，入中央学院。自幼爱好植物学，偶于"森林修院"中，看到《本草纲目》的译本，激起学习汉语的欲望。拉谬沙受东方学者希尔威斯特的鼓励，刻苦奋发，自学伏尔蒙编的《中国文典》。1811年，发表《论中国语言与文学》，得到意外的成功。1813年，拉谬沙发表关于中国医药的论文，巴黎大学授予其博士学位。法国政府决定在法兰西学院，设立汉语讲座，拉谬沙被聘为主讲教授。1815年1月16日，拉谬沙讲授"欧洲研究中国语的起源、发展及效用"。次年4月，被选为法国金石艺术学会委员。1822年，与克拉普洛特等组织亚洲学会，发行《亚洲学报》，成为研究中国学术的重要工具。拉谬沙非常勤奋，发表了很多论文与译品，1820年译《玉娇梨》；1830年译注《佛国记》。其著述集有《亚洲杂俎》两卷，《亚洲杂俎新编》两卷，《遗稿杂论》等。1832年3月，巴黎发生瘟疫，预防不力，拉谬沙因此致死，时人多为惋惜。

克拉普洛特（1783—1835年）生于柏林，其父为柏林大学化学教授。幼年时，至普鲁士图书馆，看到中国书籍，产生如何能阅读的意愿。自1797年起，便立志研究汉语，刻苦钻研。1802年，在威伊玛发行的亚洲杂志上，发表有关《中国古代文学》、《中国佛教考》等论文，引起德国学术界的重视。当时，俄国波多斯基伯爵旅居柏林，知其为中国语言人才，向俄国政府推荐。1804年，克拉普洛特受俄国政府之聘，至圣彼得堡。1805年，帝俄派遣戈洛威金伯爵出使中国，克拉普洛特随行，任翻译官。俄使至库伦，因故中止前进，克拉普洛特进入阿尔泰山调查，开始了新的研究。1807年，受波多斯基帮助，入高加索区实地调查，收获很多。1810年，发表《阿富汗民族语言起源考》，反对阿富汗民族来自希伯来的传统理论，改变研究中亚历史的传统方法。由于拿破仑发动侵略战争，德国社会秩序混乱，经济困难，许多学术研究工作无形中停止了。克拉普洛特继续努力，1812年写成《畏吾尔语言文字考》。1815年至巴黎，得洪波特的帮助，克拉普洛特留居法都，发表许多著作。1819年有《克来蒙中拉辞典补遗》；1822年有《柏林图书馆汉满书目录》；1823年有《亚细亚语汇对照》；1824年有《亚洲历史地图》。此外，刊印《亚洲杂考》三卷，收集有关中国及西北民族语言论文，坚持印刷术、火药、磁针是中国发明的论点，说明这些发明是经阿拉伯传至欧洲的。克拉普洛特旅法二十年，研究中国的学术著作多用法文，给法国研究中国方面做出很多贡献，高田予以很高的评价。1835年8月27日死于巴黎，葬于蒙玛尔特公墓。

17世纪后半期，路易十四取得西欧统治的地位。连年发动大规模的战争，建造豪华的凡尔赛宫，科尔贝尔实行工商业政策，商船航行在东西两洋之上。可是法国这种强大是建立在沙滩上的，没有可靠的基础。在大陆上，法国既难与普鲁士和奥地利争夺对大陆的领导权，

509

又难与荷兰和英国在海上对抗。1756年，英国发动较大规模的殖民主义战争，与法国进行了七年的争夺，英国获胜，成为海上的强国。

法国资本主义的发展是缓慢的。可是法国的文化却走向了繁荣的道路，开始了启蒙运动。随着这种形势，法国对中国的研究亦取得了很大的成就。但是，到法国革命后，又消沉了。波纪野（1801—1873年）看到这种现象，愤慨地说："今天，便是有限的几个人都很难对中国加以注意。"当耶稣会士介绍中国时，在反贵族与反宗教的狂潮下，中国思想是理性与自然的象征。在法国革命前，或者更确切点说在1773年解散耶稣会之前，对中国的研究已奠定了稳固的基础。无论是研究中国的语言文字、经学与史学、科学技术以及社会气氛等各方面，都有了一定条件。这在文化交流上是十分重要的。

概括回来，17世纪末，柏应理回到欧洲后，指导曼采尔著《汉语初步》。1682年，恩理格研究中国文字，著《中拉大字典》。1684年，万济国编写了《汉语文法》。1685年，曼采尔著《汉拉小字典》，编成汉语词汇及语法。1710年，地亚士著《汉西字典》。1728年，马若瑟著《汉语札记》，伏尔蒙取为蓝本，著成《中国文典》。1730年，在圣彼得堡，拜伊刊印《中国大观》，内有中国文法、字典及方言。也是这一年，加斯达拉珰著《拉意汉字典》。这些工具书给有志研究中国者提供了很好的工具，可以进行独立的研究工作。

两个世纪以来，耶稣会士翻译了不少中国经典的著作，多次翻译《五经》与《四书》、《道德经》、《淮南子》、《佛国记》、《通鉴纲目》等。配合这些古典作品，欧人写了许多有关经史的著作，其间重要者，有金尼阁的《中国编年史》；卫匡国的《中国通史》；柏应理的《孔子传》；白晋的《康熙传》；杜赫德的《中华帝国志》；宋君荣的《成吉思汗与蒙古朝代史》、《大唐史略》、《中国天文史略》；钱德明介绍《中国兵法》、《中国古今音乐》；傅圣泽的《经学导论》等。在"礼俗问题"的争论中，耶稣会士为了维护他们的论点，出色地完成了介绍中国文化的工作，给其他研究中国者奠立了稳固的基础。

18世纪，在欧洲，特别是在法国，掀起一股"中国风"，生活与艺术上反映出异域的情调。中国的漆器、瓷器、刺绣、图案都成了最时尚的东西。庞巴杜夫人喜爱中国漆器，1752年购置大量货物，装饰碧尔维宫，她竭力支持马丁一家的漆业，使之不断提高质量。17世纪起，瓷器被视为珍品。少数贵族的宫中若有瓷器陈列，是会引以为荣的。18世纪时，瓷器生产得到发展，成为家庭的普通用品。1709年，欧洲已能制造瓷器，但是，产品模仿中国的风格。克里姆在1785年写道："有一个时候，每家壁炉上陈设着中国的物品，而许多日用器具，都是以中国趣味为标准的。"①

在戏剧方面，有许多剧本以中国为题材。自1692年演出《中国人》起，到1779年演出《中国的崇拜》，不到百年的时间。演出十五种有关中国的剧本。作者有雷讷尔、奈斯纪、麦达斯、达索、服尔德等。剧本有《中国人》、《中国女公主》、《中国女人》、《中国英雄》、《还乡的中国人》、《中国孤儿》、《中国节日》等。在1750年，即有八种剧本演出，演出者为法国与意大利剧团。杜赫德曾介绍"灯影戏"，使人感到新奇。1767年巴黎已放演"中国影戏"。

18世纪中叶，织绘中国景物的作品出现了。1742年的展览会中，布谢陈列了八幅取材于中国景物的画，引起群众的赞赏。波瓦织工厂，以中国题材为图案，织成许多地毯。当时出版了许多画集，如布谢的《中国人物画集》，许基伊的《中国花鸟画集》、《中国装饰图案》，柏洛特有《中国花卉集》。彼伊蒙的《新编中国装饰图案集》1755年在伦敦出版，受到时人的欢迎。龚古尔说："瓦多受阿尔伯地讷的启示，有一种伟大计划，要研究中国人的形体，特别是服装，雕刻一座形体毕肖的石像。"②

当马若瑟译《赵氏孤儿》为法文后，狄哈尔誉之为最大的悲剧，仅此剧本已足可窥见中国文学的伟大了。《玉娇梨》被译为法文后，1826

---

① 克里姆：《通讯集》，1785年11月。

② 高田：《法国18世纪的中国》，第1763页。

年拉谬沙刊行，题为《三姊妹》。上了断头台的诗人石尼，读到《诗经》译本，感到惊喜。他想运用《诗经》的体裁，改造法国诗的格律。18世纪由于醉心中国文化的狂热，影响了法国革命的发展，那时候流行的歌曲中，唱着："中国是一块可爱的地方，它一定会使你喜欢！"①

七、中国对法国18世纪的影响

（一）法国18世纪的社会动向

法国君主统治时期，从亨利第四起（1589年）到法国革命（1789年）止，基本上仍然是封建的，亦即世所习称的"旧制度"。尽管法国是统一的强国，却不能满足新兴资产阶级的要求，这个君主政府变成了生产力发展的障碍。法国封建地主掌握土地，农民是十分贫困的，忍受封建的剥削。教会的什一税，地主的代役租，使农民喘不过气来。新兴的资产阶级虽然积累了资金，但聘请不到自由的工人，因而生产受到限制，很难得到发展。法国君主政府是庞大的，供养着大批的贵族与僧侣。社会不断地分化，穷人多，市场小，购买力薄弱，形成一种不安定的局势。拉封登在《樵夫》中说："生活有什么乐趣呢？谁能像我这样苦痛？妻子，儿女，军队强迫我工作，我从来没有自由生活过。……"② 路易十四时代的社会问题是严重的，政府监督工业、专卖粮食，又有三次大规模的战争，财政困难到了极点。不仅如此，在四十一年的时间（1669—1710年），路易十四建造凡尔赛宫，耗费了一亿一千六百万金佛郎，法国居民仅有一千六百万，这是何等沉重的负担！在这个所谓昌明的时代，人民的安全却没有保证。对有嫌疑的人，随便发票逮捕，不经审判，便投入狱中。事例很多，如服尔德两次被捕（1717年、1726年），最后不得不逃往英国。底德罗因《盲人之信》，在1749年被政府逮捕。这种做法引起了相反的作用，促进了

---

① 马地纳：《东方对法国17、18世纪文学的影响》，1906年，第121页。
② 拉封登：《寓言》中《樵夫》。

进步思想的发展。

18世纪启蒙运动者，认为教会是进步的障碍。法国教会在社会上占有特殊的地位。多克维尔说："教会凭借的是传统，而改革者却蔑视传统；教会服膺的是超理性的权力，而改革者主张的是诉诸理性；教会以等级为基础，而改革要废除等级。倘使设想教会与改革者能互相了解，明白教会与政府的性质不同，不能相提并论，这种协调是完全不可能的。因此要想达到摧毁旧制度的目的，首先必须破坏作为其基础的教会。"①

事实正是如此。法国的教会是君主政治有力的卫护者，宝座与祭台是没有分别的。底德罗（1713—1784年）说："每个世纪有其特殊的精神，自由似乎是我们世纪的精神特点。首先我们攻击的目标是狂烈的迷信。如果冲破宗教的这堵墙，那么，攻击的行动便不能遏止了，因为宗教是最可怕与最受敬重的。要以威胁的眼光凝视着沉默的苍天，时机到了，便可转向大地的君主。宗教与专制是扭成束缚人类的一条巨绳，倘使不斩断这一股，那一股也是无法斩断的。"②18世纪，法国反宗教的发展是很快的。这种动向指导着欧洲的精神，并不是偶然的。法国人民勤劳而聪慧，反抗宗教与专制的压迫，争取理想的实现。对进步的思想，他们总是抱着积极的态度。当1616年，瓦尼尼发表《自然秘密》后，教会怕他的影响扩大，以无神论者的罪名，将其烧死在杜鲁斯。但是这种残酷的措施，并不能根绝反宗教的思想。相反的，反宗教的烈火在瓦尼尼的死灰中燃烧着。1623年，麦尔斯说，在巴黎四十万居民中，有五万多人是无神论者。虽然这是一种估计，却说明反宗教思想的发展。也便是为此，到1680年时，尼可洛得出这样的结论："现在的危机不是新教，而是无神论者。"巴黎有许多无神论者活动的中心，兰克洛沙龙是活动最著名的地方，多系文人往来。塞维尼夫人写信给她女儿说："这个女子（指兰克洛）是多么危险啊，倘若

---

① 多克维尔：《旧制度与革命》。
② 底德罗：《致达斯可夫公主的信》。

你晓得她对宗教的观念，你会感觉到是多么可怕。"在 18 世纪，法国的启蒙运动是从思想着手的。斗争方式是较成熟的，不借宗教形式便可进行公开的斗争。1789 年的法国革命是继英国革命后反封建最剧烈的一次斗争。两次革命相距百年多的时间，法国的社会经济已起剧烈的变化，其趋向是繁荣的。法国 1716 年出口贸易总值为一千五百万法郎，到 1787 年已增至一亿五千二百万法郎，[①]约增加了十倍。法国资产阶级革命的同盟者，不是农民，而是资产阶级化的新地主，他们相信社会是进步的。

　　法国启蒙运动的发展，有如波涛汹涌的洪流，将要冲毁阻碍人类前进的封建大厦，在哲学方面，也和其他方面一样，"逐渐形成那正在上升到统治地位的反宗教反封建的理性万能的学说，即所谓理性时代"[②]。法国 18 世纪重视理性，不受传统的约束，耶稣会士向西方传播中国思想起了很重要的作用。马地纳说："耶稣会士从东方介绍来许多哲学理论，击破专制的政治，反抗传统的宗教，赞扬宽容的道德。"[③]这里不是探讨中国思想，而是耶稣会士介绍的中国思想所起的作用，事与愿违，这是耶稣会士没有想到的，却又是无可奈何的。18 世纪初期，法国流行着有关中国的两类书籍，一类是游记，这些作品的内容是"好奇，爱说反常的事，投合群众的趣味。夸张，有时还夹杂着几分谎话。多少有地位而平凡者，来自远方，要中国的历史与事实变成不可思议的东西"[④]。另一类是中国经籍的介绍，假借中国古代的典籍，为受攻击的宗教来辩护。李明说："中国人保存着真理的观念已有两千多年了，他们对真理的钦敬可做西方人的模范。"[⑤]刘应更进一步肯定说："中国儒家的思想，不特不与基督教思想相冲突，而且是相符

---

① 雷纳德：《悲剧的欧洲》，第 172 页。
② 朱谦之：《17、18 世纪西方哲学家的孔子观》，《人民日报》1962 年 3 月 9 日。
③ 马地纳：《东方对法国 17、18 世纪文学的影响》，1906 年，第 310 页。
④ 《特落梧回忆》，1736 年，第 529 页。
⑤ 李明：《中国现状新志》，第 2 卷，第 141 页。

合的。"① 欧洲的思想家视孔子为人类的大教育家，其地位在苏格拉底之上。因为孔子的思想是最纯洁的，有如初从山泉中涌出的清水，对社会是十分有益的。杜赫德说："中国哲人的思想，不像希腊罗马人的斗智，而是要移风易俗，符合人民的要求，便是说是属于大众的。"② 孔子是封建统治有力的卫护者，但是他的思想是非基督教的，也是非希腊罗马的。欧洲的哲人们，如莱布尼兹、瓦尔夫、孟德斯鸠、服尔德等，所以拥护孔子，不在于辩论孔子的思想，给予一种评价，而在于利用孔子的思想攻击宗教。比诺说："在1740年左右，《圣经》的普遍性完结了，中国的无神论是它的致命伤。"③ 儒家思想助推了反宗教运动，中国历史更证实了《圣经》的荒谬。当卫匡国刊印《中国通史》后，引起了欧洲学术界的争论。根据中国的资料，伏羲是中国历史的开端，远在洪水以前，中国已有人居住，这说明《圣经》是有问题的。波绪伊是当时著名的学者，写《世界通史》时，不敢谈中国的历史。服尔德讥笑波绪伊的无知，写成《风俗论》时，将中国列在第一章。善于战斗的耶稣会，深知中国思想所起的作用，亦曾采取了些措施。当《通鉴纲目》译稿寄到法国时（1737年），积压了四十六年。积压很久的原因，既不是如伏雷来所说，"没有一个书铺愿意承印三十卷关于中国史的译稿"④；也不是如宋君荣所说，"人们不喜欢抽象枯涩的著作，人们只喜欢描写与报道的消遣作品"⑤。真正积压的原因，乃是中国历史是非基督教的，耶稣会不愿给无神论者反宗教的武器。及至1773年耶稣会解散后，《通鉴纲目》的译稿也便可以印行了！

不仅如此，中国的开科取士，负国家职责者系合格的文人学士，而不是世袭的贵族。政府有六部组织，监察制度，唯我独尊的帝王亦须受到制度的约束。波纪野说："就是最进步的理论，也没有孟子的

---

① 白晋：《康熙传》，1697年，第228—229页。
② 杜赫德：《中华帝国志》，第3卷，第158页。
③ 比诺：《中国与法国哲学精神的形成》，1932年，第365页。
④ 同上书，第143页。
⑤ 同上书，第144—145页。

'民为贵，社稷次之，君为轻'那样更激进的。"法国封建传统给社会发展以强有力的阻碍，因而资产阶级与封建统治者的矛盾愈深，其斗争亦愈剧烈。在斗争的过程中，中国思想的尚自然、崇理性，给启蒙运动者有力的支持，促进了1789年的革命。当郎松研究中国对法国影响时说："这个中华民族只讲自然伦理，却有如此完美的榜样，不只不是基督教徒，而且不是泛神论者，他们是无神派。因为当时普遍的意见，认定中国文人常时没有任何信仰，在服尔德未深刻研究中国之先，他对中国的观念是如此。拜略在他的《杂感》中也是如此。"① 从这里，我们可以看出在法国革命酝酿的过程中，中国思想起了发酵作用。从孟德斯鸠、服尔德与奎斯奈的作品中，可以得到证明。

（二）孟德斯鸠与中国

查理·路易·孟德斯鸠（1689—1755年）生于法国波尔多省的字来德。其家庭是地方的贵族，虽不显赫，却有特殊地位。1716年，被选为波尔多议会议长。自幼好学深思，不囿于传统，敢于发表自己的见解。②1721年刊印《波斯人的信简》；1734年发表《罗马兴亡史》；1748年出版了《法意》，成为资产阶级政治思想的基础，影响是十分深远的。

18世纪初，法国社会存在着尖锐的矛盾。资产阶级已有规模较大的煤矿，炼铁与铸造业均有发展，呢绒、毛织物、皮革等大量输出。但是，封建政府压抑、阻碍新生力量的迅速成长，这是一方面；另一方面，人民过着饥饿的生活，1739年，法国许多地区的人是"吃野草，饿殍遍野"的。在继承战争结束，路易十四逝世后，"法国往何处去"的问题已经提出来了，社会剧烈的矛盾不能再隐蔽了。

面对这样的社会危机，孟德斯鸠是难于袖手旁观的。他研究耶稣

---

① 多德斯：《孟德斯鸠〈法意〉中的游记资料》，1929年，第97页。
② 严复译《法意》作《孟德斯鸠传》说："幼而好学，至老弗衰，常语人曰，吾读书可用蠲忿释悁，虽经拂逆，得开卷时许，如遇温泉以销冰雪，扇清风而解热烦也。"

会士介绍的中国,既没有深刻的了解,亦没有同情,他谈中国只是为了说明他的理论的正确。因此,孟德斯鸠著作中所论证的中国是矛盾的,缺少逻辑性的。

远在1721年,孟德斯鸠著《波斯人的信简》,讥笑法国的社会时,他提到中国,认为中国人口的增长是由于尊敬祖先。他说:"中国生殖率很高,完全是由于敬祖如神的思想。"① 孟德斯鸠的知识是广泛的。他认为国家的兴亡是由于居民的风俗习惯。他能从实际出发,尽管是机械的,可是比柏拉图的空想和经院学派的神意要前进一步了。

从孟德斯鸠的著作中,可看出他所掌握的中国资料是有限的。他谈论中国的目的,不是研究中国,而是取中国的某一点,不考虑资料的真实性,只图证明他的主张。加尔加松说:"孟德斯鸠不批评资料的来源,凡是所刊印者,他都取来运用,在价值上是没有一点分别的。"② 他所采用的资料,有杜赫德的《中华帝国志》,安松的《世界旅行记》,郎若的《报告书》以及《书简集》的第三十一卷。

用了二十多年的时间,孟德斯鸠研究政治法律,社会经济,1748年写成了名著《法意》,法格说:"这不是著作,这是生活。"③ 从二十多年的生活体验中,孟德斯鸠得出这样一条经验:社会生活必须服从自然的规律。法的基础是理性,因而法是普遍的。只有这样认识法的概念,法始能适应自然的需要。经院派主张法的基础是神权,他不同意这种理论。以自然确定法律,这给资产阶级打开广阔的途径。什么生存竞争、弱肉强食等理论,从此有了稳固的基础。孟德斯鸠在《法意》序言中说:"我提出原则,我看到那些特殊事实一一屈服在里边。"④

马地纳论孟德斯鸠处理资料的方法时说:"他解释,他探讨,他审查,然后他批判,从而抽出简单与普遍的原则。"⑤ 当然这是严肃工

---

① 《波斯人信简》,第25信。
② 加尔加松:《〈法意〉中的中国》,1924年,第205页。
③ 郎松:《法国文学史》,第714—715页。
④ 《法意》,克拉尼本,序言。
⑤ 马地纳:《东方对法国17、18世纪文学的影响》,1906年,第316页。

作者应有的态度。可是，孟德斯鸠并非完全如此。在《法意》中，他分政体为三种形式：共和政体，君主政体与专制政体。三者又各有特质，共和的特质为平等，君主的特质为尊荣，专制的特质为恐惧。孟德斯鸠研究东方诸国时，按照他既定的原则，将中国列入专制类型内，与法国有所不同。他说："由此，一言以蔽之，中国是专制的国家，其政治的精神是恐惧。"① 他从这种主观的判断，又得出另一个结论，即专制政府的领袖，"必然是怠惰与愚蠢的"②。

但是，孟德斯鸠的论证与耶稣会士有所不同。耶稣会士介绍中国政府不是专制的，而是君主的。试举当时习见的资料《书简集》说："中国政府完全是君主的。"③ 白晋说："中国政府是君主的，不是专制的。"④ 李明说："中国政府虽非共和，但亦非专制。"⑤ 至于论到康熙，《书简集》序言中说："康熙是特别伟大的。凡是取巧与欺诈者都不得逞，他有很强的记忆力，遇大事有决断。处理事件很慎重，不冒险，可以说他永远能控制住自己。"⑥ 这里不是论证康熙是否为专制帝王，而是说明孟德斯鸠的主观，为了适应他既定的原则，便将他所掌握的资料放弃了。所以多德斯说："倘使耶稣会士所述与孟德斯鸠的结论不同，其错误是在耶稣会士，因为他们是别有用意的。"⑦

孟德斯鸠持反对宗教的态度。他认为：宗教是政客们利用的工具。僧侣和政客没有分别，奉迎权贵，传教士自然也不例外。孟德斯鸠攻击耶稣会，耶稣会运用各种手段，在幕后活动，因而招致各方面的反对，终于被迫解散。为此，孟德斯鸠要人戒惧耶稣会士的著作，最好运用普通人的作品。他对中国的介绍，便是举郎若与安松的著作为例证。

---

① 《法意》同上，8卷21章。
② 《法意》同上，3卷5章。
③ 《书简集》33卷，第50页。
④ 白晋：《康熙传》，第62页。
⑤ 李明：《中国现状新志》，第2卷，第4页。
⑥ 《书简集》23卷，第18页。
⑦ 多德斯：《孟德斯鸠〈法意〉中游记的资料》，1929年，第97页。

郎若是瑞典人，在俄国宫廷中服务。康熙五十八年（1719年），随俄国使节伊斯马伊洛夫来华，商讨通商事务。1721年，俄使回国，郎若留居北京继续商谈，没有得到结果。在商讨期间，郎若欲到内地旅行，因为当时情况复杂，政府没有同意。郎若以为未被尊重，受到限制，心情很不愉快。他在报告书中，对他留居北京的一段生活，饮食起居，都有不满意的地方。孟德斯鸠借此证明专制的恐惧。

其次，安松写的《世界环行记》，孟德斯鸠亦加利用。安松为英国的船长。1740年，安松率领战舰到南美洲的海上，攻击西班牙殖民地的口岸。1742年，航行至澳门，安松拒绝交纳关税，行动有如海盗。所以敢于如此，安松恃其武力，"有枪四百余枝，火药三百多桶"①。他说："不论在珠江或其他地方，只凭这点力量，便可摧毁一切的抵抗。"②安松不懂中国语言，亦无研究中国的兴趣，他只图谋英国势力的扩张。乾隆初年，中国实力强大，足以抗拒安松的海盗行动。安松在中国海岸受到挫折，他在《世界环行记》中，竭力诋毁中国，孟德斯鸠却相信安松对中国的叙述。在政治上，孟德斯鸠赞成君主立宪，反对君主专制，这是一种进步的表现。他倡导立法、司法、行政三权分立的学说。抨击君主专政。他所重视郎若与安松的著作，不仅是说明他的理论，而且借中国的实例，批评法国的政治，不能"一个人服从另一个人"③。可是孟德斯鸠论到法律与风俗时，他的态度转变了，他不只觉着耶稣会士的著作可以采用，而且改变了对中国的态度。

清初，中国是封建君主国家，其经济却又是很繁荣的。孟德斯鸠解释这种繁荣，不是由于社会制度，而是由于自然气候。这种理论是十分引人注意的。他说："中国气候宜于增加人口，人口众多甲于五洲。虽有至残极暴的君主，不能阻止户口增进。"④ 孟德斯鸠著《法意》

---

① 安松：《世界环行记》，1749年，第306页。
② 同上书，第28页。
③ 《法意》同上，3卷10章。
④ 《法意》同上，8卷21章。

时，中国的社会秩序是安定的，他认为这种安定"必有特别的原因，而且这原因必然是非常的，所以才能得到这样的成就。中国的天时地理，宜于维持风俗，陶冶人心，而在我们的见闻中是未尝有过的"①。这对孟德斯鸠创立地理环境说，起了很重要的作用。但是，这种理论是错误的，社会面貌不能由地理环境决定，社会制度也不能由地理环境改变。纵使发生某种影响，要与人民力量相比较，那真是微不足道了。

　　在《法意》中，孟德斯鸠论到法律与风俗的关系，取中国为例，发挥他的论证。孟德斯鸠区分法律与风俗的不同，而中国的立法者却将之合而为一，杂以宗教与仪文，形成"礼"的特殊概念。孔子说："道之以德，齐之以礼，有耻且格。"所以孟德斯鸠称中国"合宗教、法典、仪文、习俗四者于一炉而治之，这都是人民的行动，人民的道德。总此四者一言概括起来曰礼，使上下由礼而无违"②。因此，孟德斯鸠在《法意》中得出这样的认识，中国的立法者，"其最终目的，在使人民安居乐业"③，中国政治得失的标志，便在礼乐的兴衰。清初中国是一个强大的封建国家，经过耶稣会士的渲染——其渲染的目的，在于辩护"礼俗问题"的论点，不如此，对他们在欧洲的地位是不利的——孟德斯鸠指出中国所以成功的原因，在于崇尚礼乐。他说："中国穷乡僻壤的地方，居民崇尚礼乐如同那些有教养的缙绅一样。"④按照孟德斯鸠的认识，"礼"是中国文化悠久的结晶，洗涤了精神上粗陋的缺点，因而有优良的政绩，纵使是专制政治亦无可奈何。

　　孟德斯鸠这样理解中国是别有用意的。他推崇中国的"礼"，其目的在于说明理性重要，不像法国那样迷信，而为宗教所束缚。理性是资产阶级法的理论根据。孟德斯鸠认为法是自然的秩序，因此，私有制是永恒不变的。一个国家保证人民的私有权，孟德斯鸠认为是尊重理性

---

① 《法意》同上，8卷21章。
② 《法意》同上，19卷17章，严俊在此章案语中说："吾译此章，不觉俯首下心，而服孟德斯鸠之伟识也。其于吾治也，可谓能见其大者矣。"
③ 《法意》同上，19卷16章。
④ 《法意》同上。

的结果,由此可知理性是反封建的,却为新起资产阶级所迫切需要。

为此,孟德斯鸠进一步论证,中国的政治基础是"礼","礼"是中国国家的精神,[①]形成一种优良的风尚,体现在家庭生活中。如果每个家庭有淳厚的风尚,高尚的伦理,那么这个国家一定是很强盛的。由此,孟德斯鸠得出这样的结论:"治天下而所取法的,原无异于治一家。"[②]孟德斯鸠论中国是有矛盾的,他又以为矛盾是正常的。当理论与事实发生矛盾时,孟德斯鸠主张事实服从理论,这说明孟德斯鸠的思想是唯心的。但是,他又认为事物的存在必有其存在的规律,便是神也不能例外。他研究中国礼俗的目的,不在说明中国是否真是如此,而在说明法国社会的必须改造,法国必须出现分权的统治,这样,法国始能出现良好秩序。孟德斯鸠推动了法国革命,增加了革新者的信心与力量。

(三)服尔德与中国

服尔德(1694—1778年)生于巴黎,父亲为公务人员。入耶稣会主持的路易公学,受到严格的训练。服尔德有泼辣的性格,好奇,不安于现状,表现出战斗的精神。自1714年起,服尔德经常对现实不满意,好发议论,讥讽权贵,常生活在战斗中。两次入狱,学到许多斗争的经验。当1726年出狱后,不能留在法国,不得不到英国居住。英国是资本主义上升的国家,服尔德看到英国社会的变化,开阔了他的眼界。1729年,服尔德刊印《哲学通讯》,总结了三年在英国的见闻。介乎这些见闻中,他提到中国的种痘,实行已久,是很有价值的。服尔德关心人们的健康,要求采取像种痘这样的有益的措施。他说:"中国是世界上文化最高的国家,人们不应该对它有成见。"[③]可见服尔德眼光的远大。

1750年前,服尔德的精力用在文学上。他以诗人的身份,受普鲁

[①] 《法意》同上,19卷19章。
[②] 《法意》同上。
[③] 《服尔德全集》卷22,第11页。

士国王之聘，住于波茨坦宫，也曾幻想过许多的愿景。但是，好景不长，1753 年便与之决裂了。服尔德离开普鲁士，最后定居在日内瓦的列芒湖畔。服尔德活了八十四岁，几乎占了整个 18 世纪。他有广博的知识，丰富的经验，在资产阶级思想运动中，通过那种干净、辛辣、生动的言词，在攻击旧制度、反封建与反宗教的思想运动中，起了积极的作用。

服尔德受了英国哲学家洛克的影响，认定感觉是知识的来源，外界的事物是真实存在的。他又认定，人不是神的仆役，而是集体中的成员。社会是集体的，个体是因集体而存在的。由于这种认识，服尔德进而认识到：社会是道德的基础，道德的价值是以社会的需要为准则。服尔德是一个泛神论者，爱自由，倾向共和政治，推进了 1789 年的法国革命。

在 18 世纪反封建与反宗教的思想斗争中，服尔德常取中国为例，攻击法国的政治与宗教。这种行动不是偶然的，而是由路易公学培养成的。当他学习的时候，杜海米纳是他的修辞学教师，给予他许多有关中国的知识。杜海米纳是白晋的朋友，经常通讯，深知中国的情况，并得到许多有关中国的著作。继后服尔德结识傅圣泽，傅氏旅华二十多年，研究《易经》，受到康熙的庇护。当他回到法国后，"变为耶稣会的敌人"[①]。服尔德从他那里得到中国的实际情况。

服尔德与经院学派做斗争，勇敢地反对教皇和教会。他虽然是泛神论者，但是，他所意识的神，不是神学家所论证的，而是自然界事物运动的动力。为此，他主张"如果没有神的话，也应该创造一个神"。他又认为意识是一种能力，而这种能力是神所赋予的，否认这种能力，便否认神的存在。对神的概念，服尔德与经院学派完全不同。这是 18 世纪哲学上的一种进步，尽管仍然是唯心的。

正是为此，服尔德赞扬中国的思想。在服尔德的认识上，中国的思想就是中国的宗教。只是这种宗教没有教义，没有神秘，其特点是

[①] 《服尔德全集》卷 11，第 180 页。

理性与自然的符合。他说:"中国士大夫的宗教是可敬的,没有神奇的传述,没有不经的教义,以违背人类的本性与理性。"[1]

服尔德的"神",不是信仰的对象,而是理智的原则,是与自然不能分割的。自然不是静止的,而是运动的。这种运动发生作用,也发生反作用。人如神一样,顺着自然的规律不断地运动。可是运动不是盲目的,而是有制约的。争取自由,却又要限制自由。理性必须符合自然,中国哲人主张的"天人合一"是理论中最高的原则。天不是神秘的,而是"自然"的别名。为此,狄哈尔说:"在中国自然情绪发展到最高点。"[2] 服尔德认为这样认识是正确的。当"礼俗问题"争执时,有人说中国是无神论者,服尔德说:"经过多次的研究,所谓中国是无神论者,乃是西方神学家的杜撰,正表现出这些学究们的疯狂与无知。"[3]

根据服尔德的认识,中国宗教可分两类:一类是属于士人的,另一类是属于群众的。服尔德论佛教与道教时说:"这是群众的宗教,正如粗陋的食品,是专为充饥用的。至于士人的宗教,经过提炼,质量纯洁,普通人是不能享受的。"[4] 服尔德出身于公务人员家庭,与名流贵族往来,是看不起劳苦大众的。服尔德赞扬儒家敬重孔子,不只是因为儒家崇尚理性,更重要的是,敬重孔子者,多为学者与达官。他说:"孔子死后,其弟子都是帝王、阁老与学士,而不是群众。"[5] 为何孔子会有这样崇高的地位呢?服尔德认为孔子"是政治家,传播古代的法典"[6]。几千年来,中国崇尚孔子,对社会起着有益的作用。他赞美孔子说:

只用有益的理智作解释,

---

[1] 《服尔德全集》卷18,第158页。
[2] 《中华帝国志》卷3,第155页。
[3] 《服尔德全集》卷18,第154—155页。
[4] 《服尔德全集》卷11,第179页。
[5] 《服尔德全集》卷11,第176页。
[6] 同上书,第57页。

光耀精神而不眩耀世界，

孔子不是先知却是哲人，

谁知到处为人们所相信。①

在政治上，服尔德拥护开明君主政治。他从英国返回法国，他的理想是，既要有君主，又要有议会，两者相辅相成，是较为合理的。服尔德在英国住了三年，深感英国政治的进步，学术思想的先进。但是，他不敢公开主张，两次入狱的教训，使他认识到只能迂回地表达他的思想。服尔德论到中国便不同了。根据耶稣会士的著作，他赞扬康熙的政绩，文人主管下的六部，中国社会良好的秩序。他说："尽管中国人尊敬皇帝如神，中国的政治却不是绝对的专制。因为绝对专制是以个人意志为准则，是没有法律观念的。但是，全世界最有力地保护人民生命、财产、荣誉的国家，那便是中国。"②为什么中国能有这样理想的政绩呢？服尔德有他独特的认识。首先，中国的君主，不是专制的，而是开明的；其次，中国政府有六部组织，负实际责任者，都是经过严格考试的学者，不是无知的贵族。他说："人们不理解六部的重要，一切官吏须经过严格的考试。虽然我们了解不够，可是中国是实行这种制度的。"③更重要的是中国的"法律与和平建立在最神圣与最自然的权力上"④。在这方面，正是法国最缺少的。

服尔德鉴于贵族知识贫乏，国家负责者又多愚昧，深感到贵族世袭制度的可憎，更觉着中国考试制度的可爱。中国的封疆大吏，不来自世袭的贵族，而来自自己的努力，经过严格的考试。因此，中国政府的官吏多为文人与学士，不需要神道设教，风俗却能淳厚。服尔德认为这种成就是来自中国历史的久远，有丰富的经验。

---

① 《服尔德全集》卷18，第151页。
② 《服尔德全集》卷13，第162—163页。
③ 同上书，第162页。
④ 《服尔德全集》卷15，第776页。

从 17 世纪起，中国悠久的历史，引起欧洲学者的不安。波绪伊写《世界史》，避而不敢谈中国，受到学者们的责难。旅华耶稣会士研究中国古代，以助"礼俗问题"的争论。帝尧即位的年代，被认为是公元前 2357 年。汤若望怕与《圣经》年代有矛盾，询问耶稣会长处理办法。1637 年，耶稣会长复信说："这个年代是可以使用的，但必须要一致。不要让中国人知道他们历史年代得到证明，须经教会统一决定后，始能公开。"[①] 这件事实说明，基督教国家是文明的，却不是唯一的。更说明传教士不是"超国家"的，而是为他们国家服务的。

服尔德有进步的思想，鉴于当时宗教的纠纷，教会的专横，他写《风俗论》时，将中国列在篇首，构成他著作的特色。他说："为何我们的敌人无情地反对中国呢？为何要反对中国与欧洲主张正义的人们呢？无知之徒始敢说对中国历史估计过久，将《圣经》的真实性摧毁了！"[②] 服尔德要人知道《圣经》不是历史，因为没有科学的根据。人须有批判的精神，始能得到思想的解放。比诺说："从耶稣会士的著作中，服尔德得到资料与年代的知识，借此证明中国历史的久远。从自由主义者的言论中，他学习到各种理论，以加强他的主张。他比耶稣会士更大胆与更进步了。"[③]

服尔德著《路易十四》一书时，为什么要在书末加添一章"礼俗问题"呢？他的用意是婉转深刻的。服尔德表彰路易十四的伟大，实质上讥笑路易十五的昏庸。但是，路易十四果真伟大吗？答复是否定的。路易十四实行专制，气量狭小，不懂得容忍的风度。在他统治的时期，争论中国的礼俗是精神狭小的表现。所以在《风俗论》中说："诽谤中国唯一的原因，是因为中国的哲学与我们的不同。"[④]

钱德明译《盛京赋》为法文，服尔德读了后写道："我很爱乾隆

---

① 费赖之：《入华耶稣会士列传》卷 1，第 181—182 页。
② 《服尔德全集》卷 26，第 389 页。
③ 比诺：《中国与法国哲学精神的形成》，1932 年，第 279 页。
④ 《服尔德全集》卷 11，第 178 页。

的诗，到处表现出柔和。禁不住要问：像他那样忙的人，治理那样大的国家，如何有时间写诗呢？……这是好诗，但是他很谦虚，不像我们的小诗人充满了高傲。"① 最后的几句，服尔德有感而发。1753 年，普鲁士国王腓特烈第二与服尔德决裂后，服尔德带走国王的诗稿，国王着人追踪拘询，交出诗稿，服尔德认为这是耻辱，忿忿不忘。

服尔德运用中国的资料，批评法国的政治，贵族的专横，教会的束缚人类的精神。他赞美中国的容忍、谦让的美德。他引用雍正和巴多明的谈话，反映出传教士精神的狭隘。"关于礼俗问题的争论，你们（指传教士）那样争论，并没有好处。平心而论，假如我们到欧洲，也如你们在中国的行动，你们做何感想？"② 服尔德一生在战斗中，他对启蒙运动的发展起了有益的作用。他从中国思想内，取有利于破坏法国旧社会的部分，巧妙地配合，使人感到自由的可贵，给法国 1789 年的革命起了推动的作用。

（四）奎斯奈与中国

路易十四统治时期，法国社会的危机是十分严重的。法国是欧洲的大国，经过四次大规模的战争，凡尔赛的豪华建筑，贵族的贪婪，僧侣的享受，将一个国家弄到"民穷财尽"的地步。勤劳的法国农民忍受着沉重的税捐，压缩必需的口粮，应付国家与教会的剥削。圣西门说："路易十四取人民的财富为己有，人民仅有的那一点，还是来自他的恩赐。"③

当科尔贝尔执掌法国财政时，受城市有产者发展的影响，建立了模范工业，奖励海外贸易，积累了不少财富。可是路易十四无限度的挥霍，使国家穷困，这是一方面；另一方面，科尔贝尔轻视农业，战争丧失了许多劳动力，农民生活变得十分困难。法国是农业国家，农

---

① 《服尔德全集》卷 29，第 454 页。
② 《服尔德全集》卷 25，第 99 页。
③ 居约：《奎斯奈与重农学派》，第 14 页。

产品价格低，禁止向外输出，征收高税，又须以货币交纳，阶级不断地分化，土地集中在少数人的手中，趋向农场化的经营，这更使农民的生活困难，出现了严重的社会问题。

18世纪，法国社会的动荡不安是由农民问题没有得到解决而形成的。农业是国家的基础，而这个基础久已动摇，经科尔贝尔的重商主义的冲击，更不稳固了。在这种情况下，奎斯奈（1694—1774年）鉴于现实的需要，创立重农学派，以期解决法国的社会问题。多克维尔说："真正法国革命的特点，可从重农学派经济学者的著作中发现出来。"[①] 这个理论是正确的。

奎斯奈生于巴黎近郊麦来，家庭很普通，没有特殊的地位。青年时期学医，精于外科。他的思想受到职业的影响。奎斯奈视社会如同人体一样，健康者须加意保护；疾病者须予以医疗。这时的法国社会是有重病的，忽视农业便是最特出的病症。

1749年，奎斯奈为宫廷的侍医，受到路易十五和庞巴杜夫人的庇护。由于庞巴杜夫人的关系，奎斯奈与百科辞典派有了接触。《百科辞典》编纂时，奎斯奈写了"农民"与"谷物"的解释。他着重指出：赋税的繁重与价格的低廉是农业的困难。他的著作中，常取中国事例来说明他的理论。他没有深刻地研究中国，也如孟德斯鸠一样，先提出自己的主张，然后在《中华帝国志》中寻找适当的事例，证明他的正确性。他评论《中华帝国志》说："这部书是有价值的。便是按照这位学者的言论，我们来研究中国。"[②]

奎斯奈主张：一个国家的繁荣是由财富来决定的。土地是国家最主要的财富，所以农业是国家的命脉，农民是国家的基本，因为农民是最重要的生产者，人民生活所需要的东西都是农民生产出来的，离开农民，国家就无法存在了。但是，要发展农业，首先要保证人民的自由与所有权，这不是过分的要求，这是自然的规定。18世纪反封建

---

① 居约：《奎斯奈与重农学派》，奥肯编，绪言，1888年。
② 《奎斯奈全集》，第592页。

的思想家们，认定自然法则是人类最高的原则，经济这一部门也不能例外，这在"朕即国家"的统治下，奎斯奈的主张是进步的。1767年，他著《中国专制》时说："物质法则建立起自然的秩序，是最有益于人类的，也正好证明人类的自然权力。物质法则是永久不变的，肯定是最好的。"[①] 将社会现象当作自然现象来解释是奎斯奈着重现实的表现。他认为人类幸福不在未来，而在现在，在这一点上他和那些宗教家划了一条不可逾越的界限。

在重农学派的理论中，奎斯奈常举中国为例。因为在十八世纪，世界上没有一个国家像中国那样重视农业。重农学派主张：每个国家须切实重视农业，保证人民的生活。每个国家要在法律上，切实保障个人的自由与所有权。每个国家的政治措施要以法律为依据，而这种法律又需建立在自然法上。在《法意》中，孟德斯鸠以为中国是专制的，奎斯奈是开明专制的拥护者，他也以为中国是专制的，可是中国的专制是"合法的专制"。他说："中国是专制的，可是中国的政治机构建立在自然法则之上。"[②] 中国所以有四千多年的历史，是世界上繁荣的国家，其原因便在重视农业，尊重自然法则。从中国古代帝王们起就重视农业，传述中舜亲耕于历山，重视"农业的繁荣"。[③] 不论是否是历史事实，却值得倡导。

中国政府重视农业是国家的政策，是根据自然的要求，是最合理的措施。奎斯奈举中国为例是对法国政府忽视农业的批评。中国政府的这种农业政策是进步的，因而中国财富不断地增长。随着财富的增长，中国人口也便随之增长了。奎斯奈在《格言》中说："不必重视人口的增长，应当重视财富的增长。"[④] 奎斯奈的理论与米拉波的主张是对立的，米拉波主张财富是人创造的，人口增长决定财富增长。米拉

---

① 《奎斯奈全集》，第645页。
② 同上书，第613页。
③ 同上书，第574页。
④ 同上书，第645页。

波也是重农学派的领袖之一。他们的立论之所以往往不能一致,是因为他们的理论都是有片面性的。

奎斯奈运用耶稣会士的报道,他承认在一定程度上,耶稣会士可能将中国理想化,但却不能将之说成是"最荒唐的"。[①] 清初的封建经济有一定的发展,因为中国政府保障农民的所有权。奎斯奈说:"在中国,所有权是非常安全的,就是那些雇员与佃工都受到法律的保障。"[②] 为此,中国成为财富增长的模范,人口也随之增长了。

事实上,奎斯奈如此赞扬中国,是对路易十四的一种批评。1692年,路易十四宣布土地是属于国王的,由于这种法令,农民的所有权被剥夺了。18世纪,资产阶级的实力虽有所增加,但是所有权的问题仍是斗争的焦点。奎斯奈的理论是在封建外衣下成长的,他一再强调所有权的问题,他说:"保障个人私有权是社会经济安全的基础。"[③]

判断一个国家的繁荣与否,奎斯奈认为不在城市,而在乡间。倘若乡间没有荒地,而是阡陌相连,到处种植蔬菜与田禾,那么这个国家的人民生活是安定的,国家是富强的。马若瑟有这样生动的叙述:"沿珠江而上,始看出中国真正的面目。两岸都是稻田,有如草地。在这无垠的田间,交织着无数的河渠,帆船往来如梭,正像在草地上泛游。更远处,山峦林立,树木丛生,山腰间有人工开垦的田地,正像杜来利的花园。这中间有许多村庄,充满了田园风味,悦目怡情,只追恨所乘的船很快地驶过去了。"[④] 马若瑟的叙述给重农学派者一种鼓舞,加强了他们的信念。重视农业是一个国家遵守自然法则的体现。法国君主时期的政治是封建制度的卫护者,阻碍生产的发展,其根本原因,重农学派认为是放弃了自然法则。倘如与中国相比较,则相距甚远了。为此,奎斯奈说:"中国的悠久、庞大与繁荣是来自遵守自然

---

① 虞森贝:《政治经济学史》,第1卷,第165页中说:"在魁奈的思想中,最荒唐的观点之一,就是他把中国和中国帝王理想化了。"
② 《奎斯奈全集》,第599—600页。
③ 《奎斯奈全集》,第331页。
④ 《书简集》26卷,第84页。

法则。"① 中国重视农村，农业繁荣必然引起商业的繁荣，这是奎斯奈对科尔贝尔政策的批评。中国农业发达，乡村交通方便，"运河修理得很好，稍微较大的河流便可航行"。② 中国交通方便，工商业也便发达起来。河流与道路的整修是十分必要的，有如人身的脉络，周行畅流，身体始能健康，国家也是如此。

18世纪，奎斯奈与服尔德一样，要求重视自然法则。他们认为如果没有自然法则做基础，政府及个人行动必然陷入混乱状态。自然法则是是非的标志，中国的长治久安，便是来自遵守自然法则。奎斯奈多次申述这个论点：自然法则"是政府的基础，但对这种制度的必要性，在所有的国家中，除中国以外，都被忽视了"。

有了这种对自然法则的认识，国家的各种措施便会是合理的。奎斯奈曾叙述中国是按照田产的多寡，土地的质量来征收农税。纳税者为土地所有者，并非仅是种地的农民。中国政府满意地执行这种政策，在欧洲却是难于实现的。

奎斯奈是个爱国主义者，他看到法国社会问题的危机，企图以中国为例，倡导重农的学说，使法国在自然法则的基础上强盛起来。不论他的成效如何，其动机是无可厚非的。奎斯奈的这种想法是相当普遍的。关于此，克里姆提供了很好的例证。"有一天，路易十五与他的大臣碧尔丹讨论，想改革当时政治上的错误，要碧尔丹想一良好的办法。过了几日后，碧尔丹提出他的改革计划。路易十五问：什么计划？碧尔丹回答：'陛下，我们要接受中国的精神。'"③ 什么是中国精神呢？就启蒙运动的思想家而言，不论他们的主张如何不同，他们一致认为必须反对专制的政治，专制的教会。更主要的，是要遵守自然法则，不要妨碍大众的行动，听其自然发展。法国政府组织已至瘫痪的境地，必须加以改造。中国历史的悠久不是偶然的。"持久是一个国

---

① 《奎斯奈全集》，第660页。
② 《奎斯奈全集》，第529页。
③ 克里姆：《文学通讯集》。

家组织最完善的表现。"① 但是，法国也是一个农业国家，人民生活却感到那样困难，服尔德早已说："到头来还须谈面包问题。"这和中国当时情况来对照，则法国政府须加改革。重农学者孛瓦洛说："假使土地耕耘得好，满生稼禾，我可断定这个国家风俗淳厚，人民安居乐业，政治必然是合理的。我们可向自己说是生活在人间。"②

奎斯奈没有到过中国，也不懂中国的语言文字，对中国学术亦无很深的研究。但是，他读了关于中国的著作，受到深刻的启发，创造了重农学派的理论。无论他的学说是如何片面，在反封建的启蒙运动中，还是起了积极的作用。18世纪法国经济上的困难，轻视农业是重要因素之一，必须使用手术挽救难以医治的病症。这样，奎斯奈也同孟德斯鸠、服尔德等一样，促进了1789年的法国革命。奎斯奈是法国资产阶级革命准备者之一，中国学术予之以强有力的武器，使之坚持到底。

结　论

当欧洲脱离中世纪的时候，西欧几个国家的城市有产者，代表进步的社会力量，同封建势力作殊死的斗争。这些有产者是一种新生的力量，积极向海外扩张，控制海路，争夺殖民地。欧洲的商人与航海家成了东方的常客。

16世纪前，欧洲对中国是不了解的。即使有一点知识，也仅只是间接得诸传闻。明清之际，虽有变革，中国仍是封建集权的国家，社会组织大致上是完善的。中国是东方的大国，承袭了优良的传统，历来反抗海上来的侵扰。

当欧洲人来到东方后，他们利用各种方式，图谋闯入中国，最终被中国政府遏制住了。当然，他们是不甘心的，并未放弃扩张的企图。随着史事的演变，到鸦片战争后，殖民主义的侵略加剧，视中国为最

---

① 比诺：《重农学派与18世纪的中国》，《近代史杂志》8卷，第207页。
② 比诺：《重农学派与18世纪的中国》，《近代史杂志》8卷，第263页。

好掠夺的对象，终于使中国沦为半殖民地半封建社会，给中国人民带来无穷的灾难。

便是在初期殖民主义向东方扩张的时候，耶稣会士东来传教，以科学技术开辟道路，深入统治阶级的内部。为时不久，耶稣会士遍及十三省，得到各种资料，不论他们口头上如何宣称，客观上起了为殖民主义服务的作用。

当资本主义开始发展的时候，欧洲古老的社会起了深刻的变化。耶稣会是适应这种新变化而出现的，其目的在维护封建政权。但是，他们的工作方式却又是灵活多变的。1874年，杜密里这样说："在基督教的君主国家内，耶稣会与旧制度紧密联系在一起，不久就到没落的境地。因为利害关系，他们的精力完全用在权术与计谋上。但是在传教的地方，采取了截然不同的态度，他们放松了传教的职责，将精力重点地放在科学与策略上。"[1] 这种分析道出了整个耶稣会活动的核心。

从利玛窦来华后，欧洲传教士便开始介绍"西学"。徐光启等有感于明朝的衰落，民生的困苦，欲借科学技术，改进现状，吸取别国的知识，这是十分应该的。科学是人类共同的财富，原不应当划分领域。当然问题不在于此。问题是传教士们以科学技术为手段，接触上层人士，而为殖民主义者服务。因而传教士们的活动是含有政治目的的。1616年，沈㴶首先追问传教的目的，使当时人们不能不有所戒惧。康熙看到西洋人乱寄书信，违犯中国法度，就明确宣布："除会技艺人留用外，其余众西洋人务必逐回，断不姑留。"[2] 这种态度是十分正确的。

明末清初，西方传教士介绍的科学知识有一定积极的因素，却不能把它摆在不适当的地位。"据上海徐家汇藏书楼书目初步的统计，16、17世纪，耶稣会士在中国译著书籍共402种，其中宣扬宗教的301种，占75%，神学及文艺的39种，占10%，科学技术书62种，仅占15%。从这个统计可以看出，耶稣会教士大谈其历法、算学、地

---

[1] 杜密里：《耶稣会传教士对18世纪思想的影响》，第2卷，1874年，第2—3页。
[2] 《康熙与罗马使节关系文书影印本》第十件。

理、机械等学问,是有醉翁之意不在酒的意思。"①

耶稣会教士来到中国后,惊奇中国历史的悠久,以及高度发达的文化,特别是在这样非基督教的国家中,人民有高尚的道德,淳朴的风俗。他们将中国古代典籍翻译为西文,介绍中国的学术思想,宣扬在中国的活动,做出了许多所谓"出色"的工作,其目的在使欧洲人知道:中国的繁荣是君主政治的结果,他们希望借此维护摇摇欲坠的旧制度。因为耶稣会士在欧洲受到攻击,而在中国却受到重视,他们于是欲借此反击敌人。但是,事与愿违,这种意图失败了。他们对中国的研究,有一部分为欧洲思想家所利用。18世纪的启蒙运动者,以儒家理性的学说,反对经院学派的武断;以中国传统的道德,反对教会的专横;以中国的法制,反对旧制度的残暴。孟德斯鸠、服尔德、奎斯奈等充分利用耶稣会士的译著,向旧制度发动了猛烈的攻击。

1789年的法国革命较荷、英两国的资产阶级革命更为彻底。18世纪法国的社会是不稳定的,不时迸发出阶级斗争的强烈火星。1744年与1786年,里昂的纺织业爆发了两次大规模的罢工。1788年歉收,格勒诺布尔的群众起义,与政府作殊死的斗争。启蒙运动者感于社会问题的严重,取中国为例,以证明统治者的昏聩,要求推翻封建与教会的统治,这都是耶稣教会士没有意想到的。从这方面说,欧人研究中国,纵使有一定程度的理想化,但并未完全脱离中国实际,从而促进了法国革命,这并非偶然。

不仅如此,18世纪的思想家研究中国后,丰富了思想的内容,深感到自然与理性的重要。在资产阶级学术思想上升时期,从经院学派教条的理论下解放出来,是非常迫切的历史任务。德国数学家瓦尔夫,发表赞美孔子的演说,受到其同事郎若的攻击,被解除了哈尔大学教授的职位。②但是,欧洲正直的学者对瓦尔夫寄以深厚的同情。从耶稣会教士介绍中国的著作中,欧洲的学者如歌德,觉得中国人的生活

---

① 王守义:《对于中国天主教历史研究的几点认识》,第10页。
② 《服尔德全集》卷18,第156—157页。

是明朗的，纯洁的，更符合道德要求的。中国是非基督教的国家，其文化如此高尚，相形之下，在欧人心目中不能不对所谓保存道德的罗马教会发出疑问，产生动摇。

从19世纪起，配合殖民主义的扩张，欧人对中国的研究，性质逐步改变，且多为政府所控制。从1815年法兰西学院设立中国学术讲座起，继后于1855年荷兰来登大学，1876年英国牛津大学，1888年英国剑桥大学相继设立，欧人研究中国语言文字、学术思想的条件初步具备了。前此研究中国者多为传教士，鸦片战争后，传教士之外，又增加了大批官吏、外交人员、军人与商人等。他们肆无忌惮地劫夺文物，收集资料，斯坦因、伯希和、勒柯克等留下可耻的记录，这是帝国主义侵华史的一部分，应该做特殊研究的。

参考书举要

甲，资料方面。除故宫博物院于1932年出版的《康熙与罗马使节关系文书影印本》外，尚有：罗马图书馆的Fonds jesuite 1805；巴黎国家图书馆的Fonds Francais 12210—12214；17239；17240；25060；27203。

乙，专著方面。有关中文著作于文中注出外，后面列举的系西文主要原著的译名，有：

安松：《世界环行记》，1749年。

Anson（Geonge）：Voyage autour du monde, fait dans les annees MDCCXL, Amsterdam et LeirZig, 1749, Publié par R. waltter.

白晋：《康熙传》，1698年。

Bounet（J.）：Portait historique de l'Empéreur de la chine, paris, 1698.

孛留克：《第四届国际地理学会报告》。

Bruker（J.）：Communicatione sur l'exécution des cartes de la Chine par les missionnaires du XVIIIe siècle d'après documents inédits. IVe Gongrès international des sciences géogiaplisnes tenu à Paris en1889, t. I , Paris.

加尔加松：《〈法意〉中的中国》，1924年。

Carcassonne（E.）：La chinedans "l'Esprit des Lois". Rev d'Histoire littéraire de la France. 1924.

高田：《中国书目》，1878年。

Cordier（Henri）:Bibliotheca Sinica, Paris. E. leroux,1878.

高田：《中国在18世纪的法国》，1920年。

la Chine en Frauce au XIII ^{e} Siécle, 1920, Paris, Henri Lansen.

高田：《北京耶稣会的解散》，1918年。

La suppression de la compagnie de Jésus et la mission de Pékin, Leyded, 1918.

多德斯：《孟德斯鸠〈法意〉中的游记资料》，1929年。

Dodds（M.）：les récits de Voyages, sources de L'Esprit des lois de montesquieu. champion, Paris, 1929.

杜赫德：《中华帝国志》四卷，1736年。

Du Halde: Description géographigue, historque, chronologique, politique et physique de l'Empire de la Chine et de la Tartarie chinoise. à La Haye,1736.

杜密里：《耶稣会传教士对18世纪思想的影响》。

Dumerie: L'influence des jésuites considérés comme missionnaires sur le nouvement des idées au XIIIe siècle. mémoires de l'Alademie de Dijou, 1874 3e série, I, II.

纪合地尼：《1698年安斐特里中国航行记》，1700年。

Ghirardini（Gio）：Relation du voyage fait à la chine sur le Vaisseau l'Amphitrite, en l'année 1698. Paris, Nicolas nepie,1700.

居约：《奎斯奈与重农学派》。

Guyot（yves）：Guesnay et la physiocratie, Paris.

吴惹：《近代史发端》，1938年。

Hauser（H.）：Les débuts de lâge moderne, 1938.

郎若：《出使中国宫廷记》，1726年。

Lange: journal de la résidence du sicurlange agent de sa majesté impériale de la Grande aussie à la cour de la chine, dans les années 1721 et 1722, Aleyde,1726.

郎松：《法国文学史》，1894年。

Lauson（G.）：Histoire dé la littérature francaise, Hachette, 1894.

郎松：《18世纪哲学精神的形成与发展》，1909年。

Lauson（G.）：Formation et développement de l'esprit philosophique au XVIIIe siécle. Revue des cours et confeirnces,1909.

李明：《中国现状新志》，1696年。

Lecomte: Nouveaux mémoires sur l'état Présent de la chine Paris, J. Anisson,1696.

《耶稣会书简集》。

Lettres édifiantes ef curieuses écrites par des missionmaires de la compagnie de Jésus, mémoire de la chine. de t. XXV à XL. chez Gaume Fréres, 1831-1832.

马地纳：《东方对17、18世纪法国文学的影响》，1906年。

Martino（P.）:L'Orient dans la litterature francais, au XVIIIe siécle et. au XVIII^{e}siécle, Hachette,1906.

《孟德斯鸠全集》。

Montesquieu: Oeuvres complètes, 7 val, Paris, Garnier,1875—1879.

费赖之：《入华耶稣会士列传》两卷，1932年。

Pfister（L.）: Notices Biographiques et Bibliographique sur Les jésuites de l'ancienns mission de Chine, 1932.

比诺：《中国与法国哲学精神的形成》，1932年。

Pinot（V.）：La Chine et la formation de l'esprit pilosophique en France（1640—1740）, Paris, 1932.

比诺：《18 世纪重农学派与中国》，1907 年。

Pinot (V.): Les physiocrartes et la Chine au XVIIIe siécle, Revue d'histoire moderne et contemporaine. t.Vui. 1907.

《奎斯奈全集》，奥肯编，1888 年。

Guesnay (Fr.): Oeuvrs économique et philosophiques. publiées par Auguste Oncken, Pan's, jules peelman, 1888.

《服尔德全集》52 卷。

Vollaise: Oeuvres complètes. Nouvelle édition, 52Vol. Garnier.

译名对照表

Albuquenque（Al. de）	阿布盖克	Baucher	布谢
Abdallae Beidavaei	阿勃达拉·拜达乌	Bayer	拜伊
Abu-Zaid	阿布·赛德	Beauvais	波瓦
Albertina	阿尔伯地纳	Belley	贝来
Alexandre VII	亚力山大第七	Bellevue	碧尔维
Andrade	安德拉德	Bertin	碧尔丹
Amiot（J. J. M.）	钱德明	Bernard（H.）	裴化行
Aris（L.）	阿利斯	Besaucon	贝桑松
Antoine	安东	Biot	彼奥
Anson（G.）	安松	Bohemia	波希米亚
Antwerpen	安特卫普	Bodin	波丹
Anville（d'）	安维尔	Bordeaux	波尔多
Aral Sea	咸海	Bossuet	波绪伊
Bacon（R.）	倍根	Bouvet（Y.）	白晋
Bactria	巴克特里亚	Baurgogne	布告尼
Balkhash Lake	巴尔喀什湖	Boyem（M.）	卜弥格
Barrow（Y.）	巴洛	Bleau（J.）	卜落

537

Bretagne	不列颠	Cibot（M.）	韩国英
Brede	孛来德	Clement XI	克勒门德十一
Brest	布勒斯特	Colbert	科尔贝尔
Boucher	布塞尔	Colomb（Ch.）	哥伦布
Brou	布鲁	Constantinople	君士坦丁堡
Bruker	布留克	Copernicus	哥白尼
Bouchier	布希野	Couplet（Ph.）	柏应理
Benoit XIV	本笃十四	Cortez（F.）	科尔岱
Bayle	拜略	Condier（H.）	高田
Calkout	卡里库特	Costa（D. da）	郭纳爵
Cambridge	剑桥	Crirmia	克里米亚
Cano	加纳	Daehnert	德纳尔特
Carcassonne（E.）	加尔加松	Davis（J. E.）	戴维斯
Cassini（J. O.）	加西尼	Deshanterayes	狄斯荷特来伊
Cacius	加西尤斯	Dias（B.）	地亚士
Castarano	加斯达拉瑙	D'Herbilot	戴柏洛
Caucasus	高加索	Diderot	底德罗
Chalier	夏立伊	Diu	地雨
Charles I	查理第一	Dodds（M.）	多德斯
Charles V	查理第五	Don River	顿河
Charles VIII	查理第八	Du Halde	杜赫德
Charme（A. de la）	孙璋	Dumeril	杜密里
Chanpentier（E.）	查本纪	Dumoulin	杜莫林
Chaumont	薛蒙	Erfurt	爱尔夫特
Chavanne（Ed.）	沙畹	Gaillac	格亚克
Chenier（A.）	石尼	Faguet（E.）	法格
Cherbourg	瑟尔堡	Fontaney（J. de）	洪若翰
Chypsus	塞普路斯	Fourmont（Et.）	伏尔蒙

Frederic Ⅱ	费特烈第二	Humboldt（A. de）	洪波特
Freret（N.）	伏雷来	Hyde（Ih.）	海德
Fugger	符若	Hochstetter	荷斯泰德
Flandre	伏郎德	Ibn-Duhak	伊本·杜哈
Foucqnet（J. F.）	傅圣泽	Ibn-Khordadbet	伊本·库达德拔
Gama（V. de）	伽马	Innocenf Ⅳ	因诺森第四
Galileo	加利略	Isis	伊西斯
Galland（A.）	迦兰	Iutorcette	殷铎泽
Gaubil（A.）	宋君荣	Imhoff	伊莫荷夫
Genoa	吉纳亚	Ismaitoff	伊斯马伊洛夫
Gerbillon（J. F.）	张诚	Isties	伊斯特来
Goa	卧亚	Joinville	冉未尔
Gobien	高伯阳	Klaperth	克拉普洛特
Goethe	歌德	Kepler	开普来
Golowkm	戈洛威金	Hirghiz	吉尔吉斯
Goncourt	龚古尔	Kirman	起尔漫
Gossemprot	哥生普罗特	Koegler（L.）	戴进贤
Grenoble	格勒诺布尔	Kaffler（A. X.）	瞿安德
Grosier	克罗西	Kircher（A.）	纪尔希
Guicciardini（Lu.）	纪西地尼	La Fontaine	拉封登
Guignes（de）	吉尼	Lanclos（N. de）	兰克洛
Grimm	克里姆	Lange（L. de）	郎若
Halle	哈尔	Lanson（G.）	郎松
Hauser（H.）	吴惹	Langles（L. M.）	郎克来
Henri	亨利	Ledog	勒柯克
Henri Ⅳ	亨利第四	Leibnitz	莱布尼兹
Herdtricht（Ch.）	恩理格	Lavisse	拉维斯
Huguier	许基伊	Le comte	李明

Touremine	杜海米纳	Vincent de Beauvais	文生
Trevaux	脱落梧	Visconti	维斯贡底
Trigault（N.）	金尼阁	Visdelou（Cl. de）	刘应
Tuileries	杜来利	Volga	伏尔加
Turin	杜灵	Voltair	服尔德
Turnon（de）	多罗	Watteau（A.）	瓦多
Tycho	梯戈	Weddell（J.）	魏德尔
Toulouse	杜鲁斯	Wesler	魏尔斯
Ulm	乌尔姆	Wièger（L.）	戴遂良
Ursis（S. de）	熊三拔	Wolf	瓦尔夫
Valignani（A.）	范礼安	Wykeham	维克罕姆
Vanini	瓦尼尼	Xavier（F.）	沙勿略
Varo（F.）	万济国	Stein	斯太因
Venice	威尼斯	Temple（W.）	吞伯尔
Verbiest（F.）	南怀仁	Weimar	威伊玛
Verdun	凡尔登	Sambiasi（F.）	毕方济，亦称毕今梁
Verjus	维尤斯		
Versailles	凡尔赛	Urbain Ⅷ	乌尔班第八

本文系作者生前未刊稿，作于 1962 年。后收入《阎宗临史学文集》，山西古籍出版社 1998 年版。